KB148752

초고속전뇌학습법

교육심리학 박사 **김 용 진** 지음

새로운문화사

이 〈초고속전뇌학습법〉은 일본 아사히 출판사에서 출간되어, 일본 입시종합학원의 교재로 채택, 강의하고 있습니다.

초고속전뇌학습법(중 · 고급과정)

지 은 이 / 김용진
발 행 처 / 새로운문화사
발 행 인 / 김용진
초 판 발 행 / 1998년 12월 23일
재 판 발 행 / 1999년 10월 20일
3 판 발 행 / 2001년 4월 17일
4 판 발 행 / 2003년 1월 7일
5 판 발 행 / 2004년 4월 13일
6 판 발 행 / 2006년 11월 10일
7 판 발 행 / 2009년 8월 5일
8 판 발 행 / 2017년 1월 23일
8판2쇄발행 / 2023년 2월 10일

등록번호 / 제1-222호(1977년 7월 23일)
주소 /서울특별시 송파구 백제고분로 264 6층 2호 (호수빌딩)
전화 02) 722-3133, 4711 /팩스 02) 722-4709

정가 43,000원

잘못된 책은 바꿔 드립니다.

ISBN 978-89-7038-003-2

초고속전뇌학습법을 읽기 전에

초고속 정보화시대인 21세기를 맞아 최신의 정보를 보다 많이, 보다 빠르게 획득하는 사람들이 앞서 가는 시대가 되었다. 세계는 점점 좁아지고 새로운 정보는 나날이 홍수를 이루고 있다. 정보화 고속도로는 물론 인터넷을 통하면, 누구든 전 세계 어떤 곳의, 어느 정보라도 몇 분내에 찾아볼 수 있으며, 필요한 것은 안방에 앉아서도 찾을 수가 있다. 그 뿐인가 화상회의는 물론 화상치료까지도 가능한 때가 지금이다. 그러나 이러한 대세 속에서도 우리의 학습법은 몇 세기 동안 이렇다 할 발전을 보이지 못했다. 갈수록 우리가 학습해야 할 것들은 많아지고 있다. 현시점에서 미래를 건설하고 영위해 가기 위해선 거기에 맞는 학습법과 정보 획득에 있어서의 특별한 방법이 필요하다.

이에 필자는 '21세기 세계 통일학습법을 만들겠다'는 화두를 안고 30여 년 간 연구한 끝에 초고속 정독법을 근간으로 초고속전뇌학습법을 완성했다. 이 학습법은 수천 명을 대상으로 필자가 직접 지도하면서 얻어낸 결과로, 이 방법으로 공부한 90% 이상의 학생들이 성적 향상을 가져왔다. 또한 성격도 적극적인 성향으로 변모하는 사례를 보아왔다. 그렇기에 이보다 더 확실한 학습법은 없다고 확신한다. 특히 전뇌계발이 부각되고 있는 지금, 좌뇌와 우뇌, 간뇌 등 全腦를 활용한 초고속전뇌학습법이야말로 21세기에 맞는 학습법이라 하겠다. 이 학습법은 두뇌의 활발한 운동을 통해 두뇌의 신경 이상으로 생기는 치매등을 퇴치할 수 있으며 인간의 건강 유지에도 많은 도움이 된다.

요즘같이 대학을 졸업하고 나서도 취업전쟁을 치러야 하고 직장에 들어가서도 능력의 인정이나 진급을 위해, 비즈니스를 위해 수험생처럼 다시 공부해야 하는 사람들은 꼭 익혀 두어야 할 학습법이라고 자신한다. 왜냐하면 5~10시간 걸리던 공부시간을 1시간으로 단축하면서도 심도 있게 공부할 수 있으며 직장인들도 입체적 사고, 창의력 계발로 비즈니스 현장에서 인정받는 인물이 될 수 있기 때문이다. 그 만큼 학습의 원리가 정직하게 이루어졌으며, 단계를 따라 하다보면 초고속전뇌학습법의 원리가 몸에 배어 이해력과 판단력이 높아지고 논리적이 되며, 기억력 또한 놀랍게 향상된다.

따라서 대입 수학능력시험을 앞두고 있는 학생들이나 학부모들에게는 실력과 결과를 월등히 향상시켜 주는 계기가 될 것이며 머지 않아 초고속전뇌학습법이 세계 통일학습법으로 인정받게 될 것을 믿어 의심치 않는다.

지은이 씀

차례

CONTENTS

초고속전뇌학습법

1장 성적 향상의 핵심은 두뇌개발

CONTENTS

2장 진짜 실력은 집중력에서 시작된다

3장 빨리 보고 깊게 이해, 기억하는 초고속읽기

CONTENTS

4장 초고속 읽기 5원칙

CONTENTS

5장　초고속전뇌 활성화

CONTENTS

차례

CONTENTS

차례

CONTENTS

차례

CONTENTS

장영실과학문화상 금상 수상

김용진 박사의 초고속전뇌학습법이 2001년 "장영실과학문화상" 과학학술부문 영예의 금상을 수상했다. 아래는 김용진 박사가 상장과 상패를 수여 받고 있는 장면.

세미나 및 공개강좌

한국정신과학학회 2000년 연세대 춘계학술대회에서 논문 발표 및 시연 장면. 참가자 좌측부터 이한샘(초6), 김장현(초6), 김동현(초2), 권혁기(중1), 김우찬(중2), 김용진(교육심리학 박사, 진행자) 김지현(고1), 최성규(대2), 김영애(52세).

세미나 및 공개강좌

사원능력개발과정 교육기간동안 업무능률향상을 위해 사원들에게 학습법을 가르치고 있다.

군인들도 예외는 아니다. 군 간부들을 지도하고 있는 김용진 회장.

초등 교육 과정에 참여해 열띤 강의 중이다.

세미나 및 공개강좌

독서방법에 대한 연구뿐 아니라 초·중·고생들을 위해 효과적인 학습방법 및 학습전략을 공개세미나에서 제시하고 있는 김용진 회장.

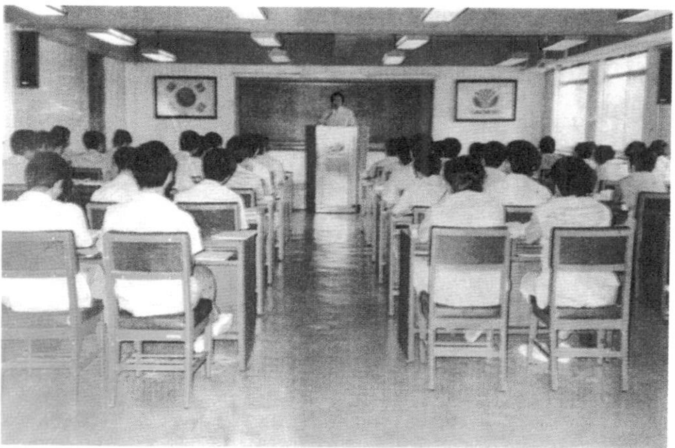

정보화사회가 도래하면서 그 중요성과 함께 초고속전뇌학습을 배우려는 열기가 높아지자 기업들이 다투어 초청강연을 열었다.

한국일보사 초청 강연회에서 강의를 하고 있는 김용진 회장.

세계속독경진대회

제1회 1987.12. 27.

세계속독협회 김용진 회장은 1987년부터 매년 세계속독 경진대회를 개최하고 있다. 사진들은 제1회 세계속독경진대회.

세계속독경진대회

제2회 1988.10. 9.

각국의 여러 선수들이 참여하여 실력을 겨루고 있는 제2회 세계속독경진대회

세계속독경진대회

제3회 1989.11. 20,

각 나라별로 뛰어난 속독능력을 지닌 선수들이 함께 모여 뜨겁게 경합을 벌인 제3회 세계속독 경진대회.

세계속독경진대회

제4회 1990. 9. 23,

제4회 세계속독경진대회에서 개회사를 하고 있는 김용진 회장,

세계속독경진대회

제5회 1991.11. 20,

제5회 세계속독경진대회에 참가한 외국 선수들과 초고속학습법에 대해 토론하고 있는 김용진 회장.

국내외에서 방송보도된 자료

1980년 KBS 뉴스파노라마에서 속독법에 대해 취재하면서 90세의 노인임에도 불구하고 속독으로 노익장을 과시하고 있다.

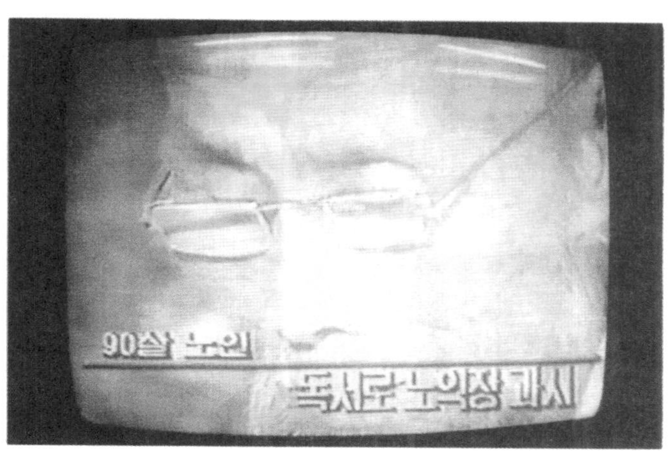

국내외에서 방송보도된 자료

KBS 뉴스에서 나와 김용진 회장의 강의하는 모습을 취재하고 있다.

한글날 KBS 뉴스에 가로쓰기를 제창한 김용진 회장.

김용진 회장이 KBS 얄개시대에 나와서 속독의 장점과 방법, 효과 등을 소개하고 있다.

국내외에서 방송보도된 자료

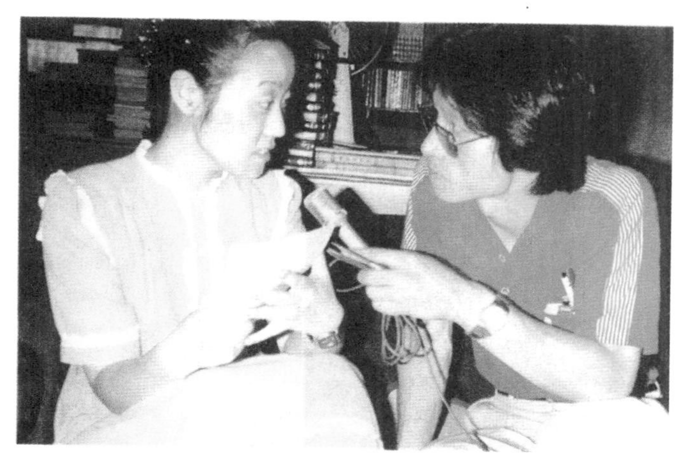

MBC 카메라 출동에서도 취재나와 속독의 효과와 활용범위 등에 대해 묻고 있다.

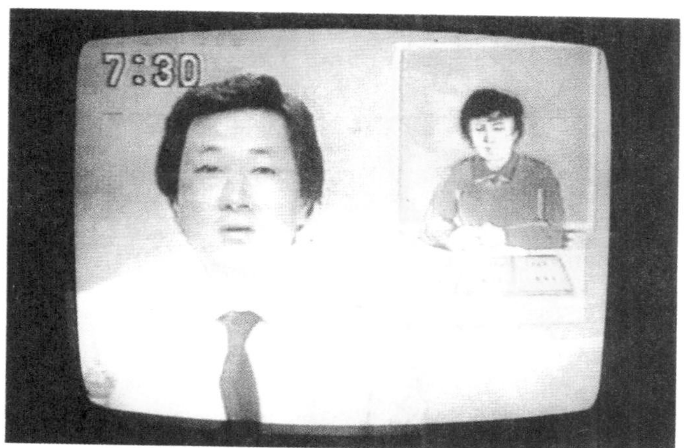

MBC 뉴스센터 시간에 속독을 배우려는 학생들의 열기와 속독의 놀라운 효과에 관한 보도가 나왔다.

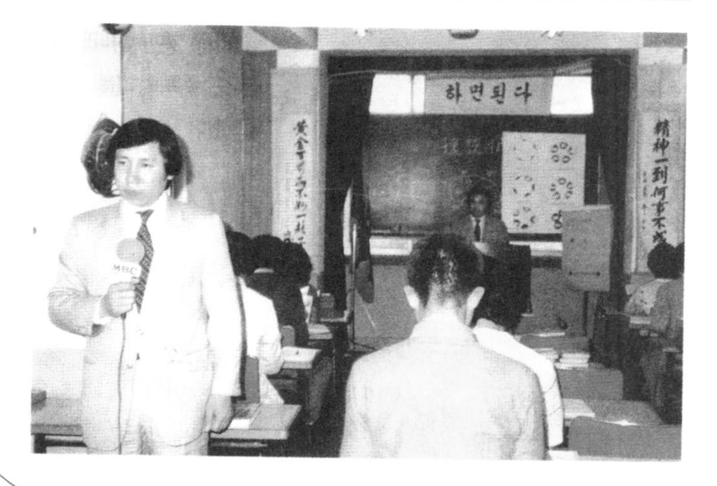

MBC 뉴스센터의 기자가 취재를 하고 있다.

국내외에서 방송보도된 자료

KBS 1뉴스에 보도된 일본인 속독 연수교육 현장에 소개된 일본인 속독 연수원들의 모습.

김용진 회장이 일본인 속독 연수생들에게 열심히 강의하고 있다.

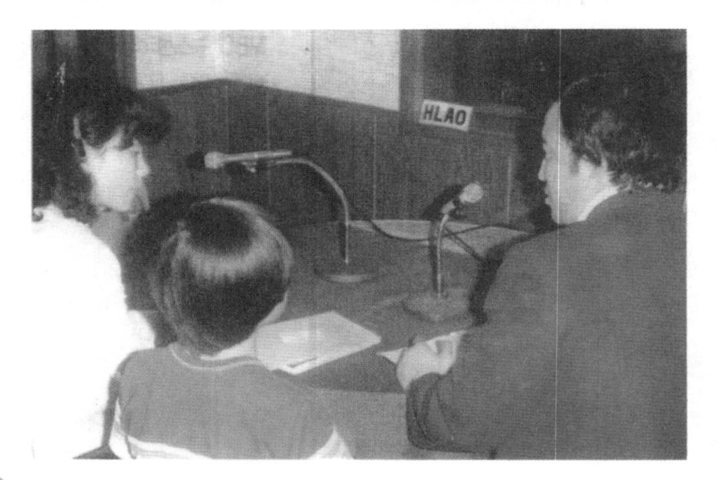

텔레비전 뿐만 아니라 라디오에서도 속독에 대해 방송하기 시작했다.

국내외에서 방송보도된 자료

MBC 라디오를 통해 속독 특강을 하고 있는 김용진 회장.

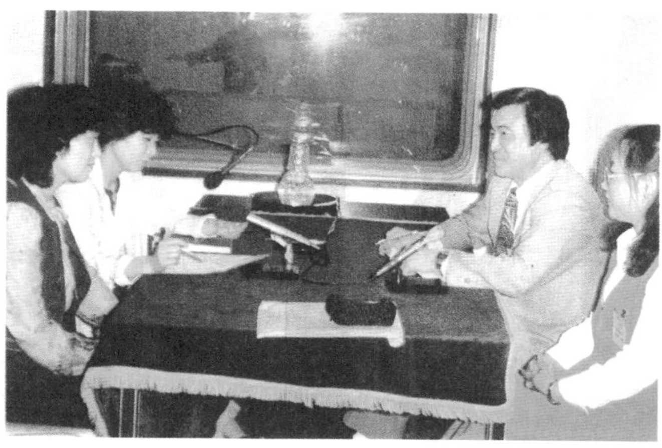

MBC 라디오 대담 프로에서 상담을 해주고 있는 모습.

속독에 대한 열기는 국내 뿐 아니라 외국에서도 대단한 호응을 받았다. 사진은 일본 NHK TV에서 보도된 내용이다.

국내외에서 방송보도된 자료

일본 후지 TV에 소개된 학습법의 놀라운 효과.

일본 중경 TV에서도 본 학습법에 관한 높은 관심을 보여주었다.

초고속전뇌학습법 강의

입시를 앞두고 시간에 쫓기는 수험생들에게 초고속전뇌학습은 더 없이 필요한 학습법이다.

머리를 맑게 하고, 집중력을 높여 주며, 전뇌기능활성화훈련으로 오른쪽 뇌와 왼쪽 뇌를 개발시켜주므로 학습 성과가 만족스럽다.

수학능력시험을 대비하는 1:1논리적 작문훈련으로 실제적인 서술 능력을 높이는 훈련을 한다.

초고속전뇌학습법 강의

고도의 정신 집중력을 훈련하여 학습하기에 가장 적당한 알파파 상태에서 초고속전뇌학습이 이루어진다.

집중력을 강화시키고, 머리의 피로를 풀어 주는 집중력훈련을 실시 한다.

초고속학습법 6-7단계인 요점 정리 훈련, 영상화훈련은 학생들에게 '글에 대한 이해'와 '판단력', '창의력', '기억력'을 길러준다.

김용진 박사의 전뇌학습법 저서

김용진 회장이 직접 저술한 여러 가지 속독 교재, 한국어판.

1980년 <새생활속독법>의 초판 발행 이후, 일본과 중국에서는 김용진 회장의 성을 따서 "キム式" 또는 "KIM式" 속독책으로 계약을 맺고, 각각 일본어판, 중국어판을 출간했다.

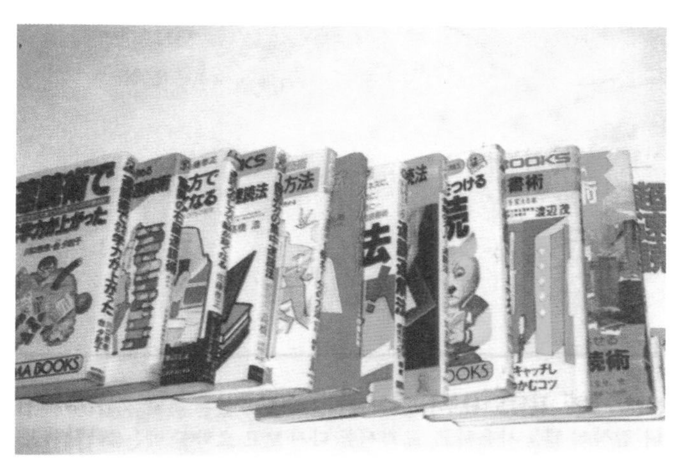

저자의 허락없이 무단복제된 일본판 속독 서적. 이것만 보아도 일본에서도 속독의 열풍이 대단함을 볼 수 있다.

영상화기억카드

년 월 일

요점정리카드

확인	
부모님:	
선생님:	

초, 중, 고, 년 학과목 페이지 읽은회수 회

현재학년: 년 이 름: 시 간: 분 초

※ 이 훈련을 통해 학생들은 발단, 전개, 절정, 결말로 나누어 정확하게 간추릴 수 있는 능력을 키우게 됩니다. 차례를 보고 요약할 때는 연필이나 검정색 팬을 사용하고, 교과서를 다시 보고 요약할 때는 파란색 펜이나 빨강색 펜을 사용합니다.

영상화기억카드

1996 년 11 월 24 일

영상화기억카드

확인	부모님: Kim
	선생님:

초, (중), 고, 1 년 학과목 English 페이지 10 ~ 10

현재학년: 7 년 이 름: 강수진 시 간: 9 분 30 초

A Personal Experience.

Time: A few years ago

He was in the livingroom and reading a book

- Bat -
• How can bats fly so quietly?
Bats can fly quietly because of their wings are covered with soft fur which muffles the noise

There was a sound form the chimney and something fell into the firepo

He thought that it was a bird but it was a bat It couldn't find it's way out

- Bat -
How can bat keep from flying into things?
Bats can only see the movement of big thing so they can't see thin things like antennas
They could see walls and

He knew about bats So he just opened all the windows and closed the door and went to sleep. Next day it was gone

※ 교과서 영상기억훈련은 여러분이 좋아하는 여러가지 사물들, 예를 들면 숫자, 동.식물, 과일, 글자, 생활용품, 색깔 등을 이용하여 각 부분의 특징을 이용하여 기억할 내용을 발단, 전개, 절정, 결말로 나누어 영상하기 좋게 표현해 보는 것입니다.

영상화기억카드

97 년 1월 12일

영상화기억카드

확인	
부모님:	[illegible]
선생님:	[illegible]

초, 중, ㉠고, 1 년　　학과목 [illegible]　　페이지 27 ~

현재학년 : 1 년　　이　름 : [illegible]　　시　간 : 5 분 40 초

※ 교과서 영상기억훈련은 여러분이 좋아하는 여러가지 사물들,예를 들면 숫자,동.식물,과일,글자,생활용품, 색깔 등을 이용하여 각 부분의 특징을 이용하여 기억할 내용을 발단, 전개,절정,결말로 나누어 영상하기 좋게 표현해 보는 것입니다.

영상화기억카드

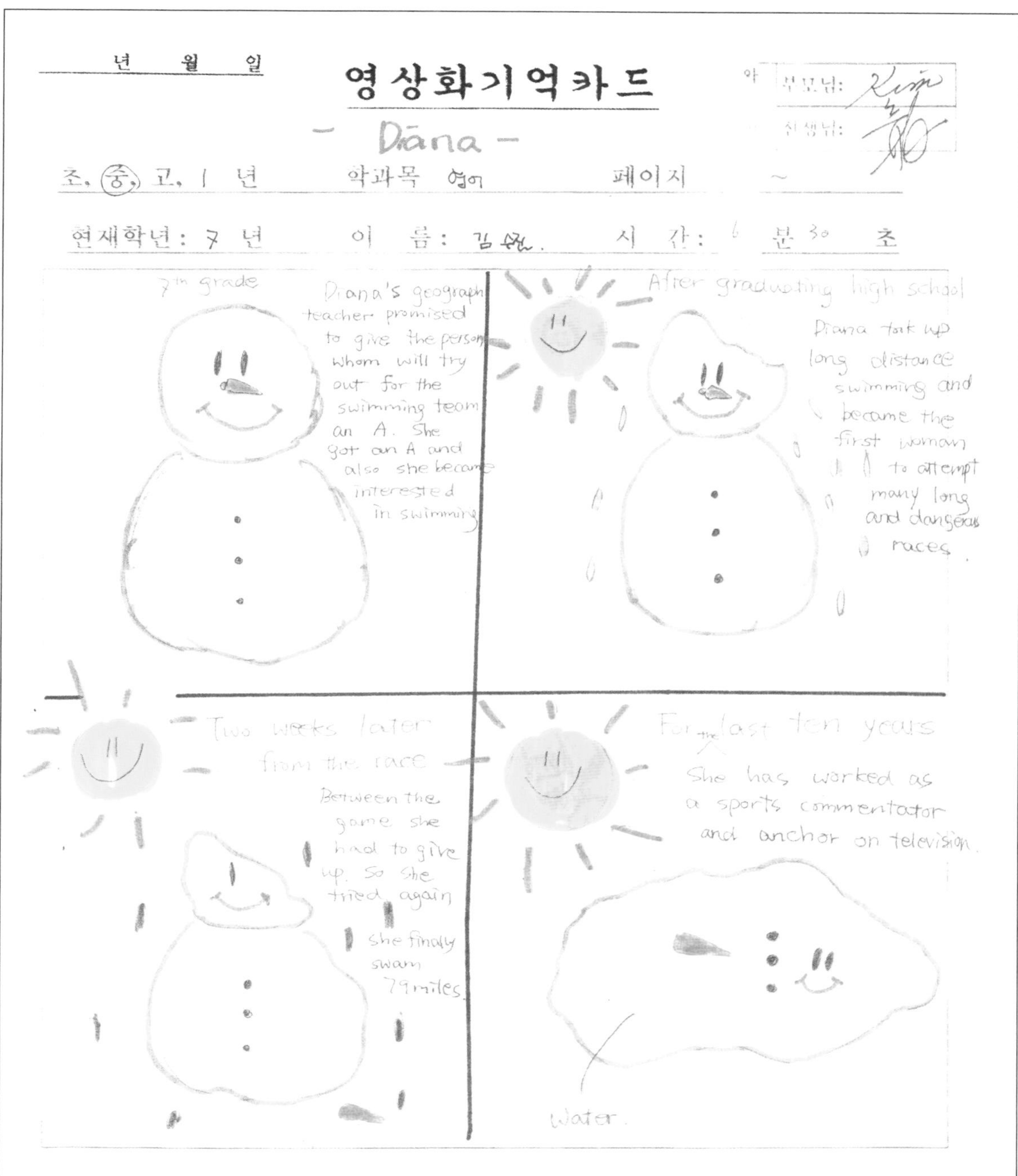

년 월 일
영상화기억카드
부모님:
선생님:
- Diana -
초, 중, 고, 1 년
학과목 영어
페이지 ~
현재학년 : 7 년
이 름 : 김
시 간 : 6 분 30 초
7th grade
Diana's geograph teacher promised to give the person whom will try out for the swimming team an A. She got an A and also she became interested in swimming
After graduating high school
Diana took up long distance swimming and became the first woman to attempt many long and dangerous races.
Two weeks later from the race
Between the game she had to give up. So she tried again
she finally swam 79miles
For the last ten years
She has worked as a sports commentator and anchor on television.
Water

※ 교과서 영상기억훈련은 여러분이 좋아하는 여러가지 사물들,예를 들면 숫자,동.식물,과일,글자,생활용품, 색깔 등을 이용하여 각 부분의 특징을 이용하여 기억할 내용을 발단, 전개,절정,결말로 나누어 영상하기 좋게 표현해 보는 것입니다.

영상화기억카드

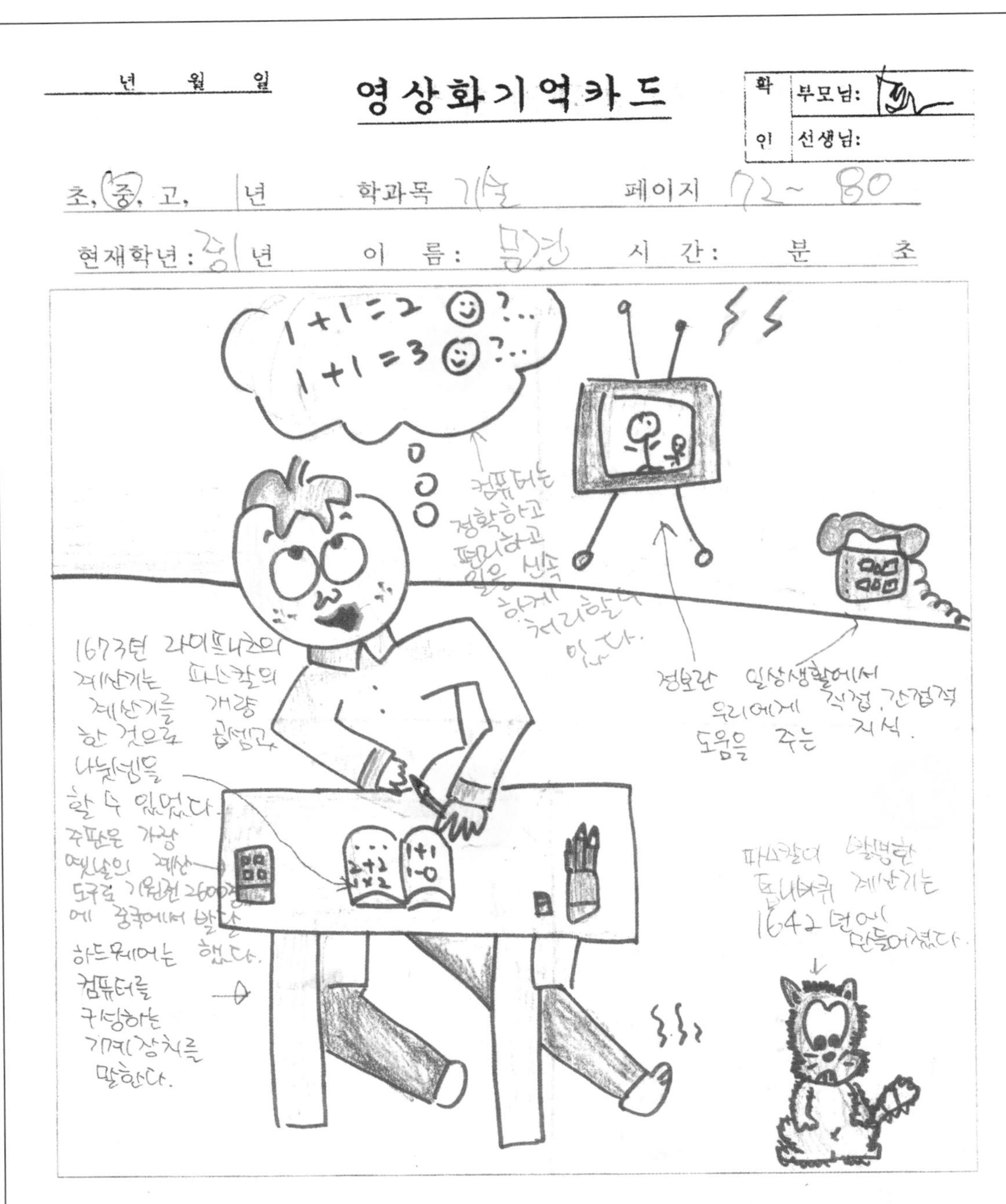

※ 교과서 영상기억훈련은 여러분이 좋아하는 여러가지 사물들, 예를 들면 숫자, 동.식물, 과일, 글자, 생활용품, 색깔 등을 이용하여 각 부분의 특징을 이용하여 기억할 내용을 발단, 전개, 절정, 결말로 나누어 영상하기 좋게 표현해 보는 것입니다.

영상화기억카드

'93년 9월 14일

영상화기억카드

확인	부모님:
	선생님:

초, 중, 고, 년 학과목 내분비 내과 페이지 1 ~ 10

현재학년: 년 이 름: 전 지 윤 시 간: 분 초

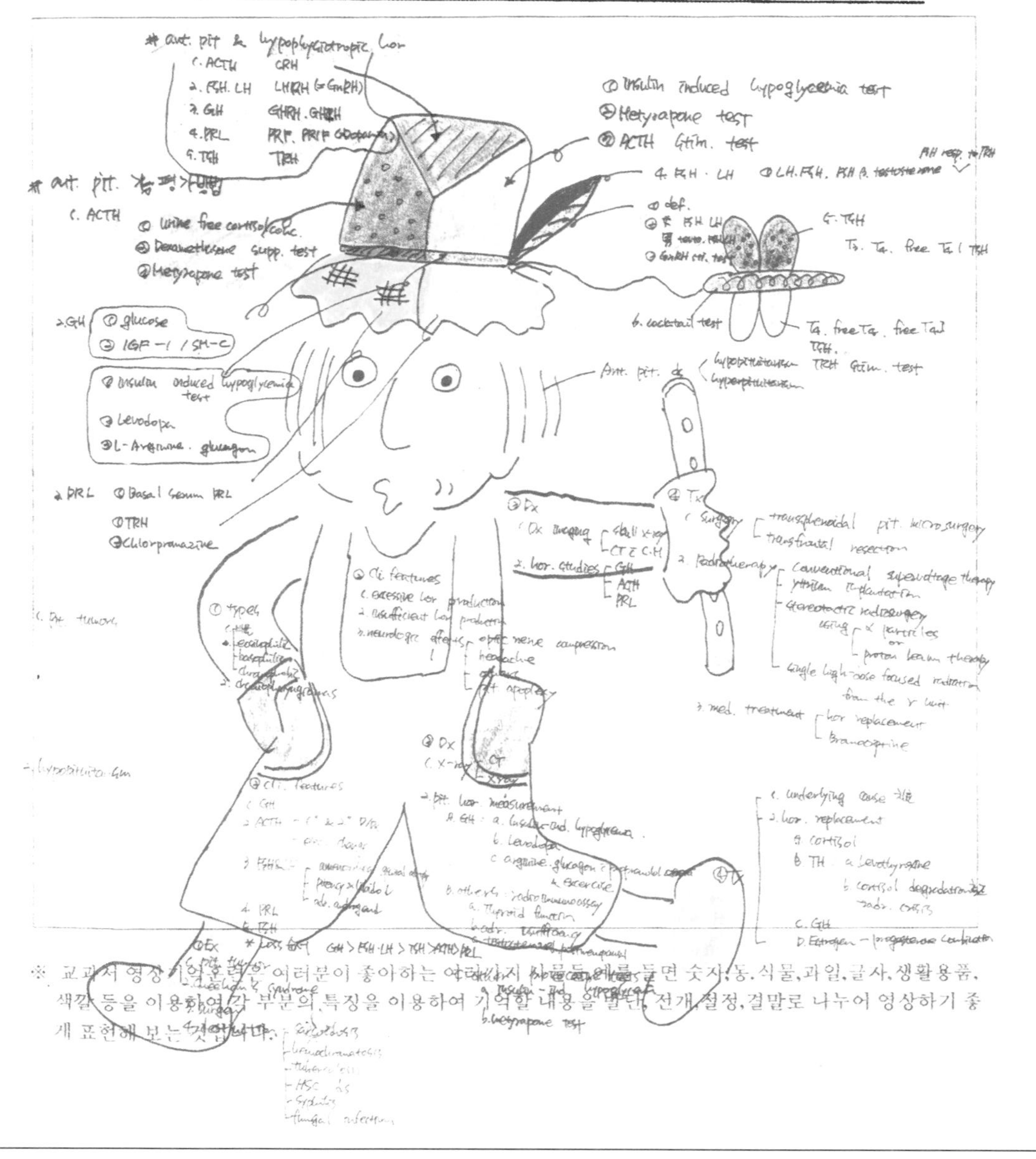

영상화기억카드

년 월 일

영상화기억카드

확인	부모님:
	선생님:

초, 중, 고, 년 학과목 페이지 10 ~ 20

현재학년: 년 이 름: 정 지 윤 시 간: 분 초

1. Acromegaly
① Ex
① Ex
hypoth. mass
pit. adenoma
cyst
aneurysm
empty sella synd.
② Clin. features
③ Dx
④ Tx
1. transsphenoidal pit. adenomectomy
2. conventional radiotherapy
3. bromocriptine
4. octreotide
hyperphosphatemia

2. Enlarged Sella
- Empty Sella syndrome
Empty sella synd.

① Ex
1. malig. tumor
2. pul ds / CNS disorders
→ 2. SIADH
chlorpropamide
carbamazepine
② Pathophysiology
1. ADH excess
2. hyponatremia
③ Cli. feature
1. hyponatremia
2. Sx
④ Dx
1. hyponatremia
2. Ur. Na^+ excretion
3. vol. depletion - d/Dx
adr. insuff.
fl. loss
ede. states (heart failure, nephrosis, cirrhosis)
renal failure
⑤ Tx
1. fluid restriction
2. fl. restriction
3. hypertonic saline
4. demeclocycline
- pontine myelinolysis

2. Hyperprolactinemia
① 원인
1. prolactinoma
여: galactorrhea
남: amenorrhea syn.
2. hypoth. or pit. stalk damage
3. Drug
① Psychotropic drug
(phenothiazines, butyrophenones, tricyclic antidepressants)
② antihypertensives (methyldopa, reserpine)
③ metoclopramide, cimetidine
② Dx
1. PRL ↑: 200 ng/ml ↑: adenoma
100 ng/ml: drug
2. Skull x-ray, CT
③ Cli. fea.
1. amen. & menstrual irregularity
2. galactorrhea
④ Tx
1. size & symptom
2. transsphenoidal surgery
3. Bromocriptine
4. radiotherapy

1. Diabetes insipidus
① Ex
1. idiopathic
2. hypoth.-pit. area
3. Sar. Hp. Tbc.
HSC ds
encephalitis
② Dx
1. plasma osmolality
2. water deprivation test
3. hypertonic saline sol. infusion
4. D/Dx: polyuria & dilute urine
① nephrogenic
② psychogenic polydipsia
③ clin. features
1. polyuria
2. thirst
3. lab. abnormalities
④ Tx
1. vasopressin
aqueous vaso.
vaso. tannate in oil
Desmopressin
2. nonhormonal
chlorpropamide
clofibrate
Carbamazepine

※ 교과서 영상기억훈련은 여러분이 좋아하는 여러가지 사물들,예를 들면 숫자,동.식물,과일,글자,생활용품, 색깔 등을 이용하여 각 부분의 특징을 이용하여 기억할 내용을 발단, 전개,절정,결말로 나누어 영상하기 좋게 표현해 보는 것입니다.

요점정리기록카드

1996년 12월 15일

요 점 정 리 카 드

확인	
부모님:	
선생님:	

초, (중), 고, 2년　　학과목 국사　　페이지 176 ~ P187　읽은회수 3 회

현재학년: 2년　　이 름: 고민정　　시 간: 10 분 20 초

1. 사림의 진출

<사림의 정계 진출>

15C 성종 때 길재 학문을 이은 영남 출신

향촌에서 학문 연구, 유신 양성, 의리와 학문 중시, 향촌의 안정.

정치적 왕도 정치 · 경제적 지주 전호제　사회적 향약과 사창제

특히 강병과 의리와 도덕을 중시 함

훈구 세력과 대립 → 성종 사후 사림이 '사화'를 당함.

중종 '조광조' 정치 사림의 노선 → 실패

사림 향촌에서 서원과 향약을 기반

16C 후반에 정치적 주도권 장악.

<성리학의 발달>

┌ 주기론: 현실의 경험적 세계 중시　서경덕, 이이 (정치가로도 활동함)
　　현실 문제에 많은 관심.

└ 주리론 도덕적 원리 중시　이언적, 이황 (동방의 주자)

<예학, 보학의 발달>

┌ 예학 상장 제례에 관해 연구하는 학문. 양반들 집안에 가묘를 세우고 제사. 주자가례에 의해.

└ 보학 가족과 친족의 혈통 관계를 다루는 학문　족보 교양, 수학.

, 국가에서 충신, 효녀, 열녀 등의 숭고한 뜻을 기림.

2. 붕당의 성립

<서원의 설립> 백운동 서원 - 소수 서원 - 사액 서원.

지방의 사림이 세운 학교

학문 연구, 후진 양성, 선현에 대한 제사.

<향약의 보급>

향촌의 자치적 규약, 전국에 보급. 중종때 실시 X.

이황, 이이가 적극적으로

<붕당의 성립> 이조 전랑의 자리를 놓고 세력 다툼 (폐단 붕괴의 원인)

정치의 활성화이지 아니라지 → 지나친 대립. 폐단으로 변해.

※ 이 훈련을 통해 학생들은 발단, 전개, 절정, 결말로 나누어 정확하게 간추릴 수 있는 능력을 키우게 됩니다. 차례를 보고 요약할때는 연필이나 검정색 펜을 사용하고, 교과서를 다시 보고 요약할 때는 파란색 펜이나 빨강색 펜을 사용합니다.

요점정리기록카드

년 월 일

요점정리카드

확인 부모님: 선생님:

초, 중, 고, 1 년 학과목 한국지리 페이지 ~ 읽은회수 회

현재학년: 고1 년 이 름: 박승엽 시 간: 분 초

○ 상업과 서비스업

상업
- 시장
  - 과거: 정기시장 → 경제적 기능, 정보 교환 기능, 사교 기능
  - 현대: 상설시장 ← 이유: 교통의 발달과 인구 증가로 인한 도시 규모의 확대
- 상권: 상업적 범위 ← 제한요소: 경제력, 교통, 도시의 규모(시장의 크기), *물건의 종류에 따라

무역의 발생 → 경제력, 인구수, 자원의 종류(=자원의 분포)
- 우리나라 주요 수출품: 전기, 전자, 철강, 섬유, 신발
- 〃 〃 수입품: 원유(천연자원), 옥수수, 밀(곡물)

○ 교통과 통신

1. 교통산업

• 운송비의 구조 →
- 종착지 비용: 거리에 관계없는 기본적 비용 → 종착지 비용이 낮을수록 단거리 운행에 유리하다.
- 운반(운송) 거리 비용: 거리에 비례

*운송비는 주행거리, 수송수단, 수송품목, 수송량에 의해 달라진다. → 주행비용(장거리 운송에 더 유리하게 적용) → 운송비 체감의 법칙 → 현실: 거리-비용곡선은 대개 계단식으로(∵ 일정한 운임 적용)

• 교통의 종류 — 철도, 도로, 항공, 선박 ……

2. 통신산업 → 1987년 정보 통신의 발달 이후 가속화

○ 관광업
- 자연: 자연적인 요소 → 기후, 지형(산, 강, 바다 ……)
- 문화: 유물, 유적, 박물관
- 경제산업: 공업단지, 산업전시관 …
- 사회: 민족고유의 풍속, 언어, 생활양식

※ 이 훈련을 통해 학생들은 발단, 전개, 절정, 결말로 나누어 정확하게 간추릴 수 있는 능력을 키우게 됩니다. 차례를 보고 요약할 때는 연필이나 검정색 펜을 사용하고, 교과서를 다시 보고 요약할 때는 파란색 펜이나 빨강색 펜을 사용합니다.

요점정리기록카드

97년 10월 9일

요점정리카드

확인	부모님:
	선생님:

초, 중, 고, 년 학과목 내배 내과 페이지 60 ~ 69 읽은회수 회

현재학년: 년 이 름: 정지율 시 간: 46분 초

4) Therapy
① adrenergic Sx: β-blocker (propranolol) — sweating, ~~palpitation~~, tremor
② 3 methods of Graves' ds tx: a. antithyroid drugs b. subtotal thyroidectomy c. radioactive iodine

c. antithyroid drugs
a. mechanism of action ① oxidation & coupling block : methimazole, propylthiouracil ② propylthiouracil : p.p. tissue에서 $T_4 \rightarrow T_3$ conversion block.
b. medical tx of Graves' ds ① full dose methimazole 30-80 mg / PTU 300-600 mg ② clinical improvement 까지 ③ 1 ~ 1.5 yr 간.
c. likelihood of a prolonged remission : ① goiter size↓ ② thyroid suppression test — nl ③ Graves' ds-related immunoglobulins 사라짐 (TSI, TBII) ④ TRH stimulation test = nl
d. drug toxicity ① skin rash, joint pain ② agranulocytosis fever, sore throat, mouth ulcer, unexplained 증상시 drug stop ③ hepatitis, jaundice
e. advantages of antithyroid drugs ① hospitalization, surgery, anesthesia 은 피할 수 있음 ② tx 후 hypothyroidism 발생 적음.
f. disadvantages of antithyroid drugs ① permanent remission ~~cure rate~~ 낮음 (40% 미만) ② Pt.의 compliance에 의존

2. Subtotal thyroidectomy
a. Preparation for surgery ① thyroid storm 예방 → antithyroid drug으로 euthyroid state로 조절시킴 ②
b. advantages of surgery ① cure, rapid ② success rate - high. 5 yr 후 hypothyroidism 되는 경우가 RAI 보다 적음 ③ Pt. compliance 에 의존↓
c. disadvantages of surgery ① hospitalized, surgery, anesthesia risk ② surgical Cx - hypoparathyroidism, recurrent laryngeal n. paralysis

3. Radioactive iodine
a. Method of tx. ① single dose of ^{131}I 75% cure (6-12wk) ② second dose 90% cure ③ usual therapeutic dose 5.9 MBq 160 μCi / g of estimated gl. wt. ④ administered dose μCi/g of thyroid × estimated thyroid gl (무게) / 24h radioactive iodine uptake
b. Risks ① hypothyroidism : 10 yr. 후 50% ② possible slight genetic effects ~~susceptibility of carcinogenesis~~ x. 장래 임신 및 예상 X
c. advantages of radioactive iodine ① hospitalized, surgery, anesthesia 를 피할 수 있음 ② Pt. compliance 의존↓ ③ cure rate 100%

※ 이 훈련을 통해 학생들은 발단, 전개, 절정, 결말로 나누어 정확하게 간추릴 수 있는 능력을 키우게 됩니다. 사례를 보고 요약할 때는 연필이나 검정색 펜을 사용하고, 교과서를 다시 보고 요약할 때는 파란색 펜이나 빨강색 펜을 사용합니다.

요점정리기록카드

97 년 10 월 15 일

요점정리카드

확인	부모님:
	선생님:

초, 중, 고, 년 학과목 내과학 페이지 77 ~ 81 읽은회수 7 회

현재학년: 년 이 름: 정 지윤 시 간: 18 분 10 초

B. Hypoparathyroidism and hypocalcemia

1. Ex
   a. surgical ~~resection~~ removal of PT gl.
   b. idiopathic hypoparathyroidism ① familial
      ② adrenal insufficiency, mucocutaneous candidiasis) ass.
2. Pathophysiology
   a. hypocalcemia
   b. hyperphosphatemia
3. Cl. features & Dx [acute Sx : increase neuromuscular irritability / long-term changes : ① ectodermal tissue ② ectopic calcification (calcium deposition)
   a. Sx & Sn
      1) latent tetany
         a) ① numbness, tingling ② m. weakness & fatigue
         b) Chvostek's Sn
         c) Trousseau's Sn
      2) Overt tetany ① Twitching & cramping of ~~carpopedal~~ m. + carpopedal spasm
         ② laryngeal stridor & seizure
      3) long-term effects of hypocalcemia
         a) ectodermal ~~effect~~ change : ① nail : atrophy, brittleness, ridging
            ② skin : dryness, scaling
            ③ teeth : enamel ~~atrophy~~ defect, hypoplasia
         b) calcification of basal ganglia : Parkinsonian Sx & Sn
         c) calcification of lens : cataract formation
   b. laboratory abnormalities [① hypocalcemia ② hyperphosphatemia
4. Differential Dx
   a. Pseudohypoparathyroidism
      1) Pseudohypoparathyroidism 종류
         a) Pseudohypo. : end-organ (bone, kidney) resistant to PTH → [PTH ↑ or nl, Ca++ ↓, Pi ↑
         b) Pseudopseudohypo = developmental & ~~osteodystrophic~~ skeletal abnormalities = Albright's hereditary osteodystrophy
            ① short stature + shortness of metacarpal & metatarsal b. + mental ~~retardation~~ deficiency
            ② Ca++ metabolism normal
      2) Pseudohypoparathyroidism vs true hypoparathyroidism
         a) PTH concentration ↑ : ↓
         b) PTH injection No response : Ca++ metabolism normalize
            urine conc. of phosphate & cAMP ↑
            (Pi ↓ & Ca++ ↑)

※ 이 훈련을 통해 학생들은 발단, 전개, 절정, 결말로 나누어 정확하게 간추릴 수 있는 능력을 키우게 됩니다. 차례를 보고 요약할 때는 연필이나 검정색 펜을 사용하고, 교과서를 다시 보고 요약할 때는 파란색 펜이나 빨강색 펜을 사용합니니.

요점정리기록카드

96 년 4 월 26 일

요점정리카드

확	부모님:
인	선생님:

초, 중, 고, 2 년 학과목 국사 페이지 71 ─ 154 읽은회수 3 회

현재학년 : 2 년 이 름 : 문정원 시 간 : 6 분 20 초

(2) 불교의 발달
①천태종 ┌ 의천
하엄종의 입장에서 선종 통합
└ 교관겸수 회생사상
②조계종 ┌ 선종 中心 교종 통합
지눌 돈오점수. 정혜쌍수
└ 불교에서 성리학으로 넘어가는 과도기적 역할
③ 대장경: 초조 대장경 → 속장경 (의천-교장도감) → 재조(팔만) 대장경
④풍수지리설에 관한 서적-
(4) 과학 기술과 예술의 발달
① 인쇄술의 발달 : 상정고금예문 (1234)
(직지심경
② 목조건축물 - 부석사 무량수전
③ 석탑(전기 ─ 월정사 8각 9층 석탑
후기 -
④ 부도 - 팔각 원당형
⑤가장 우수한 불상 - 부석사 소조 아미타여래 좌상
⑥ (순수 청자
상감 〃
⑦ (구양순체
송설체
1. 근세 사회로의 전환
① 과전법 ← 농민의 지지
② 숭유정책 농본 정책 사대교린 정책

2. 근세 정치와 그 변천
① (상소 제도
구언 〃
② 양사 (사간원
사헌부
③ 경연제도
④ 양반 中心 의 향촌 사회
(유향소
경재소
⑤ 사림 (정몽주, 길재, 김종직)
↓ 3사
훈구 vs 사림
(무오사화
갑자 〃
기묘 〃
을사 〃
* 조광조 ┌ 현량과
└ 급진적 개혁 정치
* 대외관계
명 (수출: 마필, 인삼, 화문석
수입: 견직물, 서적, 약재, 문방구, 도자기.
* 4군 6진 토관제도, 사민정책,
* 교린 정책 ┌ 서여진 세사미두
일본 └ 부산포, 염포, 제포

※ 이 훈련을 통해 학생들은 발단, 전개, 절정, 결말로 나누어 정확하게 간추릴 수 있는 능력을 키우게 됩니다. 차례를 보고 요약할 때는 연필이나 검정색 펜을 사용하고, 교과서를 다시 보고 요약할 때는 파란색 펜이나 빨강색 펜을 사용합니다.

요점정리기록카드

1996년 7월 18일

요점정리카드

확인	부모님:
	선생님:

초, (중), 고, 2년 학과목 English 페이지 114 ~ 130 읽은회수 10회

현재학년 : 중2년 이 름 : 곽동희 시 간 : 10분 초

* 「동사+부사」로 이루어진 동사구가 목적어를 취할 때 목적어가 명사인 경우 동사 다음이나 부사 다음 어느 곳에 위치해도 좋지만, 목적어가 대명사인 경우 반드시 동사와 부사 사이에 와야 한다.

  pick it up —(O)
  pick up it —(X)

* 주요표현
  ① watch out – 조심하다 = (be careful)
  ② quarrel with – ~와 다투다.
  ③ again and again – 되풀이해서
  ④ each other – 각자, 서로
  ⑤ pick up – 집어올리다
  ⑥ hold up – 쳐들다.

* So do I. [So + 동사 + S.] 동의할때
  I want to work with you.
  So do I. (나도 그래.)

* May – 추측할때 「~일지도 모른다」
  → That may be true.
  May – 허가의 의미 「~해도 좋다」
  → May I use the telephone?

* 사과나 용서할때
  ex) · I'm sorry. I'm late again. – 죄송합니다. 늦었어요
  · It doesn't matter – 그건 문제가 안된다. 괜찮다.

* 비교할때
  1. You are as good as I am.
  2. I am more useful than you.
  3. We will be the most useful of all

※ 이 훈련을 통해 학생들은 발단, 전개, 결정, 결말로 나누어 정확하게 간추릴 수 있는 능력을 키우게 됩니다. 차례를 보고 요약할 때는 연필이나 검정색 펜을 사용하고, 교과서를 다시 보고 요약할 때는 파란색 펜이나 빨강색 펜을 사용합니다.

요점정리기록카드

년 11 월 24 일

요점정리카드

확인	
부모님:	
선생님:	

초, (중), 고, 1 년 학과목 체육(무용) 페이지 128 ~ 136 읽은회수 4 회

현재학년: 1 년 이 름: 임 영인 시 간: 15 분 0 초

☆ 무용이란? 자신의 생각이나 감정을 신체의 움직임을 통해 자유롭고 창의적으로 표현하는 활동

이점 → 신체를 조화롭게 발달시킴
미적 감각과 표현력 높임
정서 순화
정신적 긴장 해소

무용의 기본 자세
→ 발 바닥 전체를 땅에 디디고 머리부터 발 끝까지 똑바로 편자세 엉덩이와 배에 힘을 주어 튀어 나오지 않게

○ 기본 움직임 흔들기 누르기
㉠ 비이동 움직임 펴기 굽히기
㉡ 이동 " 달리기 걷기
㉢ 고박에 " 밀기 끌기 당기기

<무용의 발달>

무용은 인류의 발전 함께 시작됨
언어 사용 이전) 손짓 몸짓으로 자기의 생각이나 감정 표현
제천 행사의 하나
질병을 물리치는 수단

○ 기본요소
㉠ 시간 → 속도 리듬
㉡ 공간 → 높이 방향
㉢ 힘 → 강약 경중

① 고대 [이집트 → 직업적 무용수
그리스 → 청소년의 인격 수양

② 중세 - 신체 활동을 죄악시 하던 기독교 사상의 영향으로 거의 실시되지 못함
문예 부흥과 더불어 서민, 궁중 무용

(19세기 후반) 현대 무용
이사도라 던컨 → 인간의 자연성 존중

☆ 움직임 자체의 변화는 물론 공간, 시간, 힘 등의 요소 잘 결합
워킹 스텝 러닝 스텝 홉스텝 리프 스텝 점프 스텝

※ 이 훈련을 통해 학생들은 발단, 전개, 절정, 결말로 나누어 정확하게 간추릴 수 있는 능력을 키우게 됩니다. 차례를 보고 요약할 때는 연필이나 검정색 펜을 사용하고, 교과서를 다시 보고 요약할 때는 파란색 펜이나 빨강색 펜을 사용합니다.

영어단어암기카드 A

영어단어암기카드

확인	
부모님 :	
선생님 :	[signature]

학 년 4-2

성 명 [illegible]　　시 간 3 분 30 초　　단어암기 50 개

개	단어	뜻	개	단어	뜻
1	month	달	26	new	새로운
2	moon	달	27	news	뉴스
3	morning	아침	28	newspaper	신문
4	most	가장 많은	29	next	다음
5	mountain	산	30	nice	좋은
6	mouse	쥐	31	night	밤
7	mouth	입	32	no	아니
8	move	움직이다	33	nobody nobody	아무도 않다
9	much	매우	34	nod nod nod	끄덕이다
10	museum	박물관	35	noise	소음
11	music	음악	36	north	북쪽
12	must	~해야만 한다	37	nose	코
13	my	나의	38	not	않는다
14	myself	나 자신을	39	note	각서
15	nail nail nail	못	40	notebook	노트 공책
16	name	이름	41	nothing nothing	아무것도 없다
17	nation nation	국가	42	now	지금
18	nature	자연	43	number	숫자
19	near near	가까이	44	nurse	간호사
20	nearly nearly	거의	45	of	~의
21	neck	목	46	off	끄다
22	need	필요로 하다	47	often	자주
23	neighbor neighbor	이웃	48	old	늙은
24	neighborhood	이웃 근처	49	Olympics	올림픽
25	never	결코 않다	50	on	위에

영어단어암기카드 A

영어단어암기카드

확인	
부모님:	[illegible]
선생님:	[illegible]

학 년 고1

성 명 신희수 　 시 간 3 분 30 초 　 단어암기 49 개

개	단 어	뜻	개	단 어	뜻
1	enormous	거대한	26	harvest harvest	수확
2	escape	탈출구	27	depression depression	울적기
3	drab	단조한	28	affect	영향을 미치다
4	reality	현실	29	perpetually	영원한
5	romance	낭만	30	insecurity insecurity	불안감
6	wickedness	사악함	31	morbid morbid	[illegible]
7	punish	벌주다	32	ardour	열기
8	virtue	미덕	33	alike	비슷한
9	reward	보상하다	34	occasionally	가끔
10	poverty	가난	35	realize	깨닫다
11	contentment	만족	36	fragile	부서지기쉬운
12	genius	천재	37	crust	껍질
13	environment	환경	38	subside	[illegible]
14	satter	흩다	39	possessions	소유물
15	entrust	맡기다	40	philosopher	철학자
16	since	~때문에	41	pursue	추구하다
17	possess	소유하다	42	condemn	~형을 선고하다
18	standard	[illegible]	43	indefinite indefinite	불명확한
19	author	작가	44	reprieve	집행유예
20	survive	살아남다	45	recoun	측정하다
21	absolute	절대적인	46	appointment	약속
22	situation situation	상황	47	complete	완전한
23	novel novel	새로운	48	distraction	기분전환
24	essence essence	본질	49	exhaust	힘들게하다
25	matter	중요하다	50	entirely	전적으로

영어단어암기카드 A

영어단어암기카드

확인	
부모님:	(서명)
선생님:	(서명)

학 년 고2

성 명 오영재　　시 간 2 분 40초　　단어암기 50 개

개	단어	뜻	개	단어	뜻
1	excite	흥분시키다	26	cordial cordial	조화로운
2	recite	암송하다	27	discord	불일치의
3	civil	시민의	28	courage	용기
4	civilize	문명화하다	29	encourage	힘내게하다
5	citizen	시민	30	discourage	낙담시키다
6	claim	요구하다	31	core	심
7	proclaim	선언하다	32	corps corps	군대
8	council	협의회	33	corporate corporate	법인의
9	exclaim	외치다	34	corpse corpse	시체
10	decline	거부하다	35	create	창조하다
11	incline	~하고싶게하다	36	recreate	기분전환하다
12	climate	기후	37	increase	증가하다
13	include	포함하다	38	decrease	감소하다
14	exclude	제외하다	39	concrete	구체적인
15	conclude	결론짓다	40	credit	신용
16	closet	옷장	41	credible	믿을만한
17	disclose	열다	42	creed	신조
18	enclose	봉하다	43	cultivate	농사짓다
19	recognize	인식하다	44	culture	문화
20	ignore	무시하다	45	agriculture	농업
21	noble	귀족의	46	colony	식민지
22	acknowledge	인정하다	47	current	현재의
23	acquaint	알다	48	excursion excursion	소풍
24	accord	조화하다	49	recur recur	재일어나다
25	according	따라서	50	occur	발생하다

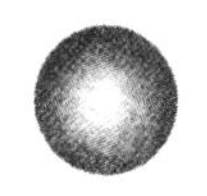

영어단어암기카드 A

영어단어암기카드(1)

학 년 중1

성 명 정수진 시 간 3 분 20 초 단어암기 50 개

확인 부모님:
선생님:

개	단어	뜻	개	단어	뜻
1	lesson	학과	26	thank	감사
2	one	하나	27	OK	좋다
3	listen	듣다	28	aftenoon	오후인사
4	read	읽다	29	evening	저녁인사
5	and	그리고	30	goo-bye	헤어질때인사
6	speak	말하다	31	night	저녁
7	hello	안녕	32	three	3
8	I	나	33	this	이것
9	am	~이다	34	family	가족
10	hi	안녕	35	mother	어머니
11	my	나의	36	that	저것
12	name	이름	37	your	너의것
13	is	~이다	38	brother	남동생
14	glad	반가운	39	yes	그래
15	to	~동안한	40	It	그것
16	meet	만나다	41	who	누구
17	you	당신의	42	sister	여동생
18	too	또한	43	she	그녀는
19	write	써봅시다	44	pretty	이쁜
20	two	2	45	me	나의
21	good	좋은	46	mom	엄마
22	morning	아침	47	firend	친구
23	how	어떻게	48	do	~하다
24	are	~ㄹ세	49	Mrs	기혼여성
25	fine	좋은	50	uncle	삼촌

영어단어암기카드 A

영어단어암기카드

확인	
부모님 :	
선생님 :	(서명)

학년 고1

성명 진형기 시간 3분 30초 단어암기 50개

개	단어	뜻	개	단어	뜻
1	free	자유로운	26	industry	산업
2	freely	자유로이	27	industrial	산업의
3	freedom	자유	28	industrious	근면한
4	gain	얻다	29	instrument	도구
5	gift	선물	30	interest	흥미
6	gifted	재능있는	31	interfere	방해하다
7	grace	우아함	32	Interference	방해
8	graceful	우아한	33	involve involve	포함하다
9	gracious gracious	너그러운	34	involvement	말려듦
10	glant	승인하다	35	issue	논점
11	grave	무덤	36	just	바로
12	grand	땅	37	justly	정의롭게
13	grow	자라다	38	justify	정당화하다
14	growth	성장	39	justice	정의
15	grow-up	어른	40	late	늦은
16	happen	일어나다	41	lately	최근에,
17	hire	고용하다	42	leave	떠나다
18	humble	겸손한	43	lesson	학과
19	identify	동일시하다	44	letter	편지
20	identity	동일함	45	liable liable liable	~하기 쉬운
21	identical identical	동일한	46	liability	책임
22	illustrate illustrate	예를 들어 설명하다	47	liberal liberal	너그러운
23	illustration illustration	예시	48	liberty	자유,
24	incline	~할 기분이 나게하다	49	life	생명
25	inclination	의향	50	light	빛

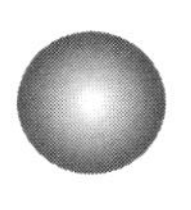

영어단어암기카드 B

영어단어암기카드(2)

학년 : 5

성명: 오세진 시간 2분 10초 단어암기 30 개

확인	
부모님:	(서명)
선생님:	(서명)

개	단어	뜻	단어	개	단어		단어
1	cake	케잌	Cake	16	city	도시	city
2	camel	낙타	camel	17	clock	시계	clock
3	camera	카메라	camera	18	coffee	커피	coffee
4	camp	캠프	camp	19	coin	동전	coin
5	car	자동차	car	20	cold	춥다	cold
6	card	카드	card	21	college	단과대학	college
7	carrot	당근	carrot	22	color	색깔	color
8	castle	성	castle	23	Computer	컴퓨터	computer
9	cat	고양이	cat	24	cook	요리	cook
10	chair	의자	chair	25	cooky	과자	cooky
11	cheese	치즈	cheese	26	cool	시원하다	cool
12	chritmas	크리스마스	chirthmas	27	corner	구석	coner
13	china	중국	china	28	crab	게	crap
14	chinese	중국인	chines	29	cross	십자가	cross
15	church	교회	church	30	crow	까마귀	crow

영어단어암기카드 B

영어단어암기카드

확인 부모님: (서명) 선생님: (서명)

학 년: 중1

성 명: 전완석 시간 2분 30 초 단어암기 30개 개

개	단어	뜻	단어	개	단어	뜻	단어
1	at	~에	at	16	but	그러나	but
2	open	열다	open	17	way way	길	way
3	go	가다	go	18	music music	음악	music
4	sit	앉다	sit	19	movie	영화	movie
5	like like	좋아하다	like	20	well	잘	well
6	come	오다	come	21	kind kind	친절한	kind
7	of of	~의	of	22	stand	일어나다	stand
8	look look	보다	look	23	sing	노래	sing
9	school	학교	school	24	piano	피아노	piano
10	for	~의 위하여	for	25	hot	뜨거운	Hot
11	now	지금	now	26	Korea	한국	Korea
12	Where where	어디	where	27	boy	소년	boy
13	Write write	쓰다	write	28	worry	걱정하다	worry
14	up	위에	up	29	say say	말하다	say
15	about	~에 관하여	about	30	present	선물	present

영어단어암기카드 B

영어단어암기카드

확인	부모님: (인)
	선생님: (서명)

학년: 고 2

성명: 최 정선   시간 2 분 20 초   단어암기 30 개

개	단어	뜻	단어	개	단어	뜻	단어
1	rather rather	얼마간, 다소	rather	16	alive	살아 있는	alive
2	unkind unkind	불친절한	unkind	17	mood	기분	mood
3	alone alone	홀로	alone	18	Crazy	미친	crazy
4	envelope envelope	봉투	envelope	19	nearly	거의	nearly
5	doorway	대문간	door way	20	Stamp	우표	stamp
6	troubled troubled	난처한	troubled	21	add	덧셈	add
7	trust	신뢰하다	trust	22	unusual	드문	unusual
8	impatient	참을성이 없는	impatient	23	offer offer	제공하다	offer
9	luckily	운좋게	luckily	24	amount	양	amount
10	just	꼭	just	25	pound	파운드	pound
11	badly	나쁘게	badly	26	accompany	동반하다	accompany
12	Save	절약하다	Save	27	guest	손님	guest
13	occasionally	때때로	occasionally	28	behave	행동하다	behave
14	another	또 다른 하나	another	29	play	희곡	play
15	journey	여행	journey	30	character	등장인물	Character

영어단어암기카드 B

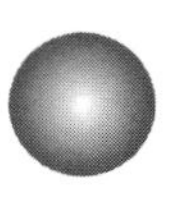

영어단어암기카드

확인	부모님:
	선생님: (서명)

학 년 : 中2

성 명 : 소민정　　　시간 3 분 10 초　　　단어암기 30 개

개	단어	뜻	단어	개	단어	뜻	단어
1	beggar beggar beggar	거지	beggar	16	fun fun fun	즐거움, 재미	fun
2	bedside bedside	침대옆	bedside	17	bathroom bathroom	욕실	bathroom
3	deer deer deer	사슴	~~deer~~ deer	18	tail tail	꼬리	tail
4	bill bill bill	계산서	bill	19	hip hip hip	엉덩이 (아래쪽 허리)	hip
5	doll doll doll	인형	doll	20	piece piece piece	한조각	piece
6	pepper pepper	후추	pepper	21	fruit fruit fruit	과일	fruit
7	frog frog frog	개구리	frog	22	British British	영국인	British
8	rest rest rest	휴식	rest	23	French French	프랑스인	French
9	tower tower	탑	tower	24	German German	독일인	German
10	bridge bridge	다리	bridge	25	sale sale	판매, 염가판매	sale
11	cloth cloth cloth	천, 직물	cloth	26	rope rope	밧줄	rope
12	post post post	우편(물)	post	27	umbrella	우산	umbrella
13	snake snake	뱀	snake	28	dollar dollar	달러	dollar
14	job job	직업, 일	job	29	mistake	실수, 잘못	mistake
15	town town town	[illegible], 읍	town	30	birth birth	출생	birth

영어단어암기카드

확인	
부모님:	
선생님:	(서명)

학 년 : 7th

성 명 : 김수정　　시간 2 분 초　　단어암기 30 개

개	단어	뜻	단어	개	단어	뜻	단어
1	babe	갓난아기	babe	16	blood	피	blood
2	baby	아이	baby	17	bloody	피가나는	bloody
3	baby-sitter	아이를 돌보는 사람	baby-sitter	18	born	태어나다	born
4	badly	나쁘게	badly	19	brain	뇌	brain
5	base	기초	base	20	breath	숨, 호흡	breath
6	basement	지하실	basement	21	breathe	호흡하다	breathe
7	basic	기초, 기본	basic	22	bury	묻다(땅에)	bury
8	bay	만	bay	23	cabbage	배추	cabbage
9	beauty	아름다움	beauty	24	cafeteria	식당	cafetiria
10	bedclothes	침구	bedclothes	25	cameraman	카메라맨	cameramen
11	beef	쇠고기	beef	26	case	경우	case
12	beefsteak	스테이크	beef stake	27	Celebration	축하식	celebration
13	behavior	행동	behaivor	28	Celebrity	유명인다	celebTty
14	belief	신앙	belief	29	cello	첼로	cello
15	belongings	소유물	belongings	30	century	세기	century

성 명 : 이민희

교과서 암기 및 문제 풀기카드

학교명 : 연주中
학 년 : 3

순위	월 일	영상화 훈련	기본 훈련	속독 자세	과목	페이지	학과목 10회이상 正자로	소요 시간 (분.초)	내용 이해 (%)	내용 기억 (%)	총문 제수	소요 시간 (분:초)	맞은 수	틀린 수	점수	부모님 확인	원장님 확인	비 고
1	5/4	○	○	○	사회	60~66	正下	30분	100%	90%	18	12분	17	1	94			
2	5/4	○	○	○	사회	66~68	正下	18분20	100	100%	24	20분	23	1	96			
3	5/11	○	○	○	도덕	60~66	正一	15분	100	100	15	24분	14	1	93			
4	5/18	○	○	○	〃	69~[illegible]	正下	18분 20초	100%	100%	14	4분	14	0	100			·주평균
5	5/18	○	○	○	〃	78~88	正下	15분	100	100	14	3분	14	0	100			
6	5/25	○	○	○	가정	20~26	正下	11분40	100%	100%	16	6분20분	16	0	100			97 점
7	5/25	○	○	○	기술	60~68	正下	14분	100%	100%	5	2분	5	0	100			
8	6/1	○	○	○	도덕	8[illegible]~100	正下	16분10초	100%	100%	14	6분	13	1	93			
9	6/1	○	○	○	가정	28~42	正下	9분	100%	100%	8	2분	8	0	100			
10	6/8	○	○	○	[illegible]	75-84	正下	9분 20초	100%	100%	15	6분	14	1	93			주평균
11	6/15	○	○	○	국어	26~36	正	14분	100%	100%	20	5분	20	0	100			
12	6/15	○	○	○	국어	138~140	正	6분40	100%	100%	9	5분30	9	0	100			98 점

세계속독협회 : 새생활속독연구원 TEL : 722-4710-1
TEL : 723-5548-9
FAX : 722-4709

총 평 균 점 수	

교과서암기 문제풀기

①모르는 ✓
중요한 .....
②중요 부분 — — —
③중요 부분 ○○○
④중요 부분 □□□
⑤중요 부분 ☆☆☆
⑥순서 : ①②③④⑤⑥
⑦ 연필 뒤로 돌려서
⑧ 영상화 기억 입력해
A: 서론·본론·결론
B: 육하원칙
C: 기·승·전·결
D: 첫째, 둘째, 셋째.
E: 발단·전개·위기
절정·결말

성 명 : 정현지

교과서 암기 및 문제 풀기카드

학교명 : 경원중학교.
학 년 : 中3.

순위	월 일	영상화 훈련	기본 훈련	속독 자세	과목	페이지	학과목 10회이상 8.5.3 읽기 正자로	소요 시간 (분.초)	내용 이해 (%)	내용 기억 (%)	총문제수	소요 시간 (분.초)	맞은 수	틀린 수	점수	부모님 확인	원장님 확인	비 고
1	4月 13日	○	○	○	영어	42~59	正T	27분	95%	94%	20문제	4분	20	0	100	[illegible]	[illegible]	
2	4月 20日	○	○	○	생물	~~148~156~~	正	19분	100%	96%	17문제	4.40	17	0	100	[illegible]	[illegible]	
3	4月 20日	○	○	○	생물	148-156	正	18분	100%	95%	11문제	4분	11	0	100	[illegible]	[illegible]	
4	5月 4日	○	○	○	국어	140~150	正下	20분	100%	97%	47문제	9분	47	0	100	[illegible]	[illegible]	주평균
5	5月 4日	○	○	○	국어	126~136	正下	9분	100%	98%	20문제	4분	20	0	100	[illegible]	[illegible]	
6	5月 11日	○	○	○	국어	232~248	正下	15분	100%	99%	18문제	4분	18	0	100	[illegible]	[illegible]	100점
7	5月 18日	○	○	○	사회	62-68	正下	12분	100%	97%	18문제	6분	18	0	100	[illegible]	[illegible]	
8	5月 18日	○	○	○	국어	256~263	正下	9.10	100%	97%	27문제	4분	[illegible]	0	100	[illegible]	[illegible]	
9	5月 25日	○	○	○	도덕	69-74	正下	8.40	100%	99%	7문제	2분	7	0	100	[illegible]	[illegible]	
10	5月 25日	○	○	○	도덕	74-78	正下	5.00	100%	99%	8문제	1.50	9	0	100	[illegible]	[illegible]	주평균
11	5月 25日	○	○	○	도덕	78-84	正下	5.50	100%	99%	8문제	1.10	8	0	100	[illegible]	[illegible]	
12	5月 25日	○	○	○	도덕	84-88	正下	5.50	100%	99%	8문제	1.10	8	0	100	[illegible]	[illegible]	100점

총 평 균 점 수	100

세계속독협회 : 세생화속독연구원 TEL : 722-4710-1
TEL : 723-5548-9
FAX : 722-4709

교과서암기 문제풀기

교과서 암기 및 문제 풀기카드

성 명 : 현 소연

학교명 : 아주 중
학 년 : 中2.

순위	월 인	영상화 훈련	기본 훈련	속독 자세	과목	페이지	하과목 8회차상 미회차	소요 시간 (분.초)	내용 이해 (%)	내용 기억 (%)	총문 제수	소요 시간 (분:초)	맞은 수	틀린 수	점수	부모님 확인	원장님 확인	비 고
1	4/13	O	O	O	가정	p25~p31	正正	23/10	90%	90%	40문항	8/10	35개	5개	88			
2	4/20	O	O	O	사회	p41~p49	正	19	90%	90%	21문항	5	20개	1개	95			
3	4/20	O	O	O	사회	p33~p40	正	11	90%	90%	19문항	3	18개	1개	95			
4	5/3	O	O	O	국어	6과	正F	27/10	90%	95%	30문항	12/40	27개	3개	95			주평균
5	5/3	O	O	O	국어	7과	正F	27	90%	95%	30문항	10	30개	0개	100			
6	5/11	O	O	O	기술	p44~p47	正F	13	90%	95%	13문항	4	13개	0개	100			95 점
7	5/11	O	O	O	기술	p48~p63	正F	30	90%	90%	30문항	11	28개	2개	93			
8	5/18	O	O	O	과학	p163~p167	正F	12	95%	100%	15문항	2/10	15개	0개	100			
9	5/18	O	O	O	과학	p160~p168	正F	5/30	95%	100%	15문항	3	15개	0개	100			
10	5/18	O	O	O	과학	p169~p171	正F	8	95%	95%	13문항	2/40	13개	0개	100			주평균
11	5/20	O	O	O	도덕	p64~p70	正F	18	95%	95%	20문항	6/20	19개	1개	95			
12	5/20	O	O	O	도덕	p73~p87	正F	22	95%	95%	17문항	6	17개	0개	100			98 점

총 평 균 점 수	96.5

세계속독협회 : 새생활속독연구원 TEL : 722-4710-1
TEL : 723-5548-9
FAX : 722-4709

교과서암기 문제풀기

성 명 : 임도인

교과서 암기 및 문제 풀기카드

학교명 : 영동여고
학 년 : 1

①모르는 ✓
중요한 - - - - -
②중요한 — — —
③중요한 ○ ○ ○
④중요한 □ □ □
⑤중요한 ☆ ☆ ☆
⑥ ①②③④⑤⑥
A.6하원칙.
B.서론.본론.결론.
C.기.승.전.결.
D.첫째.둘째.셋째.
E.[illegible]
⑦[illegible] 뒤로 돌려서
⑧영상화 기억.

순위	월 일	영상화 훈련	기본 훈련	속독 자세	과목	페이지	한과목 10회이상 正자로	소요 시간 (분:초)	내용 이해 (%)	내용 기억 (%)	총문제수	소요 시간 (분:초)	맞은 수	틀린 수	점수	부모님 확인	원장님 확인	비 고
1	4/1	X	○	○	일반사회	19	正F	20'	100	90	30	17'10	29	1	97	[illegible]	[illegible]	
2	4/8	○	○	○	한국지리	10~29	正F	23'30"	100	90	5	7'20"	5	0	100	[illegible]	[illegible]	
3	4/15	○	○	○	국어(상)	59~66	正F	7'30"	100	100	53	30'	50	3	94	[illegible]	[illegible]	
4	4/22	X	○	○	공통과학	16~29	正	10'20"	100	90	12	3'50"	11	1	92	[illegible]	[illegible]	주 평 균
5	4/22	X	○	○	"	64~78	正	11'10"	100	90	15	11'30"	15	0	100	[illegible]	[illegible]	
6	4/22	X	○	○	"	79~88	正	8'00"	100	90	14	12'20"	14	0	100	[illegible]	[illegible]	97 점
7	5/13	○	○	△	국어(상)	85~90	正F	11'20"	100	90	58	15'10"	57	1	98	[illegible]	[illegible]	
8	5/13	○	○	△	"	91~98	正F	8'50"	100	90	60	3'20"	58	2	97	[illegible]	[illegible]	
9	6/3	○	○	△	일반사회	76~83	正F	11'20"	100	95	10	15'	10	0	100	[illegible]	[illegible]	
10	6/3	○	○	○	"	84~90	正F	6'50"	100	95	7	5'50"	7	0	100	[illegible]	[illegible]	주 평 균
11	6/3	○	○	○	"	90~100	正F	7'10"	100	90	9	5'40"	9	0	100	[illegible]	[illegible]	
12	6/3	○	○	○	"	101~108	正F	3'	100	100	8	3'30	8	0	100	[illegible]	[illegible]	99 점

총 평 균 점 수	

세계속독협회 : 세생환속독연구원 TEL : 722-4710-1
TEL : 723-5548-9
FAX : 722-4709

교과서암기 문제풀기

교과서 암기 및 문제 풀기카드

성 명 : 현유경

학교명 : 아주중학교
학 년 : 중 3

순위	월 일	영상화 훈련	기본 훈련	속독 자세	과목	페이지	한과목 10회이상 8-5-3 正자로	소요시간 (분.초)	내용이해 (%)	내용기억 (%)	총문제수	소요시간 (분:초)	맞은 수	틀린 수	점수	부모님 확인	원장님 확인	비 고
1	4/13	O	O	O	사회	P2-P12	正下	37'	100	100	36	38'	36	0	100			
2	4/20	O	O	O	사회	P13-P30	正	13'	100	90	41	14'	34	5	83			
3	4/20	O	O	O	사회	P20-28	正	11'40	100	90	50	30'	42	8	84			
4	5/3	O	X	O	사회	P50-58	正下	30	100	80	44	7'20"	44	0	100			주평균
5	5/4	O	O	O	사회	P8-68	正下	15'	100	80	45	18'20"	45	0	100			
6	5/18	O	O	O	도덕	P60-66	正T	10'	100	80	38	14'	38	0	100			95 점
7	5/18	O	O	O	도덕	P68-58	正F	3'40"	100	80	46	2'80"	46	0	100			
8	5/18	O	O	O	도덕	P78-188	正F	8'50"	100	80	53	14'	53	0	100			
9	5/25	O	X	O	가정	P38-46	正下	15"	100	100	60	8'20"	55	5	92			
10	6/1	O	O	O	가정	P47-50	正下	9'50"	100	80	22	4'	22	0	100			주평균
11	6/1	O	O	O	가정	P56-53	正F	3'	100	80	20	3'	20	0	100			
12	6/1	O	O	O	가정	P53-59	正F	3'30"	100	80	40	14'	40	0	100			99 점

총 평 균 점 수	

세계속독협회 : 세생활속독연구원 TEL : 722-4710-1
TEL : 723-5548-9
FAX : 722-4709

읽은책 목록

읽은 책 목록

문정원

월일	권수	책 명	저 자	출 판 사	소요 시간	내용 이해 (%)	내용 기억 (%)	확 인
2/23	1	중앙 완전국어 2 백치 아다다	계용묵	〃	9′40″	100%	95%	
24	2	· 장랑정기	유진오	중앙교육연구원	9′	〃	95%	
25	3	〃 靑개구리	이무영	〃	8′30″	〃	90%	
26	4	· 메아리	이주홍	〃	4′	〃	95%	
27	5	· 바비도	김성한	〃	6′	〃	85%	
28	6	일등과 꼴찌는 공부방법 차이 Ⅱ	E.M. 슈빌츠	키출판사	55′	〃	90%	
29	7	광장	최인훈	문학과 지성사	60′	〃	85%	
3/1	8	얘들아 이렇게 공부하지 않으면.	구광회	여름궁 미에	85′	〃	95%	
2	9	합종이 수업	하근찬	중앙교육연구원	7′	〃	90%	
3/4	10	역사와 사회주의 과학	김영식	서울대학교 출판부	58′	95%	85%	
3/6	11	테레사	샐리 그레이	중앙교육연구원	22′	100%	90%	
3/9	12	공부도 요령이다.	김용구	고글	45′	100%	90%	
3/11	13	구텐베르크	마이클 폴러드	중앙교육연구원	21′40″	100%	85%	
3/12	14	갈릴레이	마이클 화이트	〃	20′	100%	90%	
3/15	15	베이든 파월	줄리아 코트니	〃	19′20″	100%	90%	
3/18	16	쥐 덫	애거서 크리스티	해문	60′	100%	95%	
3/19	17	이상한 사건	〃	〃	11′40″	100%	98%	
3/20	18	모범 하나	〃	〃	5′50″	100%	100%	
3/21	19	연애 탐정	〃	〃	20′	100%	100%	
3/26	20	정치·경제	한국 교육	개발원	18′	100%	90%	
3/26	21	국사	〃		22′	〃	〃	

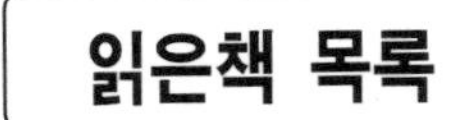

읽은 책 목록

학교 무학 여자 중학교 **학년** 3 **성명** 정 승 혜

월일	권수	책 명	저 자	출판사	소요 시간	내용 이해 (%)	내용 기억 (%)	확인	
								어머님	선생님
2/15	1	세월	김형경	문학동네	30'15"	90	100	Hong	[illegible]
2/16	2	마음의 쉼터	김민곤	민우사	4'47"	80	90	Hong	[illegible]
2/17	3	분홍색의 꿈	권오명	윤진	8'18"	90	80	Hong	[illegible]
/18	4	꼬리잘린 호랑이	도두목	민족 문화 추진회	4'50	100	90	Hong	[illegible]
/19	5	선현의 어린시절	이상현	〃	5'29"	100	80	Hong	[illegible]
/20	6	유대인의 지혜	서영수	지경사	9'4"	90	80	Hong	[illegible]
/21	7	세상에서 가장 아름다운 이야기	황순원외	동쪽나라	8'21"	90	80	Hong	[illegible]
/22	8	서울·평양 친구	신동일	지경사	9'42"	100	80	Hong	
/23	9	이랑의 정조	박종화	타임기획	7'11"	100	90	Hong	
/24	10	사랑 손님과 어머니	주요섭	〃	5'3"	100	80	Hong	
/25	11	메밀꽃 필 무렵	이효석	〃	4'20"	100	80	Hong	
/26	12	백치 아다다	계용묵	〃	4'15"	100	90	Hong	[illegible]
/27	13	소돔성의 사랑 그리고 여름의 성공	조인리	문예당	45'25"	90	90	Hong	[illegible]
/28	14	쥐떵과 톰스	M. 드브랑	금하	11'42"	100	90	Hong	[illegible]
3/1	15	세계명작 순례기 상	신종신	프라미엄 북스	53'18"	100	80	Hong	[illegible]
/2	16	〃 하	신종신	프라미엄 북스	1시간	100	90	Hong	[illegible]
/3	17	학력고사 북루스	조두현	청조사	1시간 20'	90	90	Hong	[illegible]
/4	18	삼국지	나관중	지경사	12'30"	80	90	Hong	[illegible]
/5	19	시련은 있어도 실패는 없다	현대 문화 신문사	현대 문화 신문사	1시간 35'	80	90	Hong	[illegible]
/6	20	큰바위 얼굴	나다니엘 호오돈	동쪽나라	25'19"	100	100	Hong	[illegible]

읽은책 목록

읽은 책 목록

학교 경원중학교　　　학년 中 3　　　성명 정현지

월일	권수	책 명	저 자	출판사	소요 시간	내용 이해 (%)	내용 기억 (%)	확인	
								부모님	선생님
5月 9日	21	이야기 목민심서	엄기원	지경사	33분	100%	96%	[illegible]	[illegible]
5月 10日	22	꽃 아름답고 슬픈 이야기	김소천	바른사	29분	100%	100%	[illegible]	[illegible]
5月 11日	23	마지막 잎새	O·헨리	지경사	24분	100%	100%	[illegible]	[illegible]
5月 12日	24	꿀벌 마야의 모험	본젤스	학원출판공사	28분	100%	100%	[illegible]	[illegible]
5月 13日	25	명탐정 홈스	코난 도일	"	25분	100%	95%	[illegible]	[illegible]
5月 16日	26	작은 아가씨들	올코트	"	20분	100%	94	[illegible]	[illegible]
5月 17日	27	장발장	빅토르위고	"	25분	100%	98%	[illegible]	[illegible]
5月 18日	28	알프스의 소녀	요한나 스피리	"	20분	100%	99%	[illegible]	[illegible]
5月 19日	29	ABC 살인사건	애거서 크리스티	해문사	15분	100%	96%	[illegible]	[illegible]
5月 20日	30	아라비안 나이트	리처드 버튼	학원출판공사	25분	100%	100%	[illegible]	[illegible]
5月 21日	31	두 파산	염상섭	"	20분	100%	100%	[illegible]	[illegible]
5月 22日	32	이솝 이야기	이솝	"	20분	100%	98%	[illegible]	[illegible]
5月 23日	33	소공녀	프랜시스 버넷	"	22분	100%	97%	[illegible]	[illegible]
5月 24日	34	플랜더즈의 개	위다	"	20분	100%	100%	[illegible]	[illegible]
5月 25日	35	서유기	오승은	"	45분	100%	96%	[illegible]	[illegible]
5月 26日	36	성황당	정비석	"	10분	100%	100%	[illegible]	[illegible]
5月 27日	37	톰아저씨의 오두막	스토	"	35분	100%	100%	[illegible]	[illegible]
5月 28日	38	명탐정 홈즈	코난 도일	"	25분	100%	97%	[illegible]	[illegible]
5月 29日	39	꺼삐딴 리	전광용	"	16분	100%	95%	[illegible]	[illegible]
5月 30日	40	톰소여의 모험	마크트웨인	"	30분	100%	97%	[illegible]	[illegible]

읽은책 목록

읽은 책 목록

학교 아주 中　　　학년 中2　　　성명 현소연

월일	권수	책 명	저 자	출판사	소요 시간	내용 이해 (%)	내용 기억 (%)	확인	
								부모님	선생님
5/19	1	제인 에어.	C. 브론테	신원	40분	90	90		
5/20	2	나의 라임 오렌지 나무	J.M. 바스콘셀로스	어문각	55분	95	90		
5/22	3	마지막 잎새.	O. 헨리.	예림당	32분	95	95		
5/23	4.	목걸이.	기드 모파상	진문.	41분	90	100		
5/24	5	먼나라 이웃나라 1.	이원복.	고려원 미디어.	58분	95	100		
5/25	6	마지막 수업.	A. 도데.	민서	30분	90	95		
5/27	7	베니스의 상인	셰익스피어.	예림당	35분	100	95		
5/28	8	노인과 바다	헤밍웨이	한실미디어.	50분	90	95		
5/29	9	주홍글씨	호오손	예림당.	31분	95	90		
5/30	10	죽은 시인의 사회 ㊤	톰슐만.	진문	28분	95	95		
5/31	11	죽은 시인의 사회 ㊦	톰슐만	진문	33분	95	95		
5/31	12	독서평설 1.	·	지학사	50분	95	95		
5/31	13	독서평설 8	·	지학사.	45분	95	90.		
6/1	14	홍길동전	송·영 옮김		30분	100	100		
6/3	15	이야기 한국사	송명호.		2시간.	90	85		
6/4	16	안네의 일기	안네·프랑크.		53분	90	90		
6/5	17	먼나라 이웃나라	이원복	고려원 미디어	60분	95	90		
6/6	18	먼나라 이웃나라 3	이원복	〃	60분	90	95		
6/7	19	먼나라 이웃나라 4	〃	〃	60분	95	90		
6/9	20	먼나라 이웃나라 5	〃	〃	60분	90	90		

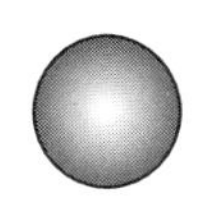

읽은책 목록

읽은 책 목록

학교 경원중학교 학년 1 성명 정 진 현

	월일	권수	책명	저자	출판사	소요시간	내용이해 (%)	내용기억 (%)	확인	
									부모님	선생님
월	4月 7日	1	15소년 표류기	쥘 베른	학원	1:20	100	90	[illegible]	[illegible]
화	8日	2	이솝 이야기	이솝	학원	1:00	100	100	[illegible]	
수	9日	3	물음표가 느낌표에게	최수철	한양 출판	50	100	100	[illegible]	
목	10日	4	황금동전의 비밀	임철우	국민서관	50	100	100	[illegible]	
금	11日	5	모차르트	강남희	대교출판	45	90	90	[illegible]	
토	12日	6	쇼팽	주경희	대교출판	45	90	85	[illegible]	
일	13日	7	슈베르트	허순봉	대교출판	45	90	85	[illegible]	[illegible]
월	14日	8	잠들지 않는 별	신동일	대교출판	1:00	90	90	[illegible]	[illegible]
화	15日	9	의적 홍길동	이 영	대교출판	1:00	100	100	[illegible]	
수	16日	10	아라비안 나이트	조 대현	계림문고	50	100	95	[illegible]	
목	17日	11	안네의 일기	안네 프랑크	지경사	50	85	80	[illegible]	
금	18日	12	베토벤	이 규희	대교출판	45	90	90	[illegible]	
토	19日	13	차이코프스키	김 영희	대교출판	40	90	90	[illegible]	[illegible]
	5月 5日	14	아라비안 나이트	조 대현	계림	30	100	180	[illegible]	[illegible]
	6日	15	아름답고 슬픈 이야기	김 소천	바른사	45	90	80	[illegible]	[illegible]
	7日	16	슈바이처	장 수철	대일	45	90	90	[illegible]	[illegible]
	8日	17	천우치천	이 슬기	대교	40	100	100	[illegible]	[illegible]
	9日	18	흰둥이와 검둥이	신춘문예 모음	산하	30	100	100	[illegible]	[illegible]
	10日	19	과학나라	석 주명	현암사	50	80	90	[illegible]	[illegible]
	11日	20	톰 소여의 모험	마크 트웨인	가정교육사	35	100	100	[illegible]	[illegible]

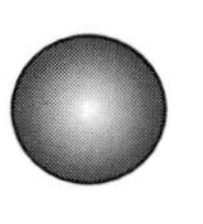

초고속전뇌학습법 평가서

학습 발전을 위한 설문조사
(교과서 속독 방법에 대한)

학년: 아주 중학교.
초:　　중: 2　　고:　　성명: 현 소연.

구분	속독체조	읽기	문제풀기	요점정리	영상화	영어단어암기	집에서매일 1권 책읽기	비고
좋은점	긴장을 풀어주고... 눈 운동이 좀 좋은 거 같다.	책 읽는 것 누구나 하는 것. 예습을 5번 복습을 3번 읽으니 더 이해가 잘 된다.		요점정리를 하므로써 내용이 체계적으로 머리에 들어온다.	이해가 부족할 때, 도움이 된다.	중학때까지는 50단어도 좋았고. 고등단계에 와서 다시 [illegible]를 쓰는 단어		
개선할점	운동을 좀 압축해서 꼭 필요한 것만 하면....				이해가 부족한 사람만 하면 어떨까...?		일주일에 3-4권 정도면 어떨까?	
기타의견								

세계속독협회 : 세생활속독학원 : 02-722-4710-1 :723-5548-9
FAX : 02-722-4709

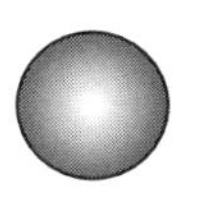

초고속전뇌학습법 평가서

학습 발전을 위한 설문조사
(교과서 속독 방법에 대한)

학년: 2

초: 중: 고: 2 성명: 구소현

구분	속독체조	암 기 8.5.3.	문제풀기	요점정리	영상화 기억	영어단어암기	집에서매일 1권 책읽기	비고
좋은점	·피로를 덜어준다 ·잡념을 없애고 공부에 전념할 수 있게 한다	·속도가 빨라지고 암기력에 중점 된다	·시험때 부담을 줄인다 ·배운 것을 확인해 볼 수 있다.	·머릿속으로도 정리가 되어 도움이 된다	·재미있다	·영어 실력에 도움이 된다.	·독서를 많이 해 속도와 이해력 증강	
개선할점	·좀 단순하게 만들 필요가 있다.	·이해하고 반복학습 할 수 있게 개선 하자	·먼저 암기한 후 시간 간격을 두고 문제를 풀어야 한다			·A, B, C 등급의 단어 프린트를 만들었으면 좋겠다	·매일은 [illegible] 하다.. 이틀에 1권!	
기타의견								

세계속독협회 : 세생활속독학원 : 02-722-4710-1 :723-5548-9
FAX : 02-722-4709

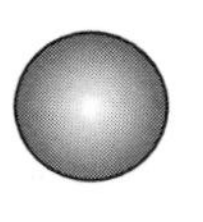

초고속전뇌학습법 평가서

학습 발전을 위한 설문조사
(교과서 속독 방법에 대한)

학년: 일반
초: 중: 고: 성명: 김유정

구분	속독체조	암기 8.5.3.	문제풀기	요점정리	영상화 기억	영어단어암기	집에서매일 1권 책읽기	비고
좋은점	학습전에 기분을 새로이 할 수 있다.	짧은 시간에 전체 내용 파악이 가능하다	교과서를 한 번 읽은 후 바로 풀기 때문에 자신의 학습 수준을 알 수 있다	학습내용이 기억에 잘 남는다	→ 〃	짧은 시간에 많은 단어를 습득할 수 있다	독서하는 습관을 기를 수 있다	
개선할점	매일 체조의 동작을 바꾼다		요점정리와 영상화는 끝낸 후 문제풀기를 한다			적은 양의 단어를 확실히 외우도록 한다	일주에 2권 정도로 분량을 바꾼다.	
기타의견								

세계속독협회 : 세생활속독학원 : 02-722-4710-1 :723-5548-9
FAX : 02-722-4709

학습준비 및 실천사항

부모 확인	

구분	학 생	학 부 모
초급과정	1. 교재:초고속전뇌학습법(일반과정) 2. 개인진도카드 3. 독서대 4. 필기구 5. 매일생활영상화실시	1. 학습유형별 성향분석결과 확인 · 지도 2. 매일 영상화훈련 유 · 무 확인 3. 논리적인창작력훈련(우뇌에서 좌뇌로) 확인 4. 진도카드 확인 5. 집에서 학습 정자세 확인
중급과정	1. 교재:초고속전뇌학습법 2. 개인진도카드 3. 교과서 안 배운 것 2종류 이상 4. 문제지 교과서에 따른 2종류 이상 5. 영어단어책 및 숙어책 6. 독서대 7. 연필 또는 샤프 및 빨간펜 8. 매일 학습영상화 실시 9. 매일 1권 이상 책 읽기	1. 영어 단어 암기 카드 A형 확인 2. 매일 1권 이상 책 읽기카드 확인 3. 교과서 암기 카드 확인 4. 문제풀기카드 확인 5. 매일 학습 영상화 실시 유 · 무 확인 6. 집에서 학습 정자세 확인
고급과정	1. 교재:초고속전뇌학습법(중고급과정) 2. 교과서 안 배운 것 2종류 이상 3. 문제지 교과서에 따른 2종류 이상 4. 영어단어책 및 숙어책 5. 연필 또는 샤프 및 빨간펜 6. 그림을 그릴 수 있는 5색 이상 색연필 7. 독서대 8. 매일 학습영상화 실시 9. 매일 1권 이상 책 읽기	1. 영어 단어 암기 카드 B형 확인 2. 읽은 책 목록카드 확인 3. 교과서 암기카드 확인 4. 교과서 문제풀이카드 확인 5. 학습요점정리카드 확인 6. 영상화기억카드 확인(요점정리를 영상화) 7. 매일 학습영상화 유 · 무 확인 8. 집에서 정자세 확인

학습생활 실천사항

부모 확인	

구분	학 생	학 부 모
평상생활	1. 긍정적인 사고로 스트레스를 받지 않도록 한다. 2. 음식은 자연식을 섭취하도록 한다. 3. 매일학습영상화실시 한다. 4. 매일 책1권 이상 읽는다. 5. 자아 목표 실현을 영상화시킨다. 6. 매일 신문사설을 2종류 이상 읽는다.	1. 학생과의 대화를 통해 안정감을 준다. 2. 좋은 영양상태를 유지할 수 있도록 배려한다. 3. 매일 영상화훈련 유무확인 4. 책 읽는 것과 내용 확인 5. 학생의 학습목표를 독려해 준다. 6. 2종류 이상의 신문을 읽도록 준비해 준다.
학습전	1. 학습전 세면을 할 것 2. 학습할 과목에 자신감을 갖는다. 3. 학습전 학습체조를 할 것	1. 학습전 세면 확인 2. 자신감을 가질 수 있도록 격려한다. 3. 학습전 학습체조 확인
학습시	1. 학습시 정자세 확립 2. 학습전 기본 훈련을 할 것 3. 매일 영어단어 30-60 단어 암기 (암기 5원칙 적용) 4. 매일 교과과목 2단원-5단원 이상 풀기(예습) A. 암기카드 작성:읽기4회 영상기억1회 합5회 B. 문제풀기카드작성:20문제-50문제 이상 C. 요점정리카드작성: ①차례 및 소제목만 보고 요점정리 ②교과서를 보고 요점 보완 ③학교에서 배우고 재보완 D. 영상기억카드작성(회생의 7법칙 적용) ①오감법칙 ②반대법칙 ③비슷한법칙 ④같이있는법칙 ⑤따라일어나는법칙 ⑥순서부여법칙 ⑦영상화법칙 5. 틀린문제 재확인하고 필히 숙지할 것	1. 학습시 정자세 확인 2. 학습전 기본 훈련 확인 3. 영어단어 30-60단어 암기 확인 4. 교과 과목 2단원-5단원 이상 풀기 확인 A. 암기카드작성확인 B. 문제풀기카드작성 확인 C. 요점정리카드작성 확인 D. 영상화카드작성 확인 E. 틀린문제 재확인하고 숙지했는지 확인
학습후	1. 상기사항실시 후 학습진도표에 필히 기록할 것 2. 학습후 학습체조 실시 3. 학습한 내용 주1회복습(요점정리, 영상화기억카드)	1. 학습진도표 확인 2. 학습체조 확인 3. 복습한 내용 주1회마다 확인

시험기간 관리실천사항

부모 확인	

구분	학 생	학 부 모
시험전	1. 시험 일정을 확인한 후 공부계획을 세운다. 2. 시험 범위를 살펴보고 잘 아는 부분과 자신없는 부분을 체크한다. 3. 내용을 요점정리한다. 4. 모의시험문제를 만들어 풀어본다. 5. 수업시간에 강조했던 내용을 다시 복습한다. 6. 시험전날 충분한 수면을 취한다.	1. 시험 일정 확인 2. 성실하게 시험일정에 맞게 공부하는지 확인. 3. 요점정리 확인 4. 모의시험 문제장 확인 5. 복습내용 확인 6. 시험 전날에는 가벼운 식사 7. 안정된 분위기를 만들어 준다.
시험시	1. 간단한 체조 및 심호흡 5회 실시 2. 자기능력을 신뢰하는 안정된 마음을 갖는다. 3. 문제를 풀 시간을 배분한다. 4. 알고 있는 문제부터 풀어나간다. 5. 핵심단어에 밑줄을 그으면서 푼다. 6. 5분전에는 답을 검토하여 실수를 줄이도록 한다	1. 시험에 자신을 갖도록 칭찬해 준다. 2. 서두르다 문제의도를 잘못 파악하지 않도록 가르친다. 3. 소화가 잘 되는 가벼운 식사
시험후	1. 시험본 후 반드시 시험내용을 검토한다. 2. 틀린 문제를 검토하여 다시 풀어본다. 3. 잘 몰랐던 문제는 다시 틀리지 않도록 정리해 두고 자기 것으로 완전하게 만든다. 4. 친한 친구들과 유사한 문제를 만들고 서로 돌아가며 풀어본다.	1. 시험내용 재검토 확인 2. 틀린 문제 숙지했는지 확인 3. 요점정리카드작성 확인
방학기간	1. 생활계획표와 학습계획표를 세운다. 2. 규칙적으로 공부하도록 한다. 3. 하루에 한권씩 책을 읽고, 영상화한다. 4. 방학 때 학원에서 2-3회 보충교육을 다시 받는다.	1. 생활계획표와 학습계획표 확인 2. 규칙적으로 공부하는지 확인 3. 읽은 책 내용 및 영상화 확인 4. 방학 때 학원출석 확인 (추가 수강료 받지 않음)

나의 공부 유형은?

스스로 테스트 해보는 나의 학습 유형

학생 스스로도 미처 깨닫지 못했던 자신의 공부 습관과 태도를 알아봅시다. 그동안 몇 차례 교육 개혁으로 인하여 객관식, 주입식 교육에서 창의력을 개발하는데 중점을 둔 주관식 교육 위주로 바뀌었습니다. 이에 따라 학생들의 공부할 과목은 늘어나고, 학교나 사회가 요구하는 조건은 더욱 다양해지면서 학생들이 공부에 대한 부담을 많이 느끼게 되었습니다.

이러한 학생들에게 구체적인 도움이 될 수 있는 효과적인 공부법을 제시하기 위해 필자가 30년 이상을 속독법과 초고속전뇌학습법을 연구, 개발해 오면서 실제적으로 경험했던 바를 바탕으로 해서 정리한 것이 이 학습성향분석입니다. 오랜 동안 수많은 학생들을 대상으로 설문조사 및 상담을 하고, 실질적으로 가르치면서 필자가 확신한 것은 개개인 학생마다 주위환경이나 배경 등 인격 형성 과정이 각각 다르고 학생들의 공부하는 습관이나 태도도 다르기 때문에 학생에 따라 적절한 학습법을 제시해 주어야 한다는 점이었습니다.

따라서 학생들이 공부하는 여러 가지 행동과 사고의 예를 나열하고 그 문답을 통해 학생들이 가지고 있는 공부의 태도와 습관을 유형별로 구분해 보았습니다.

공부 유형에 따라 각자에게 적합한 학습방법 및 자녀들의 학습 태도, 생각, 성향을 파악할 수 있어 자녀들의 학습성향을 인지하는 데 도움이 되며, 이에 따라 학부모들이 알아두어야 할 교육지침들도 수록하고 있어 자녀들을 교육하는데 효과적으로 사용하실 수 있습니다. 특히 이 학습성향분석도는 학습효과를 기대하는 학생과 학부모의 만족도를 높이기 위하여 현재까지 1,578명의 임상실험을 거친 결과 89.1%의 높은 적중률을 나타내고 있음을 참고로 알려드립니다.

우선 A형에서부터 J형까지의 문제를 읽어 나가면서 자신의 공부방법과 같다고 생각하는 번호에 ***동그라미 (○) 표시***를 하세요. 선택한 번호가 ①이면 10점, ②면 0점, ③이면 5점이므로 열 문제을 푼 뒤 환산하여 합산합니다. 열 개의 문제를 푼 후 계산한 본인의 합산 점수가 65-100점이면 그 유형의 성향을 많이 지닌 것이며, 50-60점이면 성향을 지니고 있지만 드러나지 않은 것입니다. 점수 평가 후 자기가 생각하고 있는 유형과 비교해 보고 어느 정도 자신과 맞는지를 만족도(%)로 나타내 보십시오.

※ 표에 자신의 점수를 기록해 보세요.

점수 / 형	10	20	30	40	50	60	70	80	90	100	점수	비고
A												
B												
C												
D												
E												
F												
G												
H												
I												
J												

A형에서부터 J형까지의 문제를 성실히 풀어본 후 점수를 합산하여 위 도표에 나타나 있는 점수란에 기록하세요. 기록이 끝나면 **도표에 선을 그려서** A형에서부터 J형까지 자신의 공부 방법이 어느 유형의 경향을 보이는지 확인한 후 도움말을 찾아 읽어보세요.

A	점 수

나의 학습 유형은?

(1) 말을 할 때는 논리적으로 이야기를 풀어나가는 편이다.
① 예 ② 아니다 ③ 그저그렇다

(2) 수학, 물리, 과학을 좋아한다.(초등학생의 경우에는 산수, 자연 과목)
① 예 ② 아니다 ③ 그저그렇다

(3) I.Q 테스트 점수가 높고, 퍼즐 문제 푸는 걸 좋아한다.
① 예 ② 아니다 ③ 그저그렇다

(4) 공부할 때는 책상 위나 주위환경이 정돈되어 있어야 공부가 잘 된다.
① 예 ② 아니다 ③ 그저그렇다

(5) 정보수집에 관심이 많다.
① 예 ② 아니다 ③ 그저그렇다

(6) 물건을 구입하거나 일을 할 때는 장점과 단점 등을 꼼꼼히 따져보면서 한다.
① 예 ② 아니다 ③ 그저그렇다

(7) 수업시간 만큼은 확실하게 공부하는 편이다.
① 예 ② 아니다 ③ 그저그렇다

(8) 저녁에 1시간 공부하는 것보다 아침에 30분 공부하는 것이 더 낫다.
① 예 ② 아니다 ③ 그저그렇다

(9) 궁금한 것이 있으면 어떻게든 꼭 해결해야 한다.
① 예 ② 아니다 ③ 그저그렇다

(10) 내 물건은 언제 어디서나 잊지않고 꼭 챙긴다.
① 예 ② 아니다 ③ 그저그렇다

B	점 수

(1) 부모나 친구들에게 청개구리 같다는 얘기를 많이 듣고 자랐다.
① 예 ② 아니다 ③ 그저그렇다

(2) 학교에서의 우등생이 사회에서도 우등생이 된다고 생각하지 않는다.
① 예 ② 아니다 ③ 그저그렇다

(3) 공부를 잘한다고 해서 장래에도 물질적인 풍요를 누리며 산다는 보장은 없다.
① 예 ② 아니다 ③ 그저그렇다

(4) 어른들의 말이 다 맞는 것은 아니다.
① 예 ② 아니다 ③ 그저그렇다

(5) 공부를 잘 하는 것은 단지 부모들이 좋아하는 직업을 얻는 데만 필요할 뿐이라고 생각한다.
① 예 ② 아니다 ③ 그저그렇다

(6) 선생님들이 학생들을 가르치는 것은 자신의 직업의식 때문이라고 생각한다.
① 예 ② 아니다 ③ 그저그렇다

(7) 학교 교육 자체가 문제가 있다면 학생 스스로라도 나서서 바꿔야 한다.
① 예 ② 아니다 ③ 그저그렇다

(8) 어른들의 요구를 무시함으로써 자신의 힘을 유지할 수 있다고 믿는다.
① 예 ② 아니다 ③ 그저그렇다

(9) 학교 공부가 성공을 위한 최선책은 아니다.
① 예 ② 아니다 ③ 그저그렇다

(10) 친구들과 어울려 다니는 것보다 혼자 지내는 시간이 더 좋다.
① 예 ② 아니다 ③ 그저그렇다

C

점 수

(1) 암기과목은 한 두 번 정도만 읽어 보아도 내용을 쉽게 이해할 수 있다.
① 예 ② 아니다 ③ 그저그렇다

(2) 이해가 되지 않는 부분은 철저하게 다시 공부하는 편이다.
① 예 ② 아니다 ③ 그저그렇다

(3) 영어 등 제2외국어를 특별히 더 좋아한다.
① 예 ② 아니다 ③ 그저그렇다

(4) 예습을 꼼꼼히 하여 수업시간이 기다려진다.
① 예 ② 아니다 ③ 그저그렇다

(5) 영문 해석에 자신이 있다.
① 예 ② 아니다 ③ 그저그렇다

(6) 암기에 도움을 주려고, 영상화시켜 암기한다.
① 예 ② 아니다 ③ 그저그렇다

(7) 휴일에도 긴장을 늦추지 않기 때문에 평소대로 학습한다.
① 예 ② 아니다 ③ 그저그렇다

(8) 집중을 하면 누가 옆에 있어도 잘 모를 적이 많다.
① 예 ② 아니다 ③ 그저그렇다

(9) 산에 가면 언제나 정상까지 올라가야 한다.
① 예 ② 아니다 ③ 그저그렇다

(10) 계획을 세우고 그 계획에 맞추어 공부하려고 노력한다.
① 예 ② 아니다 ③ 그저그렇다

D 점 수

(1) 시험 보는 날짜와 성적이 나오는 날짜를 부모님이 언제나 알고 계신다.
① 예 ② 아니다 ③ 그저그렇다

(2) 내가 입고 싶은 옷을 돈을 타서 사입기 보다는 부모님이 사주시는 옷을 입는다.
① 예 ② 아니다 ③ 그저그렇다

(3) 공부를 잘 하는 것이 그리 가치있는 일이라고 생각하지 않는다.
① 예 ② 아니다 ③ 그저그렇다

(4) 자신의 능력을 감추고 학업에서 뛰어나지도 뒤처지지도 않는 것이 편하게 사는 것이다.
① 예 ② 아니다 ③ 그저그렇다

(5) 고민이 있는 친구가 찾아오면 들어주기 보다는 되도록 피하는 것이 좋다고 생각한다.
① 예 ② 아니다 ③ 그저그렇다

(6) 시험 성적이 지난번 보다 좋더라도 그리 기쁘지 않다.
① 예 ② 아니다 ③ 그저그렇다

(7) 되도록 청소시간에는 시키는 것만 하고 적극적으로 하지 않는다.
① 예 ② 아니다 ③ 그저그렇다

(8) 공부를 잘 하게 될수록 부모는 더 많은 요구를 해올 것이라고 생각한다.
① 예 ② 아니다 ③ 그저그렇다

(9) 학급일을 맡게 되면 남보다 두드러져 보이지 않을 만큼만 하는 편이다.
① 예 ② 아니다 ③ 그저그렇다

(10) 실험을 하는 과목보다는 외우는 과목을 더 잘한다.
① 예 ② 아니다 ③ 그저그렇다

E	점 수

(1) 열심히 하는데도 학년이 바뀔 때마다 성적이 떨어진다.
① 예 ② 아니다 ③ 그저그렇다

(2) 결석이나, 지각은 해본 적이 없다.
① 예 ② 아니다 ③ 그저그렇다

(3) 책을 들고 다니거나 단어 암기장을 꼭 손에 들고 다닌다.
① 예 ② 아니다 ③ 그저그렇다

(4) 숙제나 예습을 해두지 않으면 밖에 나가 친구들과 놀지 않는다.
① 예 ② 아니다 ③ 그저그렇다

(5) 공부를 어떻게 해야 하는지 솔직히 잘 모르겠다.
① 예 ② 아니다 ③ 그저그렇다

(6) 잘 이해가 되지 않으면 그 부분을 전부 암기해 버린다.
① 예 ② 아니다 ③ 그저그렇다

(7) 수학문제 풀다가 잘 부딪치는 일이 많지만 잘 모를 때는 같은 유형의 문제를 여러번 풀어보는 편이다.
① 예 ② 아니다 ③ 그저그렇다

(8) 평소에 친구들로부터 '노력파'라는 얘기를 많이 듣는다.
① 예 ② 아니다 ③ 그저그렇다

(9) 계획을 세우고 공부하기 보다는 틈만 나면 공부한다.
① 예 ② 아니다 ③ 그저그렇다

(10) 모르는 것이 있으면 잘 질문하지만 응용문제는 잘 못 푸는 편이다.
① 예 ② 아니다 ③ 그저그렇다

F	점 수

(1) 수업시간에 필요한 준비물은 거의 빠짐없이 챙겨온다.
① 예　② 아니다　③ 그저그렇다

(2) 문제를 풀다가 막히면 다음 문제를 풀 수가 없다.
① 예　② 아니다　③ 그저그렇다

(3) 떠올려도 생각이 잘 나지 않는 것이 있으면 기억할 때까지 잠이오지 않는다.
① 예　② 아니다　③ 그저그렇다

(4) 수업시간에 발표를 하다가 틀리면 몹시 창피하다.
① 예　② 아니다　③ 그저그렇다

(5) 공부계획을 세우거나 일을 하기 전 잘 될까 하는 의구심 때문에 걱정을 많이 하는 편이다.
① 예　② 아니다　③ 그저그렇다

(6) 시험보기 전에 마음이 조급해서 화장실에 자주 가는 편이다.
① 예　② 아니다　③ 그저그렇다

(7) 일이 어려워 보이면 해보기도 전에 그만둔다.
① 예　② 아니다　③ 그저그렇다

(8) 이해 못하는 내용이 있으면 다음 페이지로 넘어가지 못한다.
① 예　② 아니다　③ 그저그렇다

(9) 선생님께 혼나면 집에 가서 잠을 못잔다.
① 예　② 아니다　③ 그저그렇다

(10) 썩 잘해낼 자신이 없으면 겁을 먹고 포기해 버린다.
① 예　② 아니다　③ 그저그렇다

G	점 수

(1) 공부할 분위기가 안 돼서 공부가 잘 되지 않는다고 종종 말한다.
① 예 ② 아니다 ③ 그저그렇다

(2) 공부한 데서 문제가 나오지 않고 꼭 공부하지 않은데서 문제가 많이 출제되는 것같다.
① 예 ② 아니다 ③ 그저그렇다

(3) 과외를 한다면 지금보다 훨씬 성적이 오를 것이다.
① 예 ② 아니다 ③ 그저그렇다

(4) 부모님이 자신에게 너무 무관심하다고 생각한다.
① 예 ② 아니다 ③ 그저그렇다

(5) 아침 등교시간에 늦은 것은 어머니가 일찍 깨어주지 않았기 때문이라고 생각할 때가 많다.
① 예 ② 아니다 ③ 그저그렇다

(6) 일이 생기면 변명을 많이 하는 편이다.
① 예 ② 아니다 ③ 그저그렇다

(7) 어머니가 방과후로 학원까지 따라다니면서 챙겨주신다.
① 예 ② 아니다 ③ 그저그렇다

(8) 어른들로부터 눈치가 빠르다는 이야기를 듣곤 한다.
① 예 ② 아니다 ③ 그저그렇다

(9) 잘못을 인정하지 않고 자기 주장이 강한 편이다.
① 예 ② 아니다 ③ 그저그렇다

(10) 다른 친구와 나를 항상 비교해서 생각한다.
① 예 ② 아니다 ③ 그저그렇다

H	점 수

(1) 평상시 내성적이란 말을 주변 친구들에게서 많이 듣는다.
① 예 ② 아니다 ③ 그저그렇다

(2) 문제가 생기면 다른 사람에게 말하기 보다 혼자서 해결하려고 한다.
① 예 ② 아니다 ③ 그저그렇다

(3) 우리 집안에서 일어나는 일은 내가 다 알아야 한다고 생각한다.
① 예 ② 아니다 ③ 그저그렇다

(4) 수업시간에 멍청하게 딴 생각을 하는 일이 종종 있다.
① 예 ② 아니다 ③ 그저그렇다

(5) 방학 때가 되면 생활계획표을 철저하게 짜놓지만 제대로 실천하지 못한다.
① 예 ② 아니다 ③ 그저그렇다

(6) 일을 시작하면 빠르게 처리하지 않고 머뭇머뭇거리다 나중에서야 한다.
① 예 ② 아니다 ③ 그저그렇다

(7) 집중력이 떨어지고 자주 잊어버린다.
① 예 ② 아니다 ③ 그저그렇다

(8) 가정 환경이나 주변 상황이 매우 복잡해 있다
① 예 ② 아니다 ③ 그저그렇다

(9) 집안 식구들과도 이야기를 많이 하지 않는다.
① 예 ② 아니다 ③ 그저그렇다

(10) 수업시간에 열심히 듣는데도 성적은 오르지 않는다.
① 예 ② 아니다 ③ 그저그렇다

I	점 수

(1) 학교에서 배우는 내용이 시시하게 생각된다.
① 예 ② 아니다 ③ 그저그렇다

(2) 장난꾸러기라는 별명이 있으면서도 시험 성적은 뛰어나다.
① 예 ② 아니다 ③ 그저그렇다

(3) 놀이를 할 때나 모임에서 대부분 자신이 주인공이 될 때가 많다.
① 예 ② 아니다 ③ 그저그렇다

(4) 스스로 하려고 하다가도 누가 시키면 하기 싫다.
① 예 ② 아니다 ③ 그저그렇다

(5) 친구들을 좋아해서 놀 때는 신나게 논다.
① 예 ② 아니다 ③ 그저그렇다

(6) 수업시간에 자꾸 지적을 당하면 공부하기가 싫다.
① 예 ② 아니다 ③ 그저그렇다

(7) 공부가 재미있기 보다는 그냥 할 일이라고 생각해서 한다.
① 예 ② 아니다 ③ 그저그렇다

(8) 경쟁심을 자극시키면 꼭 이기고 싶어 한다.
① 예 ② 아니다 ③ 그저그렇다

(9) 두 번 이상 반복하는 일이나 말은 하기도 듣기도 싫어한다.
① 예 ② 아니다 ③ 그저그렇다

(10) 공부 잘 하는 친구보다 재미있게 놀줄 아는 친구가 더 좋다.
① 예 ② 아니다 ③ 그저그렇다

J	점 수

(1) 시험을 앞두고 도서관에 가서 공부하는 친구들을 보면 유난스럽다고 생각한다.
① 예 ② 아니다 ③ 그저그렇다

(2) 왜 이렇게 어려운 공부를 해야 되는지 알 수가 없다.
① 예 ② 아니다 ③ 그저그렇다

(3) 어렵고 까다로운 것은 하기 싫고 쉽게 싫증이 난다.
① 예 ② 아니다 ③ 그저그렇다

(4) 식구들과 여행을 가기보다는 집에서 잠자는 것이 좋다.
① 예 ② 아니다 ③ 그저그렇다

(5) 성적에 크게 구애받지 않는다.
① 예 ② 아니다 ③ 그저그렇다

(6) 먹고 싶은 아이스크림이 있어도 가게가 멀면 참는게 낫다.
① 예 ② 아니다 ③ 그저그렇다

(7) 장래의 꿈과 학교 성적은 아무 관련이 없다고 생각한다.
① 예 ② 아니다 ③ 그저그렇다

(8) 공부를 못한다고 해도 앞으로 살아가는 데 아무런 불편도 없다고 생각한다.
① 예 ② 아니다 ③ 그저그렇다

(9) 학교는 정말 다니기 싫다.
① 예 ② 아니다 ③ 그저그렇다

(10) 국어, 수학, 영어 시간보다 음악, 미술 시간이 더 즐겁다.
① 예 ② 아니다 ③ 그저그렇다

어떻게 공부해야할까?

나의 공부 유형에 따른 학습법은?

학습성향분석에 나타난 나의 공부 유형은? (자기가 해당하는 유형에 색을 칠하세요.)

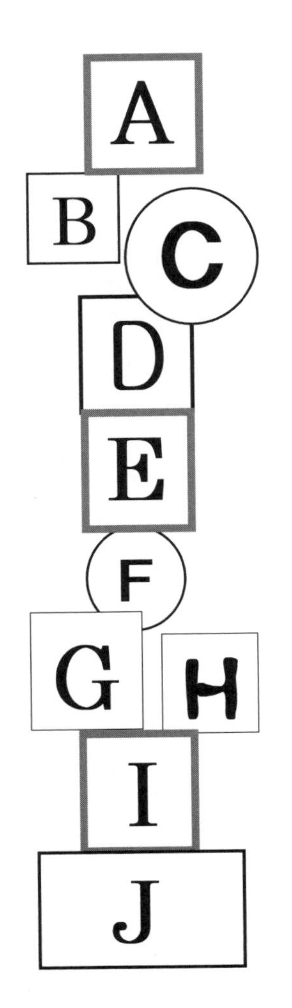

학습성향분석을 통해 자신의 공부 유형을 체크해 보았을 것입니다. 그동안 필자는 학생들이 자신의 적성이나 성향에서가 아니라 학교나 학부모로부터 성적에 의해서만 평가되어 온 것을 안타깝게 생각하면서 학생의 근본적인 문제들을 발견해 보려고 교육학적인 측면에서 여러 학생들과의 상담을 다각적으로 진행하면서 위와 같은 학습성향분석을 만들어보았으며, 이에 따른 공부 유형별 학습법을 제안합니다.

따라서 이 학습성향평가는 학습성향분석에서 발견된 학생 자신의 유형을 확인한 뒤 스스로에 대해서 미처 알지 못했던 부분이나 제대로 인식하고 있지 않았던 부분들, 또 학부모이면서도 자녀의 학교 생활과 학습 태도 및 기타 사항에 대해 막연히 알고 있었던 것을 다시금 확인해 보고, 더욱 관심을 갖게 해서 학생의 좋지 못한 학습 습관이나 태도를 함께 고쳐나가도록 하는데 도움이 될 것으로 기대합니다.

더욱이 이 학습성향평가는 구체적으로 실천할 수 있는 예를 들어주었기 때문에 실질적으로 학생이나 학부모가 쉽게 활용할 수 있습니다. 각 유형에 대한 성향 평가는 공부에 대한 학생의 생각과 태도를 나타낸 것이므로 성적이 좋고, 나쁨의 기준이 될 수 없습니다. 다만 유형의 성향이 자신과 일치하는 점이 많다고 생각한다면 좋지 못한 사고 습관이나 행동은 이것을 계기로 해서 고쳐나가도록 해보세요.

인간은 처음부터 완성되어진 존재가 아니라 학습과 주위 환경, 자기 의지에 의해서 만들어지는 것이라는 것을 염두에 두고 지금까지의 사고를 바꿔서 현재의 시점이 자신의 미래를 위한 새로운 출발점이라고 생각하며 실천해 나가십시오. 신념으로 노력하면 좋은 결실이 있을 것이라고 확신합니다.

학생은 논리적이고 체계적인 사고를 지닌 유형입니다.

☞ 학생

좌우 두뇌가 복합적으로 발달한 학생으로 **창의력이 강하여 새로운 것을 좋아하고 효율적으로 공부할 줄 압니다.** 이런 유형의 학생들은 지금 공부하고 있는 방법으로 꾸준히 실력을 쌓아 나가도록 해보세요. 학습태도가 우수하고 모범적이므로 비록 현재 성적이 떨어져 있다고 해도 조금만 노력하면 좋은 성적을 기대할 수 있습니다. 다만 **언어력과 지구력을 좀더 보완할 수 있도록 책을 많이 읽고 독후감을 써보는 훈련을 해보세요.**

☞ 학부모

논리적이고 체계적인 유형의 학생들은 생활 속에서도 말과 행동의 일치를 요구합니다. 학생들은 제일 가까이 있는 학부모의 행동양식을 통해 자연스럽게 생활습관, 학습태도, 정서적 사고를 익히게 됩니다. 특히 이런 유형의 학생들은 **지적 호기심이 높으므로 현재 수준보다 좀더 어려운 과제를 내주도록 합니다.** 흥미있는 과제에 대해 몰두하는 것을 주의깊게 관찰하여 자녀들의 재능을 살려주는 것이 좋습니다. 아이들의 질문에 대해서 잘 모르거나 곤란하다 하여 답변을 회피하지 않도록 하며 자녀들이 이해할 수 있을 수준의 책을 권해줌으로써 스스로 해답을 찾을 수 있게 합니다. **자녀들과 함께 박물관이나 식물원에 자주 가서 여러 지적, 정서적 경험을 자녀들이 많이 할 수 있도록 해주는 것이 좋습니다.**

학생은 공부에 소극적이고 부정적인 생각을 가진 유형입니다.

☞ 학생

이런 유형은 자주적이며, 사물을 긍정적으로 보기보다는 부정적인 시각으로 바라보기에 익숙한 학생입니다. 부정적으로 사물을 파악한다는 것을 그리 나쁘게만 볼 수 없습니다. 그러나 **어떤 상황에서든지 자신이 왜 이 일을 해야 하는지, 왜 공부를 해야 하는지를 진지하게 스스로에게 물어볼 필요가 있습니다.** 물론 공부가 인생의 목표는 아닙니다. 그러나 자신이 앞으로 하고 싶은 것을 이루기 위해서는 그것을 선택하기 위해서 갖추어야 실력과 생활태도가 필요합니다. 성인이 되고 나서는 그 선택의 폭이 점차 좁아지게 되어 자신의 꿈을 포기해야 하는 경우도 허다합니다. **올바른 문제 의식이 있는 사람만이 제대로된 비판을 할 수 있습니다.**

☞ 학부모

자녀들에게 원인과 결과, 과정과 결론에 대한 이해를 시켜주지 못하고 무조건 공부를 하라는 식의 표현이나, 사회적으로 우대하는 특정 분야의 일을 하라는 식의 요구는 공부하는 정당한 목표를 만들어 주지 못할 뿐 아니라 공부에 대한 부정적인 인식을 갖도록 합니다. 부모에게 예속된 소유물로서 자녀가 존재한다면 자녀 또한 다른 사람을 동등한 인격으로 인정하려는 마음가짐을 지니지 못하는 비뚤어진 사고를 할 수 밖에 없습니다. 따라서 **하지 말라, 해서는 안된다, 그것밖에 못하냐, 누구를 닮아서 머리가 나쁘냐는 식의 표현을 사용하기 보다는 자녀가 지닌 작은 장점을 드러내서 칭찬해 주는 긍정적이고 적극적인 지도가 필요합니다.**

학생은 언어력과 집중력이 뛰어난 유형입니다.

☞ 학생

이해력과 관찰력이 뛰어난 이 유형의 학생들은 **학습의 성취 동기가 높고, 이루고자 하는 자신의 목표를 위해 끝까지 매진하는 편입니다.** 특히 뛰어난 집중력은 오랜 시간 책상 위해 앉아 있지 않고도 자신의 원하는 성적을 올릴 수 있으며, 지구력 또한 겸비하고 있어 선생님들이나 친구들로 모범생이라는 말을 자주 듣게 됩니다. 그러나 **예체능 과목에서는 성적이 떨어질 수도 있으므로 다양한 방면에서 자신의 역량을 키워갈 수 있도록 관심을 가지고 노력해 보세요.**

☞ 학부모

스스로 알아서 자신의 일을 처리해 나가는 이 유형의 학생들은 특별히 부모가 공부하라는 얘기를 하지 않아도 열심히 학업에 매진합니다. **늘 성실하기 때문에 주위 사람들에게 사랑을 많이 받게 되어 어느 모임에서든 리더로서 인정받게 될 때가 많습니다.** 그러나 열정이 지나쳐서 자칫하면 의외로 넓게 바라보는 시각을 잃고 외곬으로 빠지게 되어 외톨이가 될 경우도 있습니다. 따라서 가족과 많은 대화를 나누게 해주고, 박물관이나 음악회, 사회적인 경험들을 할 수 있도록 배려함으로써 **인간미를 지닌 리더로서의 역량을 키워주는 것이 바람직합니다.**

학생은 공부를 대충대충 편하게 하려는 유형입니다.

☞ 학생

더 좋은 성적을 낼 수 있는 유연한 머리를 지니고 있으면서도 노력하지 않는 학생입니다. **무슨 일이든 적당히 하려고 한다면 자신에게나 타인에게 결국 인정받지 못하는 사람이 될 것입니다.** 학교 공부는 결코 성적만을 테스트하기 위한 시험대가 아닙니다. 보다 성실하고 최선을 다하려는 자세를 갖추도록 하는 과정의 한 부분이기도 합니다. 따라서 이 과정조차 대충하려고 한다면 결국 자신의 미래를 책임질 수 없는 사람이 될 수밖에 없습니다. **누군가 대신 해주기를 기대하지 말고 적극적이고 진취적으로 스스로 해 보세요.** 그래야 학교 생활이 재미있고 공부할 때도 성취감이 높아져 만족스런 성적을 낼 수 있게 됩니다.

☞ 학부모

소중하기 때문에 때로는 엄격함이 필요하고, 스스로 해낼 수 있도록 멀찍이서 지켜보는 인내가 필요한 것이 이 유형의 학생을 둔 부모가 알아두어야 할 지침입니다. 자녀들은 어느 부모에게나 귀합니다. 그래서 부모의 시각에서 모든 것을 챙겨줄 때가 많은데 이 경우 자녀들은 말썽없이 잘 자라는 것처럼 보이지만 점차 스스로에게 무기력해집니다. 성난 폭풍우가 능력있는 선장을 만들어 놓는 것처럼 **부모는 자녀들이 학교생활, 가정생활에서 자신의 몫을 누구의 도움없이 해결할 수 있도록 때로는 지켜보는 것이 필요합니다.** 아침마다 아버지의 신발을 닦게 하거나 어머니의 가사일을 돕게 하여 그 노력에 따라 칭찬을 해주거나 보상을 해주는 것도 좋은 방법입니다. 이처럼 무언가를 자신의 힘으로 해냈을 때의 기쁨과 성취감을 느낄 수 있는 기회를 자주 제공해 주도록 합니다.

학생은 노력에 비해서 결과가 만족스럽지 않은 유형입니다.

☞ 학생

공부할 양이 적을 때는 모르겠지만 학년이 올라갈수록 과목이 늘고 내용이 어려워지므로 무조건 암기하거나 책상 앞에 앉아있는 시간만 늘인다고 좋은 성적을 받게 되는 것은 아닙니다. 우물을 파려면 물이 나올 수 있는 곳을 파야지 물이 나올 수 없는 장소를 파내려 간다면 결과적으로는 헛고생만 할뿐입니다. 공부도 마찬가지입니다. **목표를 설정하고 학습량을 정한 뒤 공부 계획을 세워보세요.** 자신이 재미있어 하는 과목과 지루해하는 과목, 암기 위주의 과목과 수학이나 과학 과목을 번갈아 가며 할 수 있도록 시간 배정을 해두고 두뇌에 신선한 자극을 줄 수 있도록 해보세요. 시간을 많이 빼앗기지 않는 취미 생활은 생활의 활력을 줍니다. **학교를 한바퀴씩 뛰고 들어와 공부를 하면 체력도 증진되고 집중력도 높아져 효과적입니다.**

☞ 학부모

초등학교 저학년의 경우에는 잘 드러나지 않지만 자녀가 고학년으로 올라갈수록 열심히 하는데도 성적이 오르지 않을 때는 무척 속상할 수밖에 없습니다. 이럴 때는 **자녀의 공부방법을 옆에서 주의깊게 지켜보면서 체크해 보도록 합니다. 내용파악이 미숙한지, 이해력이 부족한지, 집중력이 떨어지는지를 살펴본 후 자녀의 상황에 맞게 계획표를 세우고 효과적으로 공부할 수 있도록 지도합니다.** 또한 학생 중에는 열심히 공부한 내용인데도 시험 볼 때 긴장을 해서 답을 잘못 적는다던가 시험을 제대로 치르지 못하는 경우도 있으므로 그런 경우에는 **머리를 맑게 해주고 집중력을 높여줄 수 있는 단전호흡을 해보도록 하는 것도 좋은 방법입니다.**

학생은 자신의 실수를 용납하지 못하는 유형입니다.

☞ 학생

과정 없는 결과란 있을 수 없습니다. 그럼에도 불구하고 대부분의 학생들이 꿈꾸는 것은 완벽한 결과입니다. 어린 학생들의 이러한 경향은 시험 성적만을 갖고 지나치게 모멸감을 줄 때 강한 스트레스를 받게 되어 완벽주의를 추구하려는 강박관념을 지니게 되는 경우에 많습니다. 그러나 **강박관념을 지니게 되면 집중력도 떨어지고 사고의 폭도 좁아지게 되어 창의력을 잃게 되며, 더욱 잦은 실수를 하게 됩니다.** 또 쉽게 포기하려고 합니다. 공부도 생활도 주인공은 결국 자신입니다. 타인에 의해서 우왕좌왕 하지 말고 스스로 달성할 수 있는 목표를 세우고 차근차근 이루어나가도록 해보세요. **한 가지 실수가 열가지 지혜를 준다는 사실을 잊지 말고, 다음에 기회가 오면 그것만은 실수하지 않도록 대비책을 세워두세요.**

☞ 학부모

자녀가 완벽하기를 기대하는 경우 시험 성적이 낮아지면 엄청난 모멸감을 줄 때가 있습니다. 물론 자녀를 아끼고 사랑하기 때문이라고 생각해서 하는 말이나 행동이겠지만 이러한 일은 자녀에게 정신적 충격을 가져와 성적을 높이기 위해 커닝을 하는 사례를 낳기도 합니다. 또한 **이 상황이 지속되면 정서적인 장애와 불안을 가져올 수 있으므로 아이들편에서 바라보는 시각이 필요합니다.** 남의 아이와 비교해서 말을 하기보다는 실수한 이유를 먼저 물어보도록 하세요. 스스로 자신의 문제를 인정하고 바꾸어 나갈 수 있도록 해주는 것이 바람직하며, 이럴 때 아이들은 무언가 할 수 있다는 자신감을 얻게 됩니다. 또한 **부모가 변함없이 자신을 사랑하고 있음을 확인시켜 주는 것도 필요하므로 함께 목욕을 하거나 수영을 즐겨보는 것도 좋습니다.**

학생은 의지가 약하여 책임지기 싫어하는 유형입니다.

☞ 학생

좋은 두뇌를 소유하고 있지만 타인에게 의존적인 학생입니다. 늘 문제를 다른 사람에게 돌리다 보면 나중에는 자신도 모르게 피해의식에 사로잡히게 됩니다. 공부는 누구를 위해서 하는 것이 아니고, 자신과 미래의 꿈을 위해서 하는 것입니다. 때로 학생들은 지나친 성적 스트레스로 인해 현실에서의 자신의 모습을 회피하려고 하는 경향이 있습니다. 그러나 스스로를 책임질 줄 모르는 사람은 언제나 패배자가 될 수밖에 없습니다. **시험을 대비한 공부 계획도 차근차근 준비해보고, 계획대로 잘 실행되고 있는지도 스스로 체크해 보면서 최선을 다하는 것입니다. 물론 그 결과 또한 자신이 감당해야 합니다.** 때로 선생님이나 부모로부터 잔소리를 듣게 될 수도 있지만 그것은 잘해주기를 바라는 과정상의 격려임을 잊지 마십시오.

☞ 학부모

책임감의 희박함이 지나쳐, 문제가 생길 때마다 다른 사람에게 그 탓을 하는 학생은 성장한 후에도 문제가 많이 발생할 소지가 많습니다. 사회는 책임있는 사람을 요구하지 어린아이처럼 결과의 책임을 남에게 미루는 사람에게는 냉정하기 때문입니다. 따라서 부모는 자녀가 지나치게 부모에게 의존하도록 해서는 안됩니다. 의존심이 지나치게 되면 스스로 의사결정을 할 수 없는 상태가 되고 결국 그 결정의 책임도 부모나 주변 사람이 져야 하는 경우가 생기게 됩니다. **자신이 목표를 정하고, 계획을 세워 하나하나 이루어나갈 수 있도록 자녀에게 기회를 주십시오. 애완동물을 키우게 하여 애완동물을 직접 관리하게 한다던가, 식물을 키우면서 관찰일기를 쓰게 하는 것도 좋은 방법입니다.**

학생은 주변 환경에 신경을 많이 쓰는 유형입니다.

☞ 학생

잔정이 많고 결단력이 없는 경우의 사람들에게서 많이 보이는 유형입니다. 물론 공부할 여건이 좋지 않아서 못하는 학생도 있을 수 있습니다. 그러나 환경 탓만 하고 있거나, 혼자 고민한다고 해서 해결되지 않으며 그렇게 하다가는 언제까지 그 환경에서 벗어날 수 없습니다. **수업시간을 최대한 활용해서 집중력을 높여 학과공부에 최선을 다할 수 있도록 하십시오.** 마음을 털어 놓을 수 있는 사람에게 편안하게 자신을 열어보일 수 있도록 해서 마음의 부담을 덜고, 공부할 수 있는 시간에는 어떤 것에도 방해받지 말고 공부에 전념하세요. 공부의 재미를 느끼고 빠져들다 보면 환경을 이길 수 있는 힘이 생길 것입니다.

☞ 학부모

자녀는 신체적으로나 정신적으로 건강하게 자라야 합니다. 그래서 성장기에는 양질의 영양과 따스한 배려와 애정이 필요합니다. 그러나 가족이란 공동체 안에서 부모가 언제나 좋은 환경을 마련해줄 수 있는 것은 아닙니다. 자녀들이 어리다고 해서 환경적인 어려움이 큰 상처가 되지 않는 것도 아닙니다. 따라서 **마음의 상처를 받지 않도록 배려해 주고, 변함없는 애정을 보여주도록 합니다. 또한 걱정이나 근심이 있어 보이면 특별한 계기를 마련해서 자연스럽게 대화를 나누면서 해결해 나갈 수 있도록 하십시오.** 어려운 상황에 부딪히더라도 잘 극복할 수 있는 용기와 결단력, 긍정적인 시각을 지닐 수 있도록 격려해 주고, 칭찬을 아끼지 마십시오.

학생은 능력은 있지만 최선을 다하지 않는 유형입니다.

☞ 학생

머리도 좋고 성취동기도 높은 학생입니다. 그러나 공부를 하거나 생활을 하는데에는 좋은 머리만 있어야 되는 것이 아닙니다. 어렵고 하기 싫은 것도 이겨내고 할 수 있는 인내심, 지구력도 필요합니다. 우리가 공부를 하는 이유도 단순히 좋은 성적을 얻어 확실한 미래를 보장받기 위함만이 아니라 보다 인간미있는 사람이 되어 가기 위한 과정인지도 모릅니다. 늘 얄팍하게 머리만을 믿고 게으르게 지내다 보면 무기력한 자신의 모습을 보게 될 것입니다. **학습은 꾸준한 반복에서 비롯된다고 했습니다. 한 번 두 번 반복해서 읽고 이해하다보면 기억도 오래 남게 되고, 다른 문제들에 적용할 수 있는 응용력도 생깁니다.** 확실히 자신의 지식이 되었다고 생각하면 그것을 뒷받침할 수 있도록 다양한 문제를 풀어보도록 해보세요.

☞ 학부모

유치원에서 숫자와 한글을 다 익힌 학생들은 학교에 입학하면 대부분 수업시간에 쉽게 산만해집니다. 벌써 다 아는 내용이므로 배워야 할 흥미를 잃어버렸기 때문입니다. 그러나 문제는 흥미를 잃어버린 데 그치는 것이 아니라 점차 공부하는 시간을 지루해하고 그것이 습관이 되어버리게 되어 머리가 좋은 학생들도 공부보다는 더 자극적인 다른 것에 흥미를 지니게 된다는 데 있습니다. 따라서 **학습이 재미있게 느껴지도록 예상문제를 만들어 보고 다른 방향에서 생각해 볼 수 있도록 가르쳐주십시오. 또 기존의 해답보다 더 명확한 답이나 연구결과를 제시하도록 하여, 그 과정과 노력을 칭찬해 주십시오.** 학생들이 참여할 만한 강연회나 세미나에 함께 참석해보고 의견을 나눌 수 있도록 하는 것도 좋은 방법입니다.

학생은 공부에 흥미를 잃어 필요성을 못 느끼는 유형입니다.

☞ 학생

이 유형은 모든 일에 무기력해서 공부조차 하기 싫어하는 경우와 공부에 너무 관심이 없다 보니 공부의 필요성을 절감하지 못하는 경우입니다. 아무것도 하기 싫고 다 귀찮다고 생각될 수도 있겠지요. 그러나 하루살이가 아니라면 생명있는 동안 가치있는 일을 해보아야 하지 않을까요. 공부는 어쨌든 자신을 위해 하는 것이지만 자신의 성공으로 더 많은 사람에게 도움을 줄 수 있다면 해볼만한 가치가 있습니다. 또 **공부를 하지 않아서 왜 해야 하는지조차 모른다면 자꾸 뒤로 미루지 말고 재미있어 하는 부분부터 시작해 보세요.** 알아가는 즐거움이 느껴질수록 성취동기도 높아지고 앞으로 직장을 선택할 때도 자신이 원하는 쪽으로 선택의 폭이 넓어질 수 있습니다.

☞ 학부모

공부하는 이유가 단지 어쩔 수 없는 과정이라고 생각된다면 귀찮고 싫은 시간이 될 수밖에 없습니다. 그러나 공부가 현재 좀 하기 싫고 어렵더라도 자신의 꿈을 이루기 위한 과정이라고 생각된다면 열심히 할 마음이 생깁니다. 대화를 통해서 자녀가 하고 싶은 것이 무엇인지를 찾아 공부해야 하는 이유를 스스로 깨닫도록 해야 합니다. **적당한 운동을 하게 하거나, 어려운 환경에서도 꿋꿋하게 살아가는 친구들을 돕도록 하는 봉사활동에도 참여하게 해서 자기 자신의 틀에 얽매인 시각에서 좀더 멀리 볼 수 있는 시각을 지니도록 해야 할 것입니다.** 물론 성적이 좋지 않은 학생이 있을 수도 있지만 성적에 학생을 맞추려하지 말고 할 수 있는 일을 찾아 최선을 다해서 얻는 즐거움을 느끼는 것이 살아가는 데는 더 중요함을 잊지 않도록 하십시오.

왜 공부를 해야 하는가? ⑩

1. 자아의 꿈을 실현하기 위하여

플라톤은 '배우지 않는 것은 태어나지 않으니만 못하다. 왜냐하면 무식은 불행의 근본이기 때문이다.'라고 하였다. 배움을 통해 인간은 사람의 도리와 자신에 대해서, 또 자신이 스스로 개척해야 하는 삶에 대해서 깨닫게 된다. 물론 공부란 학교에서 요구하는 공식을 외우는 식의 단편적인 의미만을 이야기 하는 것이 아니다. 살아가면서 끊임없이 사물과 주변에 대해 공부하는 마음가짐으로 살피고 연구하는 태도이다. 이러한 공부가 지속될 때 비로소 자연의 이치와 자기를 둘러싸고 있는 사회 현실을 바르게 볼 수 있게 되며, 그 가운데서 자아 탐구의 출발이 가능해진다. **따라서 인간은 스스로에게 자신이 어떠한 존재인지, 또 무엇을 하며 살 것인지, 어떻게 살 것인지, 어떤 가치관으로 살 것인지 등을 생각할 수 있으며, 그것을 찾는 가운데 인간으로서 보람을 느끼며, 더욱 가치있는 삶을 살게 되는 것이다.**

2. 사회와 인류에 기여하기 위하여

'공부해서 남 주냐, 다 너 잘 되라고 하는 게지!' 하는 말은 부모가 아이들에게 공부하라는 주의의 당부였다. 그러나 공부해서 남 주는 세상이 되어야 하고, 또 그러한 이유로 공부를 잘 할 수 있어야 한다. 어느새 우리의 가치관이 자신만을 위주로 생각하는 습성에 젖어 살다보니 이러한 말들이 당연히 나오게 되었지만, 토인비의 말처럼 역사의 수레바퀴가 창조적 소수에 의해서 돌아간다고 했을 때 그 소수의 사람들은 사회를 위해 무언가 기여하려고 노력했던 사람들이었다. 그들은 자신에게 부여된 잠재력을 공부를 통해 끊임없이 개발하고, 연마해서 사회가 요구하는 사람, 사회에 필요한 사람, 사회에 도움을 끼치는 사람으로 살아갔다. **그러므로 우리가 공부해야 하는 이유는 자기만을 위한 것이 아니요, 역사와 사회 앞에서 작은 한가지라도 기여하고 발전시키려는 의지와 의도에서 출발하여야 할 것이다.**

3. 학문 수학의 기쁨을 얻기 위해

공자는 '朝聞道而夕死可', 아침에 도를 깨우치면 저녁에 죽어도 좋다.'라고 할 정도로 학문 탐구의 기쁨이 얼마나 큰 것인가를 말하고 있다. 인간은 지적 호기심이 가장 많은 동물이다. 그래서 인간은 끊임없이 질문하고 그것에 대한 해답을 추구하며, 만족한 답을 구했을 때 큰 기쁨을 얻게 된다. 인간이 만물의 영장이라고 하는 것도, 그만큼 인간에게는 사물에 대한 호기심, 그것을 발전시키고 변화시키려는 의지를 지니고 있기 때문일 것이다. **그러한 이유로 숱한 학문들이 그 호기심에서 생성되고 발전되어 왔으며, 오늘날은 놀라우리만큼 빠르게 과학과 철학, 사회, 문화가 변화하고 있다. 공부해야 하는 이유도 바로 이 학문 수학의 기쁨과 만족이라는 인간에게 있어서 가장 기본적인 욕구를 충족시키기 때문이다.**

4. 빠르게 정보를 습득하기 위해

이제 세계는 정보화시대이다. 누가 더 많은 정보를 가지고 있으며, 얼마나 빠르게 정보를 습득하느냐에 따라 사회적인 성공이 판가름나기도 하며, 경제적인 부까지도 누릴 수 있는 시대가 되었다. 정보에 따라 빠르게 움직이는 사람에게 운까지도 따른다고 할 수 있다. **공부를 하면 정보를 이용할 수 있는 기초적인 능력을 익힐 수 있으며, 여러 방면에서 다양한 정보를 받게 되어 무엇이 중요한 정보인지를 선별할 수 있는 시야를 지니게 된다. 또한 미래의 세계에는 정보통신 분야가 더욱 발전될 것임으로 자신이 어떻게 공부를 해나가느냐에 따라 진로에 대한 선택의 폭이 넓어지게 된다.**

5. 인생의 기초를 튼튼히 하기 위해

건물을 지을 때는 먼저 설계도를 그리고, 그 설계도에 따라 공사를 시작하게 된다. 그러기에 맨처음 단계인 설계도가 어떻게 그려지는가에 따라 건물의 모양새가 결정된다고 할 수 있다. 그러나 그것보다 더 중요한 것은 기초가 얼마나 튼튼하게 지어지는가 하는 점이다. 아무리 잘 설계된 건물이라고 해도 기초가 튼튼하지 못하면 결국 제구실을 하지 못하기 때문이다. 이러한 설계와 기초는 컴퓨터에서 많이 사용하는 용어로 '하드웨어'라고 할 수 있다. 즉 하드웨어의 용량이 클수록 소프트웨어를 많이 장착할 수 있고, 작동도 빠르게 된다. 이와 마찬가지로 공부도 인생의 하드웨어와 같아서 훌륭하고 멋진 미래의 꿈을 이루기 위해서는 그 하드웨어인 기초실력이 튼튼하게 갖추어져야 한다. 공부를 잘 해두지 않으면 결국 계획을 수정해야 하거나, 엉뚱한 것을 만들어 놓고 후회하고 마는 일이 생기게 된다. **따라서 인생의 목표를 확실하게 세웠다면 그 목표를 튼튼하게 떠받칠 수 있도록 착실히 공부로서 기초를 다져두는 것이 무엇보다 중요하다.**

6. 창조하는 인간이 되기 위해

인간의 기쁨은 무엇인가 만들어내고, 이루어내면서 얻는 만족감이라 할 수 있다. 이러한 욕구에 의해서 인간의 생활은 날로 새로운 제도와 문명을 만들어내고 발전시켜 왔다. 즉 사람이 지닌 창조적인 능력은 인간의 역사를 오늘날에 이르게 한 원동력이 되기도 하였다. 그러나 이 창조적 능력은 그냥 주어지는 것이 아니다. **창조력을 더욱 향상시키고, 보다 발전된 세계로 나아가기 위해서는 다양한 지식과 지혜가 필요하다. 그러기에 인간은 이를 위해 끊임없이 공부해야 하며, 아직도 자연과 인간에게 잠재된 수많은 가능성을 찾아내서 인간에게 도움을 주고, 보다 가치있게 활용할 수 있도록 노력해야 할 것이다.**

7. 경쟁시대에서 자신있게 살기 위해

인간의 삶에 있어서 피하려 해도 피할 수 없는 것이 많겠지만 숙명적으로 그것을 즐기면서 해야 하는 것이 '경쟁'이다. 그것을 받아들이지 않으려 하면 결국 사회에서나 주변생활에서 도태되어져서 자기 속에 갇히게 될 때가 있다. 그러나 경쟁이 꼭 나쁜 것 만은 아니다. 환경을 극복하게 하고, 더 좋은 기록과 성적을 내게 하는 힘이 되기도 하며, 인류 또한 이러한 경쟁에 의해서 태어나고 진화해 왔다. 공부를 하면서 인간은 경쟁의 상태가 타인이기도 하고 때론 자신이 될 때가 있다. 어떠한 경우이든 일단 경쟁 상대가 생겼다면 멋지게 싸워서 승리하는 것이 당연하지 않은가. 패배자의 모습이 아니라 경쟁에서 노력한 만큼 성취한 성공은 살아있기 때문에 누릴 수 있는 또 하나의 선물이다. 따라서 스스로에게 당당한 삶을 살기 위해서라도 공부는 잘 해야 하는 것이다.

8. 지식은 영원한 재산이기에

H 기업 초정으로 한국에 온 앨빈 토플러가 강연장에서 '정보와 지식을 갖춘 인재를 지닌 기업만이 미래를 앞서가게 될 것이다.'라고 한 이야기는 참 인상적이었다. 결국 기업이든 사람이든 정보와 지식을 갖추고 있다면 미래를 성공적으로 살아갈 수 있다는 이야기이다. 눈에 보이는 재물은 상황에 따라 쉽게 커지기도 하고, 없어지기도 하지만 축적된 지식은 영구하게 자신이 간직할 수 있으므로 큰 자산이 된다. '아는 것이 힘'이라고 한 프란시스 베이컨의 말도 이러한 의미에서 비롯된 것이라 본다. 따라서 **유형의 재물을 쌓아두는 데만 급급하지 말고, 미래의 주인공이 되기 위해 끊임없이 지식과 정보를 자신의 뇌에 쌓아 두도록 해야 할 것이다.**

9. 인생의 선택을 자유롭게 하기 위해

어린아이에게 무엇이 되고 싶으냐고 물어보면, 엉뚱한 답변이 나오기도 하지만 대부분의 아이의 대답은 크고 원대한 것들이다. 또 중·고등학생들에게 무엇을 하며 살고 싶으냐고 물어보면 좀더 구체적으로 바뀌면서 점차 꿈의 규모가 작아진 것을 느낄 수 있다. 그리고 대학에 진학하거나 사회에 진출한 사람들에게 물어보면 더욱더 구체적으로 변하긴 하지만 꿈은 사라지고 변화시킬 수 없는 현실에 대한 안타까움을 보게 된다. 왜 그렇게 된 것일까. 살아가다보면 자기가 원하는 것이 되기 위한 최소한의 노력이 필요하게 된다. **그 만한 노력을 기울인 사람은 더 많은 폭의 선택을, 적게 노력한 사람은 하고 싶은 것도 결국 포기하면서 살아야 할 때가 생기게 된다. 따라서 자기가 하고 싶은 것을 자유롭게 선택하며 자신있게 살기 위해서라도 공부를 해야 한다.**

10. 풍요로운 인생을 살아가기 위해

공부 자체가 인간에게 많은 것을 꼭 가져다 준다고는 할 수 없다. 그러나 열심히 공부한 결과에 의해 평가되는 현재의 사회제도는 분명히 노력한 만큼의 대가가 기본적으로 주어진다. 좋은 직장, 빠른 승진, 안정된 가정, 경제적으로 넉넉한 살림, 여가를 즐길 수 있는 여유 등은 자신의 수고한 노동의 결과에 의해서 결정되며, 그 **노동의 가치를 결정짓는데 중요한 역할을 하는 것이 공부이다. 물론 높은 성적을 딴 사람이 좋은 인간성을 지닌다고는 보장할 수 없지만 그 사람은 보다 쉽게 사회에 적응해나갈 수 있으며, 좀더 유리한 출발점에서 인생을 시작할 수가 있다.**

왜 공부를 하지 않는가? ⑩

1. 왜 공부를 하라고 하는지 모르겠다

'왜 공부를 해야 하는가?'를 먼저 읽어보라고 권하고 싶다. 사람이 살아가는 데는 이유와 목적이 분명이 있다. 인간이 동물원의 동물처럼 주둥이 앞에다 먹을 것을 던져주고 사육하는 것이 아니고, 생각하고 결정할 수 있는 의지를 지니고 있기 때문이다. 공부하는 이유를 몰라서 공부를 하지 않는다는 것은 그만큼 주변에 관심이 부족하고 시야가 좁다는 의미도 된다. 주위를 돌아보면 사람들이 자신의 시행착오를 생각하면서 후회하는 사람이 있고, 또 열심히 살아온 끝에 결실을 거두며 사는 사람도 있다. 또 공부를 하려고 해도 이미 때를 놓쳐서 공부할 엄두도 못 내는 사람이 있는가 하면 그 한을 풀겠다고 흰머리를 날리며 학원을 드나들면서 결국 대학까지 들어가는 억척 인생도 볼 수 있다. 이러한 이들이 이유없이 힘겹게 공부한 것은 아닐 것이다. **공부에는 그만한 것을 투자할 가치가 있고, 의미가 있기 때문이다. 그 내용은 각자의 생활에 따라 목적에 따라 다를 수 있지만, 공부가 결코 이유가 없어서 하지 않아도 될 만한 것은 아닐 것이다.**

2. 공부에 관한 부모의 간섭이 귀찮아 반항심이 생긴다

얼핏 생각하면 자립심이 매우 강한 학생일 것 같지만 진짜 독립적인 의지가 강하다고 한다면 부모의 간섭에 상관없이 자기 할 공부와 일을 알뜰하게 챙겨나가므로 이런 이유로 공부하지 않는 일은 없다. 따라서 이런 학생은 부모의 간섭을 귀찮아 하면서도 스스로의 의지로 무엇이든 결정하고 실행하려는 의지가 부족하다고 할 수 있다. 진짜 부모의 간섭 때문에 공부를 하지 않으려는 학생이라면 부모가 자신의 일에 관여하지 않을 만큼 자신의 일을 성실히 해나가도록 해보라. **스스로 잘 하는 자식에게 애써 간섭하는 부모는 그리 많지 않다. 특히 사춘기에는 단순히 싫다는 이유 하나만을 가지고 투정을 부리는 어린이처럼 행동하기 쉬운데, 어른이 되어 가는 과정에 놓인 학생답게 당당하게 자신의 미래를 내다보며 꼼꼼하게 꿈을 이루어가려는 노력을 해보는 것이 좋지 않을까.**

3. 공부에 의욕이 없고 귀찮기만 하다

우선 몸이 허약한 학생들이 공부에 의욕을 보이지 않을 때가 있다. 심신이 약하면 공부조차 하기 힘겹게 느껴진다. 따라서 음식도 잘 먹고, 운동하는 시간도 따로 내서 신체를 단련해 두도록 한다. 침대나 방바닥에서 뒹굴며, 아무것도 하기 싫어하는 좋지 못한 태도를 갖게 된 학생도 있다. 이런 경우는 지금이라도 당장 생활을 규모있게 하지 않으면, 평생 습관처럼 되어 버려서 자기 인생에 책임을 질 줄 모르는 사람으로 성장하기 쉽다. 또 학습진도가 너무 떨어져 공부에 흥미를 잃고 자포자기하는 학생들도 있다. 그러나 **늦었다고 생각할 때가 가장 빠른 때임을 잊지 말고, 위기감을 느끼고 자신이 그래도 흥미있어 하는 부분에서 자신감을 가져보도록 한다. 아무도 물을 입안까지 넣어주지 않는다. 목마른 사람이 직접 마시는 수밖에 없다.**

4. 공부하는 습관이 되어 있지 못하다

어렸을 때부터 손톱을 물어뜯던 습관이 있던 아이는 어른이 돼서도 자신도 모르는 사이게 긴장하면 손톱을 물어뜯게 된다. '세 살 버릇 여든까지 간다'는 말도 잘못 들여진 습관에 대한 경고이기도 하다. 이처럼 습관이란 우리의 삶에 작건 크건 영향을 미치게 되며, 때로는 인생의 방향을 달리 만들기도 한다. **그래서 공부하는 습관은 어렸을 때부터 들이는 것이 중요하다. 무엇을 하든지 산만하지 않고, 집중할 수 있도록 가르치고, 자신이 시작한 일에 대해서는 끝까지 책임을 지도록 습관을 들여놓으면, 아이는 그러한 습관이 몸에 배어서 공부를 할 때 좋은 자세가 만들어지게 되며, 스스로를 조절하는 극기정신도 갖추게 된다.** 그러나 이러한 습관이 아직 익숙지 않아서 공부를 하지 않는 학생이라면 아직도 기회는 많다고 생각하고, 지금부터라도 조금씩 공부하는 습관을 들여보도록 하는 것이 좋다. 습관은 결코 변하지 않는 것이 아니라, **자신의 노력에 따라 충분히 바꿀 수 있는 것이므로 무리하게 계획하지 말고, 조금씩 책상에 앉아있는 시간을 늘여보고 집중력을 키워보도록 하는 것이 좋다. 자신의 습관을 잘 조절할 수 있는 능력이 생기면 훨씬 자신감이 붙어서 공부하는 데도 도움이 될 것이다.**

5. 친구들과 함께 있는 시간이 더 좋다

아침에 일어나자마자 밖으로 나가서 해질무렵이 다 되었는데도 집으로 들어오지 않는 아이들이 있다. 친구와 동네, 거리, 운동장, 가게를 이리저리 몰려다니면서 놀잇감을 찾고, 싸우기도 하고, 모르는 것을 서로에게 의존해서 배우는 것이다. 이런 경우의 아이들은 부지런하기는 하지만 상호의지하게 되고, 또 또래보다 힘이 센 아이에게 의존하거나 리더가 되기도 한다. 그래서 더욱 친구들과 함께 하는 시간이 늘어나게 되어 공부하기 보다는 그들의 놀거리에 이리저리 휩쓸려 돌아다니게 되는 것이다. 물론 친구들과 사이좋게 지내는 것도 중요하지만 **또 자신이 마땅이 해야할 역할에 대해서도 소홀히 하지 않아야 한다는 것을 잊지 말아야 한다.** 이렇게 공부를 소홀히 하다가는 자꾸 성적이 떨어져서 뒤따라가기가 버겁게 되면 결국 포기하게 되고, 포기한 아이들끼리 또 어울려 돌아다니게 되는 사태가 발생하게 된다. **그러니 한쪽으로 치우치지 않도록 자신이 해야할 부분은 끝까지 해낸 다음 친구들과 어울려 지내는 시간을 만들도록 하는 것이 좋다. 또 그것이 자신을 돕고 친구들에게도 이롭다는 것을 잊지 말도록 하자.**

6. 수업시간에 선생님 말씀이 들어오지 않는다

열심히 교과 내용을 설명하시는 선생님이 눈에만 들어오고 머릿속에는 들어오지 않는 것은 분명히 딴 생각을 하고 있기 때문이다. 관심이 다른데 있거나, 수업 내용을 따라가지 못하면 스스로 답답해져서 집중이 되지 않고 머리가 복잡하고, 주위가 산만해 진다. 따라서 수업시간에는 절대 다른 생각을 하지 않도록 수업에 몰두할 수 있는 환경을 스스로 만들어 보는 것이 좋다. **우선 예습, 복습을 하는 것이 필요하다. 배우기 전에 한두번 읽어보면서 궁금한 내용, 잘 이해가 되지 않은 부분들을 정리해**

둔다면 흥미가 생겨서 수업시간이 기다려지게 된다. 또 질문 꺼리를 만들어서 내용에 대해 먼저 연구해보고, 선생님과 의견을 나누면서 선생님의 관심을 유도해 보는 것도 학습에 대한 흥미를 높일 수 있는 방법이다.

7. 텔레비전 시청, 컴퓨터 게임을 하면 시간 가는 줄 모른다

이야기 주머니인 텔레비전은 분명히 많은 정보를 우리에게 전달해주는 긍정적인 기능을 하기도 하지만 지나치게 되면, 사람을 무기력하게 만들고, 시간만 허비하는 그야말로 바보 상자가 되기도 한다. 결국 텔레비전을 정보 상자로 만들 것인지, 바보 상자로 만들 것인지는 자기가 하기에 달려 있다. 대부분 텔레비전에서 눈을 못 돌리는 경우는 혼자있는 때가 많아서 누군가 제지해줄 수 있는 사람이 없기 때문이기도 하고, 의지가 약해서 시험이 당장 내일인데도 계속해서 보고 있는 경우도 있다. 어느 경우이든지 텔레비젼의 앞에 앉아있는 만큼의 시간을 또 다른 데서 보상해야 하는 경우가 생기게 되며, 그 결과에 대한 책임을 자기가 져야 하므로 스스로 텔레비전 보는 시간을 조절하려는 의지가 필요하다. **시간대를 정해서 시청하는 습관을 들이도록 하고, 한동안 보지 않으면 흥미도 없어지고, 프로그램 시간에 대한 관심이 점차 줄어들게 된다. 자기가 아닌 텔레비전에 의해서 자신의 의지를 지배당한다고 생각해보면 정말 끔직한 일이다.**

8. 책을 대하기만 하면 졸음이 쏟아진다

책을 읽다가 잠이 드는 습관이 생기게 되면, 마치 책은 계속해서 '먹지 않아도 잠이들게 하는 수면제'의 역할을 하게 된다. 별로 재미가 없는 책을 읽다보면 금세 하품이 나오고 눈이 감기게 되는 것이 일반적이지만 그렇다고 책을 볼 때마다 잘 수는 없는 일이다. 교과서의 경우는 재미가 있어서라기 보다 마땅히 갖추어야 할 지식을 습득하기 위한 것이므로 더욱 읽기 싫을 때가 많을 것이다. 그렇지만 모든 학생들이 다 책을 읽으면서 졸지는 않는다. 그것은 책 속에서 끊임없이 흥미거리를 찾아내고, 또 자신이 해야 할 것에 대해 책임감을 느끼기 때문이다. **우선 자신이 관심있는 분야의 책을 통해 조는 습관을 고쳐 보도록 하고, 책을 읽을 때 중요한 부분에 밑줄을 긋거나, 메모지에 요약해 보도록 하자. 또 졸릴 때면 기지개를 편다던가 허리 굽히기 등 가볍게 조금씩 몸을 움직여 보는 것도 괜찮은 방법이다.**

9. 공부보다 다른 것에 관심이 많다

대부분 앉아서 머리를 써야 하는 공부보다는 고치고, 꿰매고, 치장하고, 몸으로 부딪히며 돌아다니는 것을 좋아하는 학생들의 경우인데, 특별히 다른 것에 관심이 많다고 하여 잘못된 것은 아니다. 충분히 호기심이 많을 때이고, 특별히 공부를 좋아하는 학생이 아니면 책상 앞에 오래 앉기란 쉽지 않기도 하다. 그러나 공부란 시기가 있다. 공부와 친해질 시기를 놓치게 되면 자꾸 할 일들을 미루게 되고 결국은 자기도 모르는 사이에 외곽에서 맴돌고 있는 자신을 발견하게 된다. 더욱이 그 관심의 분야가 자신이 앞으로 하고 싶은 미래의 꿈에 관한 것이라면 더욱 그것의 기반이 될 수 있는 공부에 신경을 써두는 것이 좋다. **일단 성적이 좋으면 선택의 폭이 넓고 타인으로부터도 어느 정도 자신의 결정들을 인정받기가 쉽다. 따라서 하나를 포기하고 다른 하나를 선택하려고 하지 말고, 두 가지를 성실한 마음으로 다 해낼 수 있도록 해야 할 것이다. 아직은 가능성이 무한히 열려있는 시기이므로.**

10. 수업 내용을 제대로 이해하지 못하겠다

기초가 부족할 경우에 학생들이 수업시간에 많이 겪게 되는 부분으로 이 때를 잘 극복하지 못하면 수업 시간이 지루해 지고 공부에 흥미를 잃어버리게 될 수도 있다. 이 경우에는 짜임새있는 공부 스케줄을 짜보도록 하자. **우선 자신이 스스로 기초가 부족하다고 생각되는 과목에 시간을 할애하여 기초부터 차근차근 마스터해 나가면서 현재 배우고 있는 내용은 예습과 복습을 하여 충분히 이해할 수 있도록 한다. 모르는 것은 선생님께 물어서라도 꼭 자기 것으로 만들어 교과 과정에서 뒤처지지 않게 하고, 기초적 실력은 진도에 지장을 주지 않도록 시간을 더 할애하여 견실하게 쌓아두도록 한다.** 비록 다른 친구들보다 잠도 많이 자지 못하고, 쉬는 시간에도 제대로 쉬지 못하겠지만 공부할 시기를 놓쳐 버리면 영영 공부와 담을 쌓게 된다. 따라서 현재를 가장 중요한 시간으로 여기고 모르는 것과 이해가 되지 않는 내용들을 그냥 덮어두지 말고, 꼭 물어보아서 자기 것을 만들 수 있어야겠다.

초고속학습 시 성적향상 효과 다이어그램

중학생의 평균 점수 향상도

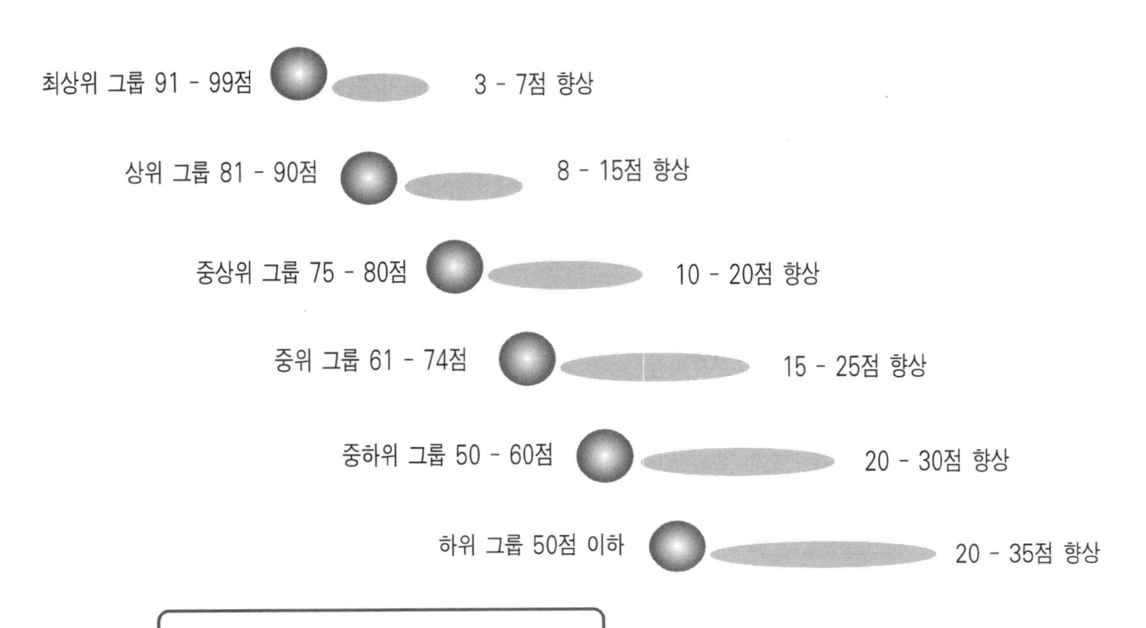

고등학생의 평균 점수 향상도

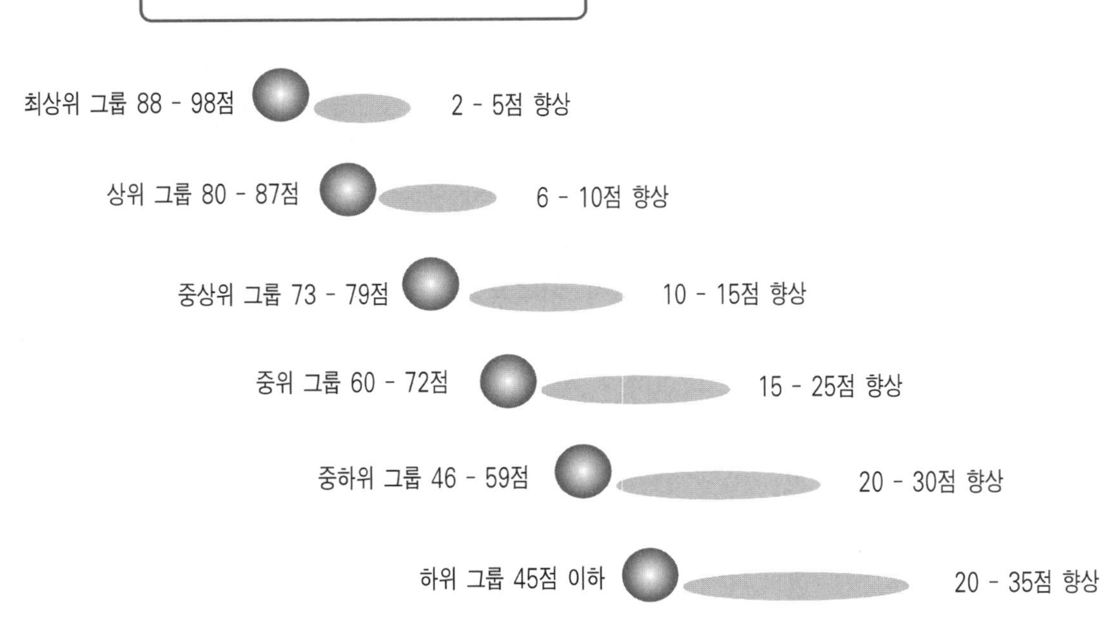

초·고·속·전·뇌·학·습·법·초·급·과·정

성적 향상의 핵심은 두뇌개발

1. 배우면 성공하는 초고속전뇌학습법
2. 초고속전뇌학습법의 원리, 알면 성공이 보인다
3. 개발할수록 발달되는 오른쪽 뇌와 왼쪽 뇌
4. 창의적이고 직관적인 오른쪽 뇌
5. 기발한 아이디어로 사랑받는 오른쪽 뇌 훈련법
6. 논리적이고 분석적인 왼쪽 뇌
7. 치밀한 분석력으로 인정받는 왼쪽 뇌 훈련법
8. 99% 오감학습법으로 완성하는 전뇌 개발훈련
9. 초인적 능력의 간뇌
10. 형이상학적인 능력의 보고 간뇌훈련법

1. 배우면 성공하는 초고속전뇌학습법

초·중·고 학생이든, 대학생이든, 심지어 노인대학의 노익장을 과시하는 나이 많은 학생들까지 공부를 한다면 누구나 공부 잘 하는 우수한 학생이 되고 싶어한다.

한 사람의 우수함을 학과목의 성적으로 판단하는 것은 아니지만 습득해야 할 지식을 다른 사람보다 쉽고 빠르게 이해하고, 오랫동안 기억할 수 있으며, 익힌 내용을 여러모로 잘 활용하는 사람들은 늘 대다수의 평범한 사람들에게 부러움을 사게 된다.

그러면, 우수한 성적을 받을 수 있는 사람은 선천적으로 타고나는 것이냐고 묻고 싶을 것이다. 어떤 대답을 기대하는가? 물론 태어난 지 얼마 안 되는데도 천재적인 능력을 발휘하여 주변 사람들을 깜짝 놀라게 하는 어린이들도 있고, 여러 번 반복학습을 하여도 평균의 성적조차 따라가기가 버거운 어린이도 있다. 그러나 대부분의 사람들은 후천적인 환경과 의지에 의해서 지능이 개발되며, 누구나 자신이 개발하는 만큼 우수한 두뇌의 소유자가 될 수 있다.

아인쉬타인을 보자. 그의 담임 선생은 학적부에다 이 아이의 장래에 아무런 희망도 걸 수 없다고 적어 놓았지 않았는가. 그러나 그는 현재 20세기의 대천재로 가장 뛰어난 두뇌의 소유자로 알려져 있다.

자신의 가능성을 최대한 믿어라. 지금까지 많은 책들이 공부를 잘하는 방법을 가르친다고 하면서 1+1=2 와 같은 지식을 성적으로 환산하는데 필요한 방법들만을 가르쳐 왔다. 이러한 교육 환경에서 자라난 학생들은 학교에서 우수한 성적을 받았다 하더라도 회사에서나 연구실, 자신의 직장, 가정에서는 재미없고 시대의 흐름을 뒤따라가기에 바쁜 사람들로 만들어 버렸다.

초·중·고생들이 5시간 - 10시간 걸리던 공부시간을 1시간 - 2시간에 완성할 수 있도록 하면서 성적도 올릴 수 있도록 짜여진 본 학습법은 학생, 수험생, 재수생, 직장인들에도 도움이 될 것이다.

그러나 자신의 두뇌에 대한 무한한 가능성을 믿고 두뇌를 개발해가며 사회생활을 하는 사람들은 학교든 직장이든 가정이든 어디서나 인정받는 창조적이고 능력있는 인물이 될 수 있다. 그리고 이러한 인물들이 앞으로의 미래를 대비하는 주역이 될 것이다. 초고속전뇌학습법은 이러한 미래 사회에 적합한 합리적이고 창조적인 학습법을 제시함으로써 시간과 공간을 즐길 줄 아는 자신감 넘치는 인간형을 구현해 보려고 한다.

다가올 21세기 사회는 엄청난 정보 홍수의 세계가 될 것이다. 세계의 상세한 동향과 생활을 안방에서 같은 시간대에 시청할 수 있는 시대로서 문화와 사회의 변화와 변혁이 빠르고 급속히 진행되어질 것이다. 또한 컴퓨터를 통한 정보의 교환이 엄청난 속도로 파급되어 국경을 초월하는 사이버 스페이스의 세계로 들어섰다. 따라서 정보 수집의 방법이나 그것을 이용하기 위한 기초학문을 배우는 교육과정 속에서의 학습방법 또한 시대에 맞추어 달라져야 할 것이다.

초고속전뇌학습법은 이처럼 보다 앞서 나가려는 사람들이 준비해야 하는 학습의 한 방법이다. 특히 공부에 부담을 많이 느끼고 있는 초·중·고생들이 5시간 - 10시간 걸리던 공부시간을 1시간 - 2시간에 완성할 수 있도록 하면서 성적도 올릴 수 있도록 짜여진 본 학습법은 수험생이나 재수생들에게도 도움이 될 것이다.

아울러 이 책을 보는 사람이 초등학생이든 중·고등학생이든 사고의 영역을 넓히고, 빠르게 정보를 습득하며, 자기의 능력을 최대한 발휘하게 하는 삶의 질을 높여주는 중요한 학습법이 되리라고 확신한다.

2. 초고속전뇌학습법의 원리, 알면 성공이 보인다

우리의 눈과 두뇌의 잠재력을 최대한 개발하여 학습에 적용한 원리인 초고속전뇌학습은 눈의 간상세포, 추상세포 및 기타 기능을 개발하고 두뇌의 약 140억-150억 개에 달하는 세포 중 미개발 상태에 있는 뇌신경 세포에 자극을 주어 컴퓨터의 전자회로처럼 새로운 회로를 형성시켜 활자를 한 자 두 자가 아닌 두 줄, 세 줄, 그 이상(여러 줄들을 한꺼번에)을 보고도 이해하면서 기억되도록 적용시킬 수 있다. 따라서 초고속전뇌학습이 이루어지려면 고도의 집중력과 잠재된 뇌기능의 개발, 초고속읽기를 위한 시각 훈련이 되어야 하며, 이러한 훈련이 바탕이 되어 학습에도 자연스럽게 적용, 응용되어야 한다.

1)초집중력이 개발되어야 한다.

정신을 고도로 집중할 수 있는 상태이어야 한다. 즉, 우리의 뇌파를 베타파 상태에서 학습을 하고 있는데, 대부분의 사람들은 최적의 조건인 알파파 상태로 낮추어 글을 읽고 이해해야 한다. 알파파로 낮추어진 상태에서 초고속읽기를 하면 가장 빠른 속도와 정확한 이해와 기억이 가능하기 때문에 학습의 효과를 최대로 높일 수 있다.

2)시폭이 확대되어야 한다.

망막 후면의 시세포 중 황반부 주변에 있는 막대 모양의 세포인 간상세포를 개발하여 동시에 많은 활자를 눈으로 받아들이도록 한다.

공부할 양이 많다고 해서 겁먹지 말고, 초고속전뇌학습법에서 지도하고 있는 요점정리 7원칙과 영상기억 7원칙 등 기억할 내용을 정리하고, 영상화시켜 본다면 재미있고, 쉽게 공부할 수 있다.

3)시지각능력이 개발되어야 한다.

황반부의 추상세포를 개발하여 많은 활자를 지각할 수 있도록 한다. 즉 눈으로 본 순간 뇌에서 판독작용이 일어나는 영화나 TV처럼 목독 현상이 일어나야 한다. 이것이 초고속전뇌학습법의 기초가 된다.

4)전뇌(오른쪽 뇌, 왼쪽 뇌)의 기능이 활성화되어야 한다.

우리의 뇌세포 중 지금까지 사용하고 있지 않던 뇌세포에 자극을 주어 새로운 회로를 형성, 많은 정보를 빠른 시간 내에 동시처리 하도록 한다. 그러므로써 기억력 뿐 아니라 창의력과 분석력도 개발된다.

5)이해능력이 개발 육성되어야 한다.

눈에서 받아들인 활자의 자극을 뇌에서 순간적으로 인식해서 과거 기억을 상기시켜 비교·분석·종합 판단한 후 이해·기억시키도록 이해능력을 개발 육성해야 한다.

6)초고속학습적용능력이 개발되어야 한다.

교과서를 이용하여 적용해보고 암기하는 학습 훈련 단계이다. 전 단계에서 전뇌활성화훈련을 통해 이해력과 기억력이 향상되었으므로 이를 바탕으로 영어단어 암기, 한자 암기, 교과서 암기 7·5·3 원칙, 문제풀기 과정을 통해서 학습적용단계를 원활하게 익힐 수 있도록 한다.

7)초고속학습응용능력이 개발되어야 한다.

공부할 양이 많다고 해서 겁먹지 말고, 초고속전뇌학습법에서 지도하고 있는 요점정리 7원칙과 영상기억 7원칙 등 기억할 내용을 정리하고, 영상화시켜 본다면 재미있고, 쉽게 공부할 수 있다. 이 내용들은 영상화란 독특한 방법에 접목되어 두뇌에 강한 자극을 주어 정확하고 빠르게 또 오래 기억할 수 있도록 한다.

3. 개발할수록 신비한 전뇌의 능력

초고속전뇌학습법은 좌뇌, 우뇌, 간뇌를 모두 계발하여 활용할 수 있도록 하는 학습법이다. 빠르게 책을 읽고 내용을 기억하는 일반과정의 초고속정독은 집중력을 길러주고 암기력, 기억력, 사고력, 어휘력, 판단력, 논리력 등을 동시에 향상시킨다. 초고속전뇌학습법의 중·고급과정에서는 교과암기, 요점정리, 전뇌 기억 등을 통해 학습을 보다 체계적이고 효과적으로 할 수 있으며 이 단계가 되면 손쉽게 성적을 향상시킬 수 있다.

全腦(좌뇌, 우뇌, 간뇌)는 인체 무게의 1/50에 해당할 만큼 아주 작은 부분에 속한다. 그러나 두뇌의 능력은 무한하다. 인간의 잠자고 있는 두뇌능력을 깨우면 지금보다 월등한 능력을 발휘할 수 있으며 특히 간뇌를 개발시키면 빛의 속도보다 빠른 정보 처리 능력이 가능하다.

<뇌의 구조>

좌 뇌

계산적
분석적
수학적
합리적
언어적
비판적
논리적
계열적 사고
몸의 오른쪽 조절

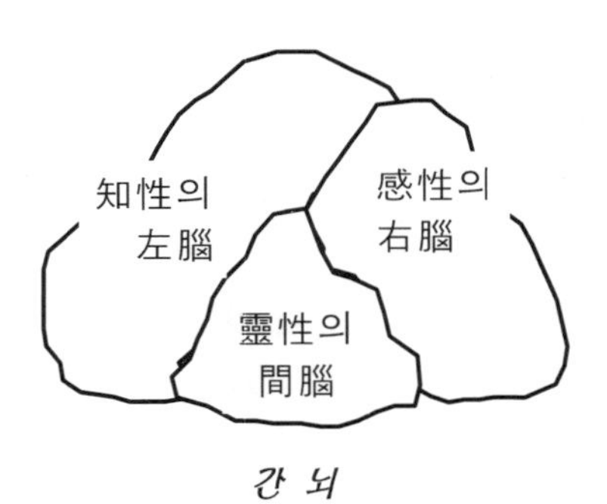

우 뇌

공간적
직관적
음악적
창조적
비언어적
예술적
시각적
동시적 사고
몸의 왼쪽 조절

간 뇌

신진대사·성호르몬 조절
육감·예감·영감·예지·예견
초상상력·정신감응력·칠신통

인간의 제1의 뇌인 좌뇌가 후천적이라면 제2의 뇌인 우뇌는 선천적이라 할 수 있으며 요즘 새롭게 인식되고 있는 간뇌는 제3의 눈이라 불리우며 원천적(源天的)이라 할 수 있다.

■ 腦의 進化에 따른 全腦 分流

全 腦	後 腦	뇌줄기(척수, 연수, 뇌교), 소뇌
	中 腦	뇌줄기의 윗부분, 간뇌의 아래쪽
	前 腦	좌뇌, 우뇌, 간뇌

※ 두뇌개발의 측면에서 前腦를 全腦로 대치함.

여기에 간뇌의 형이상학적인 능력이 추가된다면 다기능의 인간이 될 수 있다.

인간의 제1의 뇌인 좌뇌가 후천적이라면 제2의 뇌인 우뇌는 선천적이라 할 수 있으며 요즘 새롭게 인식되고 있는 간뇌는 제3의 눈이라 불리우며 원천적(源天的)이라 할 수 있다.

그렇다면 과연 우리의 뇌는 어떻게 이루어져 있고, 어떤 기능을 할까?

인간의 뇌는 외배엽성 신경과에서 발생하며 뇌의 움푹 패인 중간부분 간뇌를 중심으로 해서 좌우대칭으로 되어 있는데 이 두 부분이 좌뇌와 우뇌이다.

전뇌는 머리를 좋게 하는 음식인 호도알처럼 많은 주름이 잡혀 있으며 좌뇌와 우뇌가 1,000억개의 뉴런(Neuron)이라는 세포중 좌뇌와 우뇌가 약 140~150억개를 차지하며 간뇌가 약 850억개를 차지한다. 이 1,000억개의 뇌세포중 현재 우리가 활용하는 뇌세포는 불과 3~7% 정도에 지나지 않는다.

지금까지 천재로 알려진 아인쉬타인, 에디슨, 뉴턴 같은 인물들도 15~30% 정도를 사용했다고 한다.

간뇌의 기능에는 육감, 예감, 예지, 예견, 초상상력, 텔레파시 송수신, 칠신통 등 인간에게 있어서 형이상학적이고 한 차원 높은 지각력을 깨닫게 한다.

■ 頭腦의 啓發에 따른 全腦 分類

全 腦	左 腦	대뇌피질의 좌측부분
	右 腦	대뇌피질의 우측부분
	間 腦	좌뇌와 우뇌 사이의 중심부분

그만큼 인간은 자신의 두뇌를 잘 활용하지 못하고 있는 것이다. 이런 뇌의 잠재된 능력을 깨우고 활용하기 위해서는 뇌의 연구와 개발이 필요하다.

보통 좌뇌는 분석적, 수학적, 비판적, 언어적, 논리적, 합리적, 계열적 사고를 지니고 있다.

우뇌는 공간적, 창조적, 비언어적, 음악적, 상상적, 직관적인 감각 등 총체적 사고를 지니고 있으며 간뇌는 우리 몸의 신진대사, 성장호르몬, 성호르몬의 조절과 촉진 역할을 한다.

또한 간뇌의 기능에는 아직 그 능력이 확실하게 밝혀지진 않았지만 육감, 예감, 예지, 예견, 초상상력, 텔레파시 송수신, 칠신통(천의통, 신족통, 천안통, 천이통, 타심통, 숙명통, 누진통) 등 인간에게 있어서 형이상학적이고 한 차원 높은 지각력을 깨닫게 한다.

이 전뇌가 우리가 연구해야 할 두뇌개발의 중요한 부분이다.

무엇이든 조화를 이루어야 하듯 창의적인 사람이 되기 위해서는 우뇌와 좌뇌, 간뇌의 최대 능력을 적절한 때에 자유롭게 활용할 수 있어야 한다. 즉 전뇌를 모두 강하게 만들어야 한다.

사람들이 보통 오른 손을 많이 쓰기 때문에 좌뇌가 발달된 상태여서 오른쪽 뇌의 발달에 대한 관심도 높다. 특히 창조적이고 반짝이는 아이디어를 높게 평가하는 분야에서는 우뇌가 발달된 사람을 선호한다. 여기에 간뇌가 개발되면 인간은 위와 같은 능력을 갖게 되는 것이다.

그러나 무엇이든 조화를 이루어야 하듯 창의적인 사람이 되기 위해서는 우뇌와 좌뇌, 간뇌의 최대 능력을 적절한 때에 자유롭게 활용할 수 있어야 한다. 즉 전뇌를 모두 강하게 만들어야 한다.

언뜻 생각하면 일의 시작에 있어 논리적이고 언어적인 왼쪽 뇌의 기능이 상당히 필요한 것처럼 보이지만 사실 계획에 앞서 상상력을 발휘하여 일의 전체적인 윤곽을 잡아나가는 일은 오른쪽 뇌의 몫이다.

목표에 해당하는 전체적인 이미지가 오른쪽 뇌에 의해서 형성이 되었다면 이제는 왼쪽 뇌가 상세한 수단과 준비로 채워주면 된다. 여기에 어떤 일이나 사물에 대한 통찰력이 가미된다면 금상첨화일 것이다.

즉, **각각의 뇌가 자신의 역할을 충실히 하고 조화를 이루어 나가는 것이다. 결과적으로 전뇌를 통한 학습법은 어느 한 쪽 뇌를 사용하는 사람보다 훨씬 창의적이면서도 효과적인 성과를 올리게 되며 어떤 일에 대해서든 전체적인 모습을 정확하게 파악하는 능력을 향상시킬 수 있게 된다.**

따라서 초고속전뇌학습법은 전뇌(우뇌, 좌뇌, 간뇌)를 풀 가동하여 학습에 적용, 응용할 수 있도록 하는 적극적인 프로그램이라 할 수 있다.

4. 창의적이고 직관적인 오른쪽 뇌

공간적

집에 있다가 갑자기 정전이 된다 해도 이미 머릿속에 집안의 구조가 인식이 되어 있어, 헤매지 않고 초를 찾을 수 있다. 이것은 오른쪽 뇌가 사물의 위치며 다른 사물들과의 관계를 벌써 파악하고 있다는 증거이다. 이처럼 오른쪽 뇌는 공간에 대한 인식력이 높아 머릿속에 입력된 공간의 모형을 간직하고 있다. 따라서 알지 못하는 길이나 새로운 길을 자꾸 경험하는 것은 오른쪽 뇌력을 강화시키는 데 도움이 된다.

직관적

오른쪽 뇌는 분석적으로 정보를 받아들이기 보다 육감, 영감, 느낌, 시각적 영상 등을 통해 순간적으로 이미지가 떠오르고 그것이 문제해결을 돕는다.

음악적

만약 악보를 보고 음의 길이와 박자 및 음정을 판단하는 것이라면 그것은 왼쪽 뇌의 몫이나, 음감에 대한 전체적인 기질은 오른쪽 뇌가 관여한다.

비언어적

문자나 언어에 대한 반응보다 이미지를 통해서 대상이나 사실을 이해하는 오른쪽 뇌는 회화적인 요소에 의해 반응하며 그림이나 패턴을 많이 감상할수록 자극을 받게 된다.

상상적

오른쪽 뇌는 두뇌 속에 축적된 이미지에 상상력을 작용시켜 새로운 이미지를 만들어 내는 창조적인 활동을 하게 한다.

총체적사고

오른쪽 뇌는 차례차례 정보를 처리하는 왼쪽 뇌와 달리 동시에 다량의 정보를 전체적으로 처리해 나간다. 우리가 흔히 잘 쓰는 비유 중에 '나무를 보지 말고 숲을 먼저 보라'는 말이 있는데 여기서 숲을 먼저 볼 수 있도록 하는 것이 오른쪽 뇌이다.

몸의왼쪽조절

우리 몸의 왼쪽 부분은 오른쪽 뇌가 조절한다. 따라서 오른쪽 뇌의 활성화를 위해서는 신체의 왼쪽 부분을 많이 움직여 주는 것이 좋다.

5. 기발한 아이디어로 사랑받는 오른쪽 뇌 훈련법

◈ 오른쪽 뇌를 개발하려면 몸의 왼쪽을 많이 활용하라.

앞에서도 살펴보았듯이 사람의 몸의 왼쪽과 오른쪽 기능은 각기 오른쪽 뇌와 왼쪽 뇌에 연관되어 있다. **오른쪽 뇌에 자극을 주기 위해서는 왼쪽 손이나 발, 소리를 듣고 눈으로 보는 것까지 왼쪽을 많이 사용함으로써 오른쪽 뇌의 기능을 발달시킬 수 있다.**

우리가 공부할 초고속전뇌학습법의 목표는 전뇌를 모두 개발하는 것이다. 그러나 대부분의 사람들이 오른손잡이이므로 대체적으로 오른쪽 두뇌보다 왼쪽 두뇌가 발달되어 있다. 따라서 오른쪽 두뇌 강화훈련에 좀더 적극적일 필요가 있다. 신체의 왼쪽 기능을 강화하는 훈련은 사실 어려울 것이 없다. 익숙지 않기 때문에 어색할 따름이다. 쉽게 할 수 있는 행동유형을 살펴보면 가방을 왼쪽으로 맨다던가, 지하철에서 왼손으로 매달려 가기, 물건을 왼손으로 들어서 건네주기, 왼손으로 사탕 껍질 까기, 전화수화기를 왼쪽 귀에 갖다 대고 통화하기, 누가 불러서 돌아볼 때 왼쪽으로 돌아보기 등 생각해 보면 왼쪽 기능을 활성화시킬 행동은 참으로 많다.

좀더 어려운 것이라면 왼손으로 젓가락질하기와 글씨 쓰기인데, 이것도 완벽하게 할 생각으로 시작하지 말고 훈련으로 생각하며 조금씩 해본다면 어느날 자기도 모르는 순간 자연스럽게 양손을 쓸 수 있게 될 것이다.

◈ 형태를 기억하는 패턴 인식이 오른쪽 뇌를 개발하는 힘을 기른다

비언어적이고, 공간적인 기능을 갖고 있는 오른쪽 뇌는 글보다 그림에 더 익숙하다. 따라서 오른쪽 뇌를 발달시키기위해서는 형태를 기억하는 훈련을 해보도록 한다. 이 형태의 훈련을 하는 방법으로는 지나가는 사람들의 얼굴을 기억하거나 만났던 사람들이 입고 있던 옷이나 장신구, 옷의 색깔 등을 떠올려 보도록 하는 것이다. 또 **바둑이나 장기와 같이 머릿속으로 바둑판이나 장기판을 그려 그 다음에 두어야 할 수를 생각하는 것** 또한 오른쪽 뇌를 개발하는 좋은 예가 될 수 있다.

◈ 그림으로 인식하는 훈련이 오른쪽 뇌를 개발하는 힘을 기른다

상상력이 풍부하고 언어보다 그림에 능력을 지닌 오른쪽 뇌를 개발시키기 위해서는 말이나 글로 표현하는 것보다는 그림이나 도형으로 표현하는 것이 더욱 오른쪽 뇌를 자극할 수 있다. 공부를 할 때나 프로그램을 짤 때, 업무에 관련된 문서들의 논리성을 살펴볼 때도 때로는 글이나 말로써 이해하기 보다 **그림이나 도표를 그리면서 공간적인 설정을 해보면 훨씬 기억에 오래 남기도 하며, 빠르게 이해된다.**

◈ 이미지를 그려보는 힘을 기른다

책을 읽을 때 이야기 줄거리에 폭 빠져서 글과 글줄을 오갈 때가 있다. 그러나 더 흥미진진하면서도 **오른쪽 뇌까지 활성화시키려면 이야기**

속의 장면들을 떠올려 보는 것이 좋다. 주인공을 묘사한 부분에서는 상상 속의 주인공을 만들어 보고, 또 무대의 배경을 상상한 후 이야기의 주인공들이 하나의 영화나 드라마에서처럼 자신의 머릿속에서 뛰어놀도록 해보라. 만약 오른쪽 뇌를 더욱 개발시키려고 한다면 철학서보다 희곡을 읽는 것이 더욱 바람직하다.

◈ 공간에 대한 인식력을 연마한다.

오른쪽 뇌는 어떤 사물이 놓여 있는 위치와 또 다른 사물들과 어떠한 관계를 맺고 있는지를 잘 안다. 즉 평면적이기 보다 입체적인 감각에 익숙하다. 따라서 오른쪽 뇌를 활성화시키려면 공간감각을 키울 수 있는 방법들을 생각해서 행동으로 옮겨보면 된다. 예를 들면 눈을 감고 방의 구조를 상상하며 물건을 집었다가 다른 장소를 옮겨 놓는다든지 늘 등하교 하는 길이나, 출퇴근하는 길에서 벗어나 목적지로 향하는 색다른 길을 찾아보는 것도 좋은 방법이다. 또 **야외에 나갔을 때는 한 번도 가보지 않은 길들을 찾아다니면서 그 지역의 위치를 자신의 머릿속 지도에 그려 넣는 것도 오른쪽 뇌를 활성화할 수 있는 방법**이다.

◈ 오감을 발달시키면 오른쪽 뇌가 훈련된다.

사람에게는 볼 줄 아는 감각인 시각, 들을 수 있는 청각, 냄새를 맡는 후각, 맛을 보는 미각, 사물을 만졌을 때 피부에 닿는 감촉을 느낄 수 있는 촉각이라는 다섯 가지의 감각 오감을 가지고 있다.

여기서 시각과 청각은 오른쪽 기능과 왼쪽 기능이 나누어져 왼쪽 눈과 귀로 느낀 것은 오른쪽 뇌가, 오른쪽 눈과 귀로 느낀 것은 왼쪽 뇌가 자극을 받아들여 각 기능에 맞추어서 뇌를 발달시킨다.

그러나 **정보를 동시적으로 파악해 종합적으로 분석해내는 오른쪽 뇌는 음식을 보고, 혀로 느끼고, 코로 맡고, 귀로 듣고, 맛을 보고 하여 전체적으로 이 음식이 맛있는지 없는지를 판단하게 된다.** 따라서 음식에 대한 경험, 특히 모양과 색깔, 냄새를 통해 과연 이 음식이 어떤 맛이 날지를 상상하게 하는 것은 오른쪽 두뇌를 훈련시키는 좋은 소재이다.

◈ 상상력을 기르면 오른쪽 뇌가 발달된다.

무엇을 배우거나 시작할 때 머릿속에 자세가 가장 안정되고 잘하는 사람의 모습을 상상해보라. 또 자신도 그렇게 할 수 있다고 생각하고 자신의 모습도 그려본다. 그러면 숙달이 훨씬 빠르고 재미있어지며 나쁜 자세도 쉽게 고칠 수가 있다. 또 그렇게 함으로써 오른쪽 뇌를 훈련할 수 있다.

6. 논리적이고 분석적인 왼쪽 뇌

수학적

분석적이고 논리적인 왼쪽 뇌의 특징은 숫자와 부호에 대해서도 예외일 수 없다. 한치의 오차가 없이 전개되는 증명은 물론 산수 셈과 대수에도 왼쪽 뇌는 강하다.

언어적

주위에 보면 연설을 하거나 심지어 친구와 얘기를 할 때도 많은 낱말을 구사하여 재미있으면서도 논리있게 말하는 친구들을 본다. 이들이야말로 왼쪽 뇌가 잘 발달되어 있는 사람들이다. 왼쪽 뇌는 언어 및 언어에 관련된, 말하기·읽기·쓰기 등의 활동을 맡고 있다. 왼쪽 뇌는 자기가 말하고자 하는 바를 정확한 언어 표현을 사용하여 잘 전달할 수 있는 역할을 한다.

분석적

왼쪽 뇌는 어떠한 현상이나 일이라도 논리적이며 분석적으로 생각을 전개하여 풀어가는 것을 좋아한다. 이성적으로 어떤 사실을 철저하게 검토하여 원인과 결과를 정확하게 규명한다.

직역적

어떤 글의 뜻을 이해할 때 왼쪽 뇌는 문자 그대로의 뜻만 해석할 뿐이다.

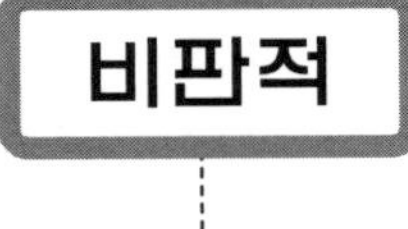

왼쪽 뇌는 이래도 좋고, 저래도 좋다는 식이 용납되지 않는다. 일이 벌어지면 반드시 원인과 결과를 찾게 된다. 합리적이면서도 문제의 핵심을 정확하게 파악한다.

논리적

사물을 판단하거나 생각하는 패턴이 일정한 논리적인 체계를 가지고 있어서 명확하게 설득시키지 않으면 받아들이지 않는다.

계열적사고

왼쪽 뇌는 정보를 동시적으로 판단하기 보다 한 번에 한가지씩 순차적으로 처리해 나간다.

몸의오른쪽조절

몸의 오른쪽을 움직이게 하고 조절하는 기능을 한다. 만약 오른쪽 다리를 들어올렸다면 왼쪽 뇌가 명령을 내린 결과에 의해서이다.

쉬어가는 페이지

머리가 좋아지는 음식

머리에는 알칼리성 식품이 좋은데, 예를 들면 콩이 주원료가 되는 두부와 두유, 된장은 뇌세포 활성화에 도움이 되는 최고의 식품이라고 알려져 있다.

또한 비타민도 두뇌 활성화를 위한 좋은 영양소로서 비타민 B_1이 많이 든 식품은 쇠고기, 돼지고기, 콩 등이며, 파, 시금치, 겨자, 된장, 쑥부쟁이 등 철분이 다량 함유된 음식에 들어있는 비타민 B_6나 B_{12}는 빈혈, 산소결핍을 막는다. 차로서 즐겨 마시는 녹차, 홍차, 커피 등은 약간의 카페인 성분이 들어있어 어느 정도의 이로운 점도 있으나, 철분 흡수 방해물질이 들어 있어 식후 30분쯤 후에 마시는 것이 좋다. 철분 흡수를 도와주는 물질로는 비타민 C, 육류, 어류 등이 있다.

5가지 기초 식품군

1군 - 단백질 / 쇠고기, 돼지고기, 닭고기, 햄, 소시지, 고등어, 참치, 두부, 된장, 계란 등

2군 - 칼슘 / 우유, 발효유, 미역, 김, 마른 멸치, 말린 정어리 등

3군 - 비타민 및 무기질 / 시금치 등 청채류, 당근, 부추, 피망, 호박, 무, 배추, 양파, 오이, 양배추, 콩나물, 토마토, 사과, 밀감, 딸기 등

4군 - 탄수화물 / 쌀, 밀가루, 빵, 면류, 고구마, 감자, 설탕 등

5군 - 지방 / 버터, 마가린, 참기름, 샐러드유, 마요네즈 등

머리를 좋게 하는 식품들

특히 뇌기능을 활성화시키는 데는 각종 씨앗, 호박씨, 호두, 은행, 해바라기 씨, 잣, 땅콩, 깨 등 기타 씨앗들이다. 또 두뇌발달과 노화방지에 효과가 있는 DHA 성분이 함유된 식품인 고등어, 정어리, 꽁치, 삼치 등을 섭취한다.
인스턴트 식품과 동물성지방(포화지방)을 적게 섭취하고 되도록 자연식을 많이 섭취하도록 하며, 생선류, 어패류와 같은 불포화지방 성분은 적당히 섭취하는 것이 좋다.

쉬어가는 페이지

두뇌를 좋아지게 하는 방법

때때로 자신은 머리가 좋지 않다고 생각하는 사람들이 있는데, 반복적인 훈련으로 인해 두뇌는 개발될 수 있다. 다음은 그러한 방법들 중의 몇 가지 예이다.

머리가 깨어 있는 시간을 최대한 활용한다.
두뇌가 가장 잘 회전하는 시간대는 새벽 4-6시 전후와 오전 9시, 오후 6시 정도이다. 복잡한 일이 쌓여 있을 때는 이 시간대를 잘 이용하여 능률을 올린다.

수면을 충분히 취하고, 식사를 적당히 한다.
최상의 컨디션을 유지하기 위해선 충분한 수면(6-8 시간)과 편식하지 않고 골고루 영양소를 공급해주는 것이 가장 중요하다.

긍정적인 사고를 갖는다
적당한 고민은 생활에 리듬을 지켜주지만, 너무 지나치면 머리는 불필요한 마이너스 물질을 배가시킨다. 긍정적인 사고로 마음과 몸을 가볍게 하는 것이 좋다.

머리를 전환하는 연구를 하라
지속적인 일을 반복하지 말고 휴식을 취해 머리를 전환시키는 것이 필요하다. 불안과 조급한 마음은 두뇌의 혼동을 가져오고 집중력을 산만하게 한다.

할 수 있다는 자신감을 갖는다
인간의 능력이 무한하다는 자신감은 두뇌의 피로를 막아주고 의욕을 증진시켜 두뇌가 일을 잘 할 수 있도록 도와준다.

이성과 감정을 잘 조절한다
감정이 잘 조절되지 않으면 두뇌의 기능에 방해가 되어 제대로 움직이지 않는다. 이성이 잘 조절되어 욕구가 잘 억제되면 뇌가 활발하게 움직인다.

적당한 운동으로 스트레스를 푼다
스트레스가 쌓이면 우리 몸에 피로가 가중되어 근육은 젖산, 두뇌는 암모니아를 축적하게 된다. 적당한 운동과 휴식을 하게 되면 유해물질은 사라지게 된다.

7. 치밀한 분석력으로 인정받는 왼쪽 뇌 훈련법

◈ 왼쪽 뇌를 강하게 만들려면 기본적으로 많이 읽고 쓰고 말하는 것이 최상의 길이다.

보편적인 **의사소통 수단인 말하고 읽고, 쓰는 기능은 왼쪽 뇌에서 주관한다.** 따라서 우리가 기억된 내용을 떠올릴 때 이미지보다 단어나 날짜와 시간 등을 먼저 기억하게 되는데 그것은 바로 대부분의 사람들이 왼쪽 뇌를 더 많이 사용하기 때문이다. 확실히 왼손잡이보다 왼쪽 뇌가 조절하는 오른손잡이가 우리나라의 경우는 더 많지 않은가?

◈ 낱말 맞추기를 하면 왼쪽 뇌의 활동이 활발해진다.

낱말 맞추기 놀이는 언어적인 기능과 분석하고 병렬적인 사고를 하는 왼쪽 뇌에 자극을 줄 수 있는 적합한 놀이이다. 자기가 알고 있었던 단어의 뜻과 낱말맞추기에서 요구하는 단어를 뇌에서 빠르게 분석하고 비교해 보면서 알맞은 단어를 검색하는 동안 왼쪽 뇌는 자신도 모르게 활발히 움직이게 된다.

◈ 수학문제를 자주 풀어보는 것도 왼쪽 뇌를 발달시킨다.

학생들이야 물론 학과목이므로 당연히 풀어야 할 수밖에 없지만 일단 손에서 놓은 일반인들이야 수학문제를 푼다는 것이 어색하기도 하다. 그러나 **수학만큼 논리성과 합리성을 키워주**

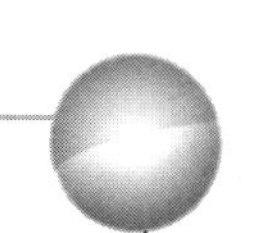

는 과목이 또 있겠는가. 어렵다고만 생각하지 말고, 요즘은 수학을 쉽고 재미있게 풀 수 있는 책들이 나왔으니 관심을 가지고 시작해 보면 어떨까?

◈ 말끝잇기나 낱말 떠올리기 놀이를 통해 왼쪽 뇌를 단련시킨다.

친구나 동생들과 둘러앉아 말끝잇기 놀이를 하던 어린시절을 떠올릴 수 있을 것이다. **말끝잇기는 놀이로서만이 아니고 두뇌를 개발하고 어휘력을 늘려 주는 좋은 학습방법이다.** 낱말 떠올리기는 혼자 할 수 있는 어휘훈련인데 동일한 낱말로 시작되는 단어 열 개를 30초에 생각하기로 하고 초시계를 앞에 두고 해보는 것이다.

예를 들면 맨 앞자가 '가'자로 시작되는 단어, 끝자가 '리'로 끝나는 단어 열 개, 만약 자신있는 분이라면 스무개도 괜찮다. 다만 초의 제한은 조금씩 줄여 가는 것이 좋다.

◈ 모든 일은 계획표를 만든 후 계획에 따라 실천한다.

작심삼일이라는 말이 있듯이 좀더 알찬 생활을 하기 위해 열심히 계획을 세워보지만 잘 지켜지지 않는 것이 '계획'이다. 그러나 실천 여부

를 차치하더라도 계획을 짜는 것 자체는 왼쪽 두뇌 개발에 무척 효과적이다. 자기에게 **필요한 시간을 나누어 보고, 최대한 효율적인 시간 관리를 할 수 있도록 분석하여 결론을 내리는 과정은 그야말로 왼쪽 두뇌가 아니면 처리하기 어려운 부분**이다.

◈ 일의 순서를 정해놓고 순서대로 처리한다.

오른쪽 뇌의 사람은 일을 차근차근 해두는 법이 없다. 언제나 마감하는 시간까지 밀어두다가 한꺼번에 처리하는 수가 많다. 그러나 무슨 일이나 자로 잰 것처럼 정확하게 해결하기를 좋아하는 왼쪽 뇌의 사람은 차근차근 준비해두지 않으면 마음이 편하지 못하다. 따라서 **일의 우선순위를 정하고 원인과 결과를 철저하게 나누고 분석한 후 순서대로 실행하는 것은 왼쪽 뇌를 활성화하는 데 도움이 된다.**

◈ 위치나 사실을 설명할 때는 정확한 숫자와 시간을 넣어 구체적으로 설명한다.

종합적인 사고를 하는 오른쪽 뇌는 구체적인 숫자나 시간을 사용하는 것보다 '쯤'이나 '경'을 사용하는 경우가 많다. 즉 약속시간을 정할 때도 '3시쯤'에 만나자고 한다. 위치를 물어봐도 '조금만 가면 된다.'고 한다. 그에 반해 수학적인 왼쪽 뇌의 소유자는 몇 시 몇 분까지라고 정확한 시각에 약속을 정하고 늦지 않게 미리 와 있곤 한다. **일상생활의 자세를 정확하고 구체적으로 표현하다 보면 자신도 모르는 사이에 왼쪽 뇌의 힘이 강해지게 된다.**

8. 오감학습법으로 하는 전뇌개발 훈련

앞에서 오른쪽 뇌와 왼쪽 뇌의 기능을 살펴보았듯이 어느 한쪽 뇌만을 발달시킬 것이 아니라 창의적인 활동은 물론이고 일상생활에도 오른쪽 뇌와 왼쪽 뇌의 긴밀한 협동이 필수적이다. 그러므로 두뇌를 균형있게 자극시킬 수 있는 활동이 가장 이상적이다. 이러한 전뇌 개발 훈련과 함께 학습법에 중요하게 작용하는 것이 오감을 동원한 학습훈련이다. **오감이라는 것은 보고, 듣고, 냄새 맡고, 맛보고, 만져보는 감각활동을** 일컫는 것으로 학습해야 할 내용을 단순히 반복하여 외우는 것으로서는 기억된 내용이 오랫동안 정착되어 장기적으로 담아둘 수 있는 오른쪽 뇌에 저장이 되지 않으며, 또 기억된 내용을 쉽게 꺼내어 사용하기 어렵다. 그러므로 모든 감각을 동원해서 학습하는 훈련을 익혀두는 것이 효과적이다. 더욱이 **오감을 이용한 기억법은 오른쪽 뇌의 기억저장 방법인 이미지로 저장이 되므로 선명하게 기억을 남긴다.**

그럼 어떠한 방식으로 오감학습법을 훈련할 수 있을까? 책에 쓰여진 글자를 맛보고, 냄새맡는 것이 아니다. 학습할 내용의 글에 의미를 부여하여 어떤 이미지를 찾아내는 것이다.

흔히 사회나 세계사 등의 과목은 암기과목이라고 하여 무조건 외워야 한다고 생각하는 경우가 많다. 그러나 오감을 이용해 보자.

역사의 사건이라 할 수 있는 르네상스 운동, 프랑스대혁명, 임진왜란, 갑신정변 등은 그냥 일어난 것이 아니다. 역사적인 배경과 시대적인 흐름, 사람들 속에서 결과적으로 발생된 것이다. 따라서 사건들의 배경들을 나열해 보고, 그 때의 사람들을 자신의 사고영역 속으로 끌어들여 만나보고, 만져보고, 들어보라. 상상 속에서 일어난 사건들이 입체화되어 역사적으로 일어난 사건의 경위를 정확하게 바라볼 수 있는 시각이 생기게 된다.

물론 실제로 인물들을 그려놓고, 혹은 학용품 등을 책상 위에 올려놓은 다음 인물의 이름을 부여해주고 움직여 보거나, 나누어보는 것도 좋은 방법이다. 이렇게 하므로서 기억은 확장되고, 오래 남게 된다.

9. 초인적 능력의 간뇌

호르몬 조절

동식물이 섭취한 영양 물질을 변화시켜 몸을 구성하는 중요한 요소로 쓰이거나 또는 생활활동의 에너지원인 신진대사를 원활하게 한다. 또한 성 호르몬을 조절한다. 사람이나 그밖의 척추동물의 생식선에서 분비되는 호르몬, 생식기의 성장과 발달을 촉진하며 그 기능을 유지하는 구실을 한다. 뇌하수체 전엽으로부터 분비되는 포유류의 성장을 촉진하는 성장 호르몬을 조절해, 주로 뼈, 근육, 내장 등에 작용한다. 이처럼 간뇌는 체온조절, 성장 호르몬 및 성 호르몬 분비에 영향을 미친다. 간뇌의 일부인 시상하부는 신체의 모든 부위에 영향력을 행사한다.

六·豫·靈感

인간의 오감(시각, 청각, 후각, 미각, 촉각)이 아닌 여섯 번째의 감각(六感), 즉 몸이 인지하는 그대로 인식해 내는 비과학적인 초감각 능력, E.S.P(Extra Sensory Perception) 현상을 일컫는다. 또한 신의 계시를 받은 것처럼 미래의 일들을 뇌의 스크린에 형상화, 문자화, 암시화되는 등의 예감(豫感), 영감(靈感) 등의 현상을 느낄 수 있다.

豫知·豫見

이론적인 추론으로는 불가능한 미래의 일들을 지각하거나 어떤 상황들이 발생하기 전에 미리 그 상황들을 볼 수 있는 능력을 일컫는다.

初想像力

일반적인 상상력을 뛰어넘는, 그래서 인간으로서는 도달하기 힘든 초월적인 상상력이라 할 수 있다. 획기적이고 기발한 상상력을 통하여 인류에 공헌할 수 있는 위대한 발견과 발명이 등장하고 이는 또한 미래에 현실화될 수도 있는 것들이다.

정신감응력

말, 표정, 몸짓 등의 감각적 수단을 사용하지 않고 한 사람의 생각이나 인상(印象) 등을 다른 사람에게 직접 전달하거나 받을 수 있는 송수신 능력으로 텔레파시 등을 일컫는다.

七神通

①**천의통(天醫通)**은 사람은 물론 모든 생명체의 병을 치유할 수 있는 능력. ②**신족통(神足通)**은 상상할 수 없는 속도로 목적지에 도착할 수 있는 능력. ③**천안통(天眼通)**은 이 세상의 시공을 초월하여 투시, 미세한 사물의 색깔까지도 볼 수 있는 능력. ④**천이통(天耳通)**은 우주 공간에서 발생하는 모든 주파수를 감지, 수신할 수 있는 능력. ⑤**타심통(他心通)**은 타인의 마음을 거울에 비춰보는 것처럼 다 알아낼 수 있는 능력. ⑥**숙명통(宿命通)**은 전생, 현생, 후생, 즉 태어나기 이전의 생, 현재와 미래의 생, 죽고 나서의 생까지 알 수 있는 것. ⑦**누진통(漏盡通)**은 무(無)가 유(有)가 되고, 有가 無가 되는 능력, 즉 모든 욕심으로부터 해방되고 넘침과 부족함이 없이 모든 번뇌에서 해방되는 능력. 즉, 모든 이치를 통달해 그것으로부터 자유로워지는 것.

▣ **間腦의 分類**

間腦	邊緣系	시상하부, 뇌하수체, 해마, 해마회, 편도핵, 뇌궁
	視 床	의식조절, 정보의 중계 및 수용, 피드백 시스템
	基底核	선조체, 렌즈형핵
	松果體	천목, 천안, 영안, 제3의 눈, 아즈나차크라
	腦 梁	좌뇌와 우뇌의 연결부
	기 타	뇌실, 뇌척수액, 투명중격 등

10. 형이상학적인 능력의 寶庫 간뇌 훈련법

전뇌 개발의 필요성, 이는 곧 두뇌를 어떻게 개발해야 신비스러운 일들을 가능하게 하는 가에 귀착될 것이다. 간뇌는 이러한 부분들을 해결하고 설명하는 데 꼭 필요한 부분이다.

그러나 간뇌만을 집중적으로 개발하는 것보다는 좌뇌, 우뇌, 간뇌 등 전뇌(全腦)를 모두 개발하고, 우리가 잘 몰랐던 간뇌의 기능을 향상시켜야만 확실한 효과를 기대할 수 있다.

원천적인 제3의 눈으로 알려지고 있는 간뇌는 한 차원 높은 형이상학적인 지각능력으로 일컬어지고 있다.

뇌의 신비가 밝혀지고 있는 요즘 간뇌의 중요성이 더욱 강조되고 있다. 그러나 뇌에 대한 연구가 부족하고 좌뇌 방식의 교육에만 물들어 있었기 때문에 우뇌의 활용 방식이 부각되기도 했다. 이것은 우뇌가 더 중요하기 때문이 아니라 덜 발달하고 덜 훈련되었기 때문에 강조되는 것이다. 참다운 두뇌의 활용 방식이란 우뇌와 좌뇌를 잘 조합하고 통합하여 조화롭게 사용하는 것이며 여기에 간뇌의 기능이 추가된 것을 말한다.

지능적 행위는 구체적인 필요에 의해 뇌분비의 회로가 움직일 때 나타나는데 간뇌(대뇌변연계)에 의해 발생된다. 간뇌(변연계)는 대뇌피질하부의 깊은 곳, 혹은 좀 더 원시적인 중뇌 부근에 위치한 구조체이다.

간뇌는 감각자극의 고속처리기 역할을 하는데 감각 기관을 통해 들어온 정보를 분류하고 분석하여 그 결과들을 각각 대뇌피질의 해당 부위로 옮기고, 되돌아오는 데이터를 다음 단계의 분석을 위해 재조립한다. 초고속으로 반복을 거듭하는 간뇌의 정보처리 속도는 의식영역인 대뇌피질에 비해 약 8만배 가량 빠르다.

우리의 의식이 처리할 수 있는 정보량은 초당 126Bit, 사람의 말을 듣고 처리하는 것은 40Bit지만 실제 우리의 감각은 초당 천만 Bit까지 수용한다.

우리의 의식이 처리할 수 있는 정보량은 초당 126Bit(Bit:컴퓨터의 정보처리 장치가 저장할 수 있는 이진수의 자릿수), 사람의 말을 듣고 처리하는 것은 40Bit지만 실제 우리의 감각은 초당 천만 비트까지 수용한다.

역사적으로 볼 때도 가장 현실성과 거리가 먼 목표를 보고 큰 결단을 내리는 인간이 최고의 지성을 보유했다. 태초부터 천재들은 진화의 선봉에 섰고 이들을 움직인 것은 개체로서 개인의 목표가 아니라 인류 전체를 근본적인 차원으로, 진보와 향상을 요구하는 말없는 간뇌의 충동이다. 즉, 혁신(Innovation)적이라는 것이다.

이 초고속 정보처리기관인 간뇌를 통해 우리는 책을 빠르게 읽고 이해하는 초고속 읽기, 빠른 기억, 뇌의 전체(全腦)를 이용한 초고속전뇌학습등을 할 수 있다. 간뇌에서 나오는 원초적인 충동과 고귀한 정신은 동전의 앞뒷면과 같다. 적극적인 사고방식의 '나폴레옹 힐'은 심리학자 '프로이트'의 학설에 동의했다.

'인간의 성(性)의 에너지는 모든 천재들의 창조 에너지다. 성적 충동(간뇌의 역할)이 부족한 위대한 지도자나 예술가는 지금까지 없었고, 앞으로도 없을 것이다.' 이것은 성적 충동을 여성편력 같은 것으로 흐르게 하지 않고, 육체적인 표현으로부터 벗어난 보다 한 차원 높은 이상 세계를 추구하는 더욱 결실 있는 창조적 야망으로 전환시킨 만큼이라는 것이다. 따라서 간뇌는 원시적인 생명유지의 본능인 동시에 고귀한 정신의 발현이기 때문에 간뇌를 개발하고 훈련해 주면 누구나 천재가 될 수 있다.

엄청난 정보유입과 초고속 처리능력을 키워주기 위해 다량의 그림과 도형 및 자료를 보여주고 제한된 시간 내에 파악하는 훈련을 한다. 또 떠올리기 훈련을 병용하여 시상과 송과체를 개발하여 호르몬 조절을 의식적인 수준으로 하도록 하면 간뇌는 대뇌피질과 각 부분을 통제하고 조절하여 일반능력을 뛰어넘는 초월적인 현상을 가능케 한다. 즉, 우리 안에 있는 원천적인 능력들이 밖으로 나타나게 되는 것이다.

초고속전뇌학습법 : 전뇌활성화 + 초고속읽기 + 학습적용·학습응용

☞ 두뇌 : 인간의 사고와 행동을 결정한다.

뇌의 구조와 기능

☞ 오른쪽 뇌 - 공간적, 직관적, 음악적, 창조적, 비언어적, 예술적, 시각적, 병렬적 사고, 몸의 왼쪽 조절

☞ 왼쪽 뇌 - 계산적, 분석적, 수학적, 관념적, 언어적, 비판적, 논리적, 직렬적 사고, 몸의 오른쪽 조절

오른쪽 뇌 활성화 방법

☞ 오른쪽 뇌를 개발하려면 몸의 왼쪽을 많이 활용하라.

☞ 형태를 기억하는 패턴 인식이 오른쪽 뇌를 개발한다.

☞ 그림으로 인식하는 훈련이 오른쪽 뇌를 개발한다.

☞ 이야기 속의 장면들을 떠올려 보면서 이미지를 연상하는 훈련을 한다.

☞ 한 번도 가보지 않은 길들을 찾아다니면서 자신의 머릿속에 지도를 그려보는 것도 오른쪽 뇌 활성화 방법이다.

☞ 보고, 느끼고, 맛보고, 듣고, 냄새 맡는 오감을 발달시키는 것도 정보를 동시에 파악 분석해내는 오른쪽 뇌 활성화 방법이다.

☞ 무엇을 배우거나 시작할 때 머릿속에 자세가 안정되고 잘하는 사람의 모습을 상상해 본다.

왼쪽 뇌 활성화 방법

☞ 왼쪽 뇌를 활성화하려면 많이 읽고, 쓰고 많이 말해본다.

☞ 낱말 맞추기 등 언어적인 분석, 직렬적인 사고를 기를 수 있는 놀이를 한다.

☞ 수학 문제 등 논리성과 합리성을 키워주는 과목을 좋아한다.

☞ 말끝 잇기나 낱말 떠올리기 놀이를 즐긴다.

☞ 모든 일은 계획을 짜고, 계획표에 맞춰 실천한다.

☞ 위치나 사실을 설명할 때는 정확한 숫자와 시간을 넣어 구체적으로 설명한다.

초·고·속·전·뇌·학·습·법·초·급·과·정

진짜 실력은 집중력에서 시작된다

1. 가장 이상적인 학습상태인 알파파 상태
2. 잠재력을 일깨우는 초고속 알파 집중력
3. 탄력있는 두뇌 활동을 돕는 알파파 증강법
4. 공부가 안될 때 알파파 활용법

초고속학습법 초급과정에 대하여 더 자세히 알고 싶으신 분은 초고속전뇌학습 초급편을 참고하시기 바랍니다.

1. 가장 이상적인 학습상태인 알파파 상태

인간의 능력이 노력에 따라 얼마나 개발될 수 있을까 하는 의구심은 인간으로 하여금 끊임없이 뇌를 연구하게 하였으며, 놀랄만한 발전의 결과를 보이고 있다. 살아있는 사람의 뇌는 끊임없이 활동을 하고 있다. 뇌의 표면이나 두피 위에 전극을 대면 주기적으로 변동하는 전위가 기록되는데 이것이 뇌세포의 활동을 나타낸 것으로 뇌파이다. 뇌에 대한 연구가 활발하게 진행된 데에는 이 뇌파의 분석이 큰 요인으로 작용하게 되었으며, 뇌파와 의식과의 관계가 서서히 밝혀지면서 국제뇌파학회에서는 우리 인간의 뇌파를 그 진동수에 따라 각기 알파파, 베타파, 세타파, 델타파로 규정하였다.

현재 밝혀진 바로는 알파파는 안정시 기록되는 뇌파로 7 CPS - 14 CPS 의 비교적 규칙적인 뇌파로서 집중의 상태라고 하며 정신적인 세계 즉 내부 의식수준을 나타내고 있다. 베타파는 정신활동 시, 즉 오감 - 시각, 청각, 미각, 후각, 촉각 - 과 시간 그리고 공간의 제약을 받을 때 기록되는 뇌파로서 진폭이 작고 불규칙하며 진동수가 많다. 약 14 CPS - 30 CPS로 외부 의식 수준이다. 세타파는 알파파 수준에서 좀더 낮아진 약 4 CPS - 7 CPS 수준이며 깊은 내부 의식수준이다. 또 델타파는 무의식 세계라고 하며 약 0.5 CPS - 4 CPS의 뇌파가 기록되며 깊은 숙면시에 이러한 뇌파가 나타난다.

알파파는 3가지 상태로 다시 세분된다. 공부하기 위해서는 어느 상태가 가장 좋은 상태인지, 그 상태를 어떻게 조절해야 하는지 살펴보도록 하자.

초고속전뇌학습법의 기본원리는 우리 뇌가 이 알파파 상태에서 가장 효율적으로 집중할 수 있도록 해서 뇌의 기능을 최대한 개발시키는 것을 목표로 한다.

정신 활동이 활발하고 의식이 명쾌, 기민하며 주의력이 가장 효과적으로 작용할 뿐 아니라 그 폭이 넓어져 종합적 판단을 할 수 있는 상태로서 가장 뇌활동에 조화가 집중되어 있는 상태인 알파파는 인간의 잠재능력과 깊은 관련이 있다. 릴렉스 상태 즉 정신적으로 편안한 상태에서 알파파는 나오며, 이 알파파 상태에서 기억된 내용은 잘 지워지지 않는다. 따라서 초고속전뇌학습법의 기본원리는 우리 뇌가 이 알파파 상태에서 가장 효율적으로 집중할 수 있도록 해서 뇌의 기능을 최대한 개발시키는 것을 목표로 한다.

알파파는 3가지 상태로 다시 세분된다.

슬로우 알파 (7-10CPS)

잠들기 전이거나 휴식하는 얕은 수면의 상태이며, 꿈꾼 것을 잘 기억할 수 있다. 뇌파의 진동 또한 완만하다.

미드 알파 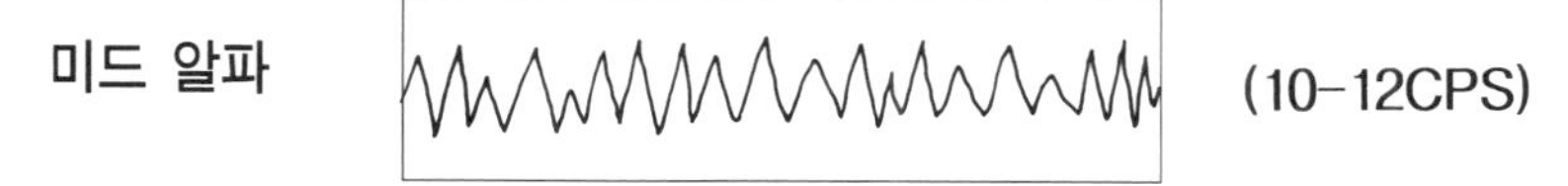 (10-12CPS)

학습 효과가 가장 높게 나타나는 최고의 집중상태로서 가장 이상적인 수준의 학습이 이루어진다. 바둑이나 장기를 둘 때나 또는 연주가가 어떻게 연주할까를 구상하고 있을 때 미드 알파가 나온다. 즉 미드 알파는 독창성이라든가 상상력과 관계가 있는 것이다.

패스트 알파 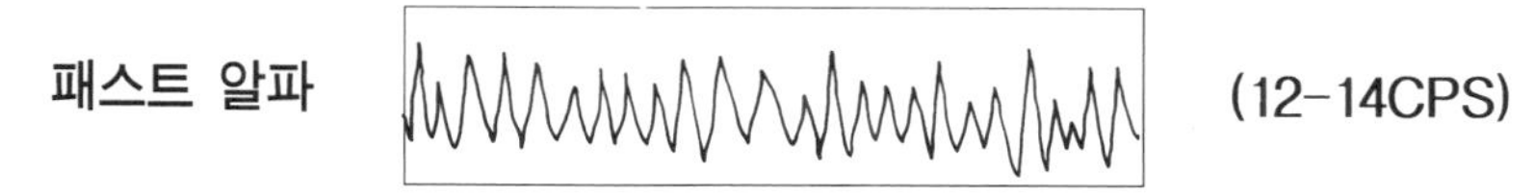 (12-14CPS)

극도로 긴장하여 무엇인가를 열심히 바라보며 근육이 약간 굳어져 있을 때도 알파파가 강하게 나오는데 이때를 패스트 알파파라 부른다.

2. 잠재력을 일깨우는 초고속 알파 집중력

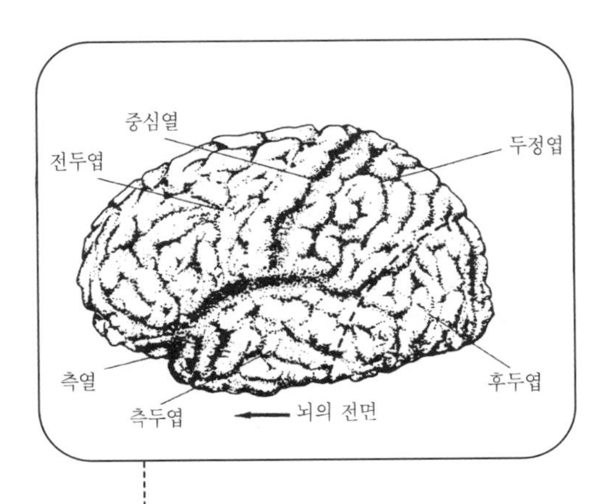

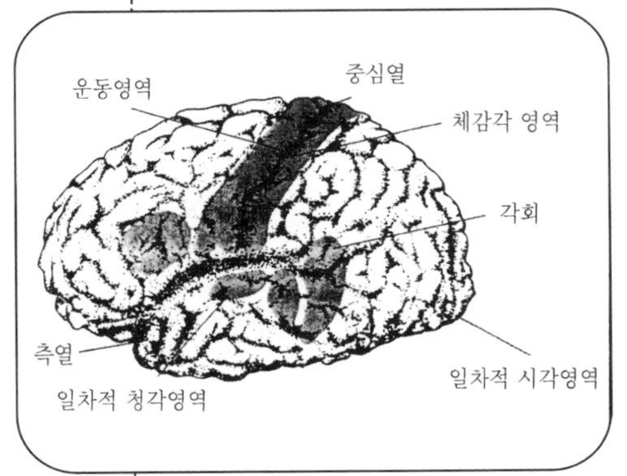

어째서 알파파 상태에서 기억한 것은 뇌에 정착하기 쉬운가를 이론적으로 설명하기란 쉽지 않다. 그러나 한마디로 기억이라 하지만 의식 뇌로 외우는 기억과 잠재 뇌로 외우는 기억이 있다. 사람이 보거나 듣거나 해서 얻은 정보는 우선 후두엽이나 측두엽에서 포착되어 의식에 남는다. 즉 의식 뇌에서의 기억이다.

그런데 측두엽 일부에는 기억 중추가 있으며 정착 기억으로 남기기 위해서는 정보가 이 기억 중추로 보내져야 한다.

이것이 잠재 뇌에서의 장기 기억이다. 그러면 어떠한 상태일 때 정보가 기억 중추로 보내지는가, 그것은 의식과 잠재 의식이 통합된 상태일 때며, 뇌파가 알파파일 때이다. 즉 알파파 상태에서는 정보가 잠재 뇌로 보내진다. 따라서 포착한 정보를 오래 기억으로써 남기고 싶으면 뇌파를 알파파로 만들어 정보를 넣어 두어야 한다.

이에 대해 베타 상태로는 아무리 정보를 집어넣어도 정착 기억이 되기 힘들다. 앞에서 우리는 알파파 특히 미드 알파파의 상태에서 학습의 최대 능력을 발휘할 수 있다는 것을 알게 되었다.

3. 탄력있는 두뇌 활동을 돕는 알파파 증강법

◈ 평상시와 다르게 행동한다.

유아기, 학동기, 청소년기는 배워야 할 것이 많은 시기이므로 생활 속에서 새로운 것을 찾기가 쉽지만 학창시절을 지나 직장인이 되면 일상이 반복적이 되기 쉬워 매너리즘에 빠지게 된다. **고정되고, 만성화된 관점은 두뇌의 활동 또한 약화시킬 수 있으므로 언제나 탄력있는 두뇌를 유지하기 위해서는 뇌세포를 자극할 수 있는 새로운 생각과 행동을 만들어 해 보도록 하자.**

예를 들면 늘 가던 길이라도 다른 길을 찾아 본다던가, 오른손만 쓰던 것을 왼손으로 글씨를 써본다던가, 잘 쓰지 않던 모자를 써본다던가 해보라. 좀 엉뚱하게 즐기려면 신발을 왼쪽, 오른쪽도 한 번 바꿔 신어보라. 감미롭게 만들려면 비오는 날 신발을 벗고 맨발로 아무도 없는 골목길을 조금이라도 걸어보라. 그러면 생활도 재미있어질 뿐 아니라 창조적인 시각을 가지게 될 것이다.

◈ 미각을 개발한다.

음식이 두뇌를 개발한다. 믿지 못할 얘기가 아니다. 음식을 볼 때 우리의 신체 반응은 그 음식의 모양, 색깔, 냄새, 그전에 알고 있던 음식의 맛이 더해져서 상상하게 하고 혀밑의 침샘돌기를 자극한다. 그러나 **이미 먹었던 음식이나 인스턴트 음식처럼 똑같은 맛을 상상하게 한다면 뇌의 반응은 적어진다.** 뇌를 반응하게 만들기 위한 훈련이 필요하다. 이런 상황에서 알파파는 발생된다.

◈ 수량 감각을 훈련한다.

레인맨이란 영화를 보면 자폐증에 걸린 주인공이 떨어진 성냥곽 속의 성냥을 순식간에 계산하는 장면이 나온다. 자기 폐쇄라는 심리 상태에서 생겨난 현상이긴 해도 고도의 집중력을 보여주고 있다. 처음부터 그런 능력을 타고 나는 사람은 극히 드물다. 우선 **버스나 전철을 탔을 때 타자마자 차 안에 몇 명이 있을 것이라고 추측해 본다.** 또 통안에 든 콩이라든가, 상자 속에 든 통조림의 수라든가 반복해서 훈련하다 보면 처음에는 오차가 많이 생길 수도 있지만 갈수록 공간 인식능력이 발달되면서 점차 정확하게 맞추게 될 것이다. 이런 훈련은 집중력을 높여줄 뿐 아니라, 알파파를 증가시켜 준다.

◈ 시계를 보지 않고 시간을 맞춘다

얼마전에 오락 TV 프로그램에서 얘기를 하는 도중 1분이 지났다고 생각되면 '그만'이라고 해서 누가 더 정확하게 1분을 추측하여 맞히는지를 알아내는 게임이 있었다. 이렇게 **시계를 보지 않으면서 시간이 어느 정도 흘렀는지를 맞추는 게임 등은 알파파 상태로 만들어 주고, 뇌의 자극 효과를 높여주는 좋은 방법이다.** 이 훈련을 하기 위해서는 먼저 초단위로 세는 연습을 해본다. 어느 정도 훈련이 되었으면 초에서 분으로, 분에서 시로 옮기면서 훈련해 본다. 이 훈련도 집중력을 높여주고 알파파 증가에 효과적이다.

언제나 탄력 있는 두뇌를 유지하기 위해서는 뇌세포를 자극할 수 있는 새로운 생각과 행동을 만들어 해보도록 하자.

◈ 단계적인 이미지 훈련을 한다.

봄, 여름, 가을, 겨울의 단어를 떠올리며 **봄에서 여름, 여름에서 가을, 가을에서 겨울의 이미지를 그림이나 사진의 장면처럼 머릿속에 떠올려 보자.** 봄은 철쭉, 여름은 바다, 가을은 곶감, 겨울은 눈처럼 계절마다 볼 수 있는 대표적인 사물을 연상하면서 그림을 그려보거나 무지개의 일곱 가지 색깔을 떠올리면서 색깔에 맞는 다른 사물들을 떠올려 볼 수도 있다. 익숙해지면 1월부터 12월, 12개의 띠를 떠올리면서 훈련해 보자. 집중력이 늘고 연상하는 속도가 빨라지면서 알파파 상태를 원하는 때에 경험할 수 있게 된다.

◈ 과정을 보고 결론을 상상한다.

책을 읽거나, 만화를 보거나, 영화를 보거나 심지어는 텔레비전의 드라마를 보더라도 내용에 빠져서 결론까지 작가가 전해주는 것을 그저 받아들이기에 급급하지 말고 앞으로 **이야기가 어떻게 전개될 것인지, 과연 주인공이 어떻게 결정을 내릴 것인지, 또는 무대가 어떻게 변할 것인지조차도 상상해 보라.** 또 그 이야기를 다른 방향에서 전개해 봄으로서 다른 상황에서의 이야기는 어떻게 전개될 수 있는지를 상상해 본다면 상상력과 창의력을 동시에 키워 나갈 수 있으며, 좋은 아이디어도 많이 떠오르게 된다.

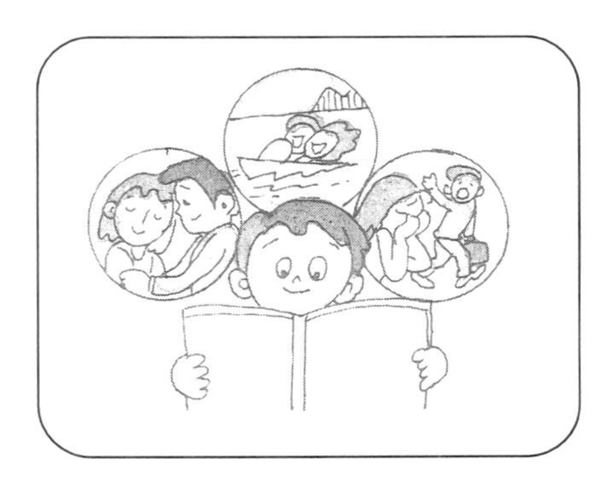

쉬어가는 페이지

알파파 상태 체험하기

알파파 상태에 대한 여러 가지 이해를 통해 알파파가 학습하기에 이로운 뇌파 상태임을 알게 되었다. 특히 미드 알파 상태에서는 집중력이 비약적으로 높아질 뿐 아니라 기억된 내용이 단기 기억에서 장기 기억에 보존되므로 기억이 가장 오래가게 되어 최적의 학습상태가 되므로 이를 유지할 수 있다면 학습능력을 높은 수준으로 향상시킬 수 있다는 것이 확인되었다. 이러한 미드 알파 상태에서는 몸의 긴장이 완화되어, 심신을 편안하게 유지해 주고 발상의 전환을 가져오게 되어 고정관념에 얽매이지 않는 뛰어난 아이디어도 많이 떠오르게 된다. 베타 상태에 있는 두 사람에게 퀴즈 문제를 내고 뇌파를 검사했는데, 두 사람중 한사람의 뇌파가 미드 알파 상태가 되었을 때 거의 동시에 답을 말하는 것을 보아서도 알 수 있듯이 알파파 상태에서 인간은 수평과 수직의 사고, 자신의 능력이 최대한 발휘되는 놀라운 능력을 갖게 된다.

초고속읽기와 뇌파와의 관계

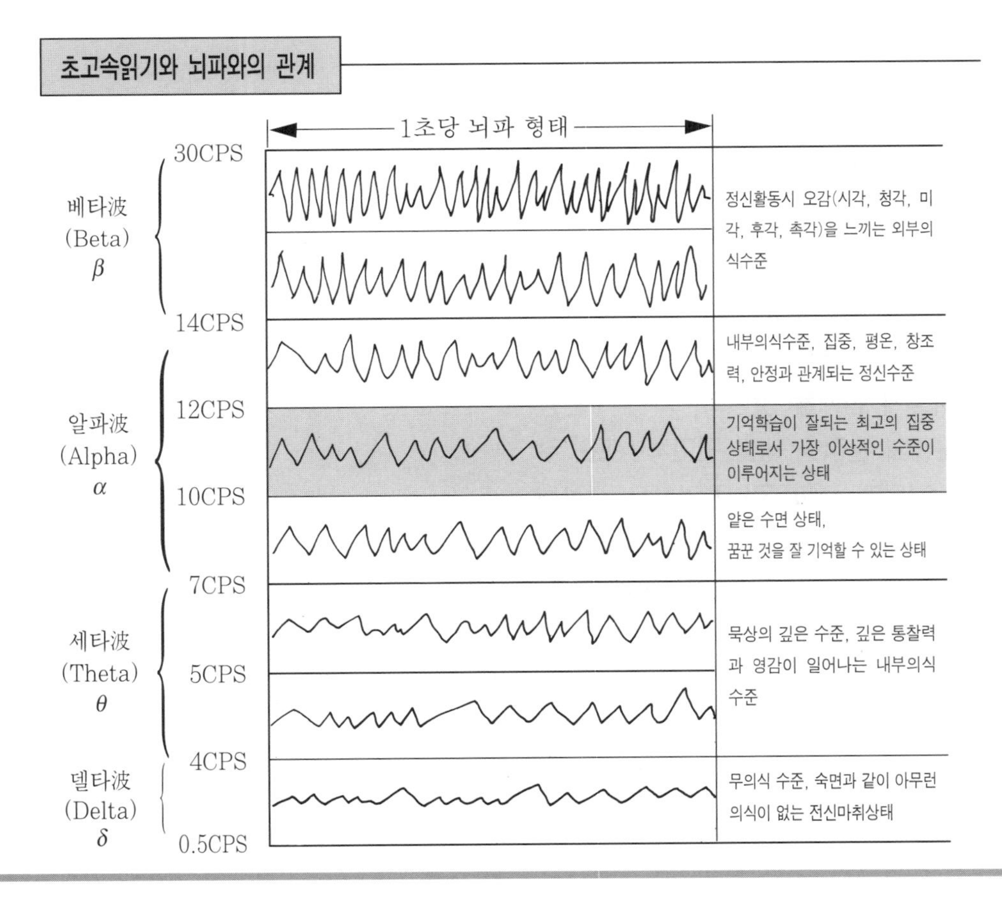

쉬어가는 페이지 | 알파파 상태 체험하기

그렇다면 이 알파파 상태를 어떻게 우리가 직접 체험해 볼 수 있을까?

알파파 상태를 경험하게 되는 것은 그리 어렵지 않다. 알파파 상태에서는 근육이 이완이 되고 손바닥이 따뜻해진다. 그만큼 심리적으로 안정되어 있다는 표시이다.

그러나 이러한 현상보다 좀더 확실하게 알파파를 체험하고 싶다면 다음과 같이 해보도록 하자. 우선 스스로 알파파 상태에 있다고 생각되면, 자신의 두 손바닥을 펼치고 눈에서 20cm 앞에 놓는다. 그런 후 두 손바닥의 손금을 수평이 되도록 동일하게 맞추어 본다. 사람마다 손금이 다를 수 있으므로 왼손과 오른손 손바닥을 잇대는 평행선을 짧게 그린다. 그런 다음 마음을 집중한 후 자신의 오른쪽 손가락이 늘어났다고 2-3분 동안 생각한다. 손바닥을 포개서 조금전에 선으로 표시했던 부분을 동일하게 맞춰본다. 그러면 오른쪽 손가락이 왼쪽 손가락보다 길어진 것을 느낄 수 있다. 이때 일부러 손가락에 힘을 주어 늘이려고 하거나 또 억지로 제 손가락을 맞추려 하지 말고 마음속으로 '늘어났다'고 생각하고 자연스럽게 맞춰 보도록 한다. 늘어난 손가락은 잠시 후 자신도 모르는 사이에 원상태로 되어 있게 된다. 그러나 이 훈련을 반복하게 되면 아주 짧은 시간에도 오른손 손가락이 늘어난 것을 경험하게 된다. 물론 왼손도 이와 같은 방법으로 늘릴 수 있다.

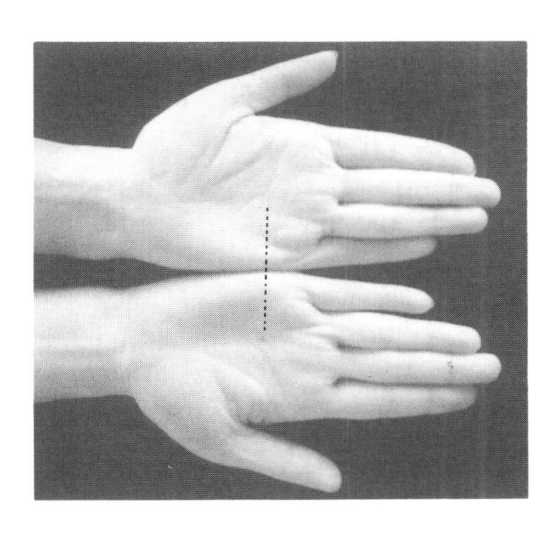

손바닥 손금을 동일하게 맞추어 선을 수평으로 그려놓는다.

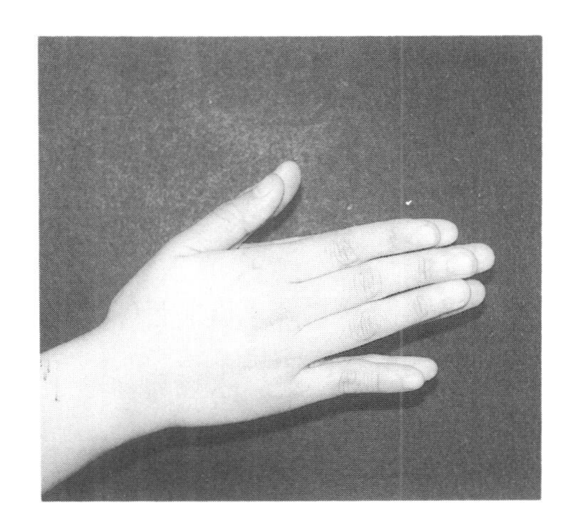

손을 포개어 선을 맞추어 보면 한쪽손이 늘어난 것을 눈으로 확인할 수 있다.

4. 공부가 안 될 때 알파파 활용법

1) 집중이 되지 않을 때는 기지개를 켜본다.

2) 시험 중에 단어나 내용이 떠오르지 않을 때는 눈을 감고 자신의 공부하던 상황들을 사진을 떠올려 보듯 돌이켜 생각해보라.

3) 숨을 깊게 들이마시고, 천천히 내쉬면서 단전호흡을 한다.(이 방법은 초고속 학습 체조에서 자세히 설명)

4) 목욕탕이나 욕조에 들어가서 더운 물에 몸을 담근다.

5) 가까운 거리를 빠르게 걸어보는 것도 좋다.

6) 공부가 잘 안된다는 부정적인 단어로 생각하지 말고 휴식을 하고 나면 공부가 잘 될 것이라고 생각하며 자기 최면을 건다.

7) 자기가 목표로 하는 꿈이 이루어졌을 때를 상상한다.

8) 주변을 정리해 본다. 마음을 정돈해 보는 기분으로 책가방이나 책상 등을 정돈해 본다.

9) 시간계획표를 만들면서 공부 계획을 짜본다. 생활의 우선 순위를 정해보고 시간을 아껴서 공부하는 방법들도 생각해 본다.

10) 조용한 곳에서 공부하다가 집중이 되지 않으면, 사람이 많이 모인 벤취나 패스트 푸드점에서 책을 읽거나 생각을 정리해 보라. 의외로 집중이 잘 된다.

11) 졸음이 오거나, 능률이 오르지 않을 때는 잠시 일어서서 공부해 보라.

12) 자신있고, 재미있는 과목을 먼저 공부하도록 한다.

13) 나가서 농구나 족구, 수영 등의 몸을 많이 움직이는 운동을 해본다. 너무 체력을 많이 소모해서 피로감이 쌓이면 안된다. 몸이 가뿐해지고 기분이 좋아질 정도로 하면 두뇌는 미드 알파파 상태를 나타낸다.

14) 공부가 잘 되었을 때, 즉 집중이 잘 되었을 때 밑줄을 그었거나 체크를 해두었던 부분에 다 형광펜이나 색연필로 중요도를 나누어 색깔을 칠하면서 편안한 마음으로 복습해 본다.

15) 집중력을 키울 수 있는 장기나 바둑을 두어보던가 그것도 못하거나 하지 못하는 상황에 있다면 오목이라도 두어보라.

16) 휴식시간을 30분이나 15분 정도 정해놓고, 잠시동안 잠을 잔다.

17) 즐거웠던 일, 재미있는 이야기를 생각하며 마음을 상쾌하게 만든다.

18) 긴장 상태에서 이완 상태로 될 때 우리의 두뇌는 알파파 상태로 쉽게 변하게 된다. 따라서 온몸에 힘을 주었다가 순간적으로 온몸에 힘을 빼주거나 각 신체 부위마다 단계적으로 긴장을 시켰다가 풀어 주는 것을 반복해 보면 머리가 맑아지고 피로가 가신다.

19) 집중상태가 유지 될 때는 같은 장소서 계속 공부하는 것이 좋지만, 집중의 리듬이 깨지면 주변상황을 환기시켜 주는 것이 좋다. 따라서 공부하던 장소를 바꾸어 본다.

20) 명상을 해보라. 그리 어려운 것이 아니오. 눈을 감고 5분에서 10분 정도 심호흡을 하며 명상을 하면 마음이 안정되고, 쉽게 집중할 수 있다.

알파파란?

안정시 기록되는 뇌파로 7 CPS -14 CPS 의 비교적 규칙적인 뇌파 집중상태, 정신적인 세계, 기억학습이 잘되는 최고의 집중상태

☞ 슬로우 알파 : 잠들기 전 얕은 수면 상태, 꿈꾼 것을 잘 기억하는 상태
미드 알파 : 초고속학습이 가장 잘 이루어지는 최고의 집중 상태
패스트 알파 : 약간 긴장 상태

알파파를 증강하는 법

☞ 평소와 다르게 행동한다
고정되고 만성화된 관점은 두뇌의 활동 또한 약화시킬 수 있으므로 언제나 탄력있는 두뇌를 유지하기 위해서는 뇌세포를 자극할 수 있는 새로운 생각과 행동들을 만들어 본다.

☞ 미각을 개발한다.
그 음식의 모양, 색깔, 냄새, 그전에 알고 있는 음식의 맛이 더해져서 상상하게 하고 혀밑의 침샘돌기를 자극한다.

☞ 수량감각을 훈련한다.
고도의 집중력을 발휘하여 처음에는 오차가 생길 수도 있지만 많은 훈련으로 공간 능력을 기른다.

☞ 시계를 보지 않고 시간을 맞춘다.
초・분・시 등으로 연습하여 집중력도 높여주고 알파파 증가에 도움을 준다.

☞ 단계적인 이미지 훈련을 한다.
봄에서 여름, 여름에서 가을, 가을에서 겨울의 이미지를 그림이나 사진의 장면처럼 머릿속에 떠올려 본다.

☞ 과정을 보고 결론을 상상한다.
이야기가 어떻게 전개될지, 주인공이 어떻게 결정을 내릴지, 무대가 어떻게 변할 것인지 미리 상상해 본다.

초·고·속·전·뇌·학·습·법·초·급·과·정

빨리 보고 깊게 이해, 기억하는 초고속읽기

1. 학습효과 만점의 초고속읽기
2. 잠재력을 배가시키는 알파파 상태의 초고속읽기
3. 학습의욕을 높이고, 정신을 맑게 해주는 체조

1. 학습효과 만점의 초고속읽기

교과서든, 책이든 글을 읽는 방법에는 여러 가지가 있다. 우선 소리를 내어 또박또박 읽는 음독이 있고, 소리를 내지는 않지만 마음속으로 읽고 내용을 이해하는 묵독이 있다.

그러나 이 묵독에 앞서 가장 먼저 글을 인식하는 것은 눈이기 때문에 눈으로 본다 하여 목독이라는 단어를 쓸 수도 있다. 초고속읽기는 눈에서 곧장 뇌로 보내는 시각적인 훈련이므로 목독으로만 가능한 독서방법이며, 일반적으로는 속독으로 인식되어 있는데 이 책에서는 초고속학습법의 기본단계로서 초고속읽기로 이름 붙였다.

빠르게 읽는다는 점 때문에 내용도 이해하지 못하면서 책장만 빨리 넘기는 것은 아닌가 하고 의구심을 갖는 학생들이나 학부모님이 있다. 그러나 초고속읽기는 단순히 눈으로 글을 빨리 보는 것이 아니라 내용을 충분히 파악하고 이해하면서 읽는 독서방법이다. 또 집중이 잘 되기 때문에 기억력도 높아진다.

글을 천천히 읽을 때와 글을 빨리 읽을 때 어느 쪽이 이해가 잘 될까? 천천히 읽을 때라고 생각하기 쉽지만 과학적으로 실험해 본 결과에 의하면 빠르게 읽는 속도가 어느 정도 지속될 때 이해도도 높아진다고 한다. 반면 읽는 속도가 느리면 싫증도 금세 느끼게 되고 이해도도 낮아진다.

초고속읽기는 무조건 빨리 읽으면 된다는 것이 아니라 뇌의 읽는 기능을 계속 개발시키면서 이해 능력의 발달과 더불어 읽는 속도도 빨라진다는 뜻이므로 뇌가 이해할 수 있는 속도와 비례하여 빨리 읽을 수 있게 되는 것이다.

과학적으로 실험해 본 결과에 의하면 빠르게 읽는 속도가 어느 정도 지속될 때 이해도도 높아진다고 한다.

독서를 아주 좋아해서 책을 늘 손에 들고 다닐 정도로 대단한 독서가라 해도 400페이지, 500페이지 분량의 책을 전부 이해하면서 하루에 다 읽고, 기억까지 한다는 것은 놀랄만한 일이 아닐 수 없다. 그것은 현재 우리에게 익숙해져 있는 독서방법으로는 책을 읽고 이해하는데 한계가 있기 때문이다. 초고속읽기를 하면 이러한 분량의 책을 1시간이 못 되어 다 읽고 독후감은 물론 내용에 대한 그림까지 그릴 수 있게 된다.

더욱이 집중력훈련까지 겸하기 때문에 공부를 할 때 학습태도도 좋아지며, 문제에 대한 파악능력, 지능의 발달을 가져다 주게 되어 성적도 자연히 오른다.

2. 잠재력을 배가시키는 알파파 상태의 초고속읽기

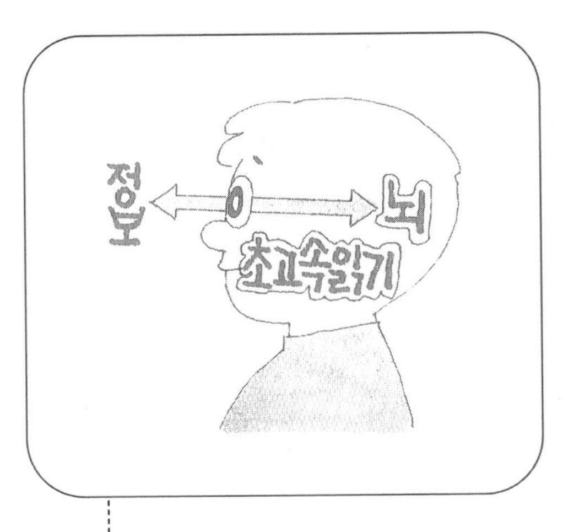

눈은 마음의 창이라 불리울 만큼 사람의 심리상태와 신체상태를 잘 드러내는 중요한 기관이다.

정보를 직접적으로 받아들여서 빠르게 뇌로 전달해 주는 기능을 가진 눈은 가장 바깥층의 불투명한 공막과 각막으로 이루어져 있다. 공막은 안구의 형태를 유지하고 있으며 각막은 빛의 각도를 조절하여 준다. 망막은 빛에 의해 흥분하는 각종 세포가 모인 곳으로 외부의 자극을 받아들이는 시세포가 불균등하게 분포되어 있으며 막대 모양의 간상체와 원뿔 모양의 추상체 2종류가 있다.

간상체는 추상체가 느끼지 못하는 미약한 광선을 쉽게 받아들이며 사물의 움직임에 아주 민감하며, 추상체는 중심시력을 이루는 것으로써 *명순응 상태에서 물체의 색체와 빛, 아주 세밀한 형태의 자극을 예민하게 받는 세포이다.

이 세포 중 황반부의 추상세포는 다른 세포와는 달리 대뇌에 직접 연결되는 각각의 대뇌 전용 신경선을 갖고 있으며 중심와와 황반부에 가장 많이 밀집되어있다. 이 추상세포는 독서할 때 실질적으로 사용하는 세포이기 때문에 독서세포라고 해도 지나친 말이 아니다.

그렇다면 인간의 눈은 본래 지니고 있는 눈의 능력을 과연 얼마만큼 사용할 수 있을까? 현재까지는 중심와에 있는 추상체로 글을 읽었기 때문에 황반부 주위에 있는 다른 추상세포는 거의 사용하지 않은 미개발 상태로 있다. 이러한 미개발된 추상세포를 개발하여 독서력과 시지각 능력을 월등히 증가되도록 해야 한다.

최고속읽기는 이러한 미개발된 추상세포를 본 연구원 특유의 독창적인 훈련방법으로 개발하여 시지각능력과 독서력 그리고 뇌의 활성화에 응용하고 있다.

황반부에 있는 추상세포는 각각 독립된 뇌에 이르는 전용선을 갖고 있다고 하였다. 그렇다면 중심와에 의한 독서에서 아직 사용하지 않고 잠재된 추상체를 개발하여 동시에 사용한다면 시지각 능력과 독서력은 무한히 발달할 것이다.

최고속읽기는 이러한 미개발된 추상세포를 본 연구원 특유의 독창적인 훈련방법으로 개발하여 시지각능력과 독서력 그리고 뇌의 활성화에 응용하고 있다. 즉, 중심시력을 확대하여 황반부에 있는 각각의 추상체가 잡은 활자를 특유의 전용선으로 뇌에 전달, 뇌에서 각각의 자극을 받아들여 과거의 기억된 정보를 상기하여 동시에 비교, 분석, 종합판단을 유도하는 훈련과정을 통해 독서속도는 물론 뇌에 잠재되었던 능력까지 개발된다.

초고속읽기는 이처럼 미개발된 뇌세포를 뇌파의 베타 수준에서 알파 수준으로 몰입시켜 기억력, 사고력, 판단력, 추리력, 상상력, 직관력, 수리력 등을 개발시키는 훈련을 반복해 지금까지 미개발된 뇌세포를 개발하여 새로운 뇌의 회로가 형성될 수 있다.

쉬어가는 페이지

일본에서의 뇌파실험

그렇다면 과연 초고속읽기 상태에서 집중력을 높여주는 학습의 최적의 뇌파의 상태인 알파파가 연속적으로 발생하는지 확인할 수 있을까. 1984년 필자의 초고속읽기가 일본에 전해져 선풍적인 인기를 얻게 되자 일본 동경대학병원의 하라이 교수는 필자의 이론대로 초고속읽기가 과연 알파상태에서 이루어지는가를 검출하기 위해 뇌파실험에 들어갔다.

실험자는 그동안 초고속읽기훈련을 받은 나가에 다미꼬양이었다. 실험준비로 나가에양이 뇌파측정용 의자에 앉았고 전극이 머리에 붙여지고 뇌파측정장치가 돌아갔다. 우선 아무것도 하지 않은 상태에 뇌파가 측정된 후 심호흡 상태의 S뇌파기록에 들어갔다. 그 다음 나가에양이 책을 손에 들고 긴장되고 날카로운 눈 움직임으로 초고속읽기에 들어갔다. 5분 10초만에 3백 6페이지의 책을 다 읽었다. 놀라운 속도였다.

실험결과 평상시의 뇌파는 베타로 나타났고, 초고속읽기가 되면서부터의 뇌파는 알파파 중에서도 10CPS - 12CPS의 집중력의 효과가 나타나기에 최적의 상태인 알파 상태의 정확한 리듬을 보였다.

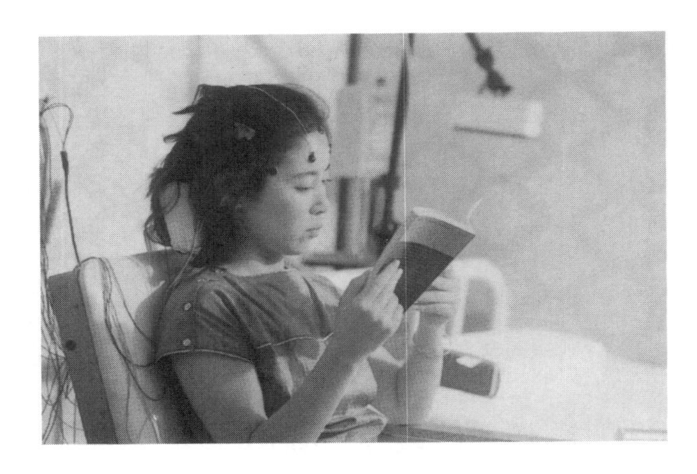

일본동경대학병원의 중앙검사부 신경정신과에서 뇌파측정실험을 하고 있는 모습이다.
피실험자는 나가에 다미꼬양으로 5분 10초만에 3백 6페이지 책 한권을 읽었다.

3. 학습의욕을 높이고, 정신을 맑게 해주는 체조

수영을 하기 전에도 준비운동이 있듯이 집중력을 높이고 다량의 정보를 확실하게 저장하기 위해서는 사람의 두뇌도 준비운동을 해야 한다. 마음과 몸이 맑은 상태에서 초고속학습법의 최대 효과를 경험할 수 있기 때문이다. 그렇다면 어떻게 해야 마음과 몸을 맑게 유지할 수 있을까. 물론 격렬한 운동 후에 오는 이완된 상태가 알파파를 발생하여 집중력을 높여줄 수 있지만 지구력을 가지고 꾸준하게 공부해야 할 학생들에게 지나친 에너지 소모는 피로감을 줄 수 있다. 그러므로 간단한 체조를 초고속읽기 훈련 전후에 해주므로써 놀라운 집중력 효과를 기대할 수 있다.

① 팔운동

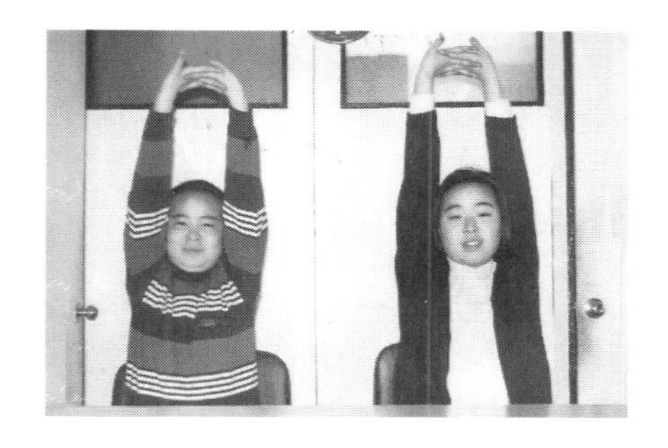

양손을 깍지 끼고 양손바닥을 밖으로 향하게 한 후 양팔을 쭉 편 다음 다시 양손바닥을 가슴에 댄다. 이것을 3-5회 반복 실시한다. 또 다시 양쪽머리 위로 손바닥이 하늘로 향하게 한 다음 쭉 폈다가 다시 가슴에 댄다. 이것을 3-5회 반복 실시한다.

② 몸통운동

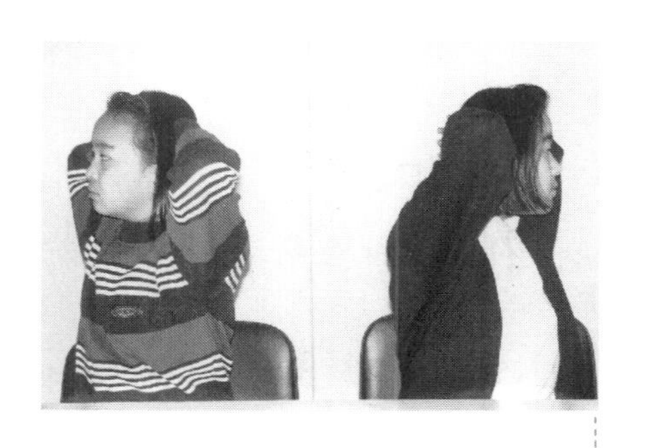

양쪽 손을 깍지 끼고 머리 뒤에 댄 후 상체를 앞으로 90도 숙이고 뒤로 60도 젖힌다.(1)
다시 좌우로 180도씩 회전한다. 이를 3-5회 반복한다.(2)

다음은 양쪽 손을 등뒤로 하고 깍지 끼고 힘껏 머리 쪽으로 올리면서 가슴을 편다. 3-5회 반복해서 실시해 본다.(3)

③ 머리피로풀기

손가락에 힘을 가한 후 뒷머리에 대고 머리 위부터 목까지 5등분하여 내려오면서 지압한다.(1)
또 양쪽 엄지는 관자놀이에 대고 양쪽 중지는 머리의 위쪽에 대고 힘을 주어 지압한다. 이 방법을 3-5회 반복 실시한다.(2)

④ 눈피로풀기

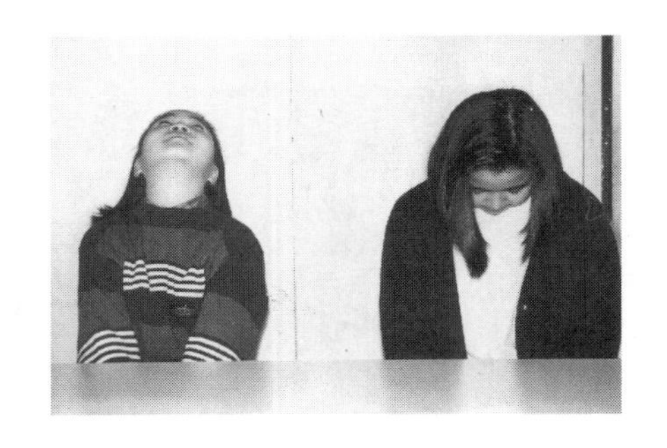

양손 엄지는 턱에, 인지와 중지, 약지는 안구의 위쪽 뼈부분에 대고 마사지한다. 3-4초 눌렀다 뗀다.(1)
그런 후 같은 방법으로 코 있는 쪽에서 바깥쪽으로 마사지 한다.(2)
눈을 지그시 감고 안구 좌우를 움직여 준다.(3) 양손 엄지로 광대뼈 밑 들어간 부분(관료혈)을 3-4초 눌렀다 뗀다.
(4) 양쪽 엄지로 머리 뒤쪽에 있는 안점혈을 3-4초 눌렀다 뗀다.(5)

⑤ 목운동

자세를 바로 하고 양손을 무릎 위에 가볍게 올려놓은 후 머리에 힘을 주지 않고 눈을 자연스럽게 감는다. 그런 후에 머리를 앞으로 90도 숙이고, 뒤로 70도로 젖히는 것을 3-5회 반복 실시한다. 다음은 위의 자세에서 좌우로 360도 회전한다.

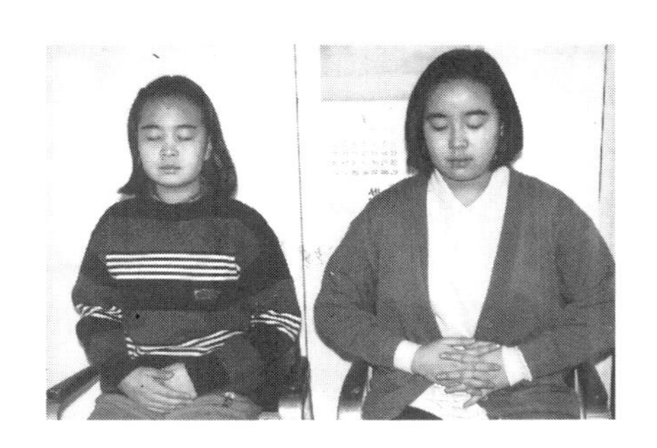

⑥ 심호흡

자세를 바로 하고 눈을 가볍게 감는다. 그런 후 호흡을 깊게 들이어 마시고 길게 내쉰다. 이 방법을 반복 실시한다.

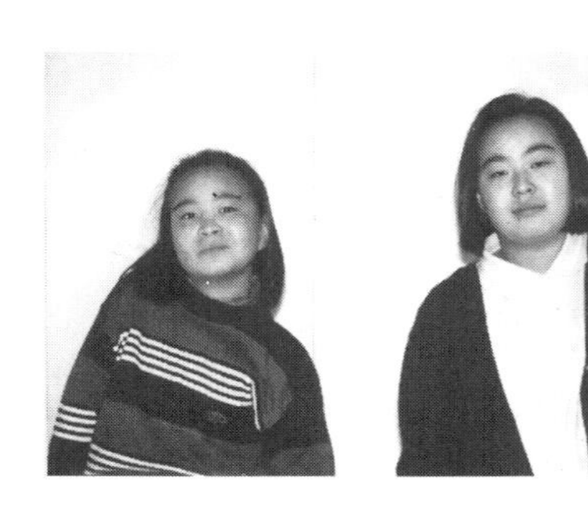

⑦ 어깨풀기

양어깨를 번갈아 올렸다 내렸다 하는 것을 3-5회 반복하여 실시한다.

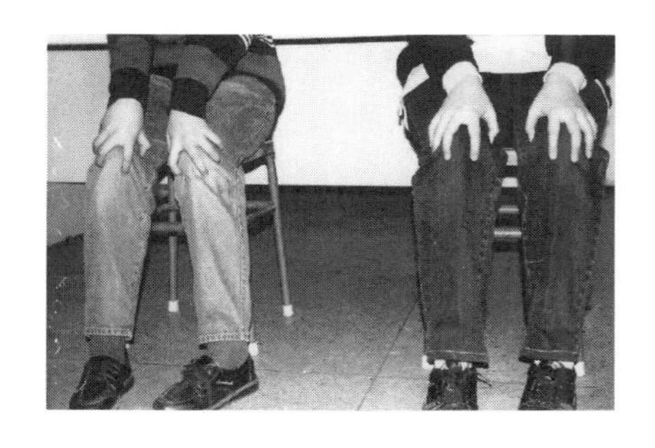

⑧ 무릎풀기운동

양손으로 양무릎을 주무르면서 돌립니다. 이를 3-5회 반복, 실시한다.

⑨ 발목운동

양발을 상하좌우로 움직이면서 돌린다. 이를 10-20회 반복 실시한다.

⑩ 기지개

입을 최대한 크게 벌리고 양팔을 위로 힘차게 뻗는다. 그리고 크게 숨을 내뱉는다.

완벽한 학습마무리 **유비무환**

빨리 보고 깊게 이해, 기억하는 초고속읽기

초고속읽기란?

무조건 빨리 읽는 것이 아니라 뇌의 읽는 기능을 계속 개발시키면서 이해능력과 기억력의 발달과 더불어 글 읽는 속도를 빨라지게 하는 독서방법.

☞ 초고속읽기는 눈에서 뇌로 곧장 보내는 시각적인 훈련이므로 목독으로만 가능하다.

눈(심리 상태와 신체 상태를 나타내주는 중요한 기관)

☞ 바깥층의 불투명한 공막과 각막으로 이루어져 있다.

☞ 공막 : 안구의 형태 유지
　각막 : 빛의 각도 조절

☞ 망막 : 외부의 자극을 받아들이는 시세포가 불균등하게 분포되어 있으며, 막대모양의 간상체와 원뿔모양의 추상체 2종류가 있다.

☞ 간상체 : 미약한 광선을 쉽게 받아들이며 사물의 움직임에 민감
　추상체 : 중심세력을 이루는 것으로써 명순응 상태에서 물체의 색채와 빛 등에 자극받는 예민한 세포이며 글을 읽을 때도 사용된다.

☞ 이 세포중 황반부의 추상세포는 대뇌에 직접 연결되는 막의 대뇌 전용 신경선을 갖고 있으며 중심와와 황반부체에 가장 많이 밀집되어 있다.

초고속읽기는 미개발된 뇌세포를 뇌파의 베타 수준에서 알파 수준으로 몰입시켜 기억력, 사고력, 판단력, 추리력, 상상력, 직관력, 수리력 등을 개발시키는 훈련을 반복, 미개발된 뇌세포를 개발하여 새로운 뇌의 회로가 형성될 수 있다.

초·고·속·전·뇌·학·습·법·초·급·과·정

초고속읽기 5원칙

1원칙 초집중력 개발
2원칙 시폭확대 개발
3원칙 시지각능력 개발
4원칙 문장적응능력 개발
5원칙 초고속이해능력 개발 5단계

초고속읽기 능력개발훈련에 들어가기 전에

초고속읽기 능력개발훈련에 들어가기 전에 먼저 현재 자신의 독서능력을 점검해 보도록 합니다. 예문 '독서에 대하여'의 총 글자수 1,576자를 평소에 읽던 습관대로 이해를 충분히 하면서 읽는다.

예문을 다 읽은 후 글자수 계산은 아래와 같다.

만약 1,576자를 읽은 시간이 2분 20초이고, 이해도측정문제의 점수가 60점이었다면 이 때의 독서속도 계산법은?

1)글자수 계산:분을 제외한 읽은 시간의 초 ÷ 60을 한다(2분20초 → 20초÷60).

2)글자수(1,576자) ÷ 읽은 시간의 분·초=(   )

① 20초 ÷ 60 = 0.33분(초를 분으로 환산한 것)

② 1,576 ÷ 2.33 = 676(1분간 읽은 글자수)

③ 676 × $\frac{\text{(측정문제 득점점수)}}{80}$ = 최초 1분간 이해하며 읽은 글자수 → 676 × $\frac{60}{80}$ =507

따라서 이 사람은 분간 507자를 이해하며 읽은 것이 된다.

■ 현재 나의 독서 능력은?

이해도측정문제득점	최초 1분 동안 읽은 글자수
점	자

독서능력예문

현재 자신의 독서능력을 알아보기 위한 예문이다. 준비물로는 초침이 있는 시계, 필기구를 책상 위에 놓는다. 준비가 되었으면 시작할 시간을 기록하고 시작한다.

예문－칼 힐티의 '독서에 대하여'

독서는 혼자 조용히 자기 스스로 해야 한다. 그리고 마음속에	24자
그 어떤 생각이 떠오르면 읽는 도중에 그만두고 잘 생각하도록 해	50자
야 한다. 남이 읽어줄 경우에는 이렇게 할 수 없다. 왜냐하면 독	74자
서란 결국 인간에게 자기 스스로 생각하기 위한 재료를 제공해 주	100자
는 것이 본 뜻이기 때문이다.	111자
만약 독서에서 자기의 생각이 생겨나지 않는다면 그런 독서는	136자
열매 맺지 못한 것이다. 물론 스스로 읽는 것에도 유효한 방법이	161자
여러 가지가 있다. 어떤 책에나 독자가 특별히 사사를 받거나 가	186자
르침을 받거나 한 부분이 몇몇 곳 있기 마련이다. 그런 곳을 우리	211자
들은 그 어떤 방법으로든 마음속에 받아들이고 되풀이 연구함으로	238자
써 그것을 철저히 자기의 것으로 만들려고 하게 된다.	259자
그런 경우, 그 전부를 기억에 의탁하려 하면 안심이 되지 않으므	284자
로 가능한한 확실한 것으로 만들기 위해 이른바 발초를 하는 사람	300자
들이 있는데, 그것의 결점은 힘이 들고 시간이 걸린다는 점이다.	325자
그리고 펜과 잉크, 노트와 연필 등의 필기도구를 언제나 갖추고 있	351자
어야 하므로 흔히 독서를 하려는 결심이 흐지부지되기 쉽다. 게다	380자
가 자칫 나중에 가서는 노트가 책 자체를 대체하게 되기 쉽다. 그	405자
리고 저자 본래의 정신은 형체도 없어지고, 나중에는 자기의 정신	431자
이 그 때의 순간적인 기분에 의해서 여과한 메모만을 읽게 된다.	455자
그리고 보통 편찬물이라면 발초하는 것은 물론 유효하며, 때로	480자
는 필요하기도 하지만, 제1급 서적은 그리 간단히 발초할 수도 없	506자
다. 이런 서적은 한 마디 한마디에 가치가 있으며, 그 앞뒤의 말	530자
에서 분리시키는 것을 거부한다. 그리고 그런 부당한 짓을 하려	555자
는 무법자에 대해서는 저자의 정신이 보복을 한다.	570자

그러므로 나는 차라리 페이지의 한끝을 접어두거나, 여백란 594자
에 메모를 해두거나 한다. 연필로 책에다 메모를 써넣던가, 617자
다시 한번 읽을 만한 곳에 표시를 해두는 것은 가장 간단한 640자
방법이다. 이런 책은 다시 되풀이해서 읽을 때에는 신선미가 664자
떨어지는 느낌이 들겠지만, 그 책을 자기 것으로 해버린 이 689자
상, 새것으로 보일 필요도 없을 것이다. 실제로 책이란 아마 722자
도 두 번쯤, 즉 한번은 전부를 대충, 그리고 두 번째는 면밀 744자
하게, 또한 아마도 메모한 곳만 부분적으로 읽었을 때 비로소 768자
읽었다고 할 수 있을 것이다. 779자

알맹이가 있는 독서를 하자면 또한 가능한 한 다른 일이나 802자
생각에 방해받지 않는 자유로운 시간이 필요하다. 그것이 어 826자
떤 시간인가는 일률적으로 규정할 수는 없다. 나 자신은 새벽 850자
한 시간과 저녁 한 시간을 독서 시간으로 할당하고 있다. 그 873자
러나 침대 위에서 독서를 한 적은 한번도 없다. 침대 위에서 906자
책을 읽는 것은 여러 가지 이유로, 또 건강상의 이유로서도 930자
권장할 수 없다. 물론 편안한 자세는 정신을 한층 자유롭고 953자
민감하게 하는 것은 분명하며, 예컨대 밤이라든가 새벽에 몸 977자
을 충분히 휴식시키고 눈을 떴을 때에는 가장 좋은 생각이 떠 1001자
오르는 것이다. 1007자

그리고 또 하나 중요한 것은 독서할 때 절도를 지켜야 한 1029자
다. 읽고 있는 동안에 싫증이 나거나 피로해지면 즉시 중단하 1053자
는 것이 좋다. 다만 읽기 시작하고 바로 그만두어서는 안된 1076자
다. 왜냐하면 일반적으로 일을 할 경우에 그렇듯이 독서의 경 1100자
우에는 처음에는 좀체로 흥이 나지 않는 것이기 때문이다. 만 1124자
약 언제나 독서의 흥미가 진정으로 솟아나기를 기다린다면 아 1148자
마도 여러분 중의 많은 사람들은 결코 독서를 시작하지 못할 1172자
것이다. 오히려 나태한 기분을 극복하는 일이 중요하며, 나태 1196자
한 마음이야말로 일체의 좋은 일들의 최대의 장해이다. 1219자

끝으로 결론으로서 독서를, 더 나아가서 그것의 산물인 지식을 너무 높이 평가해서는 안된다. 독서의 주안점과 독서가 가져다주는 주된 혜택은 지식이 아니라, '행위'이다. 지식은 오히려 사도 바울이 말했듯이 아무리 잘 되었더라도 항상 모아붙인 세공품이다. 완벽한 지식을 갖춘 사람이란 일찍이 없었으며, 앞으로도 결코 없을 것이다. 게다가 좋은 행위로 옮겨지지 않는 모든 지식은 무익한 소유일 뿐만 아니라, 사용하지 않으면 해가 되는 소유이다. 1234자 1258자 1282자 1307자 1332자 1356자 1380자 1387자

높은 교양을 지니고 있더라도 그 교양을 다만 넣어둘 뿐으로 부단히 행위에 의해서 그 가치를 확인하지 않는 사람들은 모두 기만으로 만족하는 페시미스트가 될 위험이 있다. 또는 만약 충분한 현명함을 갖추고 있다면 자기 자신이 획득한 지식조차도 모든 왕들 중의 최고의 현자인 솔로몬처럼 결국 '헛되고 헛되다'라고 생각할 위험이 있다. 그러나 이런 인생의 결론이라면 크게 우회로를 돌아서 학식을 얻기 위해 고심참담할 것도 없이 좀 더 쉽게 그곳에 도달 할 수 있는 것이다. 1411자 1435자 1459자 1484자 1509자 1534자 1558자 1576자

최초 이해도 측정문제

- 칼 힐티의 '도서에 대하여'를 읽고 문제를 풀어 보시오.

※ 다음 문제의 맞는 답을 골라 (　　) 안에 번호를 쓰시오.

1. 칼 힐티는 독서를 어떻게 해야 한다고 했나? (　　)
   ① 머릿속에 떠오르는 것을 수첩에 적어둔다.
   ② 토론을 즐기면서 한다.
   ③ 조용히 스스로 해야 한다.
   ④ 내용을 기억하면서 한다.

2. 독서를 하면서 특별히 가르침을 받을 만한 곳이 있을 때의 독자의 태도가 아닌 것은?(　　)
   ① 마음속에 받아들이는 자세가 중요하다
   ② 되풀이해서 연구한다.
   ③ 철저히 자기 것으로 만들려는 노력을 한다.
   ④ 정신적으로 안정을 취하도록 한다.

3. 발초하는 것의 결점이라고 할 수 없는 것은? (　　)
   ① 힘은 들지 않지만 시간은 많이 걸린다.
   ② 노트가 책 자체를 대체하는 경우가 생긴다.
   ③ 필기도구를 늘 가지고 다녀야 한다.
   ④ 순간적인 기분에 의한 메모만 남기기 쉽다.

4. 칼 힐티가 권하는 발초 방법이 아닌 것은? (　　)
   ① 페이지의 한끝을 접어 둔다.
   ② 여백에 메모를 해둔다.
   ③ 필요한 부분을 잘 뜯어서 스크랩한다.
   ④ 다시 읽을 곳에 표시를 해둔다.

5. 독서의 방법을 제시하고 있는 내용과 다른 것은? (　　)
   ① 한번은 꼼꼼하게 읽고, 두 번째는 대충 읽는다.
   ② 메모한 곳만 부분적으로 읽는다.

③ 시간을 꼭 정해서 독서를 하도록 한다.
④ 피로해지면 즉시 독서를 중단하도록 한다.

6. 독서의 자세에 대해 바르게 설명한 것은? (　　)
① 읽기 시작하다가 피로라면 금시라도 그만둔다.
② 편안한 자세라면 어떤 곳에서라도 읽는다.
③ 몸을 충분히 휴식시키고 읽는다.
④ 다른 일에 방해가 되지 않는 시간을 택해서 한다.

7. 독서를 하는데 가장 장해가 되는 것은 무엇이라고 하였는가? (　　)
(　　　　　　　)

8. 다음 문장의 (　　)안에 들어갈 알맞은 말을 골라 넣으시오.

만약 독서에서 자기의 생각이 생겨나지 않는다면 그런 독서는 (　　) 못한 것이다.

① 결론 맺지　② 열매 맺지　③ 성공 하지　④ 이해 하지

9. 다음 문장의 (　　)안에 들어갈 알맞은 말을 골라 넣으시오.

그리고 또 하나 중요한 것은 독서할 때 (　　)를(을) 지켜야 한다.

① 절도　② 약속　③ 시간　④ 분량

10. 다음 문장의 (　　)안에 들어갈 알맞은 말을 골라 넣으시오.

독서의 주안점과 독서가 가져다주는 주된 혜택은 지식이 아니라, (　　)이다.

① 철학　② 행위　③ 감동　④ 교양

1원칙 초집중력 개발

놀이를 하거나, 공부를 하거나, 어떤 일을 할 때 효과적으로 해내고, 가장 빠른 시간 내에 이해하여 기억하기 위해서는 집중력이 필요하다. 하루 종일 공부한답시고 책을 들여다봐도 머릿속에 남는 것이 없을 때가 있지만, 또 어떤 때는 짧은 시간 안에 스스로도 기특하다고 생각될 만큼 암기를 잘 할 때가 있다. 그것은 그만큼 정신을 집중해서 그 일을 해냈기 때문이다. 그렇다면 그 집중력의 효과를 지속시켜 학습능력을 최대로 높이는데 사용한다면 어떨까?

초고속학습법의 훈련을 통해서 이제부터 집중력을 높이는 훈련을 해보도록 한다. 초고속학습법의 집중력훈련을 위해 어떤 기본 자세를 익혀야 할까? 우선 허리를 곧고 바르게 편 다음 가슴을 펴고 턱을 앞으로 약간 당긴다. 이런 자세는 정신을 긴장하게 하므로 정신을 몰입할 수 있도록 해준다.

책과 눈의 거리는 30 - 40cm가 되도록 하며 책상과 몸 사이는 7 - 10cm를 유지한다. 의자 등받이에 허리를 기대지 않고, 입은 다물고 이에다 혀를 붙인다. 몸에 들어가 있는 힘을 빼고 편안한 상태를 유지하며, 의식적으로 눈에 힘을 주지 않도록 한다.

초고속학습에 들어가기 전에 가장 먼저 익혀야 할 기본훈련은 초집중력 개발과 시폭확대 개발 훈련이다. 각 훈련의 실시 방법과 시간을 잘 알아두도록 하자.

▣ 초집중력훈련

① 초집중호흡법 : 1-3분간 실시
② 고정점응시법 : 1-3분간 실시
③ 시점이동법 : 1-3분간 실시
② ③ 단계는 끝난 후 2 -10초씩 휴식하도록 한다.

초집중호흡법

초고속읽기의 기초 훈련 중 집중력을 비약적으로 높이기 위해 먼저 익혀야 하는 것이 초집중호흡법이다. 정신통일의 맥락에서 실시하는 훈련으로는 요가, 참선 등이 있지만 학습자의 입장에서 쉽게 도움을 얻을 수 있는 것은 초집중호흡을 들 수 있다. 초집중호흡을 하면 뇌가 가장 필요로 하는 영양소인 산소를 포함한 대자연의 기운을 흡입함으로써 두뇌가 맑아지며 뇌의 활동이 활발해지는 것을 경험하게 된다.

보통 사람의 1분간 호흡수는 약 14 - 20회(평균 17회) 정도이지만 단전호흡을 통하여 호흡수를 4 - 5회 정도로 감소시키면 자율신경의 활동이 활발해지고 심장의 부담이 줄어들어 마음과 몸이 안정되기 때문에 집중력은 물론 인내력, 지구력 등이 강화된다.

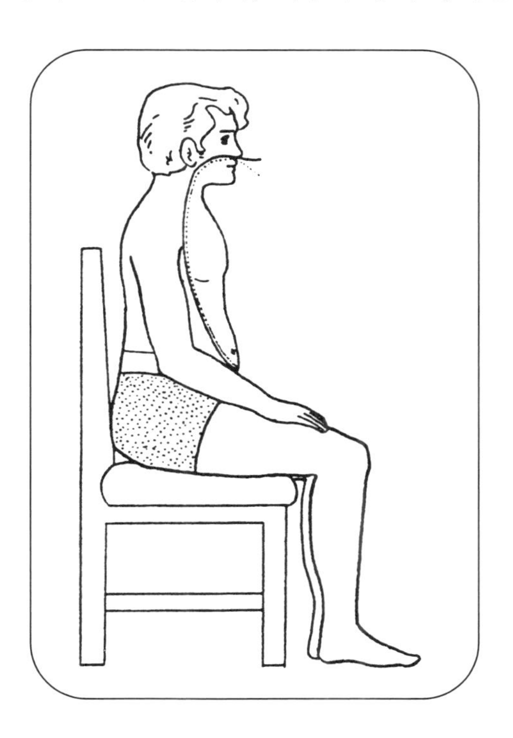

초집중호흡을 할 때는 먼저 편안한 자세로 조용히 앉아서 눈을 감는다. 머리 끝에서 발끝까지 몸에 힘이 들어가지 않도록 편하게 풀어 준 다음 단전 부위에 약간의 힘을 준다. 숨을 들이 쉴 때는 하나, 둘, 셋, 넷, 다섯, 여섯까지 들이쉬고, 그 들이 쉰 숨을 또 다시 여섯을 셀 때까지 내쉬지 않고 멈춘 다음, 내쉴 때도 천천히 길게 여섯까지 세며 내쉰다.

매일 5회 - 10회, 특히 집중력을 필요로 하는 수업시간 전에 실시하면 효과가 있다.

고정점응시법

고정점응시법이란 우리의 눈으로 하나의 점을 뚫어지게 응시하므로서 시야를 극도로 좁게 하여 심적인 에너지를 높이는 훈련이다.

이렇게 함으로써 정신 및 시각 집중을 최대로 증가시킬 수 있어 빠르게 글을 눈으로 읽으면서도 내용을 쉽게 이해하고 기억하게 되는 것이다.

고정점응시법을 훈련하게 되면 정신 집중이 잘되고, 인내력과 지구력이 길러지며, 활자나 물체를 보았을 때 실제보다 커진 듯한 느낌을 받게 된다.

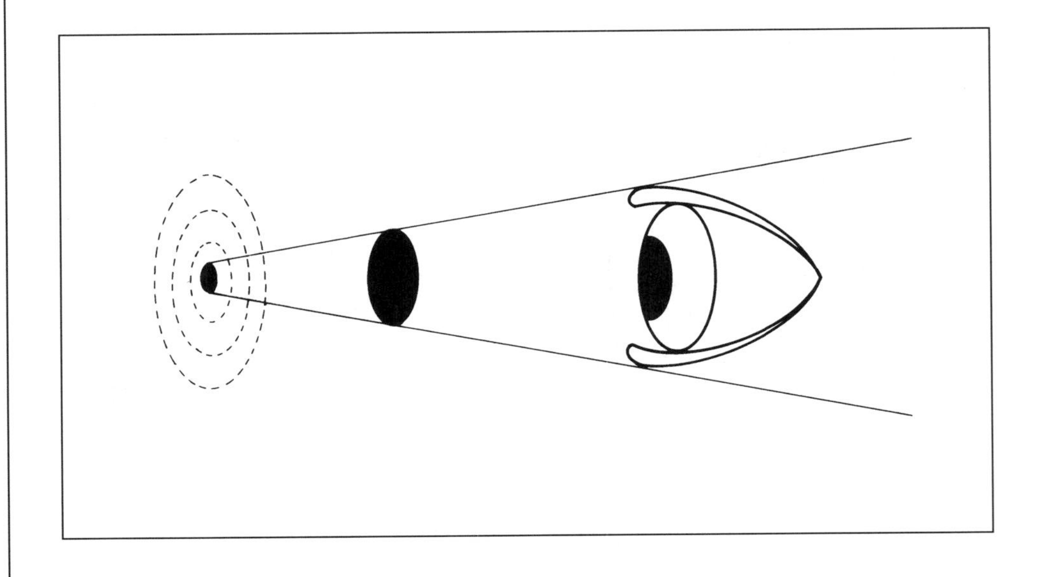

(A)

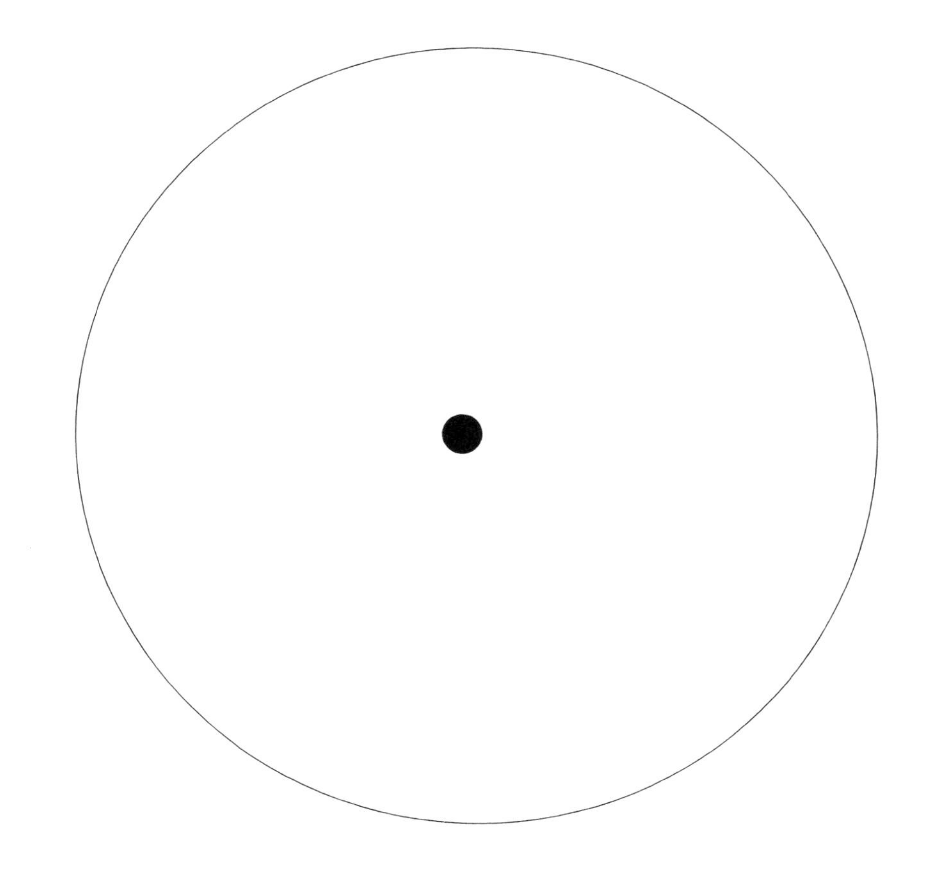

훈련을 할 때는 눈을 약간 크게 뜨고 깜박이지 않는 상태에서 이를 꼭 다물고 혀를 이에 붙인 다음 흑점이 크고 뚜렷하게 시야로 들어온다고 생각하면서 계속 응시한다.

첫회에는 A 흑점을 응시하고 적응력이 길러진 다음 다시 B 흑점으로 이동하는 방식으로 시간은 1 - 3 분간 실시한다.

(B)

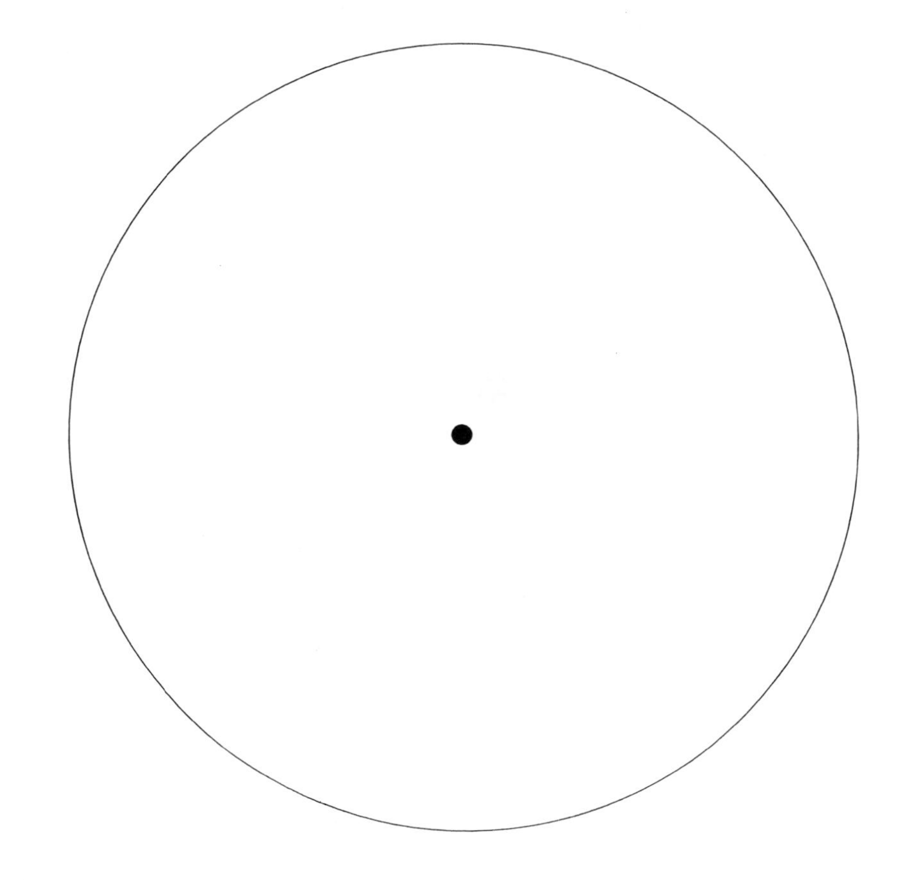

2,3 회째에서 B 점으로 이동했다면 같은 방법으로 응시하며, 실시 시간은 1-3 분간이다. 단전호흡을 병행하여 실시한다.

(C)

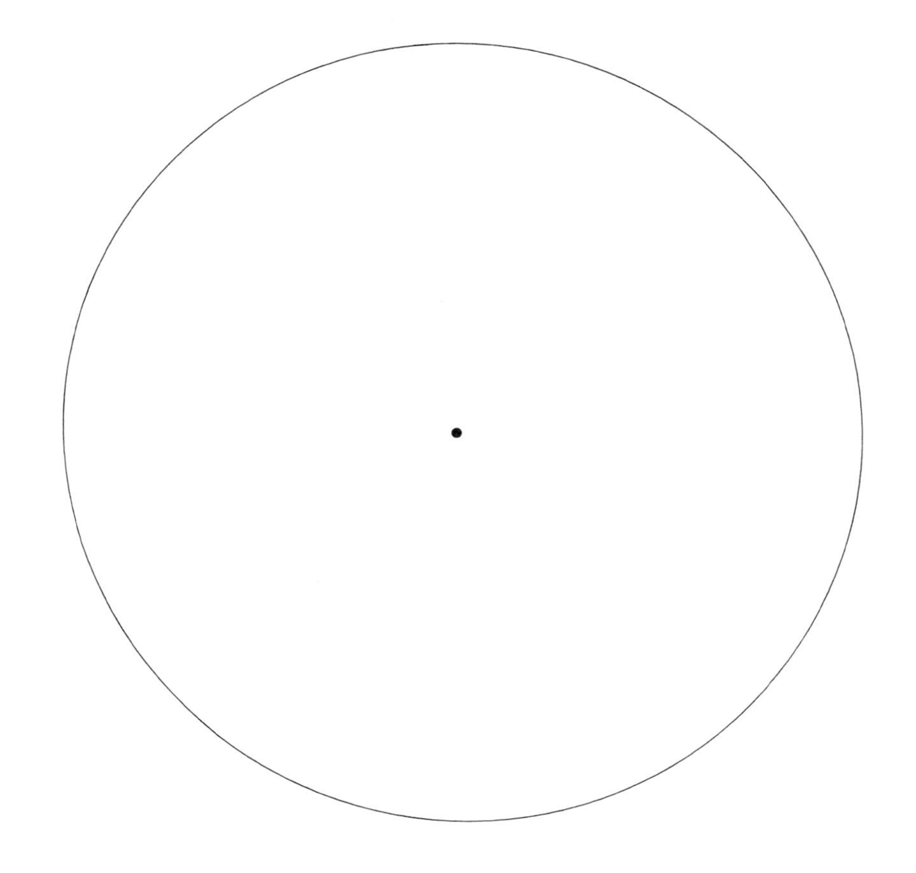

4회부터는 흑점으로 옮겨서 C 점을 응시한다. 훈련의 방법, 훈련의 시간은 앞의 훈련과 동일하며 단전호흡을 병행하여 실시한다. 머리를 움직이지 말고 눈을 자연스럽게 움직인다.

시점이동법

시점이동법이란 확정된 거리를 정확한 시간 내에 시점을 이동시키는 등속이동방법으로 눈동자의 유연한 움직임과 집중력, 지구력, 인내력을 요구하는 훈련이다.

이 시점이동법은 눈의 등속이동을 정확히 해주고, 시점을 잘 맺게 하며, 눈동자의 자연스러운 흐름을 유도해 주면서 시폭을 넓혀주고 안구에 탄력을 생기게 한다.

시신경을 발달시키기 때문에 시력이 좋지 않은 학생들에게도 도움이 되는 훈련이므로 효과를 믿고 꾸준히 하는 것이 좋다.

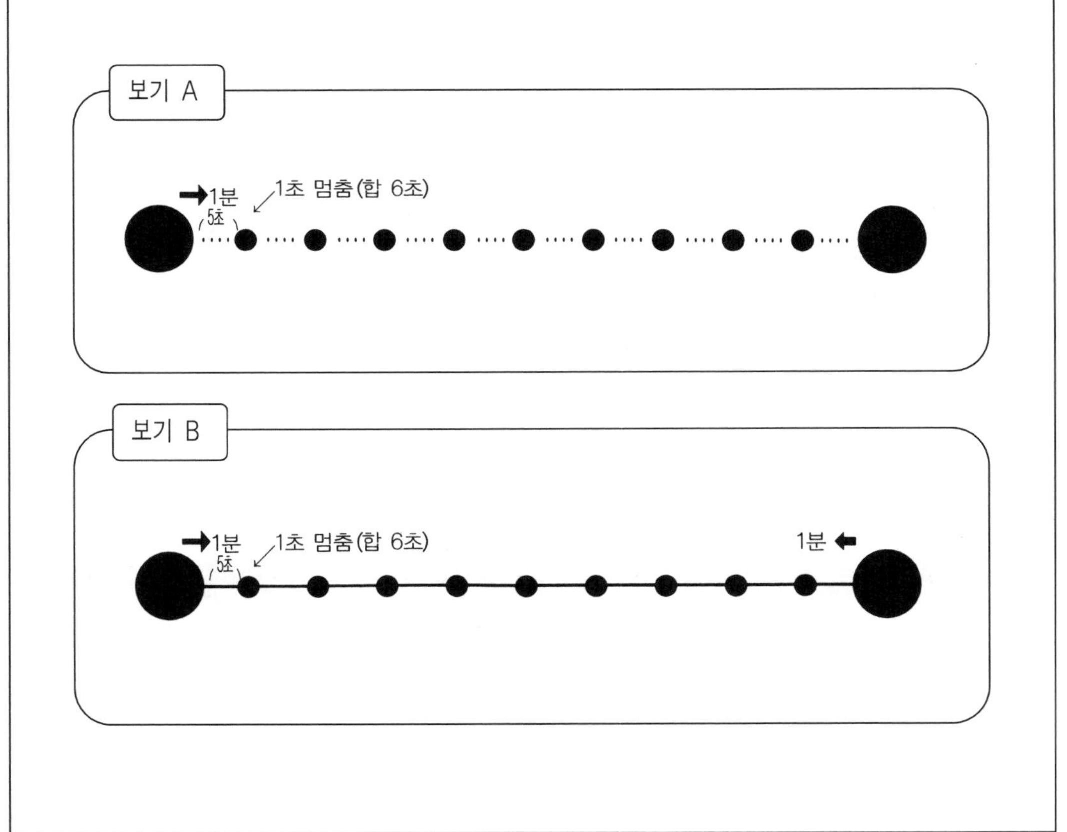

(A)

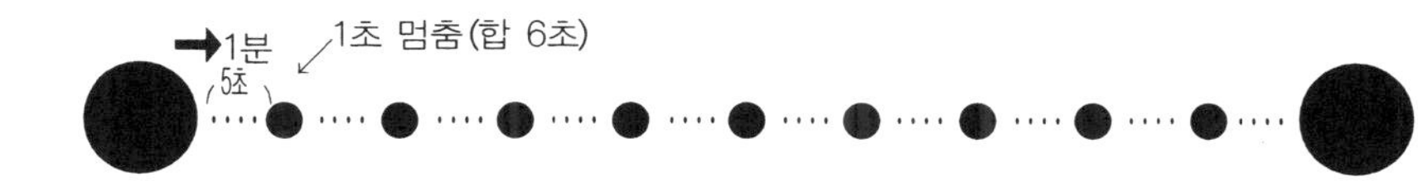

훈련을 할 때는 눈을 약간 크게 뜬 상태에서 시점을 이동시킬 때 눈을 깜박이지 않도록 한다. 그런 후 그림의 선을 따라 천천히 시점을 이동시켜 보자. 이때 흑점과 흑점 사이는 5초 동안 시점을 이동시키고 1초 동안 멈춘다(총 6초가 소요됨).

처음에는 A 훈련에 익숙해지면 다음은 B 를 훈련한다. 시간은 2 - 4분(왕복 1 - 2회)간 실시하도록 한다.

(B)

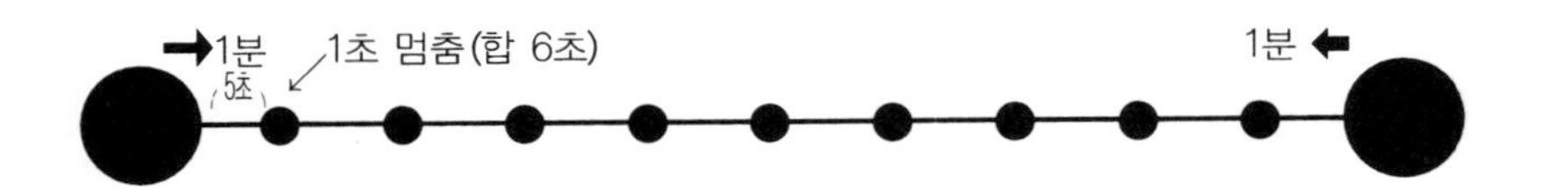

B 단계 훈련이다. 1초 동안 멈출 때 안구에 약간 힘을 주는 것 같은 느낌이 들도록 한다. 선과 흑점이 크게 보이고 뚜렷하게 시야로 들어온다는 생각을 하며 실시한다. 앞에서 배운 단전호흡을 병행해서 해 보면 더욱 효과적이다. 시간은 2 - 4 분(왕복 1 - 2 회)간 실시한다.

2원칙 시폭확대 개발

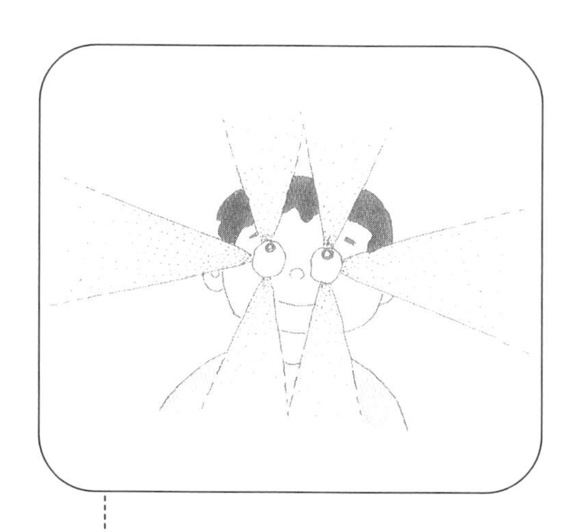

시폭확대 개발은 안구를 회전해서 우리 눈이 볼 수 있는 폭을 넓혀 주는 훈련이다. 이 훈련의 단계는 시점좌우·상하이동법, 시점상하·좌우역행이동법, 시점대각선이동법, 시점페이지연결법, 시점원이동법의 단계로 나뉜다. 그럼, 이 시폭확대 개발 훈련을 하면 어떤 효과를 기대할 수 있을까?

훈련을 하면 안근 운동이 활발해지고 안구에 힘과 탄력이 생겨서 눈의 볼 수 있는 폭을 180도에서 240도 이내의 물체의 움직임도 쉽게 식별할 수 있을 만큼 시야의 폭을 넓혀 준다.

눈이 피로해질 것 같은 생각이 들지만 실제로 눈과 뇌의 피로를 풀어주어 집중력을 향상시키고 시력을 강화시켜 준다.

시폭확대훈련은 각 단계가 끝난 후 2-10초씩 휴식을 취해 준다.

시점좌우 상하이동법

좌에서 우로 시점이동을 하면서 아주 빠르게 위에서 아래로 계속 반복 실시한다. 이때 시점을 따라 머리를 좌우로 움직이지 않도록 하며, 단전호흡을 병행하면서 1분 동안씩 반복하여 실시한다.

시점상하좌우역행이동법

눈을 유연하게 하여 좌우 시폭확대를 위한 훈련으로 1분 동안 반복해서 계속 실시해 본다.

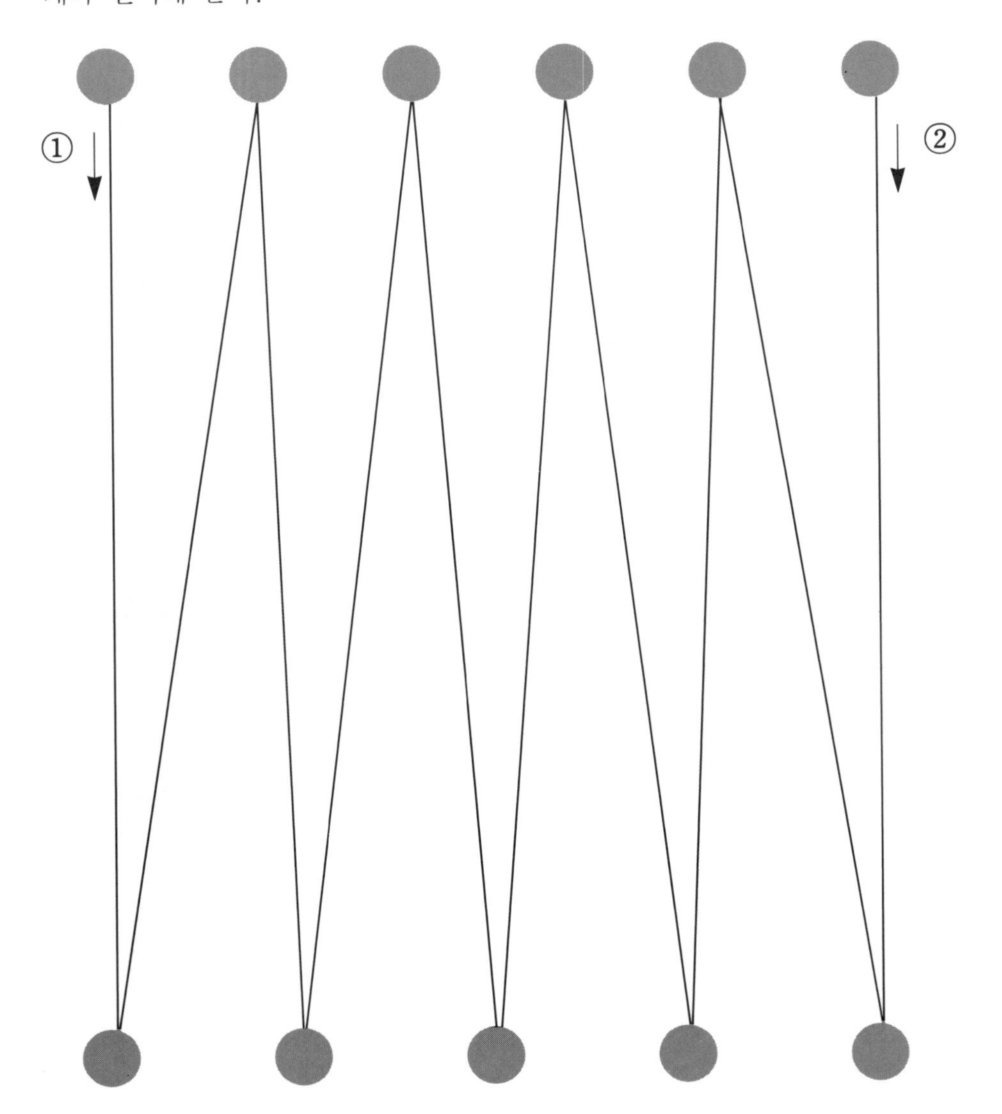

시점대각선이동법

1점에서 2점으로, 2점에서 3점, 3점에서 4점으로 빠르게 반복해서 실시해 보자. 훈련시간과 자세와 방법은 앞의 방법과 같다.

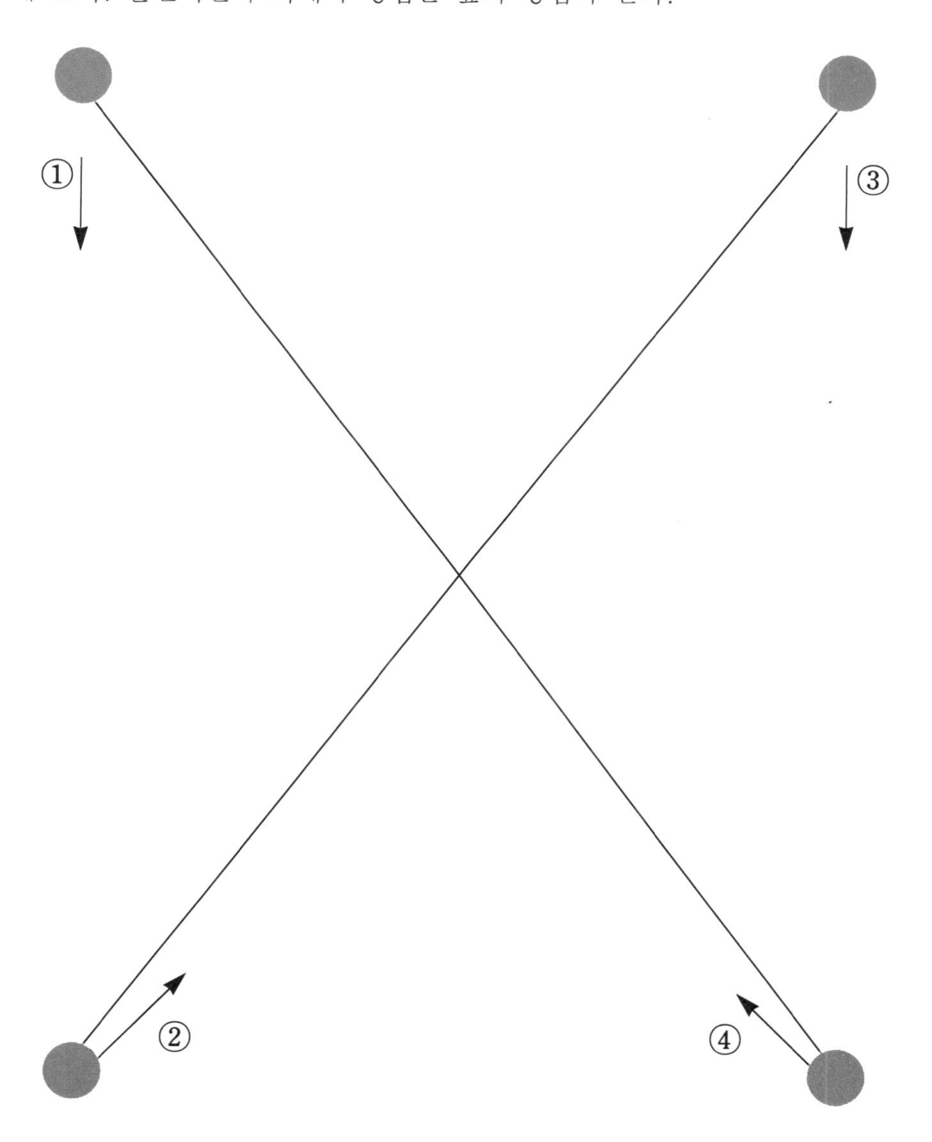

시점좌우 페이지연결법

콧날은 책 제본선 중앙과 같이 일치시키고, 곡선을 그리는 듯한 느낌으로 빠르게 눈동자를 움직여 보자. 이번 훈련을 실시할 때도 책 페이지가 바뀔 때 얼굴이 따라가지 않도록 주의해야 한다. 물론 초집중호흡도 병행해서 한다.

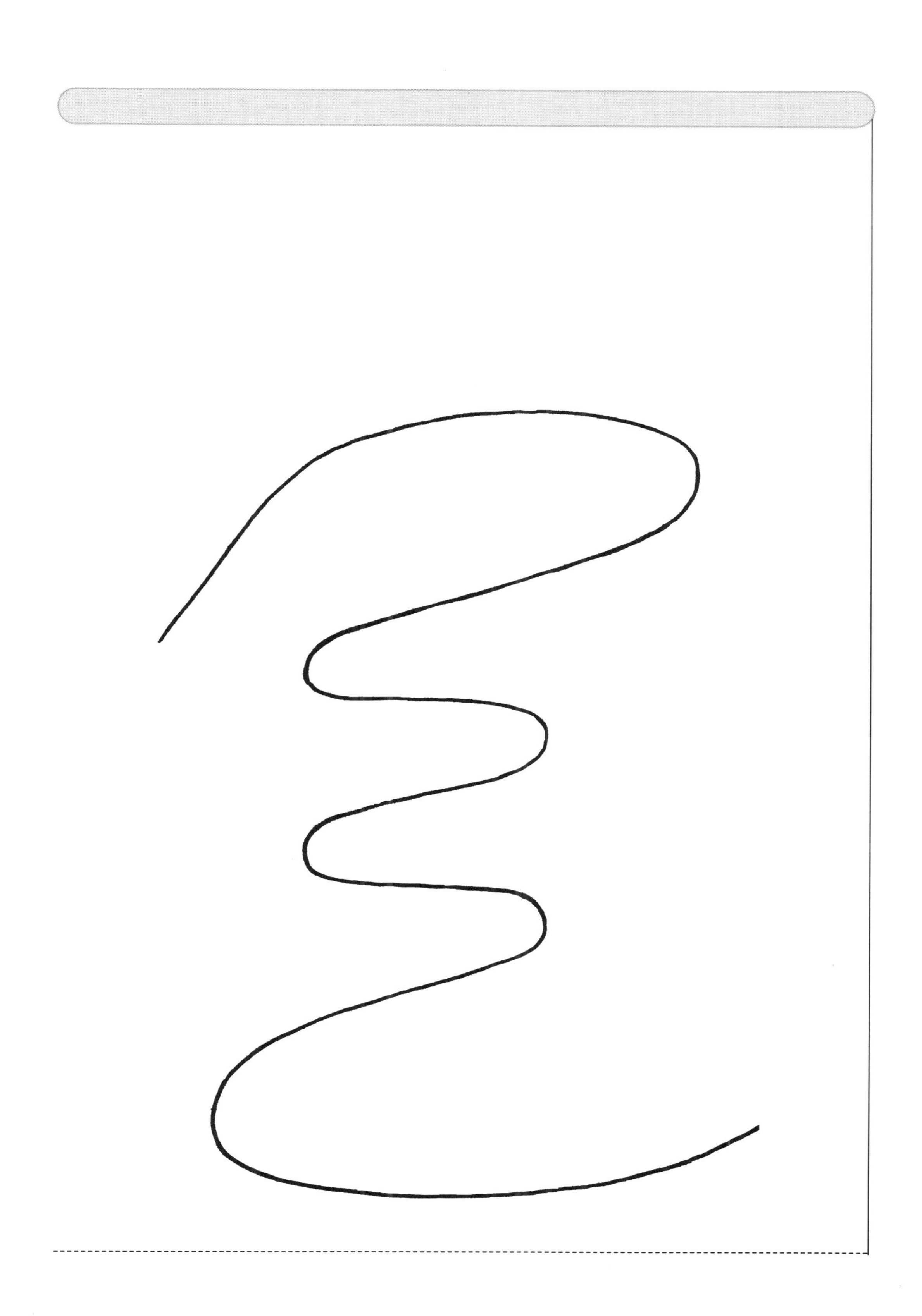

시점원이동법

눈을 뜨고 흑점에서 시작하여 왼쪽에서 오른쪽으로, 오른쪽에서 왼쪽으로 반복하여 5 - 10초 동안 눈동자를 회전하면서 보자. 그런 다음 눈을 감고 흑점에서 시작하여 오른쪽으로, 오른쪽에서 왼쪽으로 반복하여 5 - 10초 동안 눈동자를 회전한다. 이때 눈에 힘을 주지 말고 자연스럽게 움직인다. 훈련방법은 앞의 방법과 동일하다.

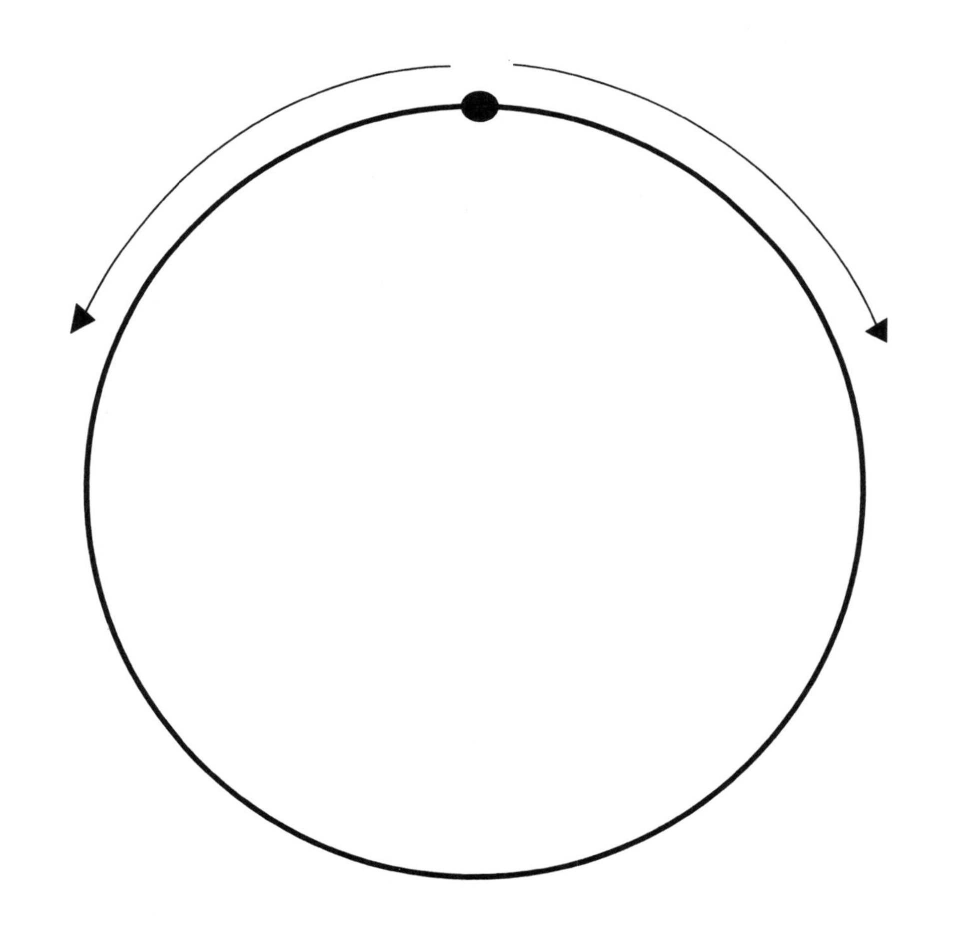

3원칙 시지각능력 개발

시지각능력 개발은 어떤 사물이나 활자를 눈으로 빨리 보는 훈련이다. 이 훈련은 눈의 인식 및 기억하는 습관을 길러주고 눈에 초점을 맺게 해주기 때문에 두뇌의 피로를 덜어준다.

이 훈련을 거듭하면 **음독, 묵독하던 습관이 목독(시독視讀)으로 바뀌게 되며 사물을 보는 눈의 식별 능력이 예리해지면서 눈의 흐름이 유연해지고** 기호 및 문자 훈련을 계속함에 따라 **뇌에 빨리 전달되는 능력이 생기므로 초고속읽기를 할 때 인지하는 능력이 최대한 빨라진다.** 즉 많은 시간이 걸려야만 이해했던 습관에서 빨리 보고 이해하고 기억하는 습관으로 바뀌게 되어 학습효과를 높일 수 있다. 이 훈련에는 우뇌훈련과 문자훈련이 있다. 시지각능력개발은 기호훈련, 문자훈련을 각각 1분간씩 실시하며, 훈련 후에는 20초씩 휴식하도록 한다. 기호훈련은 5 - 7 분, 문자훈련은 7 - 12 분 동안 훈련한다.

시지각능력 개발 훈련의 완성은 기호훈련(3,000개)를 10초, 2단계(문자 20페이지)를 15초 이내에 볼 수 있도록 반복해서 훈련한다.

■ 스스로 기록해 보는 시지각능력개발 훈련표 ※집중력 : 잘됨 ○ 보통 △ 안됨 x

순위	기호훈련	집중도	문자훈련	집중도
1				
2				
3				
4				

기호훈련 : 1분간 시간을 잰 뒤 기호훈련 칸에 책에 있는 숫자를 보고 기록한다.
문자훈련 : 1분간 시간을 잰 뒤 문자훈련 칸에 몇 페이지의 몇 째줄까지 보았음을 책에 있는 숫자를 보고 기록한다.

우뇌훈련(기호지각)

기호훈련은 시폭을 확대시켜, 빨리 보고 지각할 수 있는 능력을 개발시키는 시지각 능력개발훈련으로 심리적, 시각적으로 전혀 부담없는 기호(⊙)를 이용해서 시지각 능력을 발달시키는 것이다.

이 기호 즉 한 원 안의 점은 초점을 잘 맺게 하여 목독으로 전환시켜 나간다.

▣ 훈련방법

- 책제본선 중앙과 콧날을 일치시켜 놓고 보자.
- 기호의 동그라미를 하나하나 찍어 보지 말고, 점과 동그라미를 동시에 보아 나가도록 한다.
- 처음 2 - 3일간은 한 줄씩 빠르게 보는데, 3 - 4일이 지나면 기호가 2 - 3줄씩 눈에 들어온다. 약 일주일 정도 계속하면 책 한면이 눈에 들어 온다.
- 이 훈련은 약 20초 이내에 6,000개의 기호를 볼 수 있을 때까지 훈련한다.

평균 기록은, 1분을 기준으로 했을 때 1회째는 500 - 800개, 2회째는 800 - 1,000개, 3회째는 1,000 - 1,200개, 4회째는 1,200 - 6,000개, 5회째는 1분에 6,000개를 볼 수 있으며, 6회째는 6,000개를 평균 20초 빠른 학생은 8초까지 볼 수 있다.

보기

⊙……⊙……⊙……⊙……⊙……⊙……⊙……⊙……⊙

▣ 우뇌훈련 발전 과정

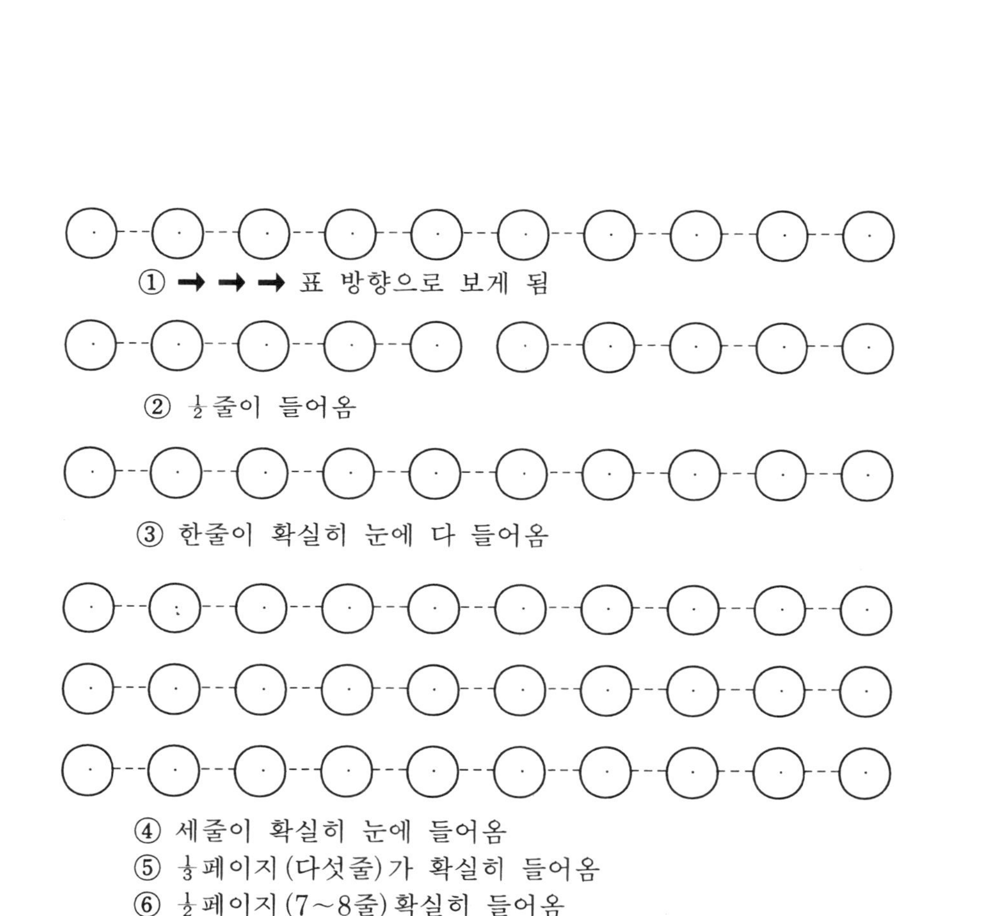
① ➡ ➡ ➡ 표 방향으로 보게 됨
② ½줄이 들어옴
③ 한줄이 확실히 눈에 다 들어옴
④ 세줄이 확실히 눈에 들어옴
⑤ ⅓페이지(다섯줄)가 확실히 들어옴
⑥ ½페이지(7~8줄)확실히 들어옴
⑦ 1페이지(150개)가 다 들어옴
※ 시신경이 개개인에 따라 다 다르기 때문에 다소 차이가 있음

15
30
45
60
75
90
105
120
135
150
165
180
195
210
225
240
255
270
285
300

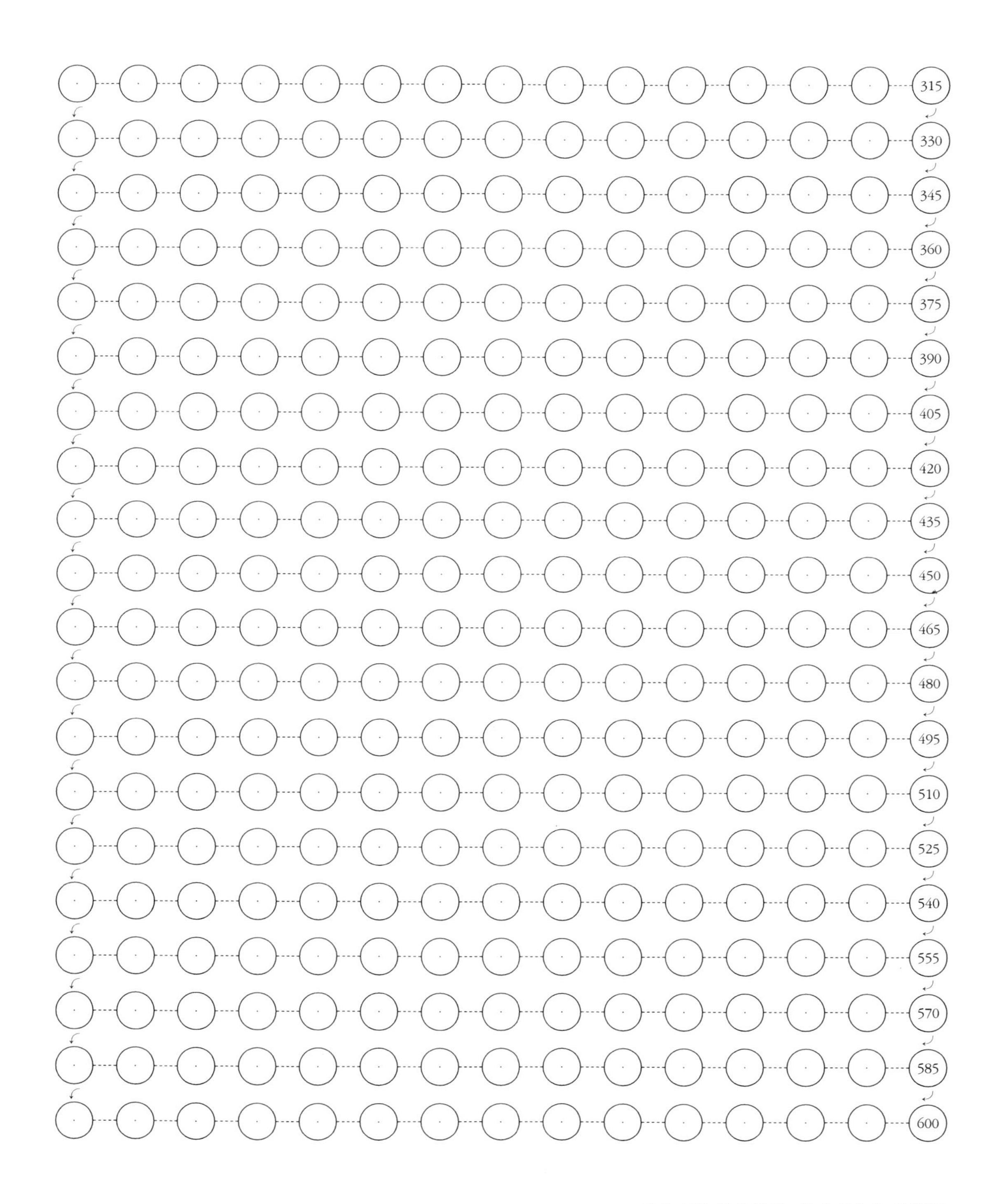
315
330
345
360
375
390
405
420
435
450
465
480
495
510
525
540
555
570
585
600

615
630
645
660
675
690
705
720
735
750
765
780
795
810
825
840
855
870
885
900

915
930
945
960
975
990
1005
1020
1035
1050
1065
1080
1095
1110
1125
1140
1155
1170
1185
1200

1215
1230
1245
1260
1275
1290
1305
1320
1335
1350
1365
1380
1395
1410
1425
1440
1455
1470
1485
1500

1515
1530
1545
1560
1575
1590
1605
1620
1635
1650
1665
1680
1695
1710
1725
1740
1755
1770
1785
1800

1815
1830
1845
1860
1875
1890
1905
1920
1935
1950
1965
1980
1995
2010
2025
2040
2055
2070
2085
2100

2115
2130
2145
2160
2175
2190
2205
2220
2235
2250
2265
2280
2295
2310
2325
2340
2355
2370
2385
2400

2415
2430
2445
2460
2475
2490
2505
2520
2535
2550
2565
2580
2595
2610
2625
2640
2655
2670
2685
2700

2715
2730
2745
2760
2775
2790
2805
2820
2835
2850
2865
2880
2895
2910
2925
2940
2955
2970
2985
3000

좌뇌훈련(문자지각)

문자훈련은 시폭을 확대시켜 빨리 보고 지각하는 능력을 개발시키는 훈련으로 시각적인 사고형으로 전환해 주려면 우선 많은 활자를 빨리 보고 깨달을 수 있도록 훈련을 거듭해야 한다. 여기에 사용된 언어는 한국어, 영어, 중국어, 일본어, 산스크리트어, 독일어, 프랑스어, 러시아어, 아랍어, 베트남어, 히브리어, 시리아어, 이집트어, 아르메니아어, 헬라어, 에스페란토어 등 세계 인구 중 90% 인구가 공통으로 사용가능한 16개 문자를 수록하였다.

▣ **훈련방법**

- 문자훈련을 하기 위해서는 먼저 책 제본선 중앙과 콧날을 일치시켜 놓고 본다.
- 이때 주의해야 할 것은 문자를 하나하나 발음하지 않도록 하며, 잘 기억되지 않는다고 눈동자를 천천히 움직여서는 안된다.
- 처음 2 - 3일간은 한 줄씩 빠르게 보고, 3 - 4일이 지나면 문자 가 2 - 3 줄씩 눈에 들어 온다. 그리고 4 - 5일이 지나면 보는 폭이 최대한 넓혀지게 된다.
- 약 15초 이내에 20페이지의 문자를 볼 수 있을 때까지 훈련해 보고 이해예비단계 훈련으로 들어가도록 한다.

문자훈련 시간별 평균기록은 1회째 1 - 3 페이지, 2회째는 2 - 4 페이지, 3회째는 3 - 5 페이지, 4회째 되면 4 - 6 페이지를 볼 수 있다. 5회째는 1분에서 빠르게는 20초 안에 20페이지를 볼 수 있으며, 6회째에 들어서면 20초에서 15초 내에 20페이지를 볼 수 있게 된다.

■ 좌뇌훈련 발전 과정

가가가가가가가가가가가가가가가가가가가가가가가가가가가가

① ➞ ➞ ➞ 표 방향으로 보게 됨

ああああああああああ　ああああああああああ

② $\frac{1}{2}$줄이 확실히 눈에 들어옴

Б Б

③ 한줄이 확실히 눈에 다들어옴

क ख ग घ ङ क ख ग घ ङ क ख ग घ ङ क ख ग घ ङ क

H H H H H H H H H H H H H H H H H H H H H

é é

④ 3줄이 확실히 눈에 들어옴

⑤ 10줄이 확실히 눈에 들어옴

⑥ 20줄이 확실히 눈에 들어옴

⑦ 1페이지 (30줄)가 확실히 눈에 들어옴

가가가가가가가가가가가가가가가가가가가가가가가가가가가가가가 1

AAAAAAAAAAAAAAAAAAAAAAAAAAAAAA

金金金金金金金金金金金金金金金金金金金金金金金金金金金金金金

あ ああ ああ ああ ああ ああ ああ ああ ああ ああ ああ ああ ああ ああ ああ あ

क ख ग घ ङ क ख ग घ ङ क ख ग घ ङ क ख ग घ ङ क ख ग घ ङ क ख ग घ ङ 5

𝔘 𝔘

é é

Б Б

ا ا

ĂĂĂĂĂĂĂĂĂĂĂĂĂĂĂĂĂĂĂĂĂĂĂĂĂĂĂĂĂ Ă 10

אָ אָ

ا ﺎ ا ﺎ ا ﺎ ا ﺎ ا ﺎ ا ﺎ ا ﺎ ا ﺎ ا ﺎ ا ﺎ ا ﺎ ا ﺎ ا ﺎ ا ﺎ ا ﺎ

ሀ ሁ ሂ ሃ ሄ ህ ሆ ሀ ሁ ሂ ሃ ሄ ህ ሆ ሀ ሁ ሂ ሃ ሄ ህ ሆ ሀ ሁ ሂ ሃ ሄ ህ ሆ ሀ ሁ

[illegible]

Γ Γ Γ Γ Γ Γ Γ Γ Γ Γ Γ Γ Γ Γ Γ Γ Γ Γ Γ Γ Γ Γ Γ Γ Γ Γ Γ Γ Γ Γ 15

ĈĈ ĈĈ ĈĈ ĈĈ ĈĈ ĈĈ ĈĈ ĈĈ ĈĈ ĈĈ ĈĈ ĈĈ ĈĈ ĈĈĈĈĈĈ

나나나나나나나나나나나나나나나나나나나나나나나나나나나나나나

BBBBBBBBBBBBBBBBBBBBBBBBBBBBBB

李李李李李李李李李李李李李李李李李李李李李李李李李李李李李李

いいいいいいいいいいいいいいいいいいいいいいいいいいいいいい 20

च ह ञ क अ च ह ञ क अ च ह ञ क अ च ह ञ क अ च ह ञ क अ च ह ञ क अ

𝔅 𝔅

è è

ДДДДДДДДДДДДДДДДДДДДДДДДДДДДДД

ب 25

ÂÂÂÂÂÂÂÂÂÂÂÂÂÂÂÂÂÂÂÂÂÂÂÂÂÂÂÂÂÂ

בָּ בָּ

[illegible]

ለ ሉ ሊ ላ ሌ ል ሎ ለ ሉ ሊ ላ ሌ ል ሎ ለ ሉ ሊ ላ ሌ ል ሎ ለ ሉ ሊ ላ ሌ ል ሎ ለ ሉ

[illegible] 30

(1) 저자 승락없이 복사 · 복제 도용금함

Δ Δ Δ Δ Δ Δ Δ Δ Δ Δ Δ Δ Δ Δ Δ Δ Δ Δ Δ Δ Δ Δ Δ Δ Δ Δ Δ Δ Δ Δ 1

ĜĜ ĜĜ ĜĜ ĜĜ ĜĜ ĜĜ ĜĜ ĜĜ ĜĜ ĜĜ ĜĜ ĜĜĜ ĜĜĜ ĜĜĜ

다다다다다다 다다 다다 다다 다다 다다 다다 다다 다다 다다다다다다다다다다

C C C C C C C C C C C C C C C C C C C C C C C C C C C C C C

朴朴朴朴朴朴朴朴朴朴朴朴朴朴朴朴朴朴朴朴朴朴朴朴朴朴朴朴朴朴 5

う う

ट ठ ड ढ ण ट ठ ड ढ ण ट ठ ड ढ ण ट ठ ड ढ ण ट ठ ड ढ ण ट ठ ड ढ ण

ℭ ℭ

à à

Ë 10

o' o' o'o' o' o' o' o' o' o' o' o' o' o' o' o'o' o' o' o' o'o' o' o' o' o'o'

ሐሑሒሓሔሕሖሐሑሒሓሔሕሖሐሑሒሓሔሕሖሐሑሒሓሔሕሖሐሑ 15

θ θ θ θ θ θ θ θ θ θ θ θ θ θ θ θ θ θ θ θ θ θ θ θ θ θ θ θ θ θ

ĤĤĤĤ ĤĤĤ ĤĤĤ ĤĤĤĤĤĤĤĤĤĤĤĤĤĤ ĤĤĤĤĤĤĤ

라라라라라라라라라라라라라라라라라라라라라라라라라라라라라라

D D D D D D D D D D D D D D D D D D D D D D D D D D D D D D 20

崔崔崔崔崔崔崔崔崔崔崔崔崔崔崔崔崔崔崔崔崔崔崔崔崔崔崔崔崔崔

え え

त थ द ध न त थ द ध न त थ द ध न त थ द ध न त थ द ध न त थ द ध न

𝔇 𝔇

ù 25

ЖЖЖЖ ЖЖ ЖЖ ЖЖ ЖЖ ЖЖ ЖЖ ЖЖЖ ЖЖЖ ЖЖЖЖ ЖЖЖЖ

u' u' u' u' u' u' u' u' u' u' u' u' u' u' u' u' u' u' u' u' u' u' u' u' u' u' u' u' u' u'

30

[illegible] 1

[illegible]

Λ Λ Λ Λ Λ Λ Λ Λ Λ Λ Λ Λ Λ Λ Λ Λ Λ Λ Λ Λ Λ Λ Λ Λ Λ Λ Λ Λ Λ Λ Λ

Ĵ Ĵ

마마마마마마마마마마마마마마마마마마마마마마마마마마마마마마마 5

E E E E E E E E E E E E E E E E E E E E E E E E E E E E E E

鄭鄭鄭鄭鄭鄭鄭鄭鄭鄭鄭鄭鄭鄭鄭鄭鄭鄭鄭鄭鄭鄭鄭鄭鄭鄭鄭鄭鄭鄭

お おお おお おお おお おお おお おお おお おお おお おお おお おお おお

प फ ब भ म प फ ब भ म प फ ब भ म प फ ब भ म प फ ब भ म प फ ब भ म

𝕰 10

â â

3 3 3 3 3 3 3 3 3 3 3 3 3 3 3 3 3 3 3 3 3 3 3 3 3 3 3 3 3 3

[illegible]

Ă Ă

ɿ 15

തതതതതതതതതതതതതതതതതതതതതതതതതതതതതതത

[illegible]

[illegible]

Ξ Ξ Ξ Ξ Ξ Ξ Ξ Ξ Ξ Ξ Ξ Ξ Ξ Ξ Ξ Ξ Ξ Ξ Ξ Ξ Ξ Ξ Ξ Ξ Ξ Ξ Ξ Ξ Ξ Ξ

Ŝ 20

바바바바바바바바바바바바바바바바바바바바바바바바바바바바바바

F F F F F F F F F F F F F F F F F F F F F F F F F F F F F F

趙趙趙趙趙趙趙趙趙趙趙趙趙趙趙趙趙趙趙趙趙趙趙趙趙趙趙趙趙趙

か かか かか かか かか かか かか かか かか かか かか かか かか かか かか

य र ल व य र ल व य र ल व य र ल व य र ल व य र ल व य र ल व य र 25

𝕱 𝕱

ê ê

И И

[illegible]

Â 30 ļ 1

o a o a o a o a o a o a o a o a o a o a o a o a o a o a o a o a o a o a o a o a o a

ᓚ ᓚ

ᘔᘔᘔᘔᘔ ᘔᘔᘔᘔᘔ ᘔᘔᘔᘔᘔ ᘔᘔᘔᘔᘔ ᘔᘔᘔᘔᘔᘔᘔᘔᘔᘔ

Π Π Π Π Π Π Π Π Π Π Π Π Π Π Π Π Π Π Π Π Π Π Π Π Π Π Π Π Π Π 5

ŬŬ ŬŬ ŬŬ ŬŬ ŬŬ ŬŬ ŬŬ ŬŬ ŬŬŬŬ ŬŬ ŬŬ ŬŬŬŬŬŬŬŬ

사사사사사사사사사사사사사사사사사사사사사사사사사사사사사사

G G G GGG GGGG GGGGGGG GGGG GGGG GGGGGGG

尹尹尹尹尹尹尹尹尹尹尹尹尹尹尹尹尹尹尹尹尹尹尹尹尹尹尹尹尹尹

き き き き きき きき きき きき きき きき きき きき きき きき きき きき きき 10

श ष स श ष स श ष स श ष स श ष स श ष स श ष स श ष स श ष स श ष स

𝕲 𝕲

Î Î

Σ Σ Σ Σ Σ Σ Σ Σ Σ Σ Σ Σ Σ Σ Σ Σ Σ Σ Σ Σ Σ Σ Σ Σ Σ Σ Σ Σ Σ Σ

ژ ژ ژ ژ ژژ ژ ژ ژ ژ ژژژ ژ ژ ژ ژژ ژ ژ ژ ژ ژژ ژ ژ ژ ژژ ژ ژ 15

O' O' O'O' O' O' O' O' O' O' O' O' O' O' O' O'O'O' O' O'O' O'O' O' O'O' O'O'

ꯃ̣ ꯃ̣

ɹ ɾ ɹ ɾ ɹ ɾ ɹ ɾ ɹ ɾ ɹ ɾ ɹ ɾ ɹ ɾ ɹ ɾ ɹ ɾ ɹ ɾ ɹ ɾ ɹ ɾ ɹ ɾ ɹ ɾ

ሰ ሱ ሲ ሳ ሴ ስ ሶ ሰ ሱ ሲ ሳ ሴ ስ ሶ ሰ ሱ ሲ ሳ ሴ ስ ሶ ሰ ሱ ሲ ሳ ሴ ስ ሶ ሰ ሱ

ፍ 20

ΦΦΦΦΦΦ ΦΦΦΦΦ ΦΦ ΦΦ ΦΦΦΦΦΦ ΦΦΦΦΦΦΦΦΦΦ

ĈĈ ĈĈ ĈĈ ĈĈ ĈĈ ĈĈ ĈĈ ĈĈ ĈĈ ĈĈ ĈĈ ĈĈ ĈĈĈĈĈĈ

아아아아아아아아아아아아아아아아아아아아아아아아아아아아아아

H H H H H H H H H H H H H H H H H H H H H H H H H H H H H H

姜姜姜姜姜姜姜姜姜姜姜姜姜姜姜姜姜姜姜姜姜姜姜姜姜姜姜姜姜姜 25

く く

ह्व त्र आ द ई उ ज ऋ ह्व त्र आ द ई उ ज ऋ ह्व त्र आ द ई उ ज ऋ ह्व त्र आ द ई उ

𝕳 𝕳

Ç Ç

Й 30 u' u' u' u' u' u' u' u' u' u' u' u' u' u' u' u' u' u' u' u' u' u' u' u' u' u' u' u'

ΨΨΨΨΨΨΨΨΨΨΨΨΨΨΨΨΨΨΨΨΨΨΨΨΨΨΨΨΨ

ĜĜ ĜĜ ĜĜ ĜĜ ĜĜ ĜĜ ĜĜ ĜĜ ĜĜ ĜĜ ĜĜĜ ĜĜĜ ĜĜĜ ĜĜĜ

자자자자자자자자자자자자자자자자자자자자자자자자자자자자자자

I I I I I I I I I I I I I I I I I I I I I I I I I I I I I

張張張張張張張張張張張張張張張張張張張張張張張張張張張張

けけけけけけけけけけけけけけけけけけけけけけけけけけけけ

ऋ ऌ ॡ ए ऐ ओ औ ऋ ऌ ॡ ए ऐ ओ औ ऋ ऌ ॡ ए ऐ ओ औ ऋ ऌ ॡ ए ऐ ओ औ ऋ ऌ

Ô Ô

ЛЛЛЛЛЛЛЛЛЛЛЛЛЛЛЛЛЛЛЛЛЛЛЛЛЛЛЛЛ

ĂĂĂĂĂĂĂĂĂĂĂĂĂĂĂĂĂĂĂĂĂĂĂĂĂĂĂĂĂĂ

ΩΩΩΩΩΩΩΩΩΩΩΩΩΩΩΩΩΩΩΩΩΩΩΩΩΩΩΩΩ

ĤĤĤĤ ĤĤĤ ĤĤĤ ĤĤĤĤĤĤĤĤĤĤĤĤĤĤ ĤĤĤĤĤĤĤ

차차차차차차차차차차차차차차차차차차차차차차차차차차차차

J J J J J J J J J J J J J J J J J J J J J J J J J J J J

韓韓韓韓韓韓韓韓韓韓韓韓韓韓韓韓韓韓韓韓韓韓韓韓韓韓韓韓

こ こ

क ख ग घ ङ क ख ग घ ङ क ख ग घ ङ क ख ग घ ङ क ख ग घ ङ क ख ग घ ङ

û 1

ϕ ϕ

ÂÂÂÂÂÂÂÂÂÂÂÂÂÂÂÂÂÂÂÂÂÂÂÂÂÂÂÂ ÂÂÂÂÂ

5

ተ ቱ ቲ ታ ቴ ት ቶ ተ ቱ ቲ ታ ቴ ት ቶ ተ ቱ ቲ ታ ቴ ት ቶ ተ ቱ ቲ ታ ቴ ት ቶ ተ ቱ

Γ Γ Γ Γ Γ Γ Γ Γ Γ Γ Γ Γ Γ Γ Γ Γ Γ Γ Γ Γ Γ Γ Γ Γ Γ Γ Γ Γ Γ Γ

Ĵ 10

카카카카카카카카카카카카카카카카카카카카카카카카카카카카카카

KKKKKKKKKKKKKKKKKKKKKKKKKKKKKK

吳吳吳吳吳吳吳吳吳吳吳吳吳吳吳吳吳吳吳吳吳吳吳吳吳吳吳吳吳吳

さ さ

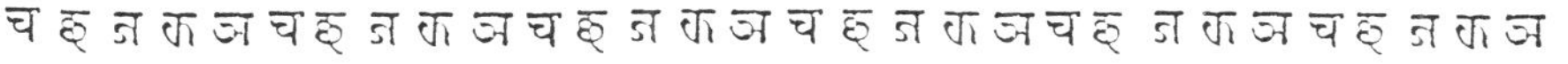

च ह ज क ञ च ह ज क ञ च ह ज क ञ च ह ज क ञ च ह ज क ञ च ह ज क ञ 15

K K K K K K K K K K K K K K K K K K K K K K K K K K K K K K

e̋ e̋ e̋ e̋ e̋ e̋ e̋ e̋ e̋ e̋ e̋ e̋ e̋ e̋ e̋ e̋ e̋ e̋ e̋ e̋ e̋ e̋ e̋ e̋ e̋ e̋ e̋ e̋ e̋ e̋

Б Б

O' O' O' O' O' O' O' O' O' O' O' O' O' O' O' O' O' O' O' O' O' O' O' O' O' O' O' O' O' O' 20

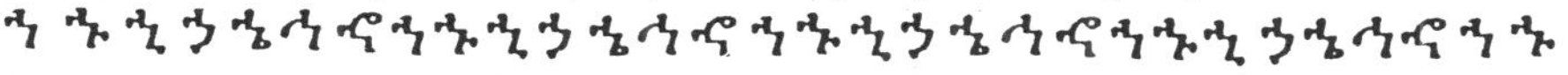

Δ Δ Δ Δ Δ Δ Δ Δ Δ Δ Δ Δ Δ Δ Δ Δ Δ Δ Δ Δ Δ Δ Δ Δ Δ Δ Δ Δ Δ Δ 25

Ŝ Ŝ

타타타타타타타타타타타타타타타타타타타타타타타타타타타타타타

L L L L L L L L L L L L L L L L L L L L L L L L L L L L L L

林林林林林林林林林林林林林林林林林林林林林林林林林林林林林林

し 30

ट ठ ड ढ ण ट ठ ड ढ ण ट ठ ड ढ ण ट ठ ड ढ ण ट ठ ड ढ ण

𝔏𝔏𝔏𝔏𝔏𝔏𝔏𝔏𝔏𝔏𝔏𝔏𝔏𝔏𝔏𝔏𝔏𝔏𝔏𝔏𝔏𝔏𝔏𝔏𝔏

I̋ I̋ I̋ I̋ I̋ I̋ I̋ I̋ I̋ I̋ I̋ I̋ I̋ I̋ I̋ I̋ I̋ I̋ I̋ I̋ I̋ I̋ I̋ I̋ I̋ I̋

ЫЫЫЫЫЫЫЫЫЫЫЫЫЫЫЫЫЫЫЫЫЫЫЫЫЫЫ

ل ل ا ا ل ل ل ا ا ل ل ل ا ا ل ل ل ا ا ل ل ل ا ا ل ل ل ا ا

u’ u’ u’ u’ u’ u’ u’ u’ u’ u’ u’ u’ u’ u’ u’ u’ u’ u’ u’ u’ u’ u’ u’ u’ u’ u’ u’

ṃ ṃ

[illegible]

ነ ኑ ኒ ና ኔ ን ኖ ነ ኑ ኒ ና ኔ ን ኖ ነ ኑ ኒ ና ኔ ን ኖ ነ ኑ ኒ ና ኔ ን ኖ ነ ኑ

L L L L L L L L L L L L L L L L L L L L L L L L L L L L

θ θ θ θ θ θ θ θ θ θ θ θ θ θ θ θ θ θ θ θ θ θ θ θ θ θ θ

Ŭ Ŭ

파파파파파파파파파파파파파파파파파파파파파파파파파파파파파파

MMMMMMMMMMMMMMMMMMMMMMMMMMMM

~~安安安安安安安安安安安安安安安安安安安安安安安安安安安安~~

すすすすすすすすすすすすすすすすすすすすすすすすすすすすすす

त घ द ध न त घ द ध न त घ द ध न त घ द ध न त घ द ध न त घ द ध न

𝔐𝔐𝔐𝔐𝔐𝔐𝔐𝔐𝔐𝔐𝔐𝔐𝔐𝔐𝔐𝔐𝔐𝔐𝔐𝔐𝔐𝔐𝔐𝔐𝔐𝔐𝔐𝔐𝔐

ű ű

ЮЮЮЮЮЮЮЮЮЮЮЮЮЮЮЮЮЮЮЮЮЮЮЮЮЮЮЮЮ

[illegible]

Ă Ă

[illegible]

[illegible]

ለ ሉ ሊ ላ ሌ ለ ለ ለ ሉ ሊ ላ ሌ ለ ለ ለ ሉ ሊ ላ ሌ ለ ለ ለ ሉ ሊ ላ ሌ ለ ለ ለ ሉ

խ խ

Λ Λ Λ Λ Λ Λ Λ Λ Λ Λ Λ Λ Λ Λ Λ Λ Λ Λ Λ Λ Λ Λ Λ Λ Λ Λ Λ Λ Λ Λ Λ Λ

Ĉ Ĉ

하하하하하하하하하하하하하하하하하하하하하하하하하하하하하하

N N N N N N N N N N N N N N N N N N N N N N N N N N N N N N

宋宋宋宋宋宋宋宋宋宋宋宋宋宋宋宋宋宋宋宋宋宋宋宋宋宋宋宋宋 1

せ せ

प फ ब भ म प फ ब भ म प फ ब भ म प फ ब भ म प फ ब भ म प फ ब भ म

N N N N N N N N N N N N N N N N N N N N N N N N N N N N N N

é 5

Я Я

ن ن ذ ن ن ن ذ ن ن ن ذ ن ن ن ذ ن ن ن ذ ن ن ن ذ ن ن ن ذ ن

Â Â

ọ ọ

ヽ ㄱ ┴ ┘ヽ ㄱ ┴ ┘ヽ ㄱ ┴ ┘ヽ ㄱ ┴ ┘ヽ ㄱ ┴ ┘ヽ ㄱ ┴ ┘ 10

ከ ኩ ኪ ካ ኬ ክ ኮ ከ ኩ ኪ ካ ኬ ክ ኮ ከ ኩ ኪ ካ ኬ ክ ኮ ከ ኩ ኪ ካ ኬ ክ ኮ ከ ኩ

ተ ተ

Ξ Ξ Ξ Ξ Ξ Ξ Ξ Ξ Ξ Ξ Ξ Ξ Ξ Ξ Ξ Ξ Ξ Ξ Ξ Ξ Ξ Ξ Ξ Ξ Ξ Ξ Ξ Ξ Ξ Ξ

Ĥ Ĥ

갸갸갸갸갸갸갸갸갸갸갸갸갸갸갸갸갸갸갸갸갸갸갸갸갸갸갸갸갸갸 15

O O O O O O O O O O O O O O O O O O O O O O O O O O O O O O O O

徐徐徐徐徐徐徐徐徐徐徐徐徐徐徐徐徐徐徐徐徐徐徐徐徐徐徐徐徐徐

そ そ

य र ल व य र ल व य र ल व य र ल व य र ल व य र ल व य र ल व य र

𝕺 20

è è

Б Б

س س

O' O' O' O' O' O' O' O' O' O' O' O' O' O' O' O' O' O' O' O' O' O' O' O' O' O' O' O' O' O'

ọ̤ 25

ഞ ഞ

ወ ዉ ዊ ዋ ዌ ው ዎ ወ ዉ ዊ ዋ ዌ ው ዎ ወ ዉ ዊ ዋ ዌ ው ዎ ወ ዉ ዊ ዋ ዌ ው ዎ ወ ዉ

ሩ ሩ

П П

Ĵ 30

냐냐냐냐냐냐냐냐냐냐냐냐냐냐냐냐냐냐냐냐냐냐냐냐냐냐냐냐냐냐

P P P P P P P P P P P P P P P P P P P P P P P P P P P P P P

黃黃黃黃黃黃黃黃黃黃黃黃黃黃黃黃黃黃黃黃黃黃黃黃黃黃黃黃黃黃黃黃

たたたたたたたたたたたたたたたたたたたたたたたたたたたたたた

à à

ДДДДДДДДДДДДДДДДДДДДДДДДДДДДДДДД

u' u' u' u' u' u' u' u' u' u' u' u' u' u' u' u' u' u' u' u' u' u' u' u' u' u' u' u' u' u'

Σ Σ Σ Σ Σ Σ Σ Σ Σ Σ Σ Σ Σ Σ Σ Σ Σ Σ Σ Σ Σ Σ Σ Σ Σ Σ Σ Σ Σ Σ Σ Σ

Ŝ Ŝ

댜댜댜댜댜댜댜댜댜댜댜댜댜댜댜댜댜댜댜댜댜댜댜댜댜댜댜댜댜댜댜댜

Q Q Q Q Q Q Q Q Q Q Q Q Q Q Q Q Q Q Q Q Q Q Q Q Q Q Q Q Q Q

洪洪洪洪洪洪洪洪洪洪洪洪洪洪洪洪洪洪洪洪洪洪洪洪洪洪洪洪洪洪洪洪

ちちちちちちちちちちちちちちちちちちちちちちちちちちちちちち

ù ù

Ë Ë

Ă Ă

ΦΦΦΦΦΦΦΦΦΦΦΦΦΦΦΦΦΦΦΦΦΦΦΦΦΦΦΦΦ 1
Ŭ Ŭ
랴랴랴랴랴랴랴랴랴랴랴랴랴랴랴랴랴랴랴랴랴랴랴랴랴랴랴랴랴랴
R R R R R R R R R R R R R R R R R R R R R R R R R R R R R R
全全全全全全全全全全全全全全全全全全全全全全全全全全全全全全 5
つつつつつつつつつつつつつつつつつつつつつつつつつつつつつつ
ॠ ऌ ॡ ए ऐ ओ औ ॠ ऌ ॡ ए ऐ ओ औ ॠ ऌ ॡ ए ऐ ओ औ ॠ ऌ ॡ ए ऐ ओ औ ॠ ऌ
𝕽 𝕽
â â
ЖЖЖЖ ЖЖ ЖЖ ЖЖ ЖЖ ЖЖ ЖЖ ЖЖЖЖ ЖЖЖ ЖЖЖЖ ЖЖЖЖ 10
ص ص
ÂÂÂÂÂÂÂÂÂÂÂÂÂÂÂÂÂÂÂÂÂÂÂÂÂÂÂÂÂÂ
ꞔ ꞔ
3 5 3 3 3 5 3 3 3 5 3 3 3 5 3 3 3 5 3 3 3 5 3
P R R P R R P P R R P R R P P R R P R R P P R R P R R P P R 15
ᘔᘔᘔᘔ ᘔᘔᘔᘔ ᘔᘔᘔᘔᘔ ᘔᘔᘔᘔᘔ ᘔᘔᘔᘔᘔᘔᘔᘔᘔᘔᘔ
ΨΨΨΨΨΨΨΨΨΨΨΨΨΨΨΨΨΨΨΨΨΨΨΨΨΨΨΨΨ
ĈĈ ĈĈ ĈĈ ĈĈ ĈĈ ĈĈ ĈĈ ĈĈ ĈĈ ĈĈ ĈĈ ĈĈ ĈĈĈĈĈĈ
먀먀먀먀먀먀먀먀먀먀먀먀먀먀먀먀먀먀먀먀먀먀먀먀먀먀먀먀먀먀
S S S S S S S S S S S S S S S S S S S S S S S S S S S S S S 20
權權權權權權權權權權權權權權權權權權權權權權權權權權權權權權
ててててててててててててててててててててててててててててて
क ख ग घ ङ क ख ग घ ङ क ख ग घ ङ क ख ग घ ङ क ख ग घ ङ क ख ग घ ङ
ङ ङ
ê 25
3 3 3 3 3 3 3 3 3 3 3 3 3 3 3 3 3 3 3 3 3 3 3 3 3 3 3 3 3 3
ق ق
O' O' O' O'O' O' O' O' O' O' O' O' O' O' O' O' O' O' O'O' O' O' O' O' O' O' O' O' O' O'O'
ᡪ ᡪ
ഩ 30

간뇌훈련(형이상학적인 지각)

간뇌는 평소에도 모든 일을 영상화하는 훈련을 통해 능력을 개발시킬 수 있다. 사물이나 사건 등을 놓고 영상으로 떠올리는 연습을 거듭함으로써 형이상학적인 능력을 개발시키는 것이다.

여기에는 ① 생활 영상화와 ② 학습 영상화가 있는데 우선은 생활을 영상화 시키는 것부터 실시해 보도록 한다.

▣훈련방법

- 편안히 앉거나 누워 단전(배꼽 밑으로 5~8cm 부위)에 힘을 약간 준다.
- 양손을 단전 위에 포갠다. 남자는 왼손을 밑에 오른손을 위에 놓는다.
  (여자는 이와 반대로 한다)
- 편안한 상태에서 힘을 주지 않고 눈을 살짝 감은 채 초알파(α) 호흡을 한다.
- 눈썹사이 인당혈 위쪽 이마 부분에 가능한 한 크게 초알파 스크린을 만든다.
- 아침부터 잠자리에 들기 전까지 보고, 듣고, 생각하고, 말하고, 행동으로 옮긴 것을 초알파(α) 스크린에 떠올려 본다.
- 선명하게 보이도록 만들려고 노력한다.
- 투영하는 시간은 5~10분 정도로 한다.

처음엔 생각이 영상으로 잘 떠오르지 않을 것이다. 그러나 영상화하는 습관을 들이게 되면 우리가 보고 듣는 내용들이 말이나 글이 아닌 그림으로 전해지고 보다 선명하게 오래도록 기억된다. 그것이 가능해지면 자신의 과거, 현재, 미래 우주적 공간까지도 영상으로 보고 느끼는 훈련을 매일 지속해 나가도록 한다.

■ 간뇌훈련 발전 과정

1954년 뉴저지 주 포트리의 한 극장에서 6주 동안 영화 필름의 프레임 사이에 광고물을 삽입해서 고속으로 깜빡이게 하는 실험을 하였다. "배고프지? 팝콘 먹어!", "마시자! ○○콜라." 등의 메시지를 삽입한 것이다.

6주 동안 시험삼아 이 화면을 내보냈는데 그 기간 동안 팝콘은 57.7% 판매 상승. 코카콜라는 18.1%가 상승했다고 한다.

이는 필름이 만화 영화는 1초에 16컷 이상으로 1분에 960 장면이 보여지며, 8미리 영화는 1초에 18컷 이상으로 1분에 1,080 장면이 보여지게 된다. 또 16미리 영화는 1초에 24컷 이상으로 1분에 1,440 장면이 보여지게 된다.

그만큼 순간적인 장면을 보고서도 무의식중에 기억됨으로 인해 그런 결과를 낳게 된 것이다. 즉, 간뇌 기능(잠재 의식 · 무의식)에 인식된 정보가 좌뇌나 우뇌의 기능에 비해 어떤 부분에서는 더 큰 힘을 발휘할 수 있다는 것을 보여준 것이다.

이처럼 간뇌의 능력은 긴 훈련을 통해 이루어지지만 아주 짧은 시간에 발휘된다고 하겠다. 연속적인 훈련이 이루어지면 모든 것이 영상으로 머리속에 기억되고 남게 된다. 더욱 발전되면 예지나 예견, 투시, 텔레파시, 송수신, 칠신통 등의 능력을 발휘할 수 있게 된다.

아버지, 어머니 모습 떠올리기

형제자매, 일가친척들 모습 떠올리기

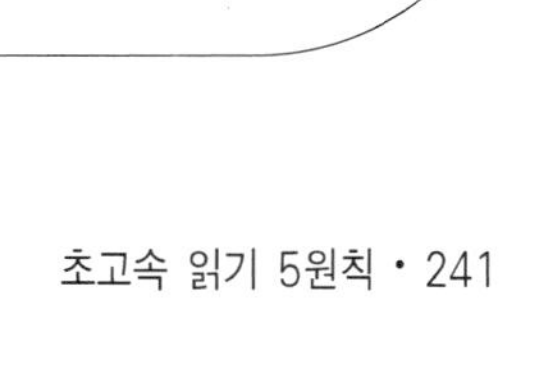

기적의 예수 떠올리기

자비로운 석가모니 떠올리기

자아성취의 모습 떠올리기(세 장면 정도)

가장 기쁘고 즐거웠던 기억 떠올리기

가장 우스웠던 기억 떠올리기

가장 갖고 싶은 것 떠올리기

가장 사랑하는 사람 떠올리기

내가 수퍼맨이라면 무슨 일을 할까

4원칙 문장적응능력 개발 5단계

글이라는 것은 필자가 자신의 중심 사상, 정신적 과제, 또는 규범적인 생각을 글자라는 기호 매개체를 통해 겉으로 표현해 놓은 것이다. 즉 타인이 감지할 수 없는 본인의 생각을 글자란 기호매개체를 사용하여 타인으로 하여금 본인의 생각을 감지할 수 있도록 한 생각의 외면구조인 것이다. 바꾸어 말한다면 글 속에 담겨져 있는 것은 생각의 흐름이기 때문에 생각은 글의 내면 구조가 된다. 글은 토막토막 끊어져 있다. 그러나 생각은 끊을 수 없는 선의 흐름이다. 이러한 끊을 수 없는 생각의 흐름을 글이라는 매개체를 통하여 독자의 두뇌에 재생시키는 것이 독서다. 그러나 우리는 글의 내면구조인 생각의 흐름을 읽지 않고 생각의 외면 구조인 글자만 눈으로 읽는 경우가 허다하다. 글에 담겨져 있는 내용의 흐름을 읽는 것과 글자를 읽는 것은 다르다. 따라서 이해도를 높이기 위해서는 글 속에 담겨져 있는 내용의 흐름을 읽어야 한다.

프랑스의 어네스트 딤넷(Earnest Dimnett) 교수에 의해 저술된 〈생각하는 법〉이라는 책에서 저술한 내용 중 "독서는 글쓴이의 두뇌가 선을 그으며 생각해 나가고 있는 과정을 글을 매개체로 하여 독자의 머리에 재생해 나가는 과정이다."라고 말했다.

이같은 이론이 성립된다면 다음과 같은 도표로 나타낼 수 있다.

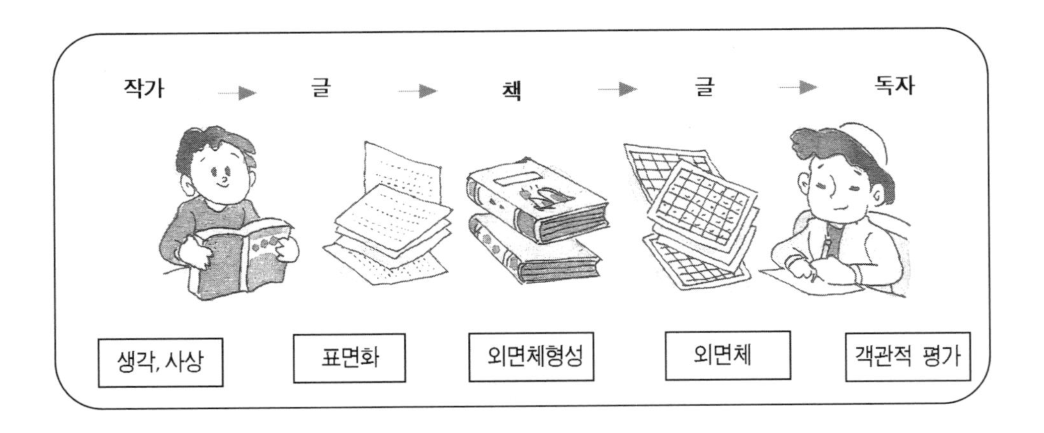

쉬어가는 페이지

이해능력개발육성 20원칙

1) 책 제목을 암기한다.
2) 읽을 책이 어떤 종류의 책인가를 파악한다.
3) 책의 제목을 보고 어떤 내용이 쓰여 있는지를 추리해서 마음 속으로 질문해 본다.
4) 등장인물 및 서문, 후기를 인지한다.
5) 차례를 주의 깊게 읽고 암기한 후 나름대로 주제와 요점을 설정한다.
6) 읽을 소요시간을 정하고 책을 읽는다.
7) 훑어 읽기를 1분간 한다. 책의 흐름을 파악하고 기억나는 단어나 내용을 메모한다.
8) 당황하지 말고 침착하게 읽어 나간다.
9) 음독, 묵독이 아닌 목독으로 읽어 나간다.
10) 잡념을 버리고 머리가 깨끗이 비었다는 느낌을 가지고 책을 읽어 나간다.
11) 책의 내용을 자기화시켜 연결, 상상, 추리한다.
12) 6하 원칙(누가, 언제, 어디서, 무엇을, 어떻게, 왜)에 의해서 머릿속에 정리한다.
13) 차례를 보고, 눈을 감고 1분간 상상추리해 내용을 발표하면서 제스처로 표현한다.
14) 첫 대목을 읽고 책을 덮었을 때 질문에 답을 하듯이 읽는다.
15) 무조건 눈에 들어 온다고 해서 책장을 넘겨서는 안된다.
16) 끝까지 다 읽고 이해가 안되면 반복해서 읽는다.
17) 책을 읽고 나서 눈을 감고 1분간 묵상 후 머릿속에 책 내용을 정리하도록 한다.
18) 내용기억의 객관적인 % 기준은 다음과 같다.
    ① 50% - 60% 책 내용의 흐름을 아는 단계
    ② 70% - 80% 줄거리 정도를 알고 기억하는 단계
    ③ 90% - 100% 이상 줄거리, 인명, 지명, 연대까지 알 수 있는 단계
19) 머릿속에 정리된 내용을 그림으로 그려본다.
20) 책을 읽고 난 후는 반드시 독후감을 쓰기 또는 영상화 처리한다.

문장적응능력 개발 훈련

그럼 지금부터는 본격적인 문장적응능력 훈련에 들어가기 전에 지금까지 가지고 있던 독서방법을 전환시키는 문장적응능력 개발 훈련을 받게 된다. 소리를 내어 읽는 음독에서 소리를 내지 않고 있는 묵독으로 전환하고 다시 초고속읽기를 위한 독서방법인 목독(시독)으로 읽을 수 있도록 훈련하게 된다.

이 문장적응능력 개발 훈련은 모두 5단계로 나누어서 실시된다. 각 단계별 활자 크기 및 문장의 난이도 예는 다음과 같다.

1단계 **활자가 크고 문장이 단순하고 짧아야 합니다.**

그들이 주고받는 이야기의 뜻은

2단계 **1단계보다 활자가 작아야 하고, 문장이 길어야 합니다.**

여우는 스스로 자랑하던 것을 멈추고

3단계 **2단계보다 활자가 작아야 하고 문장이 길어야 합니다.**

톰은 어지러울 정도로 배가 몹시 고팠습니다.

4단계 **3단계보다 활자가 작아야 하고 문장이 길어야 한다.**

비둘기들은 뜻을 모은 뒤, 매에게 대답했습니다.

5단계 **4단계보다 활자가 작아야 하고 내용이 길어야 한다.**

나중에 프린트 선장에게 물어보라고 했습니다.

문장적응능력 개발 1단계

초고속읽기 도움말

1. 기본훈련을 마치고 이해훈련으로 전환하는 과정에서 심리적인 불안감을 해소하기 위해 부담없는 예문으로 시작합니다.
2. 1단계 예문은 활자 크기가 크고, 문장이 짧으며, 어휘가 쉬워 이해가 용이하도록 되어 있습니다.

훈련방법

1. 1회에는 1분 이내 3페이지, 2회째는 50초 이내에 3페이지를 읽는다는 목표로 실시합니다.
2. 이와 같은 방법으로 개인능력에 따라 2-5회 반복한다.

소금 싣고 가던 당나귀

옛날 어느 곳에 가난한 소금장수가 있었습니다.

어느날 바닷가에서는 소금이 굉장히 값이 싸다는 소문을 듣고 당나귀를 몰고 갔습니다.

소금을 많이 사서 당나귀 등에 잔뜩 싣고 돌아가는 길을 서둘고 있었습니다. 그런데 길 도중에 강이 있었습니다. 마침 강가를 걸어 갈 무렵입니다. 미끌미끌한 바위를 잘못 디딘 당나귀가 강물 속에 빠지고 말았습니다.

"아이구 살려 다오!"

당나귀는 구슬픈 소리를 지르면서 소금장수를 불렀습니다.

도움을 받아 간신히 기슭에 올라간 당나귀는,

"이상하다?"

하고 고개를 갸웃거렸습니다.

등에 실었던 짐이 갑자기 가벼워졌습니다. 소금이 물에 젖어 녹아버렸던 것입니다.

"아, 그랬었구나. 이거 재미있는 걸."

짐이 가벼워지면 마음이나 몸도 참으로 편한 법입니다. 당나귀는 굉장히 기뻐하면서 소금장수 뒤를 따라 집으로 돌아왔습니다. 얼마후 또다시 소금을 사러 가게 되었습니다. 이번에는 지름길로 가게 되어 강 한복판을 건너야 했습니다.

"옳지, 보기 좋게 속여 먹자."

당나귀는 강 한복판에서 일부러 넘어져 등에 실었던 소금을 송두리째 물에 녹여 버렸습니다.

"흐흠, 당나귀놈, 고약한 꾀를 피우는군."

그제야 소금장수도 당나귀의 좋지 못한 꾀를 눈치챘습니다.

"어디 두고 보자."

그래서 그 다음에는 당나귀 등에 일부러 솜을 잔뜩 싣고 돌아오게 되었습니다. 그러나 당나귀는 솜이 실려 있는 줄은 꿈에도 몰랐습니다.

언제나처럼 강물 가까이 오자 잘못 디딘 것 같은 흉내를 내면서 강물 속에 빠졌습니다.

그런데 이 어찌 된 일일까요? 가벼워져야 할 짐은 더 무거워지지 않겠어요? 실린 짐인 솜이 촉촉이 강물을 빨아들였기 때문입니다.

솜은 원래 가벼웠지만 물을 빨아 먹고 금세 무거워졌습니다.

"자, 일어나라 빨리 일어나지 못할까!"

소금장수는 채찍을 휘둘렀으나 강물에 젖은 솜의 무게 때문에 끝내 일어나지 못하고 말았습니다.

항상 응큼한 자기의 꾀만을 믿었다가 강물에 빠져 죽은 당나귀처럼 사람들도 믿었던 자기의 꾀 때문에 알지도 못하는 사이에 불행해지는 경우가 많습니다.

문장적응능력 개발 2단계

초고속읽기 도움말

1. 기본훈련을 마치고 이해훈련으로 전환하는 과정에서 심리적인 불안감을 해소하기 위해 부담없는 예문으로 시작합니다.
2. 2단계 예문은 활자 크기가 크고, 문장이 짧으며, 어휘가 쉬워 이해가 용이하도록 되어 있습니다.

훈련방법

1. 1회에는 1분 이내 3페이지, 2회째는 50초 이내에 3페이지를 읽는다는 목표로 실시합니다.
2. 이와 같은 방법으로 개인능력에 따라 2-5회 반복합니다.

늑대와 개

달빛이 아름다운 어느 날 밤입니다.

배가 고파 쓰러질 것같이 된 늑대 한 마리가 집에 사는 뚱뚱한 개 한 마리를 만났습니다.

"아, 안녕하세요? 개님."

갈비뼈가 앙상히 들어난 늑대가 뚱뚱한 개를 보고 말했습니다.

"개님, 참 부럽군요. 어쩌면 그렇게도 털빛이 반질반질 윤이 나나요. 어쩌면 그렇게 건강하게 살이 찌셨나요?"

늑대는 정말 부러운 듯이 말했습니다.

"나는 정말 먹이를 찾아 다니는 것도 힘들어 죽을 지경이요!"

그러나 집에 사는 개는,

"늑대님, 그야 당신이 살림을 잘 못하기 때문이지요. 어째서 부지런히 일할 생각을 않나요?"

하고 말했습니다.

"일이야 열심히 하지요. 만일 한 집에서 계속 살 수 있다면 얼마든지 말입니다."

늑대는 그런 소리를 했습니다.

"좋아요. 그렇다면 날 따라와요. 나하고 함께 매일 밤 도둑을 지키기라도 합시다."

"그렇지요. 도와드리지요."

늑대는 힘없이 말했습니다.

"내가 숲에 살고 있을 때 참 외로왔어요. 말 동무도 없고 집도 없는데다가 먹을 것도 없었어요."

이리하여 늑대는 개와 함께 걸어갔습니다. 얼마쯤 가자 늑대는 개 목에 달린 번쩍 번쩍 빛나는 것을 보았습니다.

"이봐요, 당신 목에 달린 것이 무언가요?"

"아, 이거요? 아무것도 아녜요."
개는 웃으며 말했습니다.
"조금 불편하기는 하지만 쇠사슬은 든든하지요."
"옛? 쇠사슬?"
"그렇지요. 왜 놀라시죠?"
늑대는 어처구니없어 개를 쳐다봅니다.
"그럼 당신은 어디든 마음대로 쏘다닐 수가 없지 않소?"
그러자 개는 조금 부끄러운 듯이 말했습니다.
"그건 그렇지 않지요. 주인이 조금 사납거든요. 우리 주인은 날 매달아 놓기만 할 뿐이죠. 그렇지만 낮에만 묶어 둘뿐 밤에는 이렇게 풀어 주지요."
"낮에는 언제나 매어 있나요?"
"그렇죠, 그러니까 난 낮에 푹 자거든요. 그래서 밤에는 졸리지 않으니까 이렇게 집을 지킨단 말이에요."
그런 다음 개는 입맛을 쩍쩍 다셨습니다.
"우리 집 식구들은 아무튼 날 몹시 아껴주어요. 배가 부르도록 먹여주는 것은 주인뿐이 아니지요. 하인도 자기 먹을 걸 나누어 주니까요."
그 말을 들은 늑대는 그 자리에 멈추어 섰습니다.

그리고 몸을 홱 돌려 숲을 향해 방향을 돌렸습니다.

"아, 어딜 가나요?"

집에 사는 개가 황급히 묻자 늑대도 개가 아주 불쌍한 듯이 말했습니다.

"잘가요. 불쌍한 개님!"

"늑대님, 아니 당신은 숲으로 되돌아가나요?"

"그렇소. 당신은 얻어 먹기 위해 쇠사슬에 매달리고 있소. 나는 얻어 먹기보다도 쇠사슬이 없이 더 자유스럽게 낮이나 밤이나 쏘다니는 게 좋으니까요."

그런 다음 숲으로 터벅터벅 걸어가면서 늑대는 혼잣말을 중얼거렸습니다.

"역시 주인에게 매달리지 않는게 좋겠군. 배는 고프지만 언제든지 마음이 후련해서 좋거든."

문장적응능력 개발 3단계

초고속읽기 도움말

1. 기본훈련을 마치고 이해훈련으로 전환하는 과정에서 심리적인 불안감을 해소하기 위해 부담없는 예문으로 시작합니다.
2. 3단계 예문은 활자 크기가 크고, 문장이 짧으며, 어휘가 쉬워 이해가 용이하도록 되어 있습니다.

훈련방법

1. 1회에는 1분 이내 4페이지, 2회째는 50초 이내에 4페이지를 읽는다는 목표로 실시합니다.
2. 이와 같은 방법으로 개인능력에 따라 2-5회 반복합니다.

어부와 물개

어느, 스코틀랜드 북쪽 먼 곳에 어부 한 사람이 살고 있었습니다. 그 어부는 바닷가에 오막살이를 짓고 물개 사냥을 하며 살았습니다.

근처 바다에는 물개들이 많았습니다. 물개들은 날씨가 좋을 때면 바위 위에 나와서 낮잠을 잤습니다. 그럴 때, 어부가 뒤로 가만가만 가까이 다가가서 물개를 잡기란 그리 어려운 일이 아니었습니다. 그렇게 잡은 물개의 가죽은 비싼 값으로 팔려, 이 어부는 돈벌이를 잘 했습니다.

이 근방에 모여드는 물개들 가운데에는 유난히 큰 놈 몇 마리가 있었습니다. 동네 사람들은 그 큰 물개를 보고 이런 말을 했습니다.

"저건 물개가 아니라 인어라는 거야. 인어는 깊은 바닷속에서 물 바깥의 공기를 마시려고 나오지. 모양이 물개와 비슷한 것은 물 속에서 헤엄치기 쉽게 하려고 그런 거야."

그러나 어부는 마을 사람들의 말을 믿지 않고,

"공연한 소리지. 저것도 틀림없는 물개인데 인어라니……, 나 원! 큰 놈을 잡으면 그 만큼 돈벌이도 잘 될 거야."

하며, 사람들이 인어라고 하는 큰 물개를 잡으려고 했습니다.

하루는 여느 날처럼 어부가 물개 사냥을 하고 있는데, 아주 큰 놈이 하나 나타났습니다. 어부는 살그머니 다가가서 작살로 물개를 찔렀습니다. 그런데 작살을 잘못 찌른 탓인지, 물개는 소리를 지르며 몸뚱이에 꽂힌 작살을 미처 빼지도 못한 채 물 속으로 들어가 버렸습니다.

어부는 실수하여 작살마저 잃어버린 것을 분하게 여기며, 집으로 돌아오고 있었습니다.

얼마를 가노라니, 길 저편에서 굉장히 키가 크고 이상스런 얼굴을 한 사나이가 말을 타고 어부를 향해 오고 있었습니다.

사나이는 키만 큰 것이 아니라, 타고 오는 말도 컸습니다. 어부는 눈이 휘둥그래졌습니다. 어부가, 이 사나이는 대체 어디서 오는 사람일까 하고 생각하고 있는데, 말 탄 사나이는 어부 앞까지 와서 걸음을 멈추더니,

"당신은 무엇하는 사람이오?"

하고 물었습니다. 어부가 물개를 잡는 사람이라고 대답하자, 그 키 큰 사나이는 물개 가죽을 많이 사려고 하니 팔라고 했습니다. 어부는 '돈벌이가 생겼구나' 하고 좋아했습니다.

그런데 그 키 큰 사나이는 오늘 밤 안으로 가죽을 달라는 것이었습니다. 어부는 실망하며,

"그건 안 됩니다. 물개는 내일 아침이나 되어야 바위 위에 올라옵니다."

하고 대답했습니다.

"그럼 내 뒤에 올라타시오. 물개가 얼마든지 있는 곳으로 안내해 드릴 테니까."

말 탄 사나이는 이렇게 말했습니다.

어부는 그 사람이 타고 있는 말에 올랐습니다. 그러자 말은 쏜살같이 달리기 시작했습니다. 너무나 빨리 달려서 어부는 혹시 말에서 떨어지지나 않을까 걱정되어, 앞에 앉은 키 큰 사나이의 허리를 꼭 붙잡았습니다.

얼마를 달렸는지 알 수 없었습니다. 이윽고 말이 멈추기에 사방을 돌아보니, 높디높은 낭떠러지 위에 와 있지 않겠습니까? 바로 눈 아래는 검푸른 바다였습니다.

"자, 내리시오."

사나이는 퉁명스럽게 말했습니다. 어부는 말에서 내리자 조심조심 절벽 아래를 내려다보았습니다. 바위에 물개들이 있나 보려고 한 것입니다.

그러나 거기에 바위라고는 하나도 없었습니다. 오직 검푸른 바닷물만 출렁거리고 있을 뿐이었습니다.

어부는 슬며시 겁이 났습니다. 이런 데 따라오기를 잘못했다는 생각이 들었습니다. 그러나 용기를 내어 말했습니다.

"당신이 말한 물개는 어디 있습니까?"

"이제 곧 볼 수 있을 거요."

키 큰 사나이는 말고삐를 안장 위에 놓으며 대답했습니다.

어부는 무서운 생각이 들었습니다. 암만해도 무슨 좋지 못한 일이 생길 것만 같았습니다.

그렇다고 이런 곳에서 사람 살리라고 고함을 지른댔자, 누구 하나 듣고 구하러 올 사람도 없을 것 같았습니다.

이런 생각을 하며 두근거리는 가슴을 진정하지 못하는데, 갑자기 키 큰 사나이의 커다란 손이 어부의 어깨 위에 와 닿았습니다. 앗! 소리를 지를 사이도 없이 어부의 몸은 낭떠러지 밑으로 떨어지고 말았습니다. 그러고는 맑은 물 속으로 깊이 빠져 들어갔습니다. 모든 것이 끝났다 싶었습니다.

그러나 이상한 일입니다. 물 속에 빠졌는데도 숨이 막히지 않았습니다. 마음대로 숨을 쉴 수 있었습니다. 그리고 같이 말을 타고 온 사나이가 곁에 붙어 있었습니다. 두 사람은 천천히 바다 밑으로 내려가고 있었습니다. 하늘을 날아가는 것보다 더 빠르게.

두 사람은 한없이 자꾸만 내려갔습니다. 얼마나 내려갔는지 알 수도 없었습니다. 마침내 커다란 대문 앞에 이르렀습니다. 연분홍빛 산호로 만든 문인데, 이상한 모양의 조개껍데기가 수놓여 있었습니다.

문은 저절로 열렸습니다. 안으로 들어가니 널따란 방이 있는데, 벽은 진주 조개로 만들어지고, 바닥에는 노랗고 부드러운 모래가 깔려 있었습니다.

그러나 무엇보다 어부가 놀란 것은, 벽에 걸린 커다란 거울에 비친 밤색 털의 큰 물개가 바로 자기 자신의 모습이라는 것이었습니다.

"아, 이 일을 어떻게 하면 좋단 말인가? 내가 무슨 나쁜 짓을 했다고 이런 마술에 걸려, 평생 물개가 되어 살아야 한단 말인가!"
어부는 길게 탄식하며 중얼거렸습니다.
그 곳에 있는 많은 물개들은 벙어리인 양 서로 이야기도 하지 않고, 어부에게 말을 걸지도 않았습니다. 물개들은 모두 슬픔에 싸인 얼굴들을 하고 있었습니다.
어떤 물개는 복도를 조용조용 걸어다니고, 어떤 물개는 낮은 소리로 가만가만 이야기를 주고 받았습니다. 어떤 물개는 마룻바닥에 엎드려 눈물짓고 있었습니다.
이윽고 물개들은 어부가 곁에 와 있는 걸 알았는지, 소곤소곤 무슨 이야기를 주고 받았습니다. 그러는 동안에 어부 옆에 있던 물개가 밖으로 나갔다가 잠시 후에 돌아왔습니다. 그의 손에는 작살 한 자루가 쥐어져 있었습니다.
"이 작살을 아시겠지요?"
그는 울 듯한 얼굴로 어부 앞에 작살을 내놓았습니다.
어부는 그 작살이 바로 오늘 아침 자기가 물개를 찔렀다가 잃어버린 것인 줄 알자, 무서운 생각에 온몸이 와들와들 떨렸습니다.
'이건 필시 내가 물개를 찔렀다고 해서, 동무 물개가 나를 미워하여 복수하려고 마술을 씌워 바닷속까지 데려온 것임에 틀림없다. 이제 나는 죽고 마나 보다.'
어부는 속으로 이렇게 생각했습니다. 그래서 마룻바닥에 엎드려 용서를 빌었습니다.
그러나 물개들은 어부를 죽이려 들지는 않았습니다. 모두들 어부를 둘러싸고, 서로 코끝을 몸에 문지르고 있었습니다.
한 마리의 물개가 어부에게 말했습니다.

"우리를 무서워하지 마십시오. 당신을 해치려는 것이 아닙니다. 우리의 청을 들어 주기만 한다면, 언제까지라도 당신을 보호해 드릴 것입니다."

"원하시는 일이란 어떤 것입니까? 제 힘으로 될 수 있는 것이라면 무슨 일이든지 해 드리겠습니다."

어부는 있는 용기를 다해 간신히 이렇게 말했습니다.

"그러시다면 날 따라오십시오."

곁에 있던 물개가 어부를 데리고, 아까 작살을 가지고 갔던 방으로 갔습니다. 그 방에 들어서자, 어부는 다시 한 번 크게 놀랐습니다. 밤색 털의 커다란 물개가 연분홍 바닷말 위에 누워 있었습니다. 그 물개의 옆구리에는 커다란 구멍이 뚫려 있었습니다. 어부를 데려간 물개가 돌아보며 말했습니다.

"이 분은 나의 아버지인데, 오늘 아침에 당신이 작살로 찌른 물개입니다. 당신은 여느 물개라고 생각하겠지만, 사실은 보통 물개가 아니라 인어입니다. 인어이기 때문에 사람처럼 말을 할 수 있습니다. 당신을 여기까지 데려온 것은 아버지의 상처를 꿰매 달라고 하기 위해서였습니다. 당신이 아니면 아버지의 상처를 낫게 할 수 없기 때문입니다."

어부는 아무 생각 없이 한 일이었지만, 이제 와보니 너무 지나친 일을 했다 싶어서 공손한 말로,

"저는 상처를 치료할 줄 모릅니다. 그러나 모처럼 말씀하시니 재주껏 상처를 꿰매어 보겠습니다. 아무튼 제가 이런 일을 저질러서 죄송하기 짝이 없습니다."

하고, 누워 있는 인어 앞으로 가까이 다가갔습니다. 어부는 정성껏

상처를 씻고 꿰매었습니다. 꿰매는 솜씨는 마치 마술에 걸린 것 같이 빨랐습니다.

꿰매기를 마치자, 이제까지 죽은 듯이 누워 있던 인어가 금방 기운이 나서 벌떡 일어나 앉았습니다. 그리고 작살에 찔렸던 몸은 조그만 흉터만 남고 다 나아 버렸습니다.

궁전에는 갑자기 기쁨에 넘친 웃음 소리와 이야깃소리로 가득 찼습니다. 물개들은 서로 얼싸안고 좋아했습니다.

물개들은 어부 곁으로 몰려왔습니다. 그러고는 어부의 몸에다 콧등을 문지르며 좋아하는 시늉을 했습니다.

어부는 물개들이 하는 짓을 바라보았습니다. 천만 다행히도 죽음은 면했나 보다 하고 사방을 살펴보았습니다.

그러나 어부는 또 다른 걱정이 생겼습니다. 이제부터 일평생을 물개로서 바닷속에서 살아야 된다고 생각하니 기가 막혔습니다. 그러나 그런 걱정은 할 필요가 없었습니다. 지금까지 어부를 데리고 다니던 물개가 다시 돌아가게 될거라는 말을 하였던 것입니다. 여러 물개들에게 이별 인사를 하고, 안내하는 물개를 따라 궁전의 산호문을 나왔습니다. 그러고는 물위로 떠올랐는데, 올라오는 동안에 바닷속이 점점 밝아지면서 물결에 흔들리는 해가 보였습니다.

이윽고 두 물개는 몸을 솟구쳐 바다 위에 뜨자, 절벽을 기어올랐습니다. 거기에는 아까 타고 온 검은 말이 서서 풀을 뜯으며 기다리고 있었습니다. 물에서 나온 두 물개는 곧 사람으로 변했습니다. 전처럼 어부와 키 큰 사람이 되었습니다.

"내 말 뒤에 올라 타시오."

키 큰 사람은 안장에 올라앉으며 어부에게 말했습니다. 어부는 말 등에 올라, 그 사람의 허리를 꼭 붙잡았습니다.

말은 아까와 똑같이 달렸습니다. 얼마쯤 달리다가 말이 걸음을 멈추기에 살펴보니, 바로 어부의 집 앞이었습니다.

어부는 손을 내밀어 인사를 했습니다. 이 때, 키 큰 사람이 금돈이 가득 든 주머니를 어부의 손에 쥐어 주었습니다.

"이제 당신의 할 일은 다 끝났습니다. 이번에는 내가 할 일이 남았습니다. 당신이 우리들 때문에 하던 일을 못하게 되면 안 되겠기에 이 돈을 드립니다. 이것으로 한평생 편히 살아가십시오."

말을 마치자, 키 큰 사람은 어디론지 사라져 버렸습니다.

문장적응능력 개발 4단계

초고속읽기 도움말

1. 예문은 활자 크기가 3단계 보다 작고, 긴 문장으로 되어 있는 예문으로 합니다.

훈련방법

1. 1회에는 1분 이내 5페이지, 2회째는 50초 이내에 5페이지를 읽는다는 목표로 실시합니다.
2. 이와 같은 방법으로 개인능력에 따라 2-5회 반복한다.
3. 처음부터 내용이 이해되지 않아도 속도를 늦추지 않도록 합니다.

성경이야기 - 팔려간 요셉

"애들아, 요셉에게만 색동옷을 지어 주시다니 아버지도 너무하시지 않니?"
만형인 르우벤이 말하자 열 명이나 되는 요셉의 형들은 저마다 들고 나섭니다.
"글쎄, 말이야. 요셉만 자식인가, 뭐?"
"언제나 우리들을 제쳐 놓으신단 말이야."
아버지 야곱이 열한 번째 아들인 요셉을 유난히 귀여워하시는 게 형들은 늘 불만이었습니다. 그래서 형들은 요셉을 눈엣가시처럼 미워하였지요.
하루는 요셉이 꿈을 꾸고는 그 꿈 이야기를 형들에게 이야기해 주었습니다.
"글쎄, 형들하고 내가 밭에 나가 곡식단을 묶고 있는데 갑자기 형들의 곡식단들이 꼿꼿이 서더니 내 곡식단 주위를 둘러싸고는 절을 하지 않겠어."
그 말을 들은 형들은 화가 치밀어 올랐습니다.
"아니, 두고 보자니 아버지의 사랑을 독차지하고 있다고 못하는 말이 없네, 아니 그래, 그렇다면 네가 우리의 대장이 되겠다는 거냐?"
형들은 저마다 쥐어박기라도 할 듯이 요셉을 몰아세웠습니다.
다음날, 요셉은 또 꿈을 꾸었습니다.

이번에는 아버지 야곱이 함께 있는 자리에서 형들에게 꿈 이야기를 했습니다.
"글쎄, 내 꿈에요. 하늘의 해와 달, 열한 개의 별이 내게 절을 하는 거예요."
그 이야기를 들은 야곱은 요셉을 야단쳤습니다.
"아니, 뭐라구? 그래, 나와 네 엄마와 형제들이 너에게 절을 하더란 말이냐?"
"쟤는 도대체 엉터리 꿈쟁이라니까요, 글쎄 ."
형들은 전보다 요셉을 더욱 미워하게 되었습니다.
하지만 요셉은 자기가 꾼 꿈이 엉터리라고 생각지 않았어요. 요셉은 꿈이 무엇을 뜻하는지 궁금했습니다.
얼마 후 형들은 양 떼를 몰고 좋은 풀밭을 찾아 멀리 가 있게 되었습니다.
야곱은 아들들이 잘 지내는지 걱정이 되었습니다. 그래서 요셉을 형들에게 보냈습니다.
양 떼를 돌보던 형들은, 저 멀리 요셉이 오는 것을 보았습니다.
"저 얄미운 녀석이 어쩐 일이지?"
"아버지가 보내셨겠지."
"저 녀석 이 기회에 없애 버릴까?"
요셉이 다가오자 형들은 달려들어 요셉의 색동옷을 강제로 벗기고는 깊은 구덩이에 집어넣었습니다.
요셉은 너무도 갑작스러운 일이라 어리둥절하다가는 이내 공포에 사로잡혔습니다.
그러나 미움으로 가득찬 형들의 마음은 꿈적도 하지 않았습니다.
그 때였습니다. 저 멀리서 모래 먼지를 일으키며 말을 탄 상인의 무리가 몰려왔습니다. 그들은 이집트로 유향과 몰약을 팔러 가는 장사꾼들이었습니다.
그것을 보고 넷째 형인 유다가 말했습니다.
"내게 좋은 생각이 떠올랐어. 요셉을 죽이지 말고 저 상인들에게 노예로 팔면 어떨까?"
형들은 모두 좋은 생각이라고 찬성했습니다.
요셉은 결국 은전 20냥에 팔리게 되었습니다.
요셉은 뜨거운 햇볕이 내리쬐는 사막을 며칠 동안이나 걸어 이집트로 갔습니다.

'아버지…….'

따뜻한 아버지가 너무도 그리웠습니다.

이집트로 온 요셉은 어느 장군의 집에서 노예로 일했습니다.

열일곱 살의 젊은 요셉은 모든 것이 낯설었지만 결코 외롭지는 않았습니다. 왜냐고요? 하나님이 자기와 함께 하신다는 것을 믿었기 때문이지요.

요셉은 잘생기고 튼튼한 청년으로 성장했습니다. 그러자 장군의 아내는 요셉을 속으로 좋아하게 되었습니다.

하지만 요셉은 의로운 사람이었기 때문에 조금도 마음이 흐트러지는 일이 없었습니다.

요셉이 자기를 본체만체하자 장군의 아내는 심술이 나서 요셉을 헐뜯고 비난했습니다. 그리고 마침내는 억울한 누명을 씌워 요셉을 감옥에 보내고 말았습니다.

요셉이 들어간 감옥에는, 이집트 왕의 술 시종장과 빵 시종장이 갇혀 있었습니다.

어느 날, 요셉이 보니 둘은 아침부터 근심스런 표정을 짓고 있었습니다.

까닭을 묻자 두 사람 모두 지난 밤에 꾼 꿈 때문이라 대답했습니다.

술 시종장이 말했습니다.

"글쎄, 꿈에 말이오. 포도나무 한 그루가 있었소. 그 나무에 가지가 셋 뻗어 있었는데, 싹이 나자마자 꽃이 피고 포도송이가 맺히는 게 아니겠소. 그리고 내 손에는 술잔이 들려 있었고요. 나는 얼른 포도를 따서 술잔을 짜 넣고는 임금께 그걸 바쳤다오."

꿈 이야기를 들은 요셉이 꿈풀이를 했습니다.

"가지 셋은 사흘을 뜻합니다. 당신은 사흘 후 석방되어 임금님의 술 시종장이 될 것입니다."

그러자 빵 시종장이 얼른 자신의 꿈 이야기를 했습니다.

"나는 흰 과자를 담은 바구니 셋을 머리에 이고 있었소. 제일 윗바구니에는 임금께 바칠 온갖 과자들이 담겨 있었지. 그런데 새들이 날아와 그 과자를 쪼아먹는 게 아니겠소."

요셉이 꿈풀이를 했습니다.
"세 개의 바구니 역시 사흘을 뜻합니다. 안됐지만 사흘 후 당신은 처형되어 나무에 매달릴 것이오. 그러면 새들이 달려들어 당신 살을 쪼아 먹을 거요."
"아니 뭐야? 이런 엉터리 같으니!"
요셉의 말에 빵 시종장은 화를 벌컥 냈습니다.
그로부터 사흘 후, 정말 요셉의 말대로 한 사람은 다시 왕의 술 시종장으로 돌아가고, 한 사람은 처형되었습니다.
요셉도 풀려나는 사람에게 자신의 억울함을 이야기하고 왕에게 잘 말씀드려 달라고 부탁하였습니다.
그러나 술 시종장은 요셉의 일은 까마득히 잊어버렸습니다.
그로부터 2년이 지났습니다.
어느 날, 왕은 이상한 꿈을 꾸고는 이집트에서 유명하다는 마술사와 박사들을 불러 모아 꿈 풀이를 하게 하였습니다.
그러나 그럴 듯하게 꿈풀이를 하는 이가 아무도 없었습니다.
이 때, 술 시종장은 문득 요셉을 떠올렸습니다. 그래서 얼른 왕에게 이야기하니 당장 요셉이 불려 오게 되었습니다.
임금은 자신의 꿈을 이야기했습니다.
왕이 강가에서 서 있는데, 살찐 소 일곱 마리가 풀을 뜯고 있었답니다. 그런데 뼈만 앙상하게 남은 일곱 마리 소가 강에서 나오더니 살찐 소를 모조리 먹어 치우더랍니다.
이런 꿈을 꾸다가 다시 잠을 들었는데 또다시 꿈을 꾸었습니다.
한 개의 줄기에서 잘 여문 이삭 일곱 개가 나오더랍니다. 그런데 곧 약한 이삭 일곱이 나오더니 잘 여문 이삭을 모조리 삼켜 버리는 것이겠지요.
"이 꿈이 도대체 무엇을 뜻하는지 알겠느냐?"
"예, 그 두 가지 꿈은 모두 같은 뜻을 가지고 있습니다. 일곱 마리의 살찐 소와 잘 여문 곡식은 7년 동안 풍년이 들 것을 뜻합니다. 또 일곱 마리의 마른 소와 쭉정이 이삭은 7년 동안 흉년이 들 것을 말합니다."
요셉은 이렇게 꿈풀이를 하고 나서 앞으로 어떻게 하면 좋을지 그 대책에 대해서도 말했습니다.
"왕께서는 풍년이 든 7년 동안에 곡식을 저장하셔야 합니다. 그래서 흉년이 든 7년 동안 굶어 죽는 백성이 없도록 하셔야 합니다."
임금은 꿈을 명쾌하게 풀이할 뿐 아니라 좋은 충고까지 곁들인 요셉을 이집트의 총리로 임명했습니다.
요셉이 말한 대로 7년 동안 거듭 풍년이 들었습니다.
그러더니 이제는 거듭 흉년이 들기 시작했습니다.
가나안 땅에도 흉년이 들어 많은 사람들이 굶어 죽었습니다.
요셉의 아버지 야곱은 이집트에는 곡식이 많다는 소식을 들었습니다. 그래서 아들들을 이집트로 보냈지요. 곡식을 사 오라구요. 요셉은 창고 앞에 줄을 선 형들을 한눈에 알아보았습니다. 하지만 모른 체하고 일부러 거칠게 물었지요.
"너희는 어디서 온 자들이냐?"
그러자 형들은 머리를 깊이 숙이며 대답하는 것이었습니다.
"예, 저희는 식량을 사려고 가나안에서 온 자들입니다."
아, 하나님은 얼마나 놀라우신 분인가요. 요셉이 어린 시절에 꾼 꿈이 그대로 현실로 나타난 거예요.
요셉은 형들을 이집트에 머물게 하면서 여러 가지로 마음을 떠 보았습니다.
형들은 동생을 팔아넘긴 일을 후회하고 있는 게 분명했어요.
형들은 요셉을 감히 바라보지도 못했기 때문에, 그렇게 높은 신분의 총리가 자기 동생인 줄도 알아차리지 못했어요.
요셉은 이집트 사람을 모두 나가게 한 뒤, 비로소 입을 열었습니다.
"아버지는 살아 계시는지요……."
봇물처럼 가두었던 눈물이 터져 나왔습니다. 형들은 너무도 놀랐어요. 그제서야 요셉의 얼굴을 뚫어져라 바라보았지요. 상인에게 팔아 넘겼던 동생 요셉! 그 요셉이 이처럼 귀한 신분이 되어 있다니! 방 안은 순식간에 울음 바다로 변했습니다.
요셉이 말했습니다.
"흉년은 앞으로도 몇 해나 계속될 것입니다. 그러니 가나안으로 가셔서 아버지와 가족들을 모두 데리고 오십시오. 이 곳에서 저와 함께 살도록 하십시다."

문장적응능력 개발 5단계

초고속읽기 도움말

1. 예문은 활자 크기가 3단계 보다 작고, 긴 문장으로 되어 있는 예문으로 합니다.

훈련방법

1. 1회에는 1분 이내 8페이지, 2회째는 50초 이내에 8페이지를 읽는다는 목표로 실시합니다.
2. 이와 같은 방법으로 개인능력에 따라 2-5회 반복합니다.
3. 처음부터 내용이 이해되지 않아도 속도를 늦추지 않도록 합니다.

메밀꽃 필 무렵

여름 장이란 애시당초에 글러서, 해는 아직 중천에 있건만 장판은 벌써 쓸쓸하고 더운 햇발이 벌려 놓은 전 휘장 밑으로 등줄기를 훅훅 볶는다. 마을 사람들은 거지반 돌아간 뒤요, 팔리지 못한 나무꾼패가 길거리에 궁싯거리고들 있으나 석유병이나 받고 고깃마리나 사면 족할 이 축들을 바라고 언제까지든지 버티고 있을 법은 없다. 춥춥스럽게 날아드는 파리떼도 장난꾼 각다귀들도 귀치않다. 얼금뱅이요 왼손잡이인 드팀전의 허 생원은 기어코 동업의 조 선달을 낚구어 보았다.

"그만 거둘까?"

"잘 생각했네. 봉평 장에서 한번이나 흐뭇하게 사 본 일이 있었을까. 내일 대화 장에서나 한몫 벌어야겠네."

"오늘밤은 밤을 새서 걸어야 될걸."

"달이 뜨렷다."

절렁절렁 소리를 내며 조 선달이 그날 산 돈을 따지는 것을 보고 허 생원은 말뚝에서 넓은 휘장을 걷고 벌여 놓았던 물건을 거두기 시작하였다. 무명 필과 주단 바리가 두 고리짝에 꼭 찼다. 멍석 위에는 천 조각이 어수선하게 남았다.

다른 축들도 벌써 거진 전들을 걷고 있었다. 어물 장수도 땜장이도 엿장수도 생강

장수도 꼴들이 보이지 않는다. 내일은 진부와 대화에 장이 선다. 축들은 그 어느 쪽으로든지 밤을 새며 육칠십 리 밤길을 타박거리지 않으면 안 된다. 장판은 잔치 뒷마당 같이 어수선하게 벌어지고 술집에서는 싸움이 터져 있었다. 주정꾼 욕지거리에 섞여 계집의 양갈진 목소리가 찢어졌다. 장날 저녁은 정해 놓고 계집의 고함 소리로 시작되는 것이다.

"생원, 시침을 떼두 다 아네 …… 충줏집 말야."

계집 목소리로 문득 생각난 듯이 조 선달은 비죽이 웃는다.

"그렇지두 않은걸. 축들이 사족을 못 쓰는 것두 사실은 사실이나, 아무리 그렇다구 해두 왜 그 동이말일세, 감쪽같이 충줏집을 후린 눈치거든."

"무어 그 애숭이가? 물건 가지고 낚었나 부지. 착실한 녀석인 줄 알았더니."

"그 길만은 알 수 있나 …… 궁리 말구 가보세나그려. 내 한턱 씀세."

그다지 마음이 당기지 않는 것을 쫓아갔다. 허 생원은 계집과는 연분이 멀었다. 얼금뱅이 상판을 쳐들고 대어설 숫기도 없었으나 계집 편에서 정을 보낸 적도 없었고, 쓸쓸하고 뒤틀린 반생이었다. 충줏집을 생각만 하여도 철없이 얼굴이 붉어지고 발밑이 떨리고 그 자리에 소스라쳐 버린다. 충줏집 문을 들어서 술좌석에서 짜장 동이를 만났을 때에는 어찌된 서슬엔지 발끈 화가 나 버렸다. 상위에 붉은 얼굴을 쳐들고 제법 계집과 농탕치는 것을 보고서야 견딜 수 없었던 것이다. 녀석이 제법 난 질꾼인데 꼴 사납다. 머리에 피도 안 마른 녀석이 낮부터 술처먹고 계집과 농탕이야. 장돌뱅이 망신만 시키고 돌아다니누나. 그꼴에 우리들과 한몫 보자는 셈이지. 동이 앞에 막아서면서부터 책망이었다. 걱정두 팔자요 하는 것이 빤히 쳐다보는 상기된 눈망울에 부딪칠 때, 결김에 따귀를 하나 갈려 주지 않고는 배길 수 없었다. 동이도 화를 쓰고 팩하게 일어서기는 하였으나, 허 생원은 조금도 동색하는 법 없이 마음먹은 대로는 다 지껄였다. 어디서 주워먹은 선머슴인지는 모르겠으나, 네게도 아비 어미 있겠지. 그 사나운 꼴 보면 맘 좋겠다. 장사란 탐탁하게 해야 되지, 계집이 다 무어야, 나가거라, 냉큼 꼴 치워.

그러나 한 마디도 대거리하지 않고 하염없이 나가는 꼴을 보려니, 도리어 측은히 여겨졌다. 아직두 서름서름한 사인데 너무 과하지 않았을까 하고 마음이 선득해졌다. 주제도 넘지, 같은 술손님이면서두 아무리 젊다고 자식 낳게 되는 것을 붙들고 치고 닦아 셀 것은 무어야 원. 충줏집은 입술을 쭝긋하고 술 붓는 솜씨도 거칠었으나, 젊은애들한테는 그것이 약이 된다나 하고 그 자리는 조 선달이 얼버무려 넘겼다. 너 녀석한테 반했지? 애숭이를 빨문 죄된다. 한참 법석을 친 후이다. 담도 생긴데다가 웬일인지 흠뻑 취해보고 싶은 생각도 있어서 허 생원은 주는 술잔이면 거의 다 들이켰다. 거나해짐을 따라 계집 생각보다도 동이의 뒷일이 한결같이 궁금해졌다. 내 꼴에 계집을 가로채서는 어떡헐 작정이었누 하고 어리석은 꼬락서니를 모질게 책망하는 마음도 한편에 있었다. 그러기 때문에 얼마나 지난 뒤인지 동이가 헐레벌떡거리며 황급히 부르러 왔을 때에는, 마시던 잔을 그 자리에 던지고 정신없이 허덕이며 충줏집을 뛰어나간 것이었다.

"생원 당나귀가 바를 끊구 야단이에요."

"각다귀들 장난이지 필연코."

짐승도 짐승이려니와 동이의 마음씨가 가슴을 울렸다. 뒤를 따라 장판을 달음질하려니 거슴츠레한 눈이 뜨거워질 것 같다.

"부락스런 녀석들이라 어쩌는 수 있어야죠."

나귀를 몹시 구는 녀석들은 그냥 두지는 않을걸."

반평생을 같이 지내 온 짐승이었다. 같은 주막에서 잠자고, 같은 달빛에 젖으면서 장에서 장으로 걸어 다니는 동안에 이십 년의 세월이 사람과 짐승을 함께 늙게 하였다. 까스러진 목 뒤 털은 주인의 머리털과도 같이 바스러지고, 개진개진 젖은 눈은 주인의 눈과 같이 눈곱을 흘렸다. 몽당 비처럼 짧게 슬리운 꼬리는, 파리를 쫓으려고 기껏 휘저어 보아야 벌써 다리까지는 닿지 않았다. 닳아 없어진 굽을 몇 번이나 도려내고 새 철을 신겼는지 모른다. 굽은 벌써 더 자라나기는 틀렸고 닳아 버린 철 사이로는 피가 빼짓이 흘렀다. 냄새만 맡고도 주인을 분간하였다. 호소하는 목소리로 야단스럽게 울며 반겨한다.

어린아이를 달래듯이 목덜미를 어루만져 주니 나귀는 코를 벌름거리고 입을 투르르거렸다. 콧물이 튀었다. 허 생원은 짐승 때문에 속도 무던히는 썩였다. 아이들의 장난이 심한 눈치여서 땀 배인 몸뚱어리가 부들부들 떨리고 좀체 흥분이 식지 않는 모양이었다. 굴레가 벗어지고 안장도 떨어졌다. 요 몹쓸 자식들, 하고 허 생원은 호령을 하였으나 패들은 벌써 줄행랑을 논 뒤요 몇 남지 않은 아이들이 호령에 놀래 비슬비슬 떨어졌다.

"우리들 장난이 아니우, 암놈을 보고 저 혼자 발광이지."

"코흘리개 한 녀석이 멀리서 소리를 쳤다.

"고녀석 말투가."

"김 첨지 당나귀가 가 버리니까 왼통 흙을 차고 거품을 흘리면서 미친 소같이 날뛰는걸. 꼴이 우스워 우리는 보고만 있었다우. 배를 좀 보지."

아이는 앙돌아진 투로 소리치며 깔깔 웃었다. 허 생원은 모르는 결에 낯이 뜨거워졌다. 뭇 시선을 막으려고 그의 짐승의 배 앞을 가리워 서지 않으면 안 되었다.

"늙은 주제에 암샘을 내는 셈야. 저놈의 짐승이."

아이의 웃음 소리에 허 생원은 주춤하면서 기어코 견딜 수 없어 채찍을 들더니 아이를 쫓았다.

"쫓으려 거든 쫓아 보지. 왼손잡이가 사람을 때려."

줄달음에 달아나는 각다귀에는 당하는 재주가 없었다. 왼손잡이는 아이 하나도 후릴 수 없다. 그만 채찍을 던졌다. 술기도 돌아 몸이 유난스럽게 화끈거렸다.

"그만 떠나세. 녀석들과 어울리다가는 한이 없어. 장판의 각다귀들이란 어른보다도 더 무서운 것들인 걸."

조선달과 동이는 각각 제 나귀에 안장을 얹고 짐을 싣기 시작하였다. 해가 꽤 많이 기울어진 모양이었다.

드팀전 장돌이를 시작한 지 이십 년이나 되어도 허 생원은 봉평 장을 빼논 적은 드물었다. 충주 제천 등의 이웃 군에도 가고, 멀리 영남 지방도 헤매이기는 하였으나 강릉 쯤에 물건하러 가는 외에는 처음부터 끝까지 군내를 돌아다녔다. 닷새만큼씩의 장날에는 달보다도 확실하게 면에서 면을 건너간다. 고향이 청주라고 자랑삼아 말하였으나 고향에 돌보러 간 일도 있는 것 같지는 않았다. 장에서 장으로 가는 길의 아름다운 강산이 그대로 그에게는 그리운 고향이었다. 반 날 동안이나 뚜벅뚜벅 걷고 장터 있는 마을에 거지반 가까웠을 때, 거친 나귀가 한바탕 우렁차게 울면 - 더구나 그것이 저녁녘이어서 등불들이 어둠 속에 깜박거릴 무렵이면 늘 당하는 것이건만 허 생원은 변치 않고 언제든지 가슴이 뛰놀았다.

젊은 시절에는 알뜰하게 벌어 돈푼이나 모아 본 적도 있기는 있었으나, 읍내에 백중이 열린 해 호탕스럽게 놀고 투전을 하고 하여 사흘 동안에 다 털어 버렸다. 나귀까지 팔게 된 판이었으나 애끓는 정분에 그것만은 이를 물고 단념하였다. 결국 도로아미타불로 장돌이를 다시 시작할 수밖에는 없었다. 짐승을 데리고 읍내를 도망해 나왔을 때에는 너를 팔지 않기 다행이었다고 길가에서 울면서 짐승의 등을 어루만졌던 것이었다. 빚을 지기 시작하니 재산을 모을 염은 당초에 틀리고 간신히 입에 풀칠을 하러 장에서 장으로 돌아다니게 되었다.

호탕스럽게 놀았다고는 하여도 계집 하나 후려 보지는 못 하였다. 계집이란 쌀쌀하고 매정한 것이었다. 평생 인연이 없는 것이라고 생각하니 신세가 서글퍼졌다. 일신에 가까운 것이라고는 언제나 변함없는 한 필의 당나귀였다.

그렇다고는 하여도 꼭 한 번의 첫일을 잊을 수는 없었다. 뒤에도 처음에도 없는 단 한 번의 괴이한 인연! 봉평에 다니기 시작한 젊은 시절의 일이었으나 그것을 생각할 적만은 그도 산 보람을 느꼈다.

"달밤이었으나 어떻게 해서 그렇게 됐는지 지금 생각해두 도무지 알 수 없어."

허 생원은 오늘밤도 또 그 이야기를 끄집어내려는 것이다. 조 선달은 친구가 된 이래 귀에 못이 박히도록 들어왔다. 그렇다고 싫증을 낼 수도 없었으나 허 생원은 시침을 떼고 되풀이할 대로는 되풀이하고야 말았다.

"달밤에는 그런 이야기가 격에 맞거든."

조 선달 편을 바라는 보았으나 물론 미안해서가 아니라 달빛에 감동하여서였다. 이지러는 졌으나 보름을 가제 지난 달은 부드러운 빛을 흐뭇이 흘리고 있다. 대화까지는 칠십 리의 밤길, 고개를 둘이나 넘고 개울을 하나 건너고 벌판과 산길을 걸어야 된다. 달은 지금 긴 산허리에 걸려 있다. 밤중을 지난 무렵인지 죽은 듯이 고요한 속에서 짐승 같은 달의 숨소리가 손에 잡힐 듯이 들리며, 콩포기와 옥수수 잎새가 한층 달에 푸르게 젖었다. 산허리는 온통 메밀밭이어서 피기 시작한 꽃이 소금을 뿌린 듯이 흐뭇한 달빛에 숨이 막힐 지경이다. 붉은 대궁이 향기같이 애잔하고 나귀들의 걸음도 시원하다. 길이 좁은 까닭에 세 사람은 나귀를 타고 외줄로 늘어섰다. 방울 소리가 시원스럽게 딸랑딸랑 메밀밭께로 흘러간다. 앞장선 허 생원의 이야기 소리는 꽁무니에 선 동이에게는 확적히는 안 들렸으나, 그는 그대로 개운한 제멋에 적적하지는 않았다.

"장 선 꼭 이런 날 밤이었네. 객줏집 토방이란 무더워서 잠이 들어야지. 밤중은 돼서 혼자 일어나 개울가에 목욕하러 나갔지. 봉평은 지금이나 그제나 마찬가지지. 보이는 곳마다 메밀밭이어서 개울가가 어디 없이 하얀 꽃이야. 돌밭에 벗어도 좋을 것을, 달이 너무도 밝은 까닭에 옷을 벗으러 물방앗간으로 들어가지 않았나. 이상한 일도 많지. 거기서 난데없는 성 서방네 처녀와 마주쳤단 말이네. 봉평서야 제일가는 일색이었지."

"팔자에 있었나 부지."

아무렴 하고 응답하면서 말머리를 아끼는 듯이 한참이나 담배를 빨뿐이었다. 구수한 자줏빛 연기가 밤기운 속에 들러서는 녹았다.

"날 기다린 것은 아니었으나 그렇다고 달리 기다리는 놈팽이가 있는 것두 아니었네. 처녀는 울고 있단 말야. 짐작은 대고 있었으나 성 서방네는 한창 어려워서 들고날 판인 때였지. 한집안 일이니 딸에겐들 걱정이 없을 리 있겠나. 좋은 데만 있으면 시집도 보내련만 시집은 죽어도 싫다지 …… 그러나 처녀란 울 때 같이 정을 끄는 때가 있을까. 처음에는 놀라기도 한 눈치였으나 걱정 있을 때는 누그러지기도 쉬운 듯해서 이럭저럭 이야기가 되었네 …… 생각하면 무섭고도 기막힌 밤이었어."

"제천인지로 줄행랑을 놓은 건 그 다음날이었나?"

"다음 장도막에는 벌써 온 집안이 사라진 뒤였네. 장판은 소문에 발끈 뒤집혀 고작해야 술집에 팔려 가기가 상수라고 처녀의 뒷공론이 자자들하단 말이야. 제천 장판을 몇 번이나 뒤졌겠나. 하나 처녀의 꼴은 꿩 궈먹은 자리야. 첫날밤이 마지막 밤이었지. 그때부터 봉평이 마음에 든 것이 반평생을 두고 다니게 되었네. 평생인들 잊을 수 있겠나."

"수 좋았지. 그렇게 신통한 일이란 쉽지 않어. 항용 못난 것 얻어 새끼 낳고, 걱정늘고 생각만 해두 진저리 나지 …… 그러나 늘그막바지까지 장돌뱅이로 지내기도 힘드는 노릇 아닌가? 난 가을까지만 하구 이 생애와두 하직하려네. 대화 쯤에 조그만 전방이나 하나 벌이구 식구들을 부르겠어. 사시 장철 뚜벅뚜벅 걷기란 여간이래야지."

"옛 처녀나 만나면 같이나 살까 …… 난 거꾸러질 때까지 이 길 걷고 저 달 볼테야."

산길을 벗어나니 큰길로 틔어졌다. 꽁무니의 동이도 앞으로 나서 나귀들은 가로 늘어섰다.

"총각두 젊겠다. 지금이 한창 시절이렷다. 충줏집에서는 그만 실수를 해서 그 꼴이 되었으니 섧게 생각 말게."

"처 천만에요. 되려 부끄러워요. 계집이란 지금 웬 제격인가요. 자나깨나 어머니 생각뿐인데요."

허 생원의 이야기로 실심해 한 끝이라 동이의 어조는 한풀 수그러진 것이었다.

"아비 어미란 말에 가슴이 터지는 것도 같았으나 제겐 아버지가 없어요. 피붙이라고는 어머니 하나뿐인걸요."

"돌아가셨나?"

"당초부터 없어요."

"그런 법이 세상에."

생원과 선달이 야단스럽게 낄낄들 웃으니, 동이는 정색하고 우길 수 밖에는 없었다.

"부끄러워서 말하지 않으려 했으나 정말예요. 제천 촌에서 달도 차지 않은 아이를 낳고 어머니는 집을 쫓겨났죠. 우스운 이야기나, 그러기 때문에 지금까지 아버지 얼굴도 본 적 없고 있는 고장도 모르고 지내 와요."

고개가 앞에 놓인 까닭에 세 사람은 나귀를 내렸다. 둔덕은 험하고 입을 벌리기도 대근하여 이야기는 한동안 끊겼다. 나귀는 건듯하면 미끄러졌다. 허 생원은 숨이 차 몇 번이고 다리를 쉬지 않으면 안 되었다. 고개를 넘을 때마다 나이가 알렸다. 동이 같은 젊은 축이 그지없이 부러웠다. 땀이 등을 한바탕 쭉 씻어 내렸다.

고개 너머는 바로 개울이었다. 장마에 흘러 버린 널다리가 아직도 걸리지 않은 채로 있는 까닭에 벗고 건너야 되었다. 고의를 벗어 띠로 등에 얽어 매고 반 벌거숭이의 우스꽝스런 꼴로 물 속에 뛰어 들었다. 금방 땀을 흘린 뒤였으나 밤물은 뼈를 찔렀다.

"그래, 대체 기르긴 누가 기르구?"

"어머니는 하는 수 없이 의부를 얻어 가서 술장사를 시작했죠. 술이 고주래서 의부라고 망나이예요. 철들어서부터 맞기 시작한 것이 하룬들 편할 날 있었을까. 어머니는 말리다가 채이고 맞고 칼부림을 당하곤 하니 집 꼴이 무어겠소. 열여덟 살 때 집을 뛰쳐나와서부터 이 짓이죠."

"총각 낫세론 섬이 무던하다고 생각했더니 듣고 보니 딱한 신세로군."

물은 깊어 허리까지 채였다. 속 물살도 어지간히 센데다가 발에 채이는 돌멩이도 미끄러워 금시에 휩칠 듯하였다. 나귀와 조 선달은 재빨리 거의 건넜으나 동이는 허 생원을 붙드느라고 두 사람은 훨씬 떨어졌다.

"모친의 친정은 원래부터 제천이었던가?"

"웬걸요. 시원스리 말은 안 해주나 봉평이라는 것만은 들었죠."

"봉평? 그래 그 아비 성은 무엇이구?"

"알 수 있나요. 도무지 듣지를 못 했으니까."

"그 그렇겠지." 하고 중얼거리며 흐려지는 눈을 까물까물하다가 허 생원은 경망하게도 발을 빗디디었다. 앞으로 고꾸라지기가 바쁘게 몸째 풍덩 빠져 버렸다. 허비적거릴수록 몸을 건잡을 수 없어 동이가 소리를 치며 가까이 왔을 때에는 벌써 퍽으나 흘렀었다. 옷째 쫄짝 젖으니 물에 젖은 개보다도 참혹한 꼴이었다. 동이는 물 속에서 어른을 해깝게 업을 수 있었다. 젖었다고는 하여도 여윈 몸이라 장정 등에는 오히려 가벼웠다.
"이렇게까지 해서 안됐네. 내 오늘은 정신이 빠진 모양이야."
"염려하실 것 없어요."
"그래 모친은 아비를 찾지는 않는 눈치지?"
"늘 한번 만나고 싶다고는 하는데요."
"지금 어디 계신가?"
"의부와도 갈라져 제천에 있죠. 가을에는 봉평에 모셔 오려고 생각중인데요. 이를 물고 벌면 이럭저럭 살아갈 수 있겠죠."
"아무렴 기특한 생각이야. 가을이랬다?"
동이의 탐탁한 등허리가 뼈에 사무쳐 따뜻하다. 물을 다 건넜을 때에는 도리어 서글픈 생각에 좀더 업혔으면도 하였다.
"진종일 실수만 하니 웬일이요, 생원."
조 선달은 바라보며 기어코 웃음이 터졌다.
"나귀야. 나귀 생각하다 실족을 했어. 말 안 했던가. 저 꼴에 제법 새끼를 얻었단 말이지. 읍내 강릉집 피마에게 말일세. 귀를 쫑긋 세우고 달랑달랑 뛰는 것이 나귀 새끼같이 귀여운 것이 있을까. 그것 보러 나는 일부러 읍내를 도는 때가 있다네."
"사람을 물에 빠치울 젠 딴은 대단한 나귀 새끼군."
허 생원은 젖은 옷을 웬만큼 짜서 입었다. 이가 덜덜 갈리고 가슴이 떨리고 몹시도 추웠으나 마음은 알 수 없이 둥실둥실 가벼웠다.
"주막까지 부지런히들 가세나. 뜰에 불을 피우고 훗훗이 쉬어. 나귀에겐 더운 물을 끓여 주고, 내일 대화 장 보고는 제천이다."
"생원도 제천으로 ……?"
"오래간만에 가 보고 싶어. 동행하려나, 동이?"
나귀가 걷기 시작하였을 때 동이의 채찍은 왼손에 있었다. 오랫동안 어둑서니 같이 눈이 어둡던 허 생원도 요번만은 동이의 왼손잡이가 눈에 띄지 않을 수 없었다.
걸음도 해깝고 방울 소리가 밤 벌판에 한층 청청하게 울렸다.
달이 어지간히 기울어졌다.

5원칙 초고속이해능력 개발 5단계

문장적응훈련을 통해 초고속읽기에 좀더 익숙해졌을 것이다. 이제는 본격적인 초고속이해능력개발훈련에 들어가려고 한다.

초고속이해능력개발훈련은 문장적응능력 개발 훈련 5단계와 같은 활자크기, 문장의 난이도로 되어 있으며, 다만 1회만 읽고 이야기 내용을 100% 이해하고 80% 이상 기억해야 한다. 이때 초고속읽기를 하면서 글자를 하나하나 찍어보지 말고 시지각훈련단계에서와 같이 눈으로 보고 뇌로 빠르게 감지한다.

좀더 효과적인 초고속읽기가 되려면 앞에서 연습한 초고속영상훈련을 활용하여 책을 읽은 후 책 내용을 그림으로 그려보면 오래 기억할 수 있다. 또한 독후감을 반드시 쓴다. 독후감 쓰기는 책 내용을 다시 한 번 기억하면서 논리적인 사고와 표현력을 길러주는데 효과적이다.

책 내용에 대한 객관식, 주관식 문제를 풀어본 후 이해도를 측정한다.

▣ 나의 독서능력은?

	이해도측정문제득점	1분 동안 읽은 글자수
1 단계	점	자
2 단계	점	자
3 단계	점	자
4 단계	점	자
5 단계	점	자

능력개발 1단계

영리한 새끼양 1162자

새끼양 한 마리가 혼자 들을 헤매고 있었습니다.

"우리 동무들은 어디로 갔담? 애들아, 어디 있니?"

새끼양이 소리치자 느닷없이 뒤쪽에서,

"야 이놈아!"

하고 누가 목덜미를 꽉 잡았습니다.

그것은 다름 아닌 무서운 이리였습니다.

이리는 큰 주둥이 둘레를 긴 혀로 널름널름 핥으면서,

"너 잘 만났다. 마침 시장하던 참인데, 잡아먹어야겠다."

하고 말했습니다.

새끼양은 퍽 영리했습니다. 무서운 것을 억

지로 참으며 이렇게 말했습니다.

"이리 아저씨, 저는 아저씨한테 붙잡힌 이상 잡아먹히는 수밖에 없다고 생각해요. 도망치지 않을 테니 염려 마세요."

"그놈 잘 생각했다."

이리가 말했습니다. 새끼양은 더욱 마음을 가라앉히고 말했습니다.

"단 한 가지 소원이 있습니다. 저는 이세상을 떠날 때, 마지막으로 춤을 멋지게 추어 보리라고 마음먹어 왔습니다. 이제 이리 아저씨한테 먹히게 되었으나, 그 소원을 풀도록 해 주실 수 없을까요?"

그러자 이리는 껄껄 웃고 대답했습니다.

"으하하하, 그런 앙큼한 꾀로 나를 속이고 도망치려 들어도, 내가 아마 너를 놓아 보내지는 않을걸, 도망쳐도 소용없다. 네 걸음보다 내 걸음이 몇 곱 빠르니까."

"잘 알고 있어요. 이리 아저씨. 그러니까 도망치진 않아요."

새끼양은 침착하게 말했습니다.

"제가 춤을 추게 휘파람으로 장단을 맞춰 주세요."

"난 그렇게 늑장 부릴 시간이 없어! 빨리 너를 먹고 싶단 말이야."

이렇게 이리가 대꾸했으나, 새끼양은,

"아니어요. 식사하기 전에 노래를 하고 춤을 구경하면 더욱더 입맛이 난대요. 제발 제 마지막 청을 들어주세요."

하고 졸랐습니다. 그러자 이리는

"그 말도 그럴 듯하다. 그럼 신나게 휘파람을 불어 볼까?"

하며 누그러졌습니다. 그래서 새끼양은 뒷발로 일어서서, 앞발을 흔들며 춤을 추기 시작했습니다. 이리는,

"휘이 휘, 휘이 휙"
하고 신나게 휘파람을 불어댔습니다. 덩실덩실 추는 춤에 휘파람 소리가 꽤 무르익어 갔습니다.
"이게 무슨 소릴까?"
그 소리에 귀를 기울인 것은 양떼를 지키던 양치기였습니다. 양치기는 그 곳으로 달려와 이를 보자, 손에 들었던 지팡이를 휘둘러 이리를 쫓았습니다.
이리는 도망치면서 새끼양을 돌아다보고,
"나는 참 못난 놈이다. 내 입으로 휘파람을 불어서 사람을 부르다니……."
하고, 분해서 못 견뎌했습니다.

문제풀이

※ 다음 문제에 맞는 답을 골라 (　　)안에 번호를 쓰시오.

1. 새끼 양은 혼자 무엇을 하고 있었나? (　　)
① 개울과 들을 마음껏 뛰놀고 있었다.
② 친구 양들과 술래잡기를 하고 있었다.
③ 혼자서 길을 잃고 헤매고 있었다.
④ 집으로 돌아가는 길이었다.

2. 새끼 양은 이리를 만나도 도망가지 않았다. 이유가 아닌 것은? (　　)
① 지금 도망친다고 해도 붙잡힐 것이 뻔 하므로
② 영리한 새끼 양은 도망갈 기회를 찾고 있었다.
③ 이리를 속여서 위기를 넘기려고
④ 이리 아저씨를 놀려주기 위해서

3. 새끼 양이 이리에게 제안했던 것이 아닌 것은? (　　)
① 춤을 추게 해달라고 했다.
② 노래를 불러달라고 했다.
③ 소원을 들어달라고 했다.
④ 휘파람으로 장단을 맞춰달라고 했다.

4. 새끼 양의 제안에 대한 이리의 반응은? (　　)
① 흥쾌히 응하고 휘파람을 불어주었다.
② 휘파람을 잘 못분다고 망설였다.
③ 새끼 양을 의심하고 들어주려 하지 않았다.
④ 노래뿐 아니라 춤까지 추겠다고 했다.

5. 양치기는 이리를 어떻게 물리쳤나? (　)
① 지팡이를 휘둘러 이리를 쫓았다.
② 개를 데리고 와서 이리를 쫓았다.
③ 물맷돌로 이리를 쳐서 쫓았다.
④ 사람들을 몰고 와서 이리를 쫓았다.

능력개발 2단계

피치올라 2717자

옛날 프랑스의 큰 감옥에 어떤 불쌍한 신사가 있었습니다. 그의 이름은 사니였는데, 그는 매우 슬프고 불행했습니다.

그는 세상에서 자기를 생각해 주는 사람이 한 사람도 없을 것이라고 생각했습니다.

그는 감옥에 책이 없었기 때문에 독서도 할 수가 없었고, 펜과 종이가 없었기 때문에 글도 쓸 수가 없었습니다. 시간은 지루하게 흘러갔습니다. 그 지루한 시간을 메우기 위해 그가 할 수 있는 일은 아무것도 없었습니다.

그의 유일한 기분 전환은 어두침침한 감옥 마당을 할 일 없이 거니는 것이었습니다. 할 일도 없었고 이야기 할 사람도 없었습니다.

어느 화창한 봄 날 아침, 사니는 마당을 산책하고 있었습니다. 그러면서 전에도 수천 번 세어 왔듯이 마당에 덮인 돌을 세고 있었습니다. 두 개의 돌 틈바구니에 조그만 흙 무더기를 이룬 것을 보고 그는 멈추어 섰습니다.

그는 허리를 굽히고 어떤 씨앗이 돌 틈에 떨어져 있는 것을 발견했습니다.

그것은 싹이 터서 파란 잎이 하늘을 향해 뻗어나오고 있었습니다.

사니는 그것을 발로 문질러 버리려고 하다가 이파리를 덮고 있는 부드러운 표피를 발견했습니다.

'아, 이 표피는 이파리를 보호하는 것이구나.' 하고 생각한 그는 산책을 계속했습니다. 다음 날 그는 또 다시 산책을 하다가 하마터면 그 식물을 밟을 뻔했습니다. 이제는 잎이 두 개나 났으며 어제보다 더 튼튼하게 자라나 있었습니다.

사니는 그날 이후 매일 아침 그 식물을 보러 찾아갔습니다. 그는 혹 추위에 얼어죽지 않나, 누가 밟지는 않나 매일 걱정을 했습니다.

하루는 그가 창문을 바라보고 있는데, 간수가 마당을 건너가 그 조그만 풀 바로 옆에서 비질을 하고 있었는데 그 풀을 밟아 버릴까봐 깜짝 놀랐습니다.

사니는 발 끝에서 머리끝까지 온 몸이 떨렸습니다. 그 인정머리 없는 간수가 그의 식사를 가져왔을 때 그는 그의 조그만 식물을 밟지 말아 달라고 애원했습니다. 이 말을 하면서 자기를 비웃으리라고 생각했지만 간수는 보기와 달리

"내가 그 조그만 식물을 해치리라고 생각하나?"

간수가 말했습니다.

덧붙여서 또 간수가 말했습니다.

"만약 자네가 그 식물에 특별히 신경을 쓰지 않았다면, 그것은 벌써 죽었을 것이네."

"정말 대단히 감사합니다."

하고 사니는 진심으로 고마워 했습니다. 따라서 그 간수가 불친절하다고 느껴온 것을 부끄럽게 생각했습니다.

그는 식물에게 피치올라라는 이름을 붙여 주고는 매일 지켜보았습니다.

그것은 매일같이 점점 커 갔고, 더 아름다워졌습니다.

그러나 한 번은 간수가 데리고 다니는 개의 발에 밟혀 부러질 뻔 했습니다. 사니는 깜짝 놀라서 피치올라의 집이 있어야 된다고 생각하고, 만들 수 있는 데까지 만들 셈이었습니다.

그래서 밤이면 춥기는 했지만 자신에게 지급되는 장작을 조금씩 떼어 놓았습니다. 이것으로 그는 이 식물 주변에 조그만 집을 지었습니다.

그 식물에는 그가 관찰한 바 대단히 여러 가지의 귀여운 버릇이 있었습니다. 그것은 항상 태양을 향해 가지를 뻗어 올라가고 비바람이 몰아치기 직전에 꽃잎을 접는다는 것을 알 수 있었습니다.

사니는 이제까지 정원에 꽃이 만발해 있는 것을 본 일은 있었지만 이같은 사실을 안 것은 이번이 처음이었습니다.

하루는 그가 검은 숯과 물을 섞어가지고 형편없는 잉크를 만들었습니다. 그리고 막대기로 펜을 깎았습니다.

이것은 모두 무엇 때문이겠습니까?

그는 그 조그만 귀염둥이의 동태를 적어야겠다고 생각했기 때문이었습니다.

그는 모든 시간을 그 식물과 함께 보냈습니다. 이러한 사니를 볼 때면 간수는,

"서방님과 아씨 좀 보게!"

하고 놀려대기도 했습니다.

여름이 지나감에 따라 피치올라는 더욱 아름다워졌고, 그 줄기에는 적어도 3십여 송이의 꽃이 피었습니다.

그러나 그것들이 시들기 시작하는 어느 아침이었습니다.

사니는 어떻게 해야 될 지 몰라 쩔쩔 맸습니다.

그는 나무에 물을 주었지만 여전히 시들어갔고, 잎도 점차로 시들어갔습니다.

감옥 마당의 돌들이 그 식물을 죽인다고 생각한 사니는 그 돌들을 치워야겠다고 생각했습니다. 그러나 그 일은 간수도 감히 할 수 없는 일이었습니다.

그 감옥의 규칙은 대단히 엄격했으며, 돌 하나라도 움직일 수가 없었습니다. 오직 나라의 높은 사람들만이 할 수

있는 일이었습니다.

가엾은 사니는 통 잠을 이루지 못했습니다. 이미 꽃들은 시들었고, 곧 이파리도 떨어져 그 나무는 영원히 죽어 버릴 거라고 생각하니 잠이 오지 않았던 것입니다.

그러나 새로운 생각이 떠올랐습니다. 그 위대한 나폴레옹에게 그 식물을 구해달라고 청원하려고 했습니다.

그가 미워하는 인간, 즉 자기를 바로 이 감옥에 가둔 그 사람에게 요청을 한다는 것이 괴로운 일이었습니다.

그러나 피치올라를 위해서는 하는 수가 없었습니다. 그는 그의 손수건에다 만든 펜과 잉크로 편지를 써서 어느 소녀에게 전해줄 것을 부탁했습니다.

소녀는 그 편지를 나폴레옹에게 전해 주겠다고 기꺼이 응낙했습니다.

사니와 피치올라에게는 지루한 기다림이 계속되었습니다.

그러자 마침내 감옥에 기쁜 소식이 전해졌습니다. 꽃들은 살아났고 피치올라는 다시 생기를 찾았습니다. 황제의 친절한 왕비가 사니의 이야기를 들은 것입니다. 피치올라의 귀여운 동태가 적힌 편지를 읽어 본 왕비는,

"확실히 이런 사람을 감옥에 두어서는 우리에게 득이 될 게 없다."

고 말했습니다.

그래서 사니는 마침내 석방되었습니다. 물론 그 이상 슬픈 일도 일어나지 않았습니다. 그래서 사니는 피치올라를 결코 잊을 수 없는 친구로 삼아 소중히 길렀습니다.

문제풀이

※ 다음 문제에 맞는 답을 골라 (　　)안에 번호를 쓰시오.

1. 사니가 기르던 식물의 이름은? (　　)
① 피타치오　② 피치올라 ③ 피치볼리 ④ 피나올치

2. 사니를 표현한 것과 내용이 다른 것은? (　)
① 불쌍한 신사로 죄수이기도 했다.
② 가족들이 보고 싶어서 늘 슬퍼했다.
③ 프랑스의 감옥에 있었다.
④ 자기를 생각해 주는 사람이 없다고 생각했다.

3. 사니가 감옥에서 길들인 버릇은 ? (　)
① 할 일이 없어서 독서를 많이 하게 되었다.
② 펜을 이용해 편지를 보냈다.
③ 감옥에서 사람들과 얘기를 하곤 했다.
④ 감옥 마당을 할 일 없이 걸어다니곤 했다.

4. 사니가 이 식물에 보인 애정을 표현한 것이 아닌 것은? (　)
① 예쁜 울타리를 만들어 주었다.
② 매일 아침 이 식물을 보러 찾아갔다.
③ 누가 밟지 않을까 걱정을 했다.
④ 식물에게 이름을 붙여주었다.

5. 사니가 이 식물을 키우면서 달라진 것이 아닌 것은? (　)
① 마당에 덮인 돌을 세는 버릇이 생겼다.
② 매일 아침 이 식물을 보러 찾아갔다.
③ 식물의 자라는 것을 관찰하게 되었다.
④ 간수에 대한 생각이 달라졌다.

문제풀이

6. 사니가 관찰한 식물의 모습이 아닌 것은? (　)
① 빨갛고 예쁜 꽃이 피는 작은 꽃이다.
② 태양을 향해 가지를 뻗어올린다.
③ 비바람이 몰아치기 전에 꽃잎을 접는다.
④ 여러 가지 귀여운 버릇이 많은 식물이다.

7. 식물은 왜 갑작스럽게 시들기 시작하였나? (　)
① 간수의 개가 자꾸 물어뜯어서
② 사람들의 발길에 채이므로
③ 감옥 마당의 돌들로 인해서
④ 사니가 잘 돌보아주지 않아서

8. 이 식물을 살리기 위해 한 사니의 행동이 아닌 것은? (　)
① 나폴레옹에게 식물을 구해달라고 청원하려고 했다.
② 나폴레옹의 왕비에게 편지를 보냈다.
③ 편지를 써서 소녀에게 부탁했다.
④ 돌들을 치워야겠다고 생각했다.

9. 사니는 편지를 보낼 때 무엇을 함께 적어 보냈는가?
(　　　　　　　　　　　　　　)

10. 이 이야기의 결론 내용과 같지 않은 것은?(　)
① 사니는 평생 이 식물과 감옥에서 살았다.
② 왕비의 은총으로 석방되었다.
③ 이 식물을 친구처럼 돌보며 살았다.
④ 꽃들이 살아났고, 식물도 생기를 되찾았다.

능력개발 3단계

전우치전 · 황금 대들보 2992자

몹시도 살림이 궁하던 조선 초기, 송도(지금의 개성) 홍인문 근처에 전우치라는 선비가 살고 있었습니다.

전우치는 깊은 산 속에서 오랫동안 도를 닦으며 얻게 된 신기한 힘으로 갖가지 도술을 부릴 줄 알아서 마치 신선과 같았습니다.

그는 구름을 불러모을 수도 있었고, 온갖 사물로 변신하기도 하며, 하늘 위로 날아다닐 수도 있었던 것입니다.

어느 날, 전우치는 굳은 결심을 하게 되었습니다.

"더 이상 참을 수가 없구나. 이젠 내가 나서서 어려움에 빠진 백성들에게 살 길을 열어 주어야겠다."

전우치는 구름에 올라타고, 하늘을 날던 참새 두 마리를 동자로 변하게 하여 임금이 살고 있는 궁궐을 향해 바람처럼 날아갔습니다. 이번 기회에 백성들의 어려움을 돌보지 않는 임금과 벼슬아치들을 깨우쳐 주려는 것입니다.

사실, 그 당시 백성들의 생활은 너무나 비참했습니다. 지독한 흉년이 몇 년 동안 계속되었고, 남쪽 해안은 왜구들의 노략질이 빈번해, 끼니 걱정에 목숨까지 안전하지 못하여 늘 한숨 소리가 그치지 않았습니다.

그렇지만 대궐 안에는 평화로움이 감돌았고 가끔 풍류 소리도 들렸습니다.

마침 정월 초하루라 임금은 신하들로부터 새해 인사를 받고 있었습니다.

"가만……. 이게 무슨 냄새인고? 향긋한 기운이 감도는 게 이 세상의 것이 아니로다……."

임금이 이상스런 향기를 맡고 고개를 갸우뚱거리고 있을 때였습니다. 갑자기 오색 구름이 몰려오더니 공중으로부터 우레 같은 소리가 들렸습니다.

"옥황 상제의 말씀을 전하노라!"

깜짝 놀란 임금과 신하들이 무릎을 꿇고 하늘을 우러러보니 구름 위에 웬 신선이 보였습니다.

신선은 곧 근엄한 목소리로 말을 이었습니다.

"국왕은 듣거라! 옥황 상제께서 태화궁이라는 궁전을 지어 죽은 사람들의 영혼을 위로하시려 하니, 이 세상 여러 나라의 임금은 황금 대들보를 하나씩 바치라 하셨도다. 길이가 15척이요. 너비가 7척이어야 하니 명심하여 듣고 춘삼월 보름날까지 준비토록 하라!"

신선은 말을 마치자 오색 구름을 타고 하늘로 사라졌습니다.

그 때까지도 꿈을 꾸듯 서 있던 임금은 무릎을 치며 외쳤습니다.

"정말 놀라운 일이로다! 전에 없던 일이 과인에게 생겼으니 어찌 된 노릇인고?"

곧 여러 신하들이 입을 모아 아뢰었습니다.

"아마, 옥황 상제께서 신선을 보낸 것을 보면 마마의 어진 정치가 하늘에까지 알려져 귀한 기회를 주신 듯하옵니다. 황금을 모아 바치는 것이 옳은 줄 아옵니다!"

"과인도 그리 생각하니 서둘러 시행하라!"

임금의 명이 떨어지자 금세 온 나라 안에 금을 거둬들인다는 방이 붙었고, 신하들은 물론 백성들까지 금을 훑어 내느라 법석이었습니다.

그렇게 되자 나라 안에서는 금이란 금은 구경할 수도 없었습니다. 곧 전국에서 거두어들인 금비녀나 금가락지, 금반지 등을 녹여 황금 대들보를 만들었습니다.

드디어 옥황 상제가 명령한 3월 보름이 되자 길이 15척, 너비 7척의 황금 대들보가 완성되었습니다. 임금은 설레는 마음으로 신선이 나타나기를 기다렸습니다.

어느덧 시간이 되자 지난번처럼 오색 구름이 뜰 아래에 내려앉고 향긋한 바람이 불더니, 푸른 옷을 입은 신선이 동자 둘을 데리고 모습을 드러냈습니다.

"오셨나이까!"

임금과 신하가 모두 뜰 위에 엎드리며 머리를 조아리자 신선은 알 수 없는 그윽한 목소리로 옥황 상제의 말씀을 전하였습니다.

"임금이 이렇듯 정성을 다하여 하늘을 섬기니 어찌 좋은 일이 없으리요. 앞으로 이 나라는 계속 번성할 것이니 백성들 또한 편안하리라. 임금은 앞으로도 하늘을 받들고 덕을 닦도록 하라!"

신선은 어느덧 동자에게 황금 대들보를 들게 하고는 오색 구름을 타고 하늘 높이 사라져 갔습니다.

넋을 잃은 듯 그 모습을 지켜 보고 있던 임금과 여러 신하들은 너무나도 황홀한 광경에 어찌할 바를 몰라 한동안 우두커니 서 있었습니다.

신선으로 모습을 바꿔 어마어마하게 큰 대들보를 얻어낸 전우치는 백성들을 도와 줄 방법을 찾느라 이런저런 궁리를 했습니다.

'옳지! 다른 나라로 가서 금을 팔아 쌀을 얻어야겠구나!'

전우치는 황금 대들보를 반으로 잘라 이웃 나라에 팔아서 쌀 10만 섬을 사 가지고 커다란 배에 실어 왔습니다.

그리고는 굶주린 사람들에게 쌀을 모두 그냥 나누어 주었습니다.

"아니? 혹시나 했더니 정말로 쌀을 거저 주잖아?"

"그러게 말일세. 요즘처럼 궁할 때 쌀을 주다니 전우치 어른께 그저 감사할 따름이지."

쌀을 받은 사람들은 저마다 얼굴 가득 함박 웃음을 띠며 전우치를 칭송하였습니다.

이런 사람들이 자꾸만 늘어가자 전우치는 겸손한 마음에서 사실을 밝히기로 했습니다. 그래서 방을 붙였습니다.

이번에 쌀을 나누어 주었더니 오로지 나 혼자만의 공으로 알고 고맙게 여기는 모양이나 이는 잘못된 일이다.

백성들의 어려운 생활이 수 년간 계속되었으나 임금과 벼슬아치들이 이를 돌보지 않기에 잠깐 신선으로 변하여 황금 대들보를 얻어 쌀로 바꾸어 나눠 준 것뿐이다. 나는 심부름만 한 것이니 내게 공을 돌리지 말라. 나는 전우치라고 하노라.

전우치에 관한 이야기는 사람들의 입을 통해서 퍼지고 퍼져 임금의 귀에까지 들어갔습니다.

모든 것을 알아챈 임금과 신하들은 몹시 기분이 상했습니다.

"감히 한 나라의 임금인 나를 얕은 속임수로 속이고 저런 말썽을 일으키다니……. 괘씸하도다!"

"그러하옵니다. 상감마마! 전우치를 당장 잡아들여 무거운 벌을 내리소서!"

"좋다. 당장 역적 전우치를 잡아들여라!"

임금의 입에서 이런 명령이 떨어지자 나라 안에서는 전우치를 잡으려고 혈안이 되었습니다.

이 사실을 알게 된 전우치는 기가 막혔습니다. 임금과 벼슬아치들이 해야 할 일을 대신 해 주었는데도 고마워하기는커녕 오히려 역적 취급을 하니 그럴 만도 했겠지요.

"내 이자들이 정신을 번쩍 차리게끔 해 주리라!"

이렇게 결심한 전우치는 남아 있던 황금 대들보의 한 귀퉁이를 잘라서 서울로 올라가 사람 많은 네거리에서 장사를 벌였습니다.

"자, 황금 사시오! 황금 덩어리가 여기 있소!"

"아니, 웬 황금이지? 황금은 모두 나라에 바쳐서 씨가 말랐을 텐데……."

문제풀이

※ 다음 문제에 맞는 답을 골라 (　　)안에 번호를 쓰시오.

1. 전우치가 동자로 변하게 만든 동물은? (　　)
① 독수리　② 참새　③ 여우　④ 호랑이

2. 황금대들보를 바치라고 한 이유는? (　)
① 옥황상제에게 바치려고
② 죽은 사람의 영혼을 위로하려고
③ 어려움에 빠진 백성들을 도우려고
④ 전우치의 이름을 널리 알리려고

3. 전우치가 황금을 팔아 마련한 것은 ? (　)
① 태화궁　② 쌀　③ 무기　④ 커다란 배

4. 속아 넘어간 임금은 전우치를 무엇이라 했나? (　)
① 역적　② 도둑　③ 신선　④ 옥황 상제

5. 전우치가 나타날 때 임금은 무엇을 하고 있었나? (　)
① 술을 마심
② 춤을 춤
③ 새해 인사를 받음
④ 옥황상제와 이야기함

6. 임금은 전우치를 보고 어떻게 생각했나?
① 옥황상제　② 신선　③ 동자　④ 왜구

7. 전우치가 살고 있던 곳은? (　)
① 구름 위　② 송도　③ 산 속　④ 평양

문제풀이

8. 그 당시 백성 사는 모습과 다른 것은? (   )
① 흉년이 몇 년 동안 계속되었다.
② 남쪽 왜구들의 노략질에 시달렸다.
③ 이웃나라의 전쟁 준비로 늘 걱정 속에 살았다.
④ 끼니 걱정에 한숨이 끊일 날이 없었다.

9. 전우치가 방을 붙이게 된 이유는?
(   )

10. 전우치는 황금 대들보를 언제까지 만들라고 했나? ( )
① 정월 초하루   ② 정월 대보름   ③ 이월 보름   ④ 삼월 보름

능력개발 4단계

요정의 기사 6199자

옛날, 스코틀랜드에 거친 황무지가 있었습니다. 이 땅에는 옛적에 요정의 기사가 잘 나타났다고 합니다. 그러나 요정의 기사를 쉽게 볼 수는 없었습니다. 7년에 한번쯤 나타났다고 하며, 사람들은 누구나 그 기사를 무서워했습니다.

그것은 나그네가 이 거친 땅을 지나가려고 들어서기만 하면, 다시 돌아오지 않고 영영 소식이 끊어져 버렸기 때문입니다.

한번 사라진 사람은 아무리 찾아도 그림자조차 없었습니다. 그리고 없어진 사람을 찾아 나선 사람들도, 그 이상한 기사를 만나게 될까봐 무서움에 떨었습니다.

그래서 이 땅은 점점 황폐해졌습니다. 그곳을 지나는 사람도 거의 없게 되고, 더구나 그런 곳에 사는 사람은 하나도 없었습니다. 이렇게 되자, 그곳은 짐승들의 세상이 되었습니다. 사냥꾼이 오지 않았기 때문입니다.

그런데 이곳에서 가까운 곳에 백작 두 사람이 살고 있었습니다. 한 사람은 클레어라 하였고, 또 한 사람은 그레고리라고 했습니다.

두 사람은 나란히 말을 타고 사냥을 하러 다니기도 하는 친한 친구였습니다.

어느 날, 그레고리 백작이 이런 말을 했습니다.

"요정의 기사가 나온다는 얘기는 들었지만, 그곳에 사냥을 가 보지 않겠소? 요즘 세상에 요정이니 뭐니 하는 것이 있을 리 없어요. 옛날 할머니들이, 어린 아이들이 히이드 풀숲에 들어가서 길이라도 잃게 될까 걱정해서 만든 이야기에 지나지 않아요. 우리 같은 어른들이 그런 얘기 때문에 즐거운 사냥을 못한다는 건 대단히 어리석은 일이오."

그러나 클레어 백작은 정색을 하고 말했습니다.

"위험한 곳에 들어가는 건 좋지 않습니다. 그리고 그 땅에 들어선 사람을 두 번 다시 볼 수 없다는 건 꾸민 얘기가 아니라 사실입니다. 나 역시 그곳에 사냥을 못 가는 것은 매우 섭섭한 일입니다. 그런데 나는 이런 얘기를 들은 일이 있어요. 클로버 잎을 몸에 지니면, 요정의 기사가 어떤 마술의 힘을 가지고 있어도 그 힘에서 빠져나올 수 있다는 얘깁니다. 세 잎 클로버는 신을 나타낸 거라니까요. 우리도 세 잎 클로우버를 몸에 지니고 그 땅에 한번 들어가 봅시다."

이 말을 듣고 그레고리 백작은 소리내어 웃었습니다.

"나를 어린애로 생각하시오? 클로버 잎이 사람을 보호해 준다는 얘기 따위를 내가 믿을 것 같소? 정 그렇다면 당신은 클로버 잎을 몸에 지니고 가시오. 나는 이 활과 화살을 믿겠소."

그래도 클레어 백작은, 어릴 때 그의 어머니가 하신 말씀을 믿으려 했습니다.

"클로버 잎을 몸에 지닌 사람은 마귀 여자와 요정과 악마들의 저주를 무서워하지 않아도 된단다."

하고 어머니가 말했습니다.

클레어 백작은 목장으로 가 클로버 잎을 하나 따서 그것을 팔에 붙이고, 옆은 비단 수건으로 잡아맸습니다. 그리고는 그레고리 백작과 나란히 말을 달려 쓸쓸한 황무지로 들어갔습니다.

4, 5시간 동안 아무 일도 일어나지 않았습니다. 더구나 두 사람은 사냥에 정신이 팔려 무서운 생각도 잊고 있었습니다.

잠시 후, 두 사람은 똑같이 말을 멈추었습니다. 그리고 겁에 질린 얼굴로 한쪽을 바라보았습니다.

말을 탄 한 사람이 두 백작의 앞쪽을 가로질러 간 것입니다. 어디서 온 누구일까 하고 궁금해하다가, 그레고리 백작이 먼저 입을 열었습니다.

"그 말은 매우 빨리 달리고 있었고, 이 세상의 말이라면 우리 말보다 더 빨리 달릴 수 없지 않소? 그 말을 뒤쫓아가서 대체 어디서 온 누구인지 알아봅시다."

그러나 클레어 백작은 침착하게 말했습니다.

"천만에! 저 말을 따라갈 순 없소. 저건 요정의 기사입니다. 보지 않았소? 그 말은 땅에 발이 닿지 않고 공중을 날아갔고, 그건 사람이 타는 보통 말이 아니라, 날개로 나는 말이오. 그런 말을 따라갔다가는 무슨 변을 당하게 될지 모릅니다."

"요정의 기사 생각만 하더니 당신은 정신이 이상해진 거요. 그건 확실히 훌륭한 기사였고, 초록 빛깔 옷을 입고, 검은 말을 탔었고, 나는 그 훌륭한 기사에게 마음이 끌려, 그분을 만나보고 싶어 못 견디겠소. 나는 그를 따라가 보겠소. 이 세상 끝까지라도……."

그레고리 백작은 곧 말을 달려, 그 이상한 기사가 간 쪽으로 달려갔습니다. 혼자 남은 클레어 백작은,

"아! 그레고리는 악마가 씌었다. 그냥 내버려 두었다간 큰 일이 날거야."
하고 그레고리의 뒤를 따라 급히 말을 달렸습니다.

한편, 간신히 초록빛 옷의 기사를 찾은 그레고리는 시내를 건너고 늪을 지나, 이제껏 보지 못한 험한 곳에 이르렀습니다.

불어오는 바람은 얼음같이 차고, 발 밑의 시든 풀잎에는 서리가 하얗게 빛나고 있었습니다.

거기서 그레고리는 이상하고도 무서운 광경을 보았습니다.

땅 위에 커다란 둥근 테가 울타리처럼 올라와 있었습니다. 그 테 안에는 새파란 풀이 우거지고, 몇 백이나 되는 유령 같은 요정들이 춤을 추고 있었습니다.

요정들은 모두 환히 비치는 엷은 옥색의 긴 옷을 입고 있었습니다. 그 얇은 옷이 요정들의 몸을 휘감기도 하고, 물결처럼 흔들거리기도 했습니다. 마치 푸른 연기가 감돌고 있는 것 같았습니다.

요정들은 춤을 추며 소리를 지르기도 하고, 노래도 불렀습니다. 두 손을 머리 위에 얹기도 하고, 땅바닥에 뒹굴기도 했습니다.

그러던 요정들이 그레고리가 와 있는 걸 보았습니다. 그레고리는 그 둥근 테 밖에 서 있었습니다.

요정들은 가늘고 긴 손가락으로 그레고리에게 손짓을 했습니다. 그러고는,

"어서 와요. 함께 춤추면, 나중에 임금님의 술을 드리겠어요."
하고 꾀었습니다.

그러자 이상하게도 그레고리는 그 요정들에게 가야겠다는 생각이 들었습니다.

이 때 요정들 가운데에서 나이 많은 한 악마가 그레고리 옆으로 다가오더니, 둥근 테 가까이에서 허리를 굽히고 속삭이듯 말했습니다.

"기사여, 만일 당신의 목숨을 아끼려거든 이 테 안에 들어오지 마세요. 우리

들 사이에 끼이기만 하면, 당신은 일생을 망치게 될 것이요."

그레고리는 이 말을 듣고 웃었습니다.

"나는 저 초록빛 옷을 입은 기사를 따르려고 합니다. 죽음의 나라까지라도 따라갈 것을 맹세했습니다."

말을 마친 그레고리는 둥근 테 안에 발을 들여놓았습니다.

그레고리가 요정들 틈에 끼이자, 요정들은 더욱 소리를 지르며 미친 듯이 춤을 추었습니다. 한참 그러다가 갑자기 노래와 춤이 뚝 그치고, 요정들은 양편으로 갈라지며 한가운데로 길을 냈습니다. 요정들은 그레고리에게 한가운데로 나아가라고 손짓했습니다.

그레고리가 한복판으로 나서자, 거기에는 대리석 탁자가 놓여 있었고, 그 앞에 한 기사가 앉아 있었습니다. 그 기사야말로 그레고리가 여기까지 뒤쫓아온 바로 그 기사였습니다.

기사의 테이블에는 훌륭한 술잔이 놓여 있었습니다. 그 술잔은 녹색 보석인 에메랄드로 만든 것이었습니다. 술잔 가장 자리는 빨간 루비를 빙 둘러 박았습니다.

그 잔에는 히이드로 만든 술이 넘칠 듯이 담겨 있었습니다. 초록빛 옷의 기사가 그레고리에게 그 술잔을 권했습니다. 그레고리는 마침 목이 말랐던 참이라, 주는 대로 받아 마셨습니다.

그런데 이상한 것은, 그 잔의 술은 마셔도 마셔도 없어지지 않고 그대로 가득 남실남실 채워져 있었습니다.

그레고리도 그제야 무서운 생각이 들었습니다. 괜히 쓸데없는 모험을 했구나 하고 후회했지만, 이미 때는 늦었습니다.

그레고리의 팔다리가 저려 오고, 몸에 이상한 경련이 일며 차차 온몸이 굳어졌습니다. 얼굴도 파랗게 질렸습니다.

살려 달라는 소리를 지를 수도 없었습니다. 손에 쥐었던 술잔이 툭 떨어지는 순간, 그레고리는 요정의 왕 앞에 픽 쓰러져 버렸습니다.

그러자 요정들은 '와아' 하고 기쁨에 찬 소리를 질렀습니다. 사람을 꾀어들여 이렇게 만드는 것을 요정들은 매우 즐거운 일거리로 삼았습니다. 요정들이 떠드는 소리가 차차 가라앉더니, 무언가 소곤소곤 얘기를 주고받았습니다. 그들의 얼굴에는 겁에 질린 듯한 빛이 떠돌았습니다. 그것은 요정들의 밝은 귀가 무서운 소리를 들었기 때문입니다.

사람의 발자국 소리로, 요정들은 그 발자국 소리가 저주를 받지 않은 사람임을 알았습니다. 요정들은 그런 사람을 무서워했습니다.

이윽고 클레어 백작이 나타났습니다. 백작이 요정들이 춤추던 곳의 둥근 테를 넘어 들어오려고 하자, 나이 많은 악마가 작은 소리로 말했습니다.

"아, 또 불행한 일이 일어나는군요. 당신도 처자가 있거든 빨리 되돌아가시오."

"너는 무어냐? 어디서 온 누구지?"

클레어 백작은 부드러운 눈으로 작은 악마에게 물었습니다.

"나도 당신에 나라에서 왔습니다. 나도 전에는 사람이었습니다. 그런데 황무지를 지나다가 초록빛 기사로 변한 요정 왕의 마술에 걸려 이 곳에서 히이드 술을 마시고는, 7년 동안 꼼짝 못하게 되었습니다. 백작님, 당신 친구도 지금 마술에 걸려 쓰러져 있습니다. 곧 정신을 차리고 일어나겠지만, 그 때는 나와 같은 꼴이 되고 맙니다."

말을 다 듣고 난 클레어 백작이 물었습니다.

"내 친구가 요정이 되기 전에 구해 낼 방법이 없을까? 나는 요정 왕의 마술 따위는 두렵지 않다. 요정 왕보다 더 강한 신의 표적을 몸에 지니고 있으니까. 어서 말해 다오, 저 친구를 구하는 방법이 없단 말이냐?"

"백작님, 아주 방법이 없는 건 아니지만, 매우 어려운 일입니다. 이 서리 속에 날이 새도록 꼼짝하지 않고 서 있어야 합니다. 교회당의 새벽 종 소리가 들릴 때까지 움직이지 않고 서 있어야만 해요. 그리고 아침이 되면 이 둥근 마술의 테 언저리를 천천히 아홉 바퀴 돌아야 합니다. 그리고는 테 안으로 들어와 테이블 위에 있는 히이드 술 잔을 가지고 나오십시오. 그러는 동안 한 마디라도 말을 해서는 안됩니다. 이 땅은 단단한 것 같지만, 사실은 늪입니다. 이 밑에는 무서운 괴물이 살고 있는데, 만일 말을 하게 되면 늪 속으로 빠져 버립니다."

늙은 악마는 이렇게 일러주고 요정들 사이로 돌아가 버렸습니다.

클레어 백작은 그 자리에 꼼짝 않고 서 있었습니다. 그리고 찬 바람과 어둠 속에서 밤을 새웠습니다. 온몸이 꽁꽁 얼어버릴 것만 같았습니다.

이윽고 아침이 되자 먼 데서 교회당의 종 소리가 울려 왔습니다. 그러자 요정들의 모습이 점점 작아지는 것 같았습니다.

클레어 백작은 천천히 둥근 테를 돌기 시작했습니다. 한 바퀴, 두 바퀴, 세 바퀴, ……, 아홉 바퀴를 다 돌았습니다. 그러는 동안 요정들이 성난 소리를 질렀는데, 그것은 마치 먼데서 들려 오는 우레 소리 같았습니다.

클레어 백작은 자기가 서 있는 땅이 불쑥 솟아올랐다 내려앉았다 하는 것을 보았습니다. 그것은 마치 클레어 백작을 흔들어 땅 위에서 떨어 버리려는 것 같았습니다.

클레어 백작은 마술의 테를 넘어 들어갔습니다. 놀랍게도 요정들이 조그만 얼음 조각 같이 흩어져 있었습니다.

백작은 대리석 테이블 앞으로 갔습니다. 테이블 앞에 앉아 있는 요정의 왕도 굳어 있었고, 그 옆에 쓰러져 있는 그레고리 백작의 몸도 딱딱하게 굳어 있었습니다.

까마귀 두 마리가 테이블 위에 앉아 있었습니다. 까마귀는 에메랄드 술잔을 지키려는 듯 가끔 날개를 파닥거렸습니다.

까옥 까옥.

까옥 까옥.

클레어 백작은 에메랄드 술잔을 들어 올렸습니다. 그러자 두 마리의 까마귀가 휙 날아오르더니 괴상한 소리로 울며, 클레어 백작의 머리 위를 빙빙 돌았습니다. 금방이라도 술잔을 도로 빼앗으려는 것 같았습니다.

요정의 왕과 요정들이 눈을 뜨고 일어나 클레어 백작에게 손을 대려고 애를 쓰고 있었습니다. 그러나 클로버 잎을 몸에 지닌 클레어 백작은 신의 보호를 받아 무사했습니다.

마술의 자리에서 돌아온 클레어 백작은 소름이 끼칠 만큼 기분 나쁜 마귀 울음 소리를 들었습니다. 얼어 있는 요정들도 끼익끼익 소리를 질렀고, 늪에서는 괴물이 윙윙 소리를 냈습니다. 용감한 클레어 백작은 그런 소리에 놀라지 않고, 천천히 곁에서 술잔을 둥근 테 밖으로 가지고 나왔습니다.

교회당 종 소리가 맑은 아침 공기를 타고 울려 퍼졌습니다.

클레어 백작은 술잔을 땅바닥에 탁 내던졌습니다.

참으로 이상한 일이었습니다. 술잔이 깨지는 것과 때를 같이 하여, 요정들도 요정의 왕도 대리석 테이블과 함께 자취를 감추어 버렸습니다. 다만, 풀 위에 그레고리 백작 혼자 누워있을 뿐이었습니다.

그레고리 백작은 천천히 마술에서 깨어나고 있었습니다.
이윽고 팔다리를 움직이더니 부스스 털고 일어났습니다. 그러고는 이상하다는 듯이 사방을 두리번거렸습니다. 마치 자기가 어디에 와 있는지 생각해 내려고 애쓰는 것 같았습니다.

클레어 백작이 달려가 그레고리 백작을 끌어안자, 그레고리 백작의 몸에 피가 돌고 손발이 제대로 움직였습니다.

두 사람은 클레어 백작이 깨뜨려 버린 마술 술잔이 있는 곳으로 가 보았습니다. 아무리 찾아보아도 깨진 술잔은 없었습니다. 그 대신 이슬에 젖은 잿빛 돌멩이 하나가 있을 뿐이었습니다.

문제풀이

※ 다음 문제에 맞는 답을 골라 ( )안에 번호를 쓰시오.

1. 요정의 기사는 몇 년에 한번 나타나는가? ( )
① 5년 ② 6년 ③ 7년 ④ 8년

2. 요정의 기사가 부리는 마술의 힘을 이기는 것은? ( )
① 클로버잎 ② 장미잎 ③ 히이드잎 ④ 독수리의 날개

3. 요정의 기사의 술잔은 ? ( )
① 다이아몬드 술잔 ② 상아 술잔 ③ 비취 술잔 ④ 에메랄드 술잔

4. 요정들 가운데서 충고를 한 요정은? ( )
① 늙은 악마 요정 ② 어린 요정 ③ 젊은 악마 요정 ④ 여자 요정

5. 클레어 백작은 둥근 테를 몇 바퀴나 돌았나? ( )
① 6바퀴 ② 7바퀴 ③ 8바퀴 ④ 9바퀴

6. 요정의 기사가 나타난 나라는?
① 잉글랜드 ② 스코틀랜드 ③ 아일랜드 ④ 독일

7. 두명의 백작이 황무지에 들어간 이유는? ( )
① 요정의 기사를 만나러 ② 악마의 저주를 풀기 위하여
③ 보석을 얻기 위해서 ④ 즐거운 사냥을 하기 위해서

8. 요정의 기사의 색깔은? ( )
① 빨간빛 ② 초록빛 ③ 노랑빛 ④ 파랑빛

9. 술은 무엇으로 만들었나? ( )

10. 요정의 기사에게 유혹당한 백작 이름은? ( )

능력개발 5단계

화수분 8080자

1.

첫겨울 추운 밤은 고요히 깊어 간다. 뒤뜰 창 바깥에 지나가는 사람 소리도 끊어지고 이따금 찬바람 부는 소리가 휙, 우수수하고 바깥의 춥고 쓸쓸한 것을 알리면서 사람을 위협하는 듯하다.
"만주노 호야 호오야."
길게 그리고도 힘없이 외치는 소리가 보지 않아도 추어서 수그리고 웅크리고 가는 듯한 사람이 몹시 처량하고 가엾어 보인다. 어린애들은 모두 잠들고 학교 다니는 아이들은 눈에 졸음이 잔뜩 몰려서 입으로만 소리를 내어 글을 읽는다. 나는 누워서 손만 내놓아 신문을 들고 소설을 보고, 아내는 이불을 들쓰고 어린애 저고리를 짓고 있다.
"누가 우나?"
일하던 아내가 말하였다.
"아니야요. 그 절름발이가 지나가며 무슨 소리를 지껄이면서 그러나 보아요."
공부하던 애가 말한다. 우리들은 잠시 그 소리를 들으려고 귀를 기울였으나, 다시 각각 그 하던 일을 계속하여 다시 주의도 하지 아니하였다. 그러다가 우리는 모두 잠이 들어 버렸다.
나는 자다가 꿈결같이 으으으으으으으하는 소리를 들었다. 잠깐 잠이 반쯤 깨었으나 다시 잠들었다. 잠이 들려고 하다가 또 깜짝 놀라서 깨었다. 그리고 아내에게 물었다.
"저게 누가 울지 않소?"
"아범이구려."
나는 벌떡 일어나서 귀를 기울였다. 과연 아범의 우는 소리다. 행랑에 있는 아범의 우는 소리다.
'어찌하여 우는가. 사나이가 어찌하여 우는가. 자기 시골서 무슨 슬픈 상사의 기별을 받았나? 무슨 원통한 일을 당하였나?'
나는 생각하였다. 어이어이 느껴우는 소리를 들으면서 아내에게 물었다.
"아범이 왜 울까?"
"글쎄요. 왜 울까요?"

2.

아범은 금년 구월에 그 아내와 어린 계집애 둘을 데리고 우리 집 행랑방에 들었다. 나이는 서른 살쯤 먹어 보이고 머리에 상투가 그냥 달라붙어 있고, 키가 늘씬하고 얼굴은 기름하고 누르퉁퉁하고, 눈은 좀 큰 데 사람이 퍽 순하고 착해 보였다. 주인을 보면 어느 때든지 그 방에서 고달픈 몸으로 밥을 먹다가도 얼른 일어나서 허리를 굽혀 절한다. 나는 그것이 너무 미안해서 그러지 말라고 이르려고 하면서 늘 그냥 지내었다. 그 아내는 키가 자그마하고 몸이 똥똥하고, 이마가 좁고, 항상 입을 다물고 아무 말이 없다. 적은 돈은 회계할 줄을 알아도 '원'이나 '백 냥' 넘는 돈은 회계할 줄을 모른다.

그리고 어멈은 날짜 회계할 줄을 모른다. 그러기에 저 낳은 아이들의 생일을 아범이 그 전날 내일이 생일이라고 일러 주지 않으면 모른다고 한다. 그러나 결코 속일 줄은 모르고, 무슨 일이든지 하라는 대로 하기는 하나 얼른 대답을 시원히 하지 않고, 꾸물꾸물 오래 하는 것이 흠이다. 그래도 아침에는 일찍이 일어나서 기름을 발라 머리를 곱게 빗고, 빨간 댕기를 드려 쪽을 찌고 나온다.

그들에게는 지금 입고 있는 단벌 홑옷과 조그만 냄비 하나밖에 아무것도 없다. 세간도 없고, 물론 입을 옷도 없고 덮을 이부자리도 없고, 밥 담아 먹을 그릇도 없고 밥 먹을 숟가락 한 개가 없다. 있는 것이라고는 보기 싫게 생긴 딸 둘과 작은애를 업은 홑누더기와 띠, 아범이 벌이하는 지게가 하나 이것뿐이다. 밥은 우선 주인집에서 내어간 사발과 숟가락으로 먹고, 물은 역시 주인집 어린애가 먹고 비운 가루 우유통을 갖다가 떠먹는다.

아홉 살 먹은 큰 계집애는 몸이 좀 똥똥하고 얼굴은 컴컴한데, 이마는 어미 닮아서 좁고, 볼은 애비 닮아서 축 늘어졌다. 그리고 이르는 말은 하나도 듣는 법이 없다. 그 어미가 아무리 욕하고 때리고 하여도 볼만 부어서 까딱 없다. 도리어 어미를 욕한다. 꼭 서서 어미보고 눈을 부르대고 "조 깍쟁이가 왜 야단이야." 하고 욕을 한다. 먹을 것이 생기면 자식 먹이고 남편 대접하고, 자기는 늘 굶는 어미가 헛입 노릇이라고 하는 것을 보게 되면, "저 망할 계집년이 무얼 혼자만 처먹어?"하고 욕을 한다. 다만 자기 어미나 아비의 말을 아니 들을 뿐 아니라, 주인 마누라나 주인 나리가 무슨 말을 일러도 아니 듣는다. 먼 데 있는 것을 가까이 오게 하려면 손수 붙들어 와야 하고, 가까이 있는 것을 비키게 하려면 붙들어다 치워야 한다.

다음에 작은 계집애는 돌을 지나 세 살 먹은 것인데, 눈이 커다랗고 입술이 삐죽 나오고, 걸음은 겨우 빼뚤빼뚤 걷는다. 그러나 여태 말도 도무지 못하고, 새벽부터 하루 종일 붙들어 매어 끌려가는 돼지 소리 같은 크고 흉한 소리를 내어 울어서 해를 보낸다.

울지 않는 때라고는 먹는 때와 자는 때뿐이다. 그러나 먹기는 썩 잘 먹는다. 먹을 것이라고 눈앞에 보이기만 하면 죄다 빼앗아다가 두 다리 사이에 넣고, 다리와 팔로 웅크리고 옹옹 소리를 내면서 혼자서 먹는다. 그렇게 심술 사나운 큰 계집애도 다빼앗기고 졸연해서 얻어먹지 못한다. 이렇기 때문에 작은 것은 늘 어미 뒷잔등에 업혀 있다. 만일 내려놓아 버려 두면 그냥 땅바닥을 벗은 몸으로 두 다리를 턱 내뻗치고, 묶여가는 돼지 소리로 동리가 요란하도록 냅다 지른다.

그래서 어멈은 밤낮 작은 것을 업고 큰 것과 싸움을 하면서 얻어먹지도 못하고, 물 긷고 걸레질 치고 빨래하고 서서 돌아간다. 작은 것에게는 젖을 먹이고, 큰 것의 욕을 먹고 성화받고, 사나이에게 웅얼웅얼하는 잔말을 듣는다. 밥지을 쌀도 없는데 밥 안 짓는다고 욕을 한다. 그리고 아범은 밝기도 전에 지게를 지고 나갔다가 밤이 어두워서 들어오지만, 하루에 두 끼니를 못 끓여 먹고, 대개는 벌이가 없어서 새벽에 나갔다가도 오정 때나 되면 일찍 들어온다. 들어와서는 흔히 잔다. 이런 때는 온종일 그 이튿날 아침까지 굶는다. 그때마다 말 없던 어멈이 옹알옹알 바가지 긁는 소리가 들린다. 어멈이 그애들 때문에 그렇게 애쓰고, 그들의 살림이 그렇게 어려운 것을 보고, 나는 이따금 이렇게 생각하였다.

아내에게도 말을 한다.

"저 애들을 누구를 주기나 하지."

위에 말한 것은 아범과 그 식구의 대강한 정형이다. 그러나 밤중에 그렇게 섧게 운 까닭은 무엇인가?

3.

그 이튿날 아침이다. 마침 일요일이기 때문에 내게도 한가한 틈이 있어서 어멈에게서 그 내용을 들을 기회가 있었다.

"지난밤에 아범이 왜 그렇게 울었나?"

하는 아내의 말에 어멈의 대답은 대강 이러하였다.

"어멈이 늘 쌀을 팔러 댕겨서 저 뒤의 쌀가게 마누라를 알지요. 그 마누라가 퍽 고맙게 굴어서 이따금 앉아서 이야기도 했어요. 때때로 그 애들을 데리고 어떻게나 지내나 하고 물어요. 그럴 적마다 '죽지 못해 살지요.' 하고 아무 말도 아니 했어요. 그러는데 한번은 가니까 큰애를 누구를 주면 어떠냐고 그래요. 그래서 '제가 데리고 있다가 먹이면 먹이고 죽이면 죽이고 하지, 제 새끼를 어떻게 남을 줍니까? 그리고 워낙 못생기고 아무 철이 없어서 에미 애비나 기르다가 죽이더래도 남은 못주어요. 남이 가져갈 게 못 됩니다. 그것을 데려가시는 댁에서는 길러 무엇합니까. 돼지면 잡아나 먹지요.' 하고 저는 줄 생각도 아니했어요. 그래도 그 마누라는 '어린 것이 다 그렇지 어떤가. 어서 좋은 댁에서 달라니 보내게. 잘 길러 시집 보내 주신다네. 그리고 젊은이들이 벌어먹고 살아야지. 애들을 다 데리고 있다가 인제 차차 날도 추워 오는데 모두 한꺼번에 굶어 죽지 말고 …….' 하시면서 여러 말로 대구 권하셔요.

말을 들으니까 그랬으면 좋을 듯도 하기에 '그럼 저의 아범 보고 말을 해보지요.'했지요. 그랬더니 그 마누라가 부쩍 달라붙어서 '내일 그 댁 마누라가 우리 집으로 오실 터이니 그 애를 데리고 오게.' 하셔요. 해서 저는 '글쎄요.' 하고 돌아왔지요. 돌아와서 그날 밤에, 그제 밤이올시다. 그제 밤 아니라 어제 아침이올시다. 요새 저는 정신이 하나 없어요. 그래 밤에는 들어와서 반찬 없다고 밥도 안 먹고, 곤해서 쓰러져 자길래 그런 말을 못하고, 어제 아침에야 그 이야기를 했지요. 그랬더니 '내가 아나, 임자 마음대로 하게그려.' 그러고 일어나서 지게를 지고 나가 버리겠지요. 그러고는 저 혼자서 온종일 이리저리 생각을 해보았지요. 아무러나 제 자식을 남을 주고 싶지는 않지만 어떻게 합니까. 아씨 아시듯이 이제 새끼가 또 하나 생깁니다그려. 지금도 어려운데 어떻게 둘씩 셋씩 기릅니까. 그래서 차마 발길이 안 나가는 것을 오정 때나 되어서 데리고 갔지요. 짐승 같은 계집애는 아무런 것도 모르고 따라나서요. 앞서가는 것을 뒤로 보면서 생각을 하니까 어째 마음이 안되었어요."
하면서 어멈은 울먹울먹한다. 눈물이 핑 돈다.

"그런 것을 데리고 갔더니 참말 알지 못하는 마누라님이 앉아 계셔요. 그 마누라가 이걸 호떡이라 군밤이라 감이라 먹을 것을 사다 주면서, '나하고 우리 집에 가 살자. 이쁜 옷도 해주고 맛난 밥도 먹고 좋지. 나하고 가자, 가자.' 하시니까 이것은 먹기에 미쳐서 대답도 아니 하고 앉았어요."

이 말을 들을 때에 나는 그 계집애가 우리 마루 끝에 서서 우리 집 어린애가 감 먹는 것을 바라보다가, 내버린 감 꼭지를 쳐다보면서 집어 가지고 나가던 것이 생각났다.

어멈은 다시 이야기를 이어,

"그래 제가 어쩌나 볼려고, '그럼 너 저 마님 따라가 살련? 나는 집에 갈 터이니.'

했더니 저는 본체만체하고 머리를 끄덕끄덕해요. 그래도 미심해서 '정말 갈테야? 가서 울지 않을 테야?' 하니까, 저를 한번 흘끗 노려보더니 '그래, 걱정 말고 가요.' 하겠지요. 하도 어이가 없어서 내버리고 집으로 돌아왔지요. 그러고 돌아와서 저 혼자 가만히 생각하니까, 아범이 또 무어라고 할는지 몰라 어째 안되었어요. 그래 바삐 아범이 일하러 댕기는 데를 찾아갔지요. 한번 보기나 하랄려고, 염천교 다리로 남대문 통으로 아무리 찾아야 있어야지요. 몇 시간을 애써 찾아댕기다가 할 수 없이 그 댁으로 도루 갔지요. 갔더니 계집애도 그 마누라도 벌써 떠나가 버렸겠지요. 그 댁 마님 말씀이 저녁 여섯시 차에 광핸지 광한지로 떠났다고 하셔요. 가시면서 보고 싶으면 설 때에나 와 보고 와 살려면 농사짓고 살라고 하셨대요. 그래 하는 수가 있습니까. 그냥 돌아왔지요. 와서 아무 생각이 없어서 아범 저녁 지어줄 생각도 아니 하고 공연히 밖에 나가서 왔다갔다 돌아댕기다가 들어왔지요. 저는 눈물도 안 나요. 그러다가 밤에 아범이 들어왔기에 그 말을 했더니, 아무 말도 아니하고 그렇게 통곡을 했답니다. 여북하면 제 자식을 꿈에도 보두 못 하던 사람에게 주겠어요. 할 수가 없어서 그렇지요. 집에 두고 굶기는 것보다 나을까 해서 그랬지요. 아범이 본래는 저렇게는 못살지 않았답니다. 저이 아버지 살았을 때는 볏백석이나 하고 삼 형제가 양평 시골서 남부럽지 않게 살았답니다. 이름들도 모두 좋지요. 맏형은 '장자'요, 둘째는 '거부'요, 아범이 셋짼데 '화수분'이랍니다. 그런 것이 제가 간 후부터 시아버님이 돌아가시고, 그리고 맏아들이 죽고 농사 밑천인 소 한 마리를 도적맞고 하더니, 차차 못살게 되기 시작해서 종내 저렇게 거지가 되었답니다. 지금도 시골 큰댁엘 가면 굶지나 아니할 것을 부끄럽다고 저러고 있지요. 사내 못생긴 건 할 수가 없어요."

우리는 그제야 비로소 아범이 어제 울던 까닭을 알았고, 이때에 나는 비로소 아범의 이름이 '화수분'인 것을 알았고 양평 사람인 줄도 알았다.

4.

그런 지 며칠이 지난 어느 날 아침이다. 화수분은 새 옷을 입고 갓을 쓰고, 길 떠날 행장을 차리고 안으로 들어온다. 그것을 보니까 지난 밤에 아내에게서 들은 말이 생각난다. 시골 있는 형 거부가 일하다가 발을 다쳐서 일을 못하고 누워 있기 때문에 가뜩이나 흉년인데다가 일을 못해서 모두 굶어 죽을 지경이니, 아범을 오라고 하니 가 보아야 하겠다는 말을 듣고, 나는 "가 보아야겠군." 하니까, 아내는 "김장이나 해주고 가야 할 터인데," 하기에, "글쎄. 그럼 그렇게 일르지," 한 일이 있었다. 아범은 뜰에서 허리를 한 번 굽히고 말한다.

"나리, 댕겨오겠습니다. 제 형이 일하다가 도끼로 발을 찍어서 일을 못 하고 누웠다니까 가 보아야겠습니다. 가서 추수나 해주고는 곧 오겠습니다. 거저 나리 댁만 믿고 갑니다."

나는 어떻게 대답했으면 좋을지 몰라서,

"잘 댕겨오게."

하였다.

아범은 다시 한번 절을 하고,

"안녕히 계십시오."

하면서 돌아서 나갔다.

"저렇게 내버리고 가면 어떡합니까? 우리도 살기 어려운데 어떻게 불 때주고 먹이고 입히고 할 테요? 그렇게 곧 오겠소?"

이렇게 걱정하는 아내의 말을 듣고 나는 바삐 나가서 화수분을 불러서,

"곧 댕겨오게, 겨울을 나서는 안 되네."

하였다.

"암, 곧 댕겨옵지요."

화수분은 뒤를 돌아보고 이렇게 대답을 하고 달아난다.

5.

화수분은 간 지 일주일이 되고 열흘이 되고 보름이 지나도 아니 온다.

어멈은 아범이 추수해서 쌀말이나 가지고 돌아오기를 밤낮 기다려도 종내 오지 아니하였다. 김장 때가 다 지나고 입동이 지나고 정말 추운 겨울이 되었다. 하루 저녁은 바람이 몹시 불고, 그 이튿날 새벽에는 하얀 눈이 펑펑 내려 쌓였다.

아침에 어멈이 들어와서 화수분의 동네 이름과 번지 쓴 종잇조각을 내어 놓으면서 오지 않으면 제가 가겠다고, 편지를 써 달라고 하기에 곧 써서 부쳐까지 주었다.

그 다음날부터 며칠 동안 날이 풀려서 꽤 따뜻하였다. 그래도 화수분의 소식은 없다. 어멈은 본래 어린애가 달려서 일을 잘 못 하는데다가, 다릿병이 있어 다리를 잘 못 쓰고, 더구나 며칠 전에 손가락을 다쳐서 일을 하지 못하는 것을 퍽 미안하게 생각한다.

그리고 추운 겨울에 혼자 살아갈 길이 막연하여, 종내 아범을 따라 시골로 가기로

결심한 모양이다.

"그만, 아씨, 시골로 가겠습니다."

"몇 리나 되나?"

"몇 린지 사나이들은 일찍 떠나면 하루에 간다고 해두, 저는 이틀에나 겨우 갈걸요."

"혼자 가겠나?"

"물어 가면 가기야 가지요."

아내와 이런 문답이 있은 다음날, 아침 바람 몹시 불고 추운 날 아침에 어멈은 어린 것을 업고 돌아볼 것도 없는 행랑방을 한번 돌아보면서 아창아창 떠나갔다.

그날 밤에도 몹시 추웠다. 우리는 문을 꼭꼭 닫고 문틈을 헝겊으로 막고 이불을 둘씩 덮고 꼭꼭 붙어서 일찍 잤다.

나는 자면서 잘 갔나, 얼어 죽지나 않았나 하는 생각이 났다.

화수분도 가고, 어멈도 하나 남은 어린 것을 업고 간 뒤에는 대문간은 깨끗해지고 시꺼먼 행랑방 방문은 닫혀 있었다. 그리고 우리 집에는 다시 행랑 사람도 안들이고 식모도 아니 두었다. 그래서 몹시 추운 날, 아내는 손수 어린 것을 등에 지고 이웃집의 우물에 가서 배추와 무를 씻어서 김장을 대강하였다. 아내는 혼자서 김장을 하면서 눈물을 흘리고 어멈 생각을 했다.

6.

김장을 다 마친 어떤 날, 추위가 풀려서 따뜻한 날 오후에, 동대문 밖에 출가해 사는 동생 S가 오래간만에 놀러 왔다. S에게 비로소 화수분의 소식을 듣고 우리는 놀랐다. 그들은 본래 S의 시댁에서 천거해 보낸 것이다. 그 소식은 대강 이렇다.

화수분이 시골 간 후에, 형 거부는 꼼짝 못 하고 누워 있기 때문에, 형 대신 겸 두 사람의 일을 하다가 몸이 지쳐 몸살이 나서 넘어졌다. 열이 몹시 나서 정신없이 앓았다. 정신없이 앓으면서도 귀동이(서울서 강화 사람에게 준 큰 계집애)를 부르고 늘 울었다.

"귀동아, 귀동아, 어델 갔니? 잘 있니…… ."

그러다가는 흐늑흐늑 느끼면서,

"그렇게 먹고 싶어 하는 사탕 한 알 못 사 주고 연시 한 개 못 사 주고……."

하고 소리를 내어 어이어이 운다.

그럴 때에 어멈의 편지가 왔다. 뒷집 기와집 진사 댁 서방님이 읽어 주는 편지 사

연을 듣고,

"아이구 옥분아(작은 계집애 이름). 옥분이 에미!"

하고 또 어이어이 운다. 울다가 펄떡 일어나서 서울서 넝마전에서 사 입고 간 새옷을 입고 갓을 썼다. 집안 사람들이 굳이 말리는 것을 뿌리치고 화수분은 서울을 향하여 어멈을 데리러 떠났다. 싸리문 밖에를 나가 화수분은 나는 듯이 달아났다.

화수분은 양평서 오정이 거의 되어서 떠나서, 해져 갈 즈음해서 백 리를 거의 와서 어떤 높은 고개를 올라섰다. 칼날 같은 바람이 뺨을 친다. 그는 고개를 숙여 앞을 내려다보다가, 소나무 밑에 희끄무레한 사람의 모양을 보았다. 그곳을 곧 달려가 보았다. 가 본즉 그것은 옥분과 그의 어머니다. 나무 밑 눈 위에 나뭇가지를 깔고, 어린 것 업은 헌 누더기를 쓰고 한끝으로 어린 것을 꼭 안아 가지고 웅크리고 떨고 있다. 화수분은 왁 달려들어 안았다. 어멈은 눈은 떴으나 말은 못한다. 화수분도 말을 못한다. 어린 것을 가운데 두고 그냥 껴안고 밤을 지낸 모양이다.

이튿날 아침에 나무 장수가 지나다가, 그 고개에 젊은 남녀의 껴안은 시체와, 그 가운데 아직 막 자다 깨인 어린애가 등에 따뜻한 햇볕을 받고 앉아서, 시체를 툭툭 치고 있는 것을 발견하여 어린 것만 소에 싣고 갔다.

문제풀이

※ 다음 문제에 맞는 답을 골라 (　　)안에 번호를 쓰시오.

1. 화수분이란 누구의 이름인가? (　　)
① 행랑 어멈　　② 나　　③ 행랑 아범　　④ 행랑 아범의 아이

2. 행랑 아범이 운 이유는? (　　)
① 먹고 살길이 막막해서
② 아이가 아파도 의원에게 데리고 갈 수 없으므로
③ 큰 딸을 남에게 준 신세가 기가 막혀서
④ 남들이 무시하는 것이 서러워서

3. 행랑채 식구들을 표현한 것이 아닌 것은? (　　)
① 행랑 아범은 인사성이 좋은 순한 사람이다.
② 행랑 어멈은 날짜를 회계할 줄 모른다.
③ 큰 딸은 어미를 곧잘 욕한다.
④ 작은 딸은 어른의 말을 잘 듣지 않는 아이다.

4. 행랑 아범을 표현한 내용과 다른 것은? (　　)
① 이름은 거부고 예전에는 잘 살았다.
② 셋째 아들로, 양평 시골서 살았다.
③ 키가 늘씬하고 얼굴은 기름했다.
④ 나이는 서른살 쯤 되어 보인다.

5. 화수분은 왜 길 떠날 채비를 하고 떠났는가? (　　)
① 큰 딸아이를 다시 찾아오려고
② 고향으로 가서 먹거리를 구해 오려고
③ 형이 발을 다쳐서 일해주려고
④ 일손이 부족하다고 아버지가 부르셔서

문제풀이

6. 큰 딸이 다른 집으로 가게 된 경위는? ( )
① 집안 사정이 좋지 않아 행랑 아범이 보냈다.
② 말을 하도 듣지 않아서 교육을 시키려고 보냈다.
③ 스스로 가겠다고 자청했다.
④ 주인 어른이 보내라고 압력을 넣었다.

7. 행랑 아범은 언제까지 되돌아 오려고 했나? ( )
① 겨울을 나기 전 ② 김장을 하기 전
③ 봄이 지나고 따뜻해 질 때 ④ 형님의 몸이 좋아지면

8. 행랑 아범을 기다리는 행랑채 식구들의 모습이 아닌 것은? ( )
① 아범이 쌀말이라도 가지고 오기만을 기다렸다.
② 편지를 써서 붙였다.
③ 머리를 다쳐서 일을 제대로 하지 못했다.
④ 아범을 따라 시골로 가기로 결심했다.

9. 행랑채 식구들의 불행한 소식은 언제 알려졌나? ( )
① 아범이 돌아오고 난 뒤
② 김장을 다 마친 어느날
③ 행랑 어멈이 떠나고 난 뒤 곧
④ 따뜻해진 초여름에

10. 젊은 남녀의 시체와 아기를 처음 발견한 사람은? ( )
① 나무 장수 ② 친척 ③ 나 ④ 그 마을 농부

완벽한 학습마무리 **유비무환**

초고속읽기 5원칙

◉ **1원칙 초집중력 개발 : 자세를 바로 잡고 몸에 있는 힘을 빼고 편안한 상태를 유지하여 초고속읽기를 최고로 높이기 위해 집중하는 훈련.**

☞ **초집중호흡법**
뇌가 가장 필요로 하는 영양소인 산소를 포함한 대자연의 기운을 흡입
두뇌가 맑아지며 뇌의 활동이 활발해지는 것을 경험하게 된다.

☞ **고정점응시법**
점을 응시 : 정신 및 시각 집중이 최대로 증가
인내력과 지구력이 길러지며 정신 집중에 도움이 크다.

☞ **시점이동법**
확정된 거리를 정확한 시간 내에 시점을 이동시키는 등속이동방법
눈동자의 유연한 움직임과 집중력을 요구하는 훈련
시폭을 넓혀주고, 안구에 탄력을 생기게 한다

◉ **2원칙 시폭확대훈련**
☞ 눈이 볼 수 있는 폭을 넓혀 주는 훈련
안구 운동이 활발, 안구에 힘과 탄력이 생긴다.
☞ 종류 : 시점좌우이동, 시점상하이동법, 시점대각선이동법, 시점페이지연결법,
시점원이동법 등이 있다.

◉ **3원칙 시지각 능력 개발**
☞ **눈의 인식 및 기억하는 습관을 길러주고 눈에 초점을 맺게 해주기 때문에 두뇌의 피로를 덜어준다.**
☞ **사물을 보는 눈의 식별 능력이 예리해지고, 눈의 흐름이 유연하고 기호 및 문자 훈련을 계속함에 따라 뇌에 빨리 전달되는 능력이 생기므로 초고속읽기를 할 때 목독을 하는**

습관을 들이게 된다.

☞ **종류 : 기호훈련, 문자훈련**

기호훈련 - 시폭을 확대시켜, 빨리 보고 지각할 수 있는 능력을 개발시키는 시지각 능력개발훈련으로 심리적, 시각적으로 전혀 부담없는 기호(⊙)를 이용해서 시지각 능력을 발달시키는 것이다.

문자훈련 - 시각적인 사고형으로 전환해 주려면 우선 많은 활자를 빨리 보고 깨달을 수 있도록 훈련을 거듭해야 한다. 따라서 한국어, 영어, 중국어, 일본어, 산스크리트어, 독일어, 프랑스어, 러시아어, 아랍어, 베트남어, 히브리어, 시리아어, 이집트어, 아르메니아어, 헬라어, 에스페란토어 등 세계 인구 중 90% 인구가 공통으로 사용가능한 16개 문자를 수록하여 훈련한다

◉ **4원칙 문장적응능력 개발 5단계**

☞ 소리를 내어 읽는 음독에서 소리를 내지 않고 읽는 묵독으로 전환하고 다시 초고속읽기를 위한 독서방법인 목독(시독)으로 읽을 수 있도록 훈련한다.

◉ **5원칙 초고속이해능력 개발 5단계**

☞ 초고속이해능력개발훈련은 문장적응능력훈련 5단계와 같은 활자크기, 문장의 난이도로 되어 있으며, 다만 1회만 읽고 이야기 내용을 100% 이해하고 80% 이상 기억해야 한다.

☞ 1분 동안 초고속읽기를 한 후 이해도를 알기 위해 문제를 푸는 훈련.

초·고·속·전·뇌·학·습·법·초·중·급·과·정

초고속 전뇌활성화 훈련

초고속 전뇌활성화 훈련

5장에서는 오른쪽 뇌와 왼쪽 뇌의 기능을 최대한 활성화시켜서 학습효과를 높여줄 수 있도록 하는 기억력훈련, 집중력훈련, 어휘력훈련, 수리분석력 훈련, 논리적 창작훈련, 영상화훈련, 사고관찰 훈련을 하게 된다.

공부법에 관한 책들이 어느 정도 있기는 하지만 대개 실용적으로 활용할 수 있는 내용보다는 개략적으로 정리해 주는 경우가 많았다.

필자는 30여년 간 독서방법 연구와 학습법 연구를 통해 정리되고 개발된 공부법을 훈련과 동시에 독자들이 활용할 수 있도록 전개해 보려고 한다.

각 훈련이 단계에 따라 일회분으로 나누어져 있으므로 일자를 정해서 차근차근 훈련해 나가면 된다. 이 훈련을 하면서 교과목의 특징에 맞게 어떻게 학습을 해야 효과적일 것인지 깨달을 수 있을 것이다.

학습의 원리, 즉 공부하는 방법을 깨닫는 것이 책상 위에 마냥 오래 앉아 있는 것보다 효과적이다. 그리고 그것이 곧 초고속학습을 할 수 있는 지름길이기도 하다.

기억력훈련은 어떻게 해야 할까? 좋은 기억력은 타고 나는 것이 아니다. 자신이 개발하려는 의지가 있다면 원하는 만큼 가능한 것이기도 하다. 하나의 예로 전화번호를 많이 기억해야 하는 직업을 가진 사람은 다른 분야에 종사하는 사람보다 더 많은 양의 전화번호를 기억하고 있으며, 기억하는 속도도 아주 빠른 것을 볼 수 있다.

이것은 그가 필요에 의해서라도 **"반드시 외워야겠다"**는 마음가짐이 있기 때문이다. 그러기 위해서는 **"나에게도 남들과 같은 기억력이 있다"**는 자신감을 갖는 것이 중요하다. **"참 재미있는데"** 하는 흥미도 있어야 기억력이 감퇴되지 않는다. 그렇게 외우다 보면 나름대로의 외우는 노하우를 개발하게 된다. 또 어떤 **"의미"**를 지니고 있는지, 다른 것과 비교해서 어떤 특징을 가지고 있는지 꼼꼼하게 살펴보게 된다.

그리고 기억하는 방법을 익히려고 노력하고, 정신을 집중해서 계속

적으로 **"반복"**하다보면 기억들이 자리를 잡아 오랫동안 잊혀지지 않게 된다.

또 기억을 잘하고 오래 남기기 위한 방법에는 **"감각"**을 가능한 최대로 이용하는 데 있다. 앞에서도 살펴본 바와 같이 오감을 이용해서 기억한 내용은 왼쪽 뇌에서 정보 저장량이 풍부한 오른쪽 뇌로 기억되기 때문에 잘 잊혀지지 않는다.

물론 기억을 마친 후에는 뇌세포의 피로를 풀어줄 수 있도록 **"휴식"**을 취하는 것이 바람직하다.

우리의 두뇌는 어떤 자극을 받으면 그 자극과 관련있는 사항을 곧 생각하는 작용을 한다. 또한 새롭게 받아들이는 사실을 이미 마음속에 존재하고 있는 것과 관련시키면 시킬수록 잘 기억할 수 있다. 따라서 이러한 뇌의 작용을 잘 이해하고 이용할수록 더 쉽게 기억할 수 있다.

일반적으로 스포츠를 처음 배우기 시작할 때는 "이 이상 아무리 훈련을 해보았자 소용이 없다" 라고 생각될 때가 있다. 이런 경우에도 한동안 쉬었다가 다시 시작해 보면 의외로 전보다 잘된다는 것을 알 수 있다. 학습에 있어서도 이와 마찬가지이다. 한꺼번에 오랜 시간을 계속해서 하는 것보다는 적당한 휴식 시간을 두고 잠깐씩 반복해서 하는 편이 효과적이다.

어휘력훈련은 각종 정보와 많은 책, 그리고 실생활에서 얻은 단어를 바탕으로 어휘에 포함된 의미를 빨리 발견하여 다른 어휘 하나하나마다 적용하도록 하는 훈련이다.

이 어휘력훈련은 자연의 4법칙으로 시작한다. 이 자연의 4법칙은 같이 있는 법칙, 따라서 일어나는 법칙, 비슷한 법칙, 반대의 법칙 4가지이다.

이러한 법칙을 익힘으로써 어휘력을 증대시킬 수 있음은 물론 어휘 사이의 법칙과, 연상에 의한 기억훈련도 익힐 수 있다. 낱말묶기훈련, 언어추리훈련 등 언어에 대한 감각을 키우는 문제들로 구성되어 있다. 삼행시, 사행시를 짓기도 하고 문장 만들기를 해보면서 단어와 단어, 단어와 문장이 어떻게 상호작용을 지니고 있는지를 깨닫게 되므로, 학생들이 어휘들을 쉽고 폭넓게 익힐 수 있는 훈련이다.

또 어휘적용훈련은 무의미해 보이는 어휘들과의 연관관계와 연상작용을 통해 많고 복잡한 내용을 기억할 수 있도록 하는 훈련과 방법을 소개하고 있다.

사고관찰훈련은 쉽게 지나칠 수 있는 문제들을 제시해 놓고 그 문제에 대한 깊이 있는 고찰을 함으로써 일반적인 규칙을 찾아내는 훈련이다. 사고력훈련에는 공간도형훈련, 판단력훈련, 퍼즐훈련, 수열추리훈련 등이 있다. 이 때 공간도형훈련은 어떤 물체나 도형의 다른 상태나 환경을 제시해주고 동일한 도형을 빨리 판단하여 찾아내는 능력을 기르는 훈련이다. 이 훈련을 계속하면 관찰력이 높아져 추리력 또한 기를 수 있다.

수리분석력훈련은 수열추리와 수리분석, 숫자추리훈련 등을 통해서 논리적인 사고력을 기르고, 숫자를 나열해 놓고 그 속에 일정한 법칙이나 함수를 추리해 내어 판단하는 훈련으로 사고력과 분석력을 높여준다.

논리적창작훈련은 일정한 줄거리가 있는 그림들을 보고 이야기의 흐름을 상상해 처음부터 끝까지 논리적인 이야기로 창작하기도 하고, 처음 그림과 마지막 그림을 보고 이야기를 전개하고, 구성해보는 창작훈련이다. 또한 철저하게 논리적인 사고를 요하는 논리추리 문제들은 문장의 논리와 사고의 논리를 동시에 기르게 되므로 이 훈련을 실시하게 되면 일목요연하게 표현하는 논리적인 사고가 길러지고 줄거리를 서두에서부터 결론까지 빠르게 파악하게 되며, 상상력과 두뇌회전 능력이 발달된다.

영상화훈련은 오른쪽 뇌를 자극하여 이미지로 기억하게 하는 훈련으로, 영상으로 기억된 내용은 빨리 이해할 수 있도록 하며 기억해 오래 남게 한다. 또한 시각 사고가 발달하여 모든 능력이 획기적으로 발전하게 해준다.

1회	기억력훈련	그림기억1	날짜 /

※ 다음 그림을 3-10 초 동안 보고 물음에 답하시오.

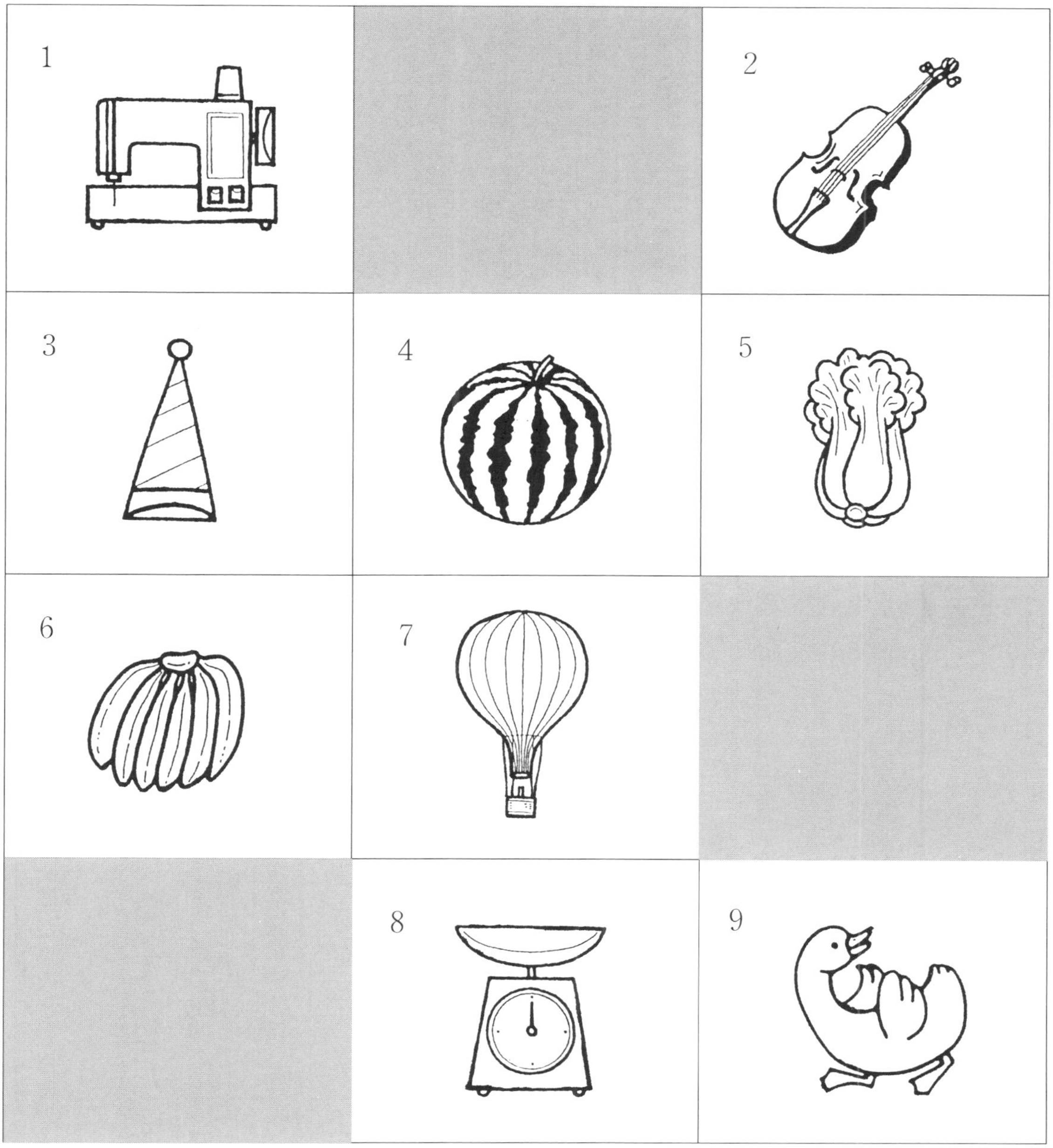

1		2
3	4	5
6	7	
	8	9

1회 기억력훈련 문제풀기

각 문제당 20점

문제 1. 동물은 모두 몇 개인가?

____

문제 2. 수박의 검은 색 무늬는 모두 몇 개였나?

____

문제 3. 현악기가 있었다. 그 악기의 현은 모두 몇 개였나?

____

문제 4. 바나나는 모두 몇 개였나?

____

문제 5. 앞의 그림에 열거된 사물의 이름을 번호에 맞게 적어 보시오.
(20점에서 틀린 답을 적을 때마다 2점씩 감점)

1.________ 2. ________ 3.________ 4. ________

5.________ 6. ________ 7.________ 8. ________

9.________

초	3	5	10
점수			

1회 | 어휘력훈련 | 같이있는법칙 | 날짜 /

※ 같이 있는 법칙(어떤 사물, 낱말, 용어나 개념을 생각했을 때, 다른 한 쪽이 쉽게 생각이 나는 법칙)이다. 보기와 같이 (　　) 안에 알맞는 답을 적으시오.

보기 바늘 - 실　　칫솔 - 치약　　부대 - 군인

문제 1. 종이 - (　　　)
문제 2. 담배 - (　　　)
문제 3. 분침 - (　　　)
문제 4. 프림 - (　　　)
문제 5. 목탁 - (　　　)
문제 6. 먹구름 - (　　　)
문제 7. 편지지 - (　　　)
문제 8. 은행 - (　　　)
문제 9. 우표 - (　　　)
문제 10. 기침 - (　　　)
문제 11. 천둥 - (　　　)
문제 12. 도마 - (　　　)
문제 13. 숟가락 - (　　　)
문제 14. 지갑 - (　　　)
문제 15. 견우 - (　　　)
문제 16. 윷 - (　　　)
문제 17. 학교 - (　　　)
문제 18. 화살 - (　　　)
문제 19. 포수 - (　　　)
문제 20. 등대 - (　　　)

☆ 해답은 경우에 따라서 한가지 이상일 수도 있습니다.

1회 | 어휘력훈련 | 같이있는법칙

※ '같이 있는 법칙'을 찾아 제한시간 내에 문제 10개를 만들어 보시오. (1분)

문제 1. ________________

문제 2. ________________

문제 3. ________________

문제 4. ________________

문제 5. ________________

문제 6. ________________

문제 7. ________________

문제 8. ________________

문제 9. ________________

문제 10. ________________

1회	논리적창작훈련	이야기전개1	날짜 /

※ 아래의 그림을 보고 상상으로 이야기를 전개해 보시오.

1회 | 논리적창작훈련 | 이야기전개1

※ 그림을 보고 상상한 이야기를 논리적으로 창작해 적으시오.

1회	사고관찰훈련	도형관찰1	날짜 /

※ 다음 〈보기〉와 같이 원의 크기가 다른 5개의 원이 나열되어 있다. 문제란의 숫자와 해답란의 숫자를 맞추면 보기와 같이 원이 된다. 제한 시간 내에 찾아보시오. (2분)

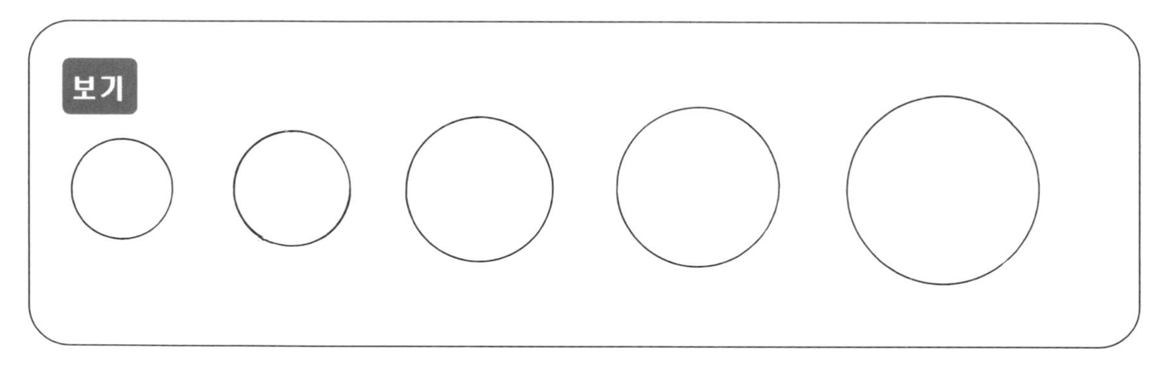

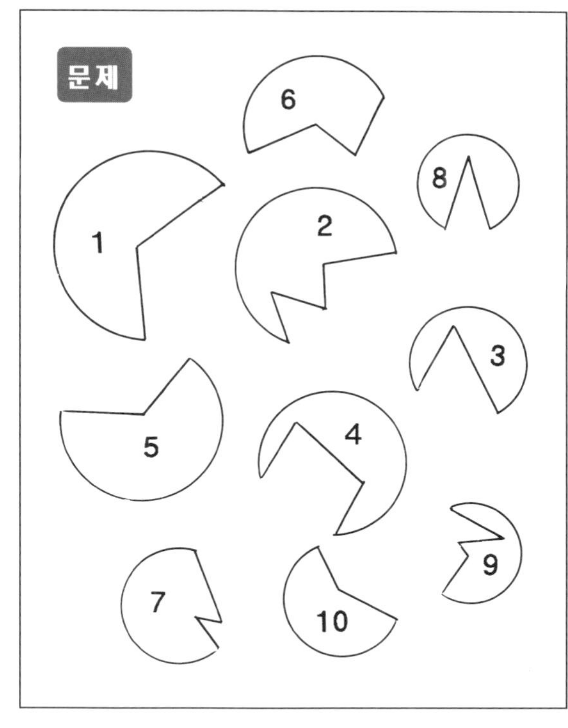

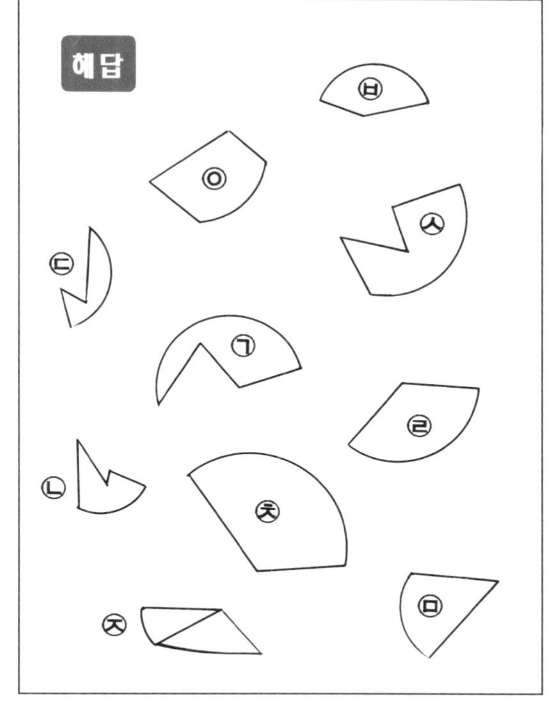

1	2	3	4	5	6	7	8	9	10

2회 | 기억력훈련 | 그림기억2 | 날짜 /

※ 다음 그림을 3-10 초 동안 보고 물음에 답하시오.

2회 기억력훈련 문제풀기

※ 앞의 그림을 기억하면서 번호에 해당하는 낱말을 제한 시간 내에 적으시오. (30초)

1	2	
3	4	5
6	7	8
	9	10

2회 | 집중력훈련 | 숫자퍼즐1 | 날짜 /

※ 퍼즐식 집중력 훈련이다. 의지를 한곳에 모아 집중된 상태에서 ① ② ③ ④ ⑤에 나열된 숫자를 아래 퍼즐난에서 찾아 빠른 시간에 차례대로 찾아 보시오.

문제

허	9	허	13	4	실	실	211	태
18	만	10	만	15	세	16	단	6
2	금	1	귀	0	옥	12	샹	17
차	11	포	19	말	5	강	3	치
산	7	재	8	14	필	통	20	수

① 0, 1, 2, 3, 4, 5, 6, 7, 8, 9, 10
② 1, 3, 5, 7, 9, 11, 13, 15, 17, 19, 21
③ 11, 12, 13, 14, 15, 16, 17, 18, 19, 20, 21
④ 0, 2, 4, 6, 8, 10, 12, 14, 16, 18, 20
⑤ 0, 5, 7, 10, 13, 15, 18, 20

〈1차〉

번호	1	2	3	4	5
분/초					

〈2차〉

번호	1	2	3	4	5
분/초					

2회	수리분석훈련	수열추리 1	날짜 /

※ 다음 〈보기〉와 같이 일정한 수의 법칙을 가지고 있다. 어떠한 숫자가 들어가야 똑같은 법칙을 가진 수열이 되겠는지 제한된 시간에 알아보시오. (4분)

보기 1 3 5 7 9 11 13 15 ____ 답 17 (+2씩)

문제	1.	4	5	4	3	4	5	4	____
문제	2.	14	16	17	17	20	22	23	____
문제	3.	9	2	10	3	11	4	12	____
문제	4.	1	2	4	7	11	16	22	____
문제	5.	6	7	9	27	28	30	90	____
문제	6.	86	84	42	40	20	18	9	____
문제	7.	6	4	8	5	15	11	44	____
문제	8.	15	20	17	21	26	23	27	____
문제	9.	30	3	13	50	5	15	70	____
문제	10.	3	4	2	6	7	5	15	____

2회 | 영상화훈련 | 하루일과1 | 날짜 /

※ 아침에 일어나서 잠들기 전까지의 일들을 떠올리며, 그림으로 그려본다. 단 부정적인 일이나 기억하고 싶지 않은 일은 되도록 떠올리지 않도록 한다.

3회	기억력훈련	숫자기억1	날짜 /

※ 다음 그림을 3-10 초 동안 보고 물음에 답하시오.

1 703		2 3. 4	3 4
4 55	5 19	6 1402	
	7 833	8 36	9 49
10 83	11 35		12 008
13 71		14 102	

각 문제당 20점

문제 1. 7의 배수의 숫자는 ?

___

문제 2. 같은 숫자가 두 개 이상 겹쳐진 숫자는?

___

문제 3. 한 자리 수는 모두 몇 개인가?

___

문제 4. 가장 큰 값을 지닌 숫자는 ?

___

문제 5. 앞의 그림에 열거된 숫자의 이름을 번호에 맞게 적어 보시오.
(20점에서 틀린 답을 적을 때마다 2점씩 감점)

1.___ 2.___ 3.___ 4.___

5.___ 6.___ 7.___ 8.___

9.___ 10.___ 11.___ 12.___

13.___ 14.___

초	3	5	10
점수			

3회 | 어휘력훈련 | 따라일어나는법칙 | 날짜 /

※ 따라 일어나는 법칙(한가지를 생각하면 저절로 이어지는 것들이 생각나는 법칙)이다. 보기와 같이 ( )안에 알맞은 답을 적으시오.

보기 요일 - 월, 화, 수, 목, 금, 토, 일

문제 1. 사계절 - ( )

문제 2. 십이지 - ( )

문제 3. 성별 - ( )

문제 4. 신호등 - ( )

문제 5. 계이름 - ( )

문제 6. 4대강 - ( )

문제 7. 5대양 - ( )

문제 8. 육하원칙- ( )

문제 9. 짝수 - ( )

문제 10. 홀수 - ( )

문제 11. 월 - ( )

문제 12. 사군자 - ( )

문제 13. 구구단 - ( )

문제 14. 한반도 바다-( )

문제 15. 방위 - ( )

문제 16. 광역시 - ( )

문제 17. 군인계급- ( )

문제 18. 알파벳 - ( )

문제 19. 한글자음- ( )

문제 20. 영어모음- ( )

☆ 해답은 경우에 따라서 한가지 이상일 수도 있습니다.

3회 어휘력훈련 따라일어나는법칙

※ 따라 일어나는 법칙'을 찾아 제한 시간 내에 문제 10개를 만들어 보시오. (1분)

문제 1. ______________________

문제 2. ______________________

문제 3. ______________________

문제 4. ______________________

문제 5. ______________________

문제 6. ______________________

문제 7. ______________________

문제 8. ______________________

문제 9. ______________________

문제 10. ______________________

3회	논리적창작훈련	이야기전개2	날짜 /

※ 아래의 그림을 보고 상상해 이야기를 전개해 보시오.

※ 그림을 보고 상상한 이야기를 논리적으로 창작해 적으시오.

3회	사고관찰훈련	도형관찰2	날짜 /

※ 다음 〈보기〉와 같이 삼각형의 크기가 다른 5개의 삼각형이 나열되어 있다. 문제란의 숫자와 해답란의 숫자를 맞추면 보기와 같이 삼각형이 된다. 제한 시간에 찾아 보시오. (3분)

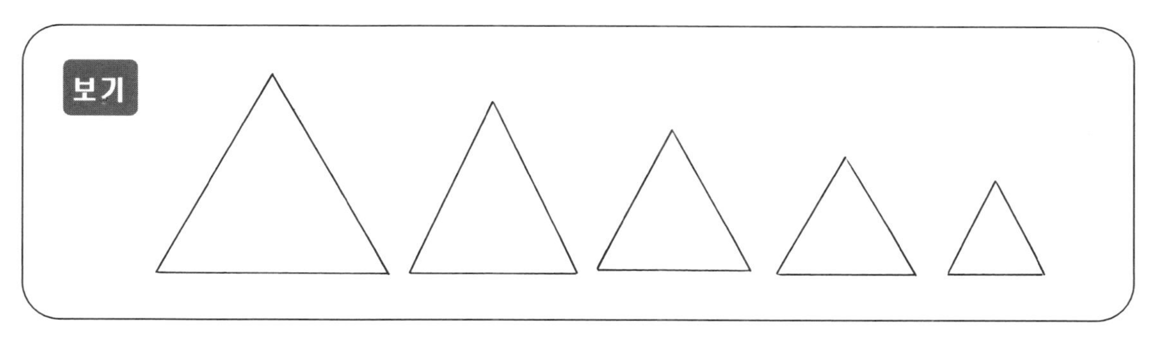

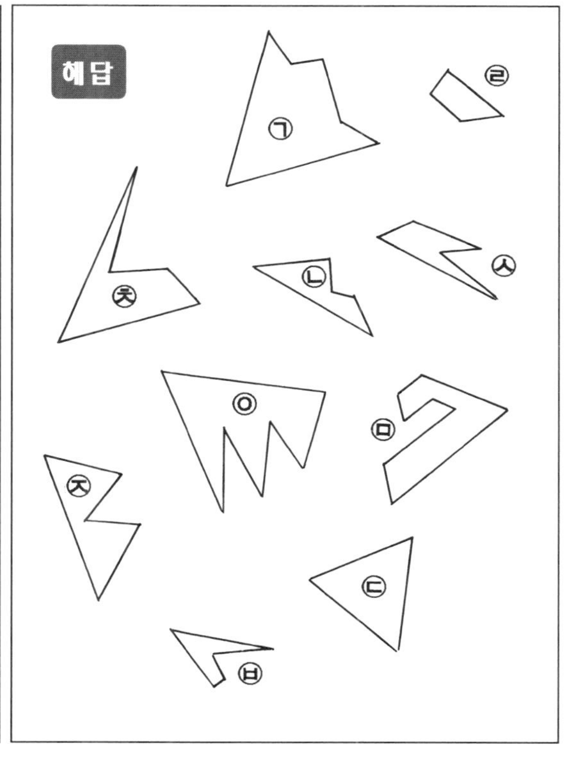

1	2	3	4	5	6	7	8	9	10

4회	기억력훈련	숫자기억2	날짜 /

※ 다음 숫자를 3-10초 동안 보고 물음에 답하시오.

1 461		2 2150	3 45
4 3. 47	5 313	6 7	
	7 6321	8 522	9 4
10 050	11 11	12 18	13 302
14 1026	15 49	16 81	

4회	기억력훈련	문제풀기

각 문제당 20점

문제 1. 솟수를 모두 찾아 쓰시오.

____

문제 2. 같은 숫자가 두 번 이상 반복된 숫자는?

____

문제 3. 같은 숫자를 곱해서 나온 숫자는?

____

문제 4. 값이 가장 큰 숫자는?

____

문제 5. 앞의 숫자의 이름을 번호에 맞게 기억을 되살려 적어 보시오.
(20점에서 틀린 답을 적을 때마다 2점씩 감점)

1.________ 2.________ 3.________ 4.________

5.________ 6.________ 7.________ 8.________

9.________ 10.________ 11.________ 12.________

13.________ 14.________ 15.________ 16.________

초	3	5	10
점수			

4회	집중력훈련	날말퍼즐1	날짜 /

※ 퍼즐식 집중력 훈련이다. 의지를 한곳에 모아 집중된 상태에서 흐트러져 있는 낱말을 ① ② ③ ④ ⑤ 차례대로 빠르게 찾아 보시오.

문제

567	시	다	48	아는	985	가
소	6	이	꿰어야	70		
53	길도	69	을	457	친다	
서말	31	읽으면	406	돋는다		
파	하루	2	길	91	한	
입안에서	7	구슬	110	잃고	보배	
책	9	우물	안	0	물어서	
5	도	외양간	24	고	라	

① 소 잃고 외양간 고친다
② 아는 길도 물어서 가라
③ 우물을 파도 한 우물을 파라
④ 구슬이 서말이라도 꿰어야 보배
⑤ 하루라도 책을 안 읽으면 입안에서 가시가 돋는다.

문제	1	2	3	4	5	기타		
분/초								

4회	수리분석훈련	수열추리2	날짜 /

※ 다음은 수의 연관성을 생각하여 4칙 연산(+, -, ×, ÷) 이용하여 제한된 시간 내에 문제를 풀어보자. (5분)

문제 1.

15	17	21	?①	27	29	?③
5	20	10	?②	20	80	?④

문제 2.

34	32	?①	48	46	23	?③
15	5	?②	24	21	7	?④

문제 3.

64	56	49	46	?②	33	?③
54	46	39	?①	29	23	?④

4회	영상화훈련	하루일과2	날짜 /

※ 잠들기 전부터 아침에 일어나기 전까지의 일들을 거꾸로 떠올리며, 그림으로 그려본다. 단 부정적인 일이나 기억하고 싶지 않은 일은 되도록 떠올리지 않는다.

5회	기억력훈련	도표기억1	날짜 /

※ 다음 도표를 3-10초 동안 보고 기억하시오. 번호안에 낱말과 그림을 완성하시오.

1 화살표	2 전화기	3 해바라기	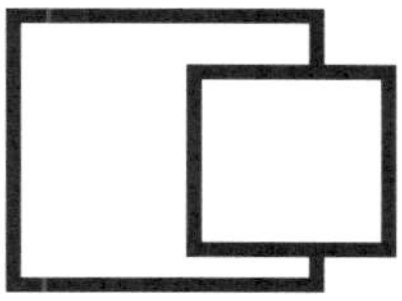
	4 배 추	5 저금통	
6 자전거	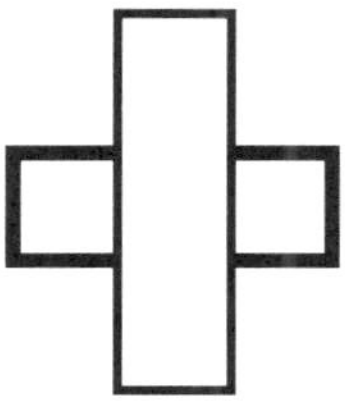	7 바나나	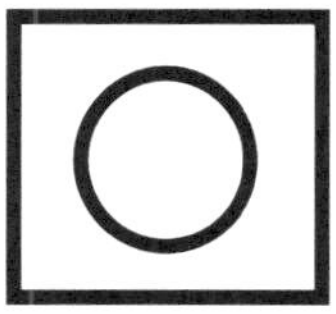
8 손목시계	9 안 경		10 우 산

5회 기억력훈련 문제풀기

※ 기억한 내용을 번호에 맞게 제한 시간 내에 낱말과 그림으로 완성하시오. (30초)

1	2 전화기	3	
	4	5	
6		7	
8	9		10

5회 어휘력훈련 비슷한법칙 날짜 /

※ 비슷한 법칙(어느 한가지 사물을 생각하면 자연적으로 비슷한 상태의 다른 사물을 떠올리게 되는 법칙)이다. 보기와 같이 ( ) 안에 알맞은 답을 적으시오.

보기 감자 - 고구마 다시마 - 미역

문제 1. 아버지 - ( )

문제 2. 된장 - ( )

문제 3. 소금 - ( )

문제 4. 분유 - ( )

문제 5. 가야금 - ( )

문제 6. 달 - ( )

문제 7. 김 - ( )

문제 8. 공주 - ( )

문제 9. 오징어 - ( )

문제 10. 콩 - ( )

문제 11. 지구 - ( )

문제 12. 가위 - ( )

문제 13. 탁구 - ( )

문제 14. 성냥 - ( )

문제 15. 쌀 - ( )

문제 16. 할머니 - ( )

문제 17. 소설 - ( )

문제 18. 환웅 - ( )

문제 19. 논 - ( )

문제 20. 유령 - ( )

☆ 해답은 경우에 따라서 한가지 이상일 수도 있습니다.

5회 | 어휘력훈련 | 비슷한법칙

※ '비슷한 법칙'을 찾아 제한 시간 내에 문제 10개를 만들어 보시오. (1분)

문제 1. ____________________

문제 2. ____________________

문제 3. ____________________

문제 4. ____________________

문제 5. ____________________

문제 6. ____________________

문제 7. ____________________

문제 8. ____________________

문제 9. ____________________

문제 10. ____________________

5회 | 논리적창작훈련 | 이야기전개3 | 날짜 /

※ 아래의 그림을 보고 상상으로 이야기를 전개해 보시오.

5회 논리적창작훈련 이야기전개3

※ 그림을 보고 상상한 이야기를 논리적으로 창작해 적으시오.

5회	사고관찰훈련	도형관찰3	날짜 /

※ 다음 〈보기〉와 같이 크기가 다른 6개의 사각형이 나열되어 있다. 문제란의 숫자와 해답란의 숫자를 맞추면 보기와 같이 사각형이 된다. 제한 시간에 찾아보시오. (3분)

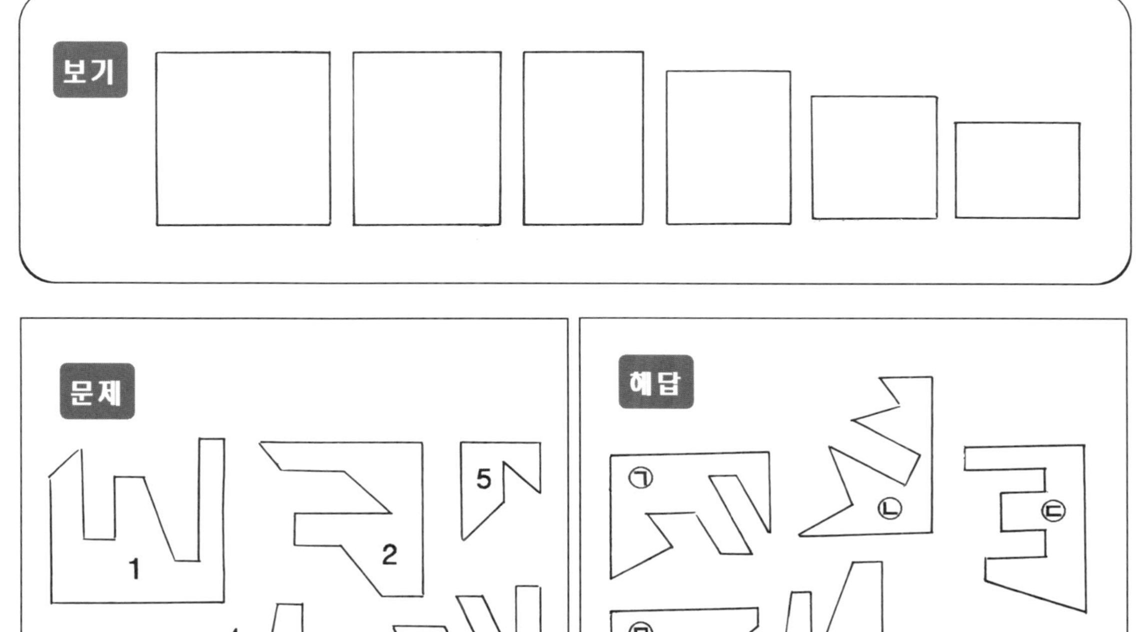

1	2	3	4	5	6	7	8	9	10	11

※ 다음 도표를 3-10 초 동안 보고 물음에 답하시오.

고구려 →	동명왕		소수림왕 ↓
	B. C. 391-413	← 광개토대왕	B. C. 371-384
고국천왕 →	B. C. 179-197	장수왕 →	B. C. 413-491
영양왕 ↓	B. C. 491-519	← 문자왕	
B. C. 590-618		보장왕 →	B. C. 642-668

※ 앞의 도표를 기억하면서 번호에 맞게 제한 시간 내에 넣으시오. (1분)

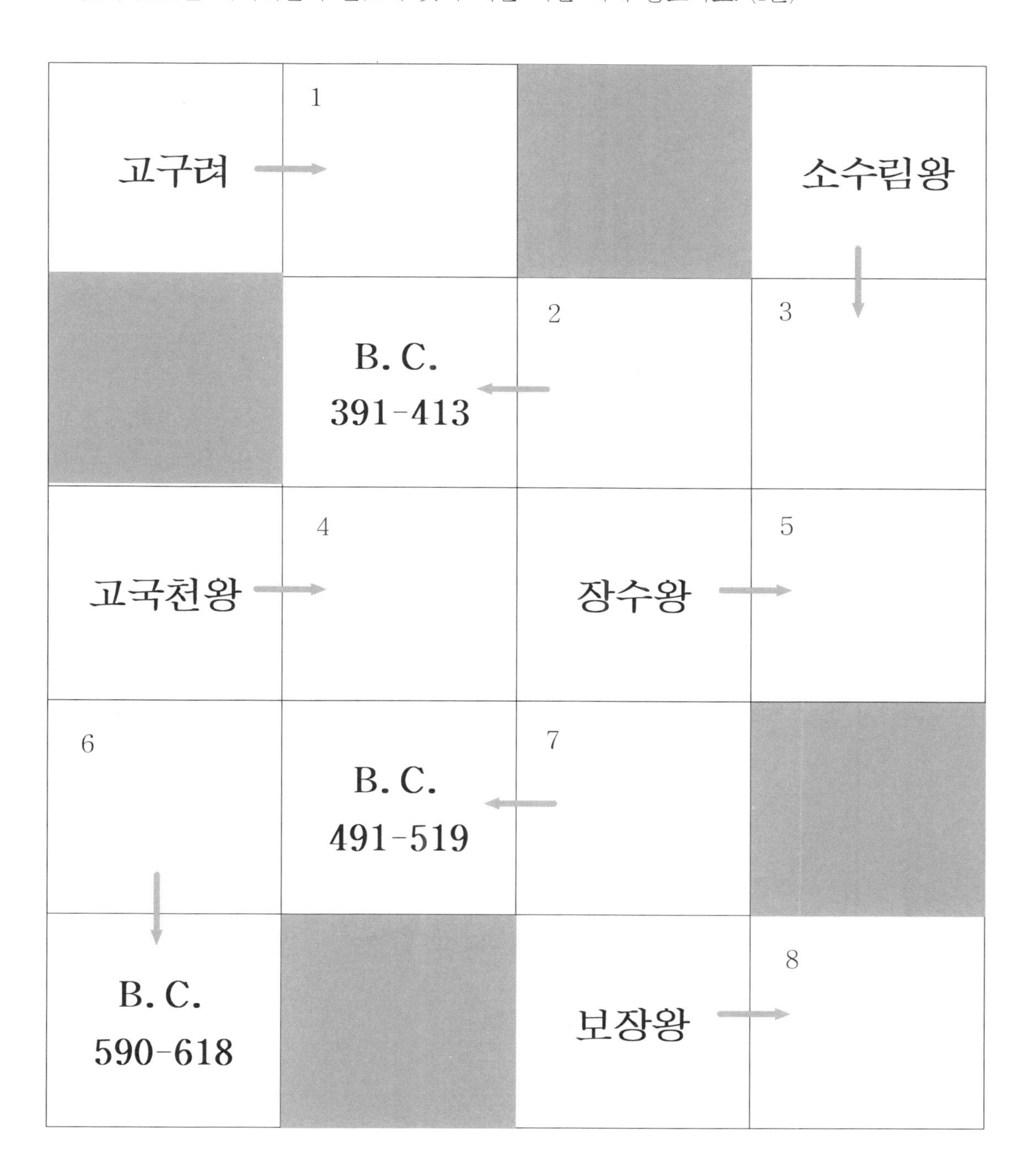

6회 | 집중력훈련 | 물건찾기 | 날짜 /

※ 관련있는 낱말을 서로 묶어 볼 수 있다. 선이 복잡하지만 집중해서 제한 시간 내에 정확하게 찾으시오. (1분)

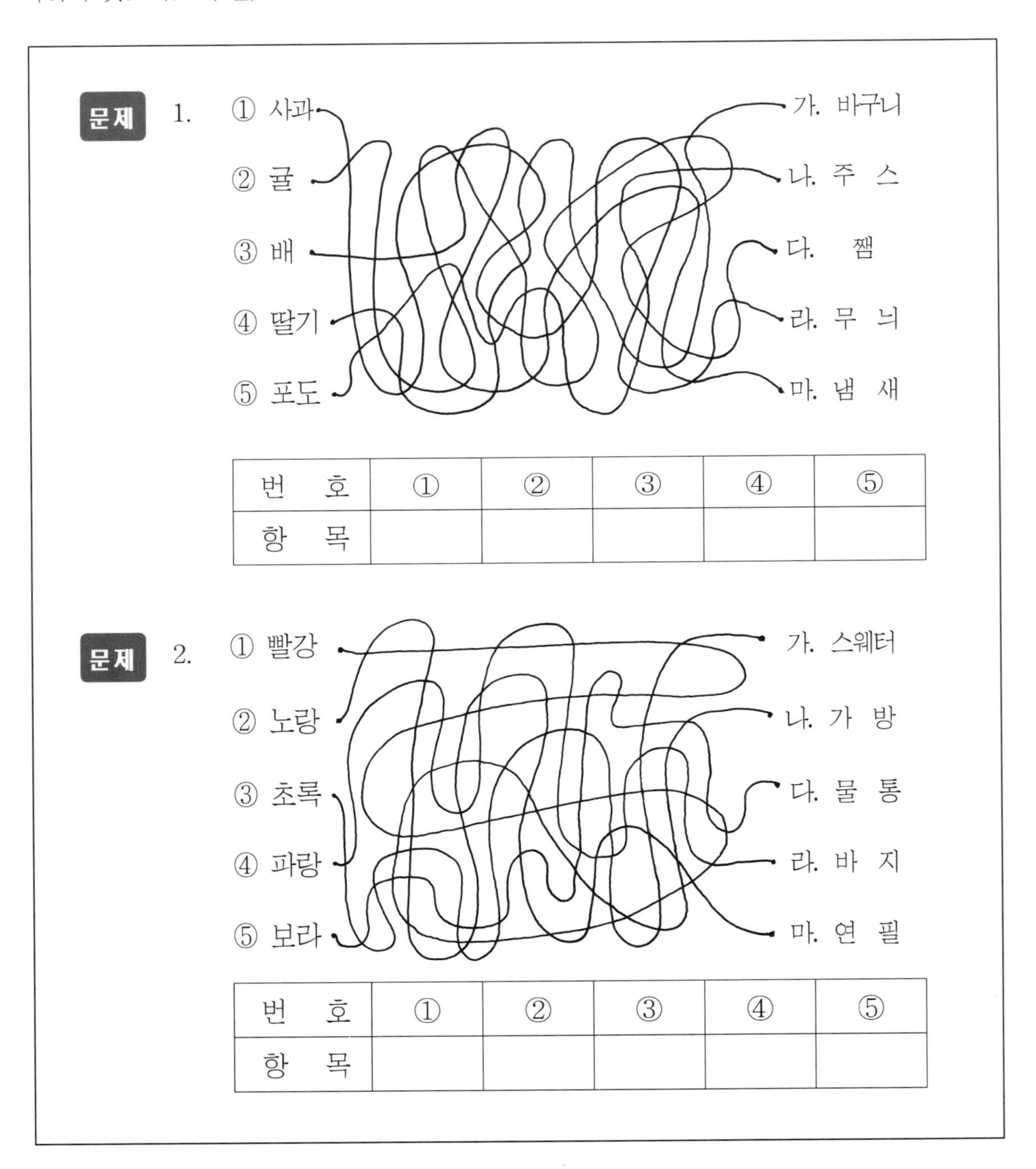

번 호	①	②	③	④	⑤
항 목					

번 호	①	②	③	④	⑤
항 목					

6회	수리분석훈련	수열추리3	날짜 /

※ 다음 문제를 4칙 연산(+, -, ×, ÷) 이용하여 제한된 시간 내에 문제를 풀어보자. (5분)

보기

4	6
1	6

7	10
16	20

8	12
33	?

1	6
22	24

답 : 4+2(1씩 추가)=6 6×1(1씩 추가)=6 6-5(1씩 빼기)=1, ? = 36

문제 1.

①

2	10
4	20

②

4	36
2	18

③

5	30
7	?

④

7	49
3	21

문제 2.

①

15	18
2	6

②

17	24
3	?

③

24	15
5	21

④

30	32
8	26

문제

①

4	4
19	38

②

16	10
25	50

③

20	12
18	36

④

28	18
9	?

※ 고사성어와 그 고사성어에 얽힌 이야기를 읽으면서 내용을 머릿속에 상상하고 그림으로 그려 보시오.

다다익선 多多益善

뜻 / 많으면 많을수록 좋다.

한나라 고조는 중국 천하를 통일한 임금이다. 바로 그 고조 군대가 초나라를 공격하였을 때의 일이다. 그 당시 초나라는 한나라보다 힘이 약하여 싸움에 패했다.

한나라 군사들이 초나라의 임금인 한신을 사로잡았다. 그러자 고조가 신하들을 불러놓고 의견을 물었다.

"한신을 어떻게 했으면 좋겠소?"

"그야 당연히 목을 베어야 합니다."

신하들은 후환을 없애려면 한신을 죽여야 한다고 주장하였다. 그러나 고조의 생각은 달랐다.

"내가 은혜를 베풀면 한신도 나를 배반하지 않을 것이다!"

고조는 한신을 후히 대접하고 회음후라는 벼슬까지 내렸다. 한신은 초나라를 잃은 것이 억울하였으나 참을 수밖에 없었다. 어느 날 고조가 한신을 불러 이런 저런 이야기를 나누었다. 그러다가 고조가 장수들의 실력에 대한 이야기를 꺼냈다.

"장수를 잘 거느리는 일은 정말 어렵습니다. 장수들의 성격이 하나같이 달라 그들을 잘 다스리려면 어려움이 많습니다."

고조는 한신이 자신을 어떻게 평가하고 있는가를 알아보고 싶어 엉뚱한 질문을 하였다.

"그대에게 묻고 싶은 말이 있소."

"무엇입니까?"

"그대는 내가 몇 명의 군사를 거느릴 수 있다고 생각하오?"

한신은 한참 생각하다가 대답하였다.

"전하께서는 10만 명 정도의 군사를 거느릴 수 있으십니다."

"겨우 10만 명?"

"네, 그러하옵니다."
고조는 슬그머니 화가 났다.
'중국 천하를 통일한 나를 보고 10만 명의 군사밖에 거느리지 못한다니, 이런 괘씸한 일이 있나!' 고조는 꾹 참고 다시 물었다.
"그럼, 그대는 몇 명의 군사를 거느릴 수 있소?"
"저는 다다익선이지요."
"다다익선이라. 많으면 많을수록 좋다는 말인가?"
"그렇습니다."
고조는 어이가 없다는 듯 호탕하게 웃었다. 고조는 한신을 놀려 주고 싶었습니다.
"나보다 군사를 많이 거느릴 수 있는 그대가 어찌하여 나라를 잃고 내 밑에 와서 벼슬을 하는가?"
한신은 자세를 바로 고쳐 앉으며 말하였다.
"전하!"
"어려워 말고 말하시오."
"전하께서는 군사를 거느리는 일은 저보다 못하지만 많은 군사들을 거느리는 장수를 거느리는 데는 뛰어난 재주를 가지고 계십니다. 그렇기 때문에 제가 전하 밑에 와서 벼슬을 하는 거지요."
고조는 기분이 매우 좋았다.
"그럼 장수는 다다익선이란 말이오?"
"그렇습니다. 전하는 장수들이 아무리 많아도 잘 거느리는 능력을 가지고 계십니다. 그러니까 천하를 통일하는 영광을 누리셨지요. 전 전하가 부럽습니다."
"하하, 그렇소!"
고조가 큰 소리로 웃으며 신하들에게 명령하였다.
"여기에 맛있는 음식을 내오너라!"
"전하, 많으면 많을수록 좋습니다."
"다다익선이라 그 말이오?"
"네. 저는 다다익선을 좋아합니다."

6회 영상화훈련 고사성어1

※ 고사성어의 내용을 읽고, 그 줄거리의 상황들을 상상하여 그려보시오.

7회	기억력훈련	동물기억1	날짜 /

※ 다음 동물들을 3-10초 동안 보고 물음에 답하시오.

1		2	3
4	5		6
7 토끼	8	9	
10		11	12

7회 기억력훈련 문제풀기

각 문제당 20점

문제 1. 집에서 키우는 동물은?

____

문제 2. 그림 중에서 가장 높이 나는 새는?

____

문제 3. 덩치가 가장 큰 것은?

____

문제 4. 곤충류를 쓰시오?

____

문제 5. 앞의 사물의 이름을 번호에 맞게 적어 보시오.
(20점에서 틀린 답을 적을 때마다 2점씩 감점)

1.________ 2.________ 3.________ 4.________

5.________ 6.________ 7.________ 8.________

9.________ 10.________ 11.________ 12.________

초	3	5	10
점수			

7회	어휘력훈련	반대의법칙	날짜 /

※ 반대의 법칙(일반적인 반대말로서 어느 낱말이나, 개념이 떠오르면 그와 반대되는 내용이나 낱말이 쉽게 떠오르는 법칙)이다. 보기와 같이 (   ) 안에 알맞은 답을 적으시오.

보기 홀수 - 짝수 남자 - 여자 육지 - 바다

문제 1. 개회식 - ( )	문제 11. 부유 - ( )
문제 2. 이해 - ( )	문제 12. 아내 - ( )
문제 3. 평등 - ( )	문제 13. 희망 - ( )
문제 4. 기쁨 - ( )	문제 14. 외국 - ( )
문제 5. 사랑 - ( )	문제 15. 필자 - ( )
문제 6. 학대 - ( )	문제 16. 내일 - ( )
문제 7. 식전 - ( )	문제 17. 아침 - ( )
문제 8. 조국 - ( )	문제 18. 찬성 - ( )
문제 9. 미개인 - ( )	문제 19. 속 - ( )
문제 10. 꾸중 - ( )	문제 20. 시작 - ( )

☆ 해답은 경우에 따라서 한가지 이상일 수도 있습니다.

7회 어휘력훈련 반대의법칙

※ '반대의 법칙'을 찾아 문제 제한 시간 내에 10개를 만들어 보시오. (1분)

문제 1. ____________________

문제 2. ____________________

문제 3. ____________________

문제 4. ____________________

문제 5. ____________________

문제 6. ____________________

문제 7. ____________________

문제 8. ____________________

문제 9. ____________________

문제 10. ____________________

7회	논리적창작훈련	논리창작1	날짜 /

※ 다음 동화의 처음 그림과 마지막 그림을 보고 이야기를 전개해 보시오.

나귀의 흉내내기

자신의 분수를 모르고 삽살개를 흉내내다가 더 곤란을 겪게 된 어느 어리석은 나귀의 이야기입니다. 처음 그림과 마지막 그림을 보고 그 상황들을 상상해 이야기를 창작해 보십시오.

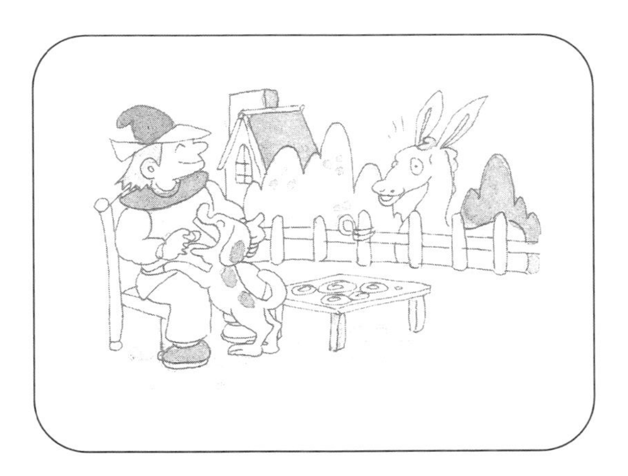

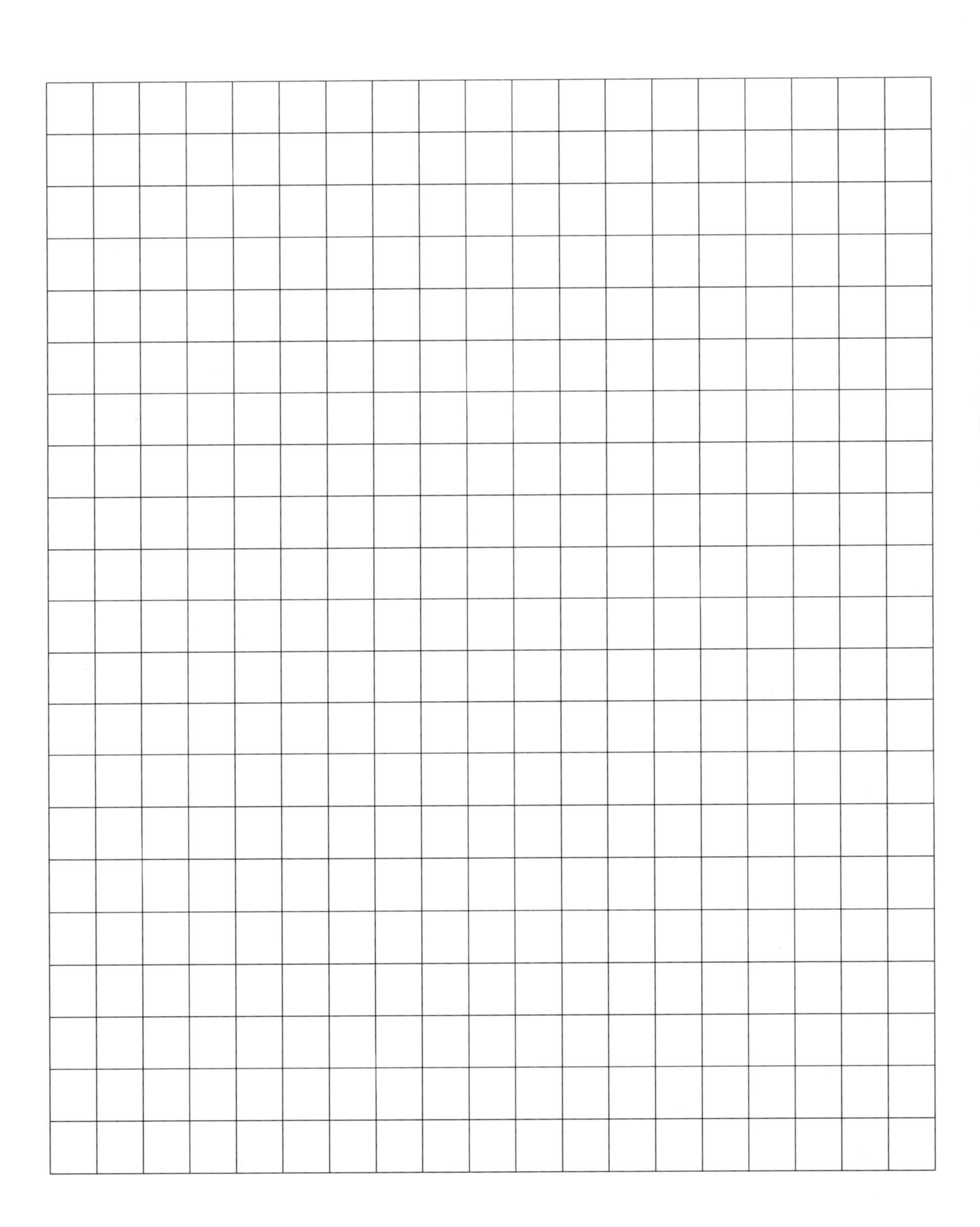

7회	사고관찰훈력	틀린도형찾기1	날짜 /

※ 다음은 동일한 4개의 그림과 한 개의 다른 그림으로 되어 있습니다. 제한 시간 내에 다른 한 개를 골라 보시오. (1분)

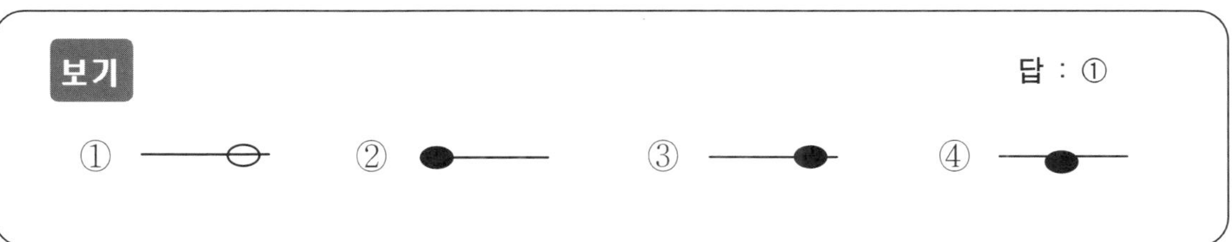

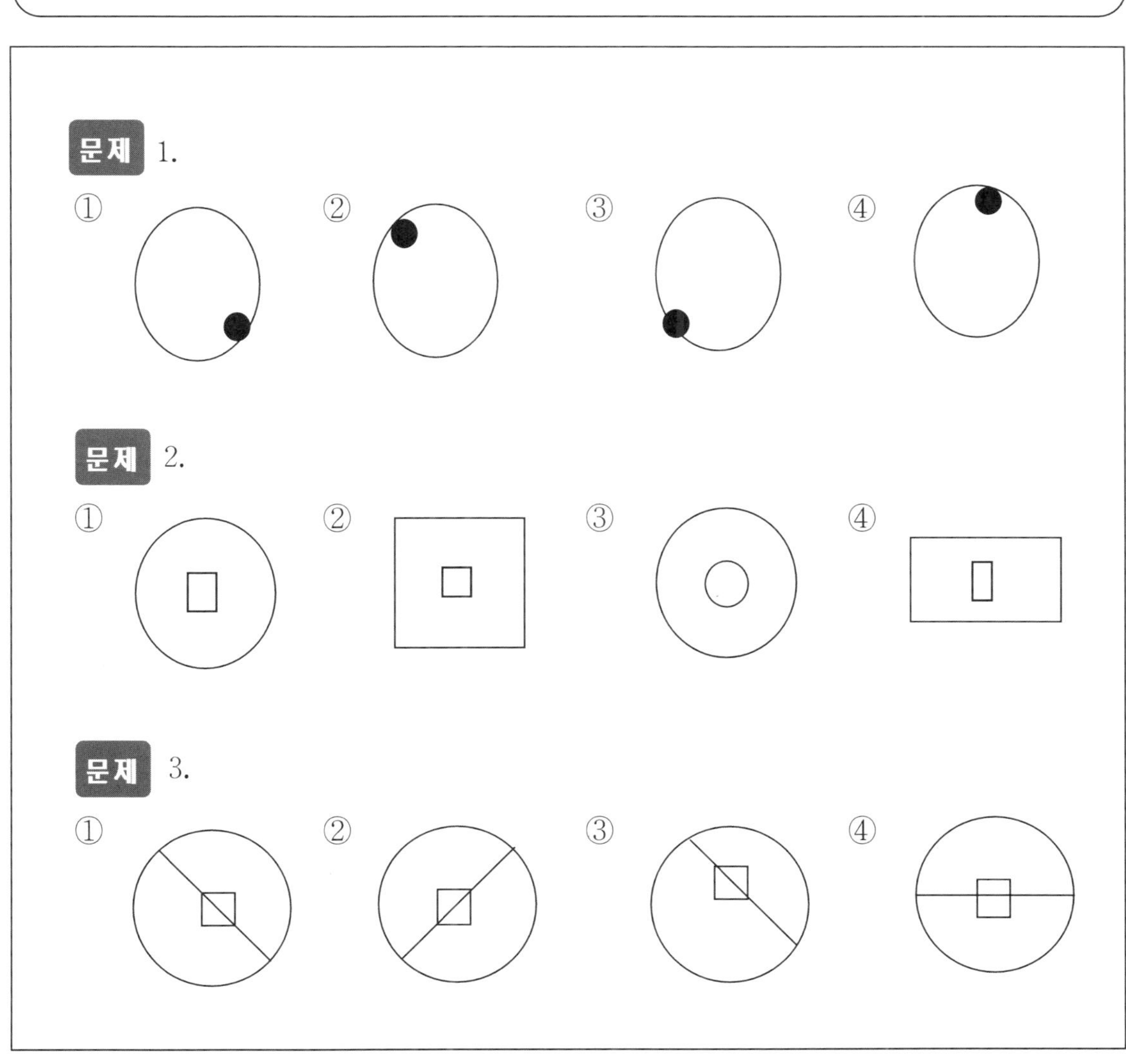

8회 | 기억력훈련 | 동물기억2 | 날짜 /

※ 다음 그림을 3-10초 동안 보고 기억하시오.

1	2		3
4	5	6	
7		8	9
10	11		12

※ 앞의 그림을 기억하면서 번호에 맞게 낱말을 적으시오.

1	2		3
4	5	6	
7		8	9
10	11		12

8회	집중력훈련	영어단어퍼즐1	날짜 /

※ 퍼즐식 집중력 훈련입니다. 의지를 한곳에 모아 집중된 상태에서 ① ② ③ ④ ⑤에 나열된 숫자를 아래 퍼즐란에서 찾아 빠른 시간에 차례대로 찾아 보시오.

문제

straw	frost	웃음	moss floor	기둥	all fence	shell

sell	 awkward	hawk	glory 	wait main

걸음	 leather	nail 	shake	talk

라도 ordeal	책	essence portrait	naked

① straw(짚), frost(서리), glory(영광), portrait(초상)
② hawk(매), ordeal(시련), talk(이야기하다), all(전부)
③ moss(이슬), fence(담), essence(에센스), sell(팔리다)
④ floor(바닥) awkward(어설픈), leather(가죽), main(주된)
⑤ wait(기다리다), shake(흔들다), nail(손톱), naked(벌거벗은)

문제	1	2	3	4	5	기타		
분/초								

8회 수리분석훈련 수열추리4 날짜 /

※ 다음 문제를 4칙 연산(+, -, ×, ÷) 이용하여 제한된 시간 내에 문제를 풀어보자.

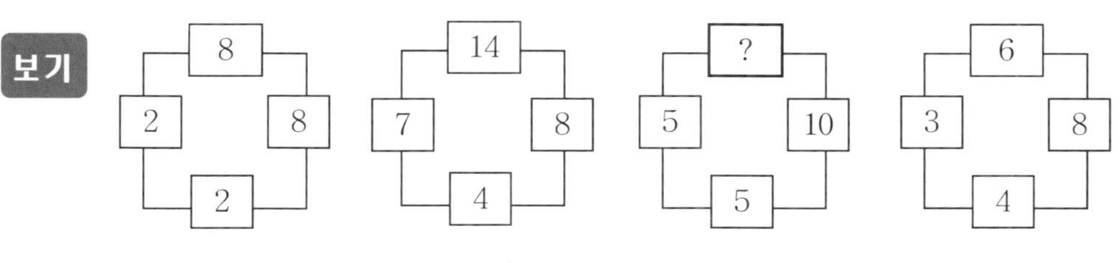

답 : (8÷2)×2=8 (?÷5)×5=10 , ? = 10

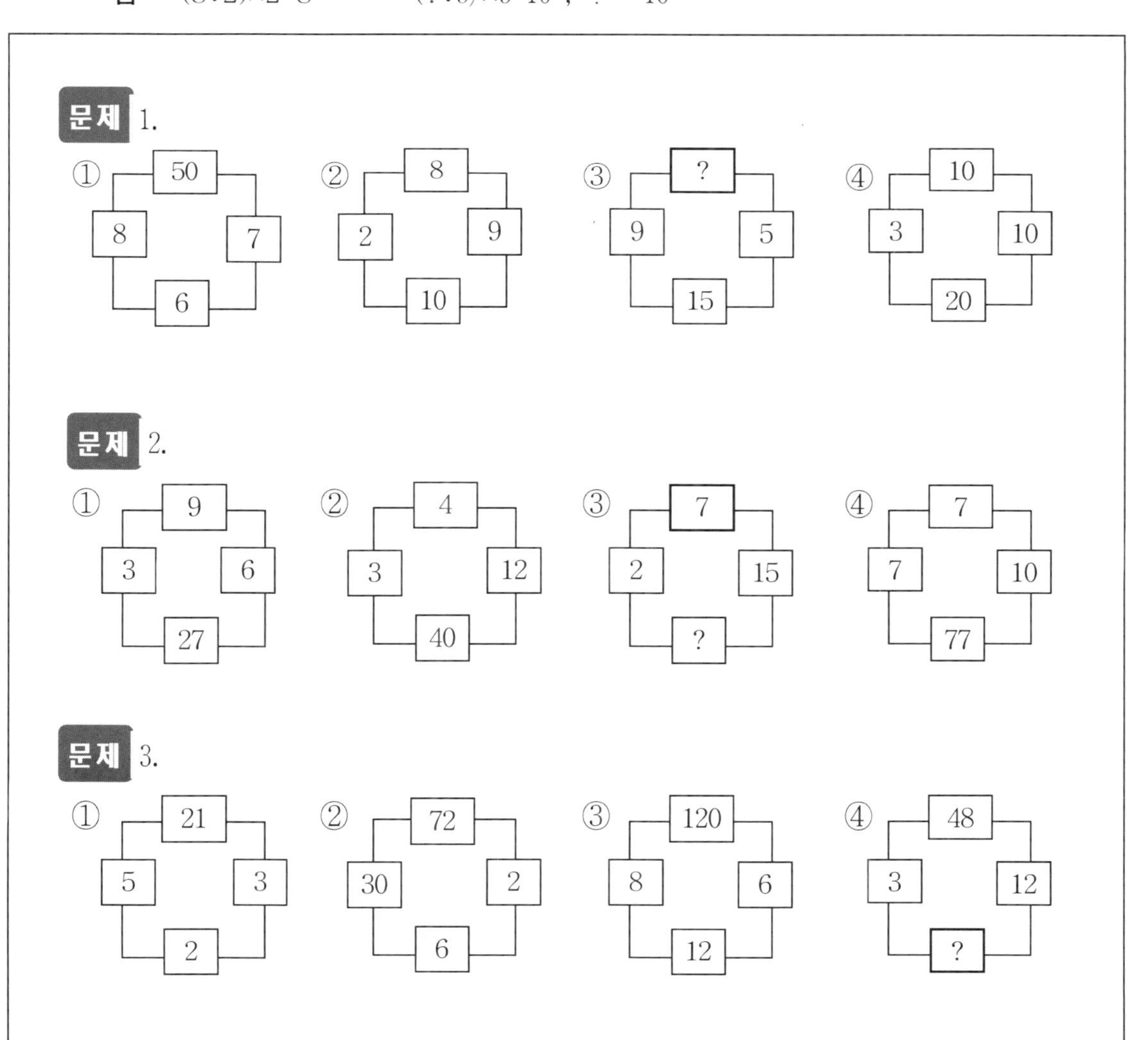

※ 고사성어와 그 고사성어에 얽힌 이야기를 읽으면서 내용을 머릿속에 상상하고 그림으로 그려보시오.

무용지물 無用之物 뜻 / 쓸모없다고 생각하는 것이 쓸모가 있다.

이 말의 유래는 중국의 고전 〈장자〉의 '인간세' 편에 기록되어 있다.

수레를 타고 천하를 돌아다니며 진리를 깨우치던 공자가 초나라에 닿았다.

먼 거리를 돌아다녔기 때문에 공자는 매우 피곤하였다. 그래서 며칠 동안 쉴 집을 수소문하였다.

이 소식을 들은 어떤 사람이 공자를 찾아와서 간절히 청하였다.

"공자님, 저희 집에서 묵어 주십시오."

공자는 고맙게 생각하며 쾌히 승낙하였다.

"공자님같이 훌륭한 분을 저희 집에 모시게 되어 정말 영광이옵니다."

집주인은 몇 번이나 머리 숙여 인사를 하였다.

공자가 초나라에 묵고 있다는 소문이 돌자 쉴 틈이 없을 정도로 많은 사람들이 공자를 찾아왔다. 공자는 인자한 얼굴로 사람들과 이야기를 나누었다. 그런 공자의 얼굴에는 피곤이 역력하여서 옆에서 보기가 딱할 지경이었다.

공자를 모셔 온 집주인은 한 가지 꾀를 생각해냈다. 집주인은 사람들이 찾아올 때마다 이렇게 거짓말을 하였다.

"공자님은 지금 주무시고 계십니다."

사람들은 하는 수없이 발길을 돌렸다. 그런데 광접여라는 사람만은 달랐다.

"공자님은 말씀을 하시지 않아도 좋습니다. 오직 제 이야기만 들려 드리고 돌아가겠습니다."

이렇게 말한 광접여는 공자가 묵고 있는 방 앞에 와서 이렇게 말하였다.

"공자님, 제 이야기 좀 들어 보십시오."

집주인은 광접여의 행동이 무척 진지하여 그대로 두었다.

"공자님께서는 피곤하실 테니까 가만히 누워 계십시오. 그러나 제 말은 들으셔야 합니다."

공자는 재미있는 사람이라고 생각하며 광접여의 다음 말을 기다렸다.

광접여는 잔기침을 몇 번 한 뒤 길게 이야기를 이어 가기 시작하였다.

"산에 있는 나무는 쓸모가 있기 때문에 베어지는 것이고, 등잔의 기름은 주위를 밝게 해 주기 위하여 뜨거운 불에 자신을 태우는 것입니다. 그러므로 이 세상의 모든 재앙은 다른 사람 탓이 아니고 오로지 자신에게서 비롯되는 법입니다. 계피나무는 맛이 좋아서 베어지고, 옻나무는 옻칠을 하기 위해 꼭 필요하기 때문에 가지가 잘리고 몸뚱이가 베어지는 고통을 당하는 것이지요. 사람들은 쓸모있는 것의 쓰임새만 생각하고 그것을 못 살게 하지만 쓸모없는 것의 쓰임새는 알려고도 하지 않습니다."

'사람들이 쓸모있는 것만 생각하고 쓸모없는 것은 생각하지 않는다? 쓸모없는 것은 정말 쓸모가 없는 것인가!'

공자는 생각에 잠겼다. 광접여가 또 말을 계속했다.

"제가 깊이 생각하고 깨달은 점은 쓸모없는 것이야말로 쓸모가 있더란 그 말씀입니다."

이 말을 들은 공자가 자리에서 벌떡 일어났다.

"맞는 말이로다. 쓸모가 없다고 생각한 것이야말로 쓸모가 있는 법이다!"

공자는 문을 활짝 열고 광접여의 손을 잡으며 고마워하였다.

"그대가 오늘 나에게 큰 깨달음을 주었구나."

8회 | 영상화훈련 | 고사성어2

※ 고사성어의 내용을 읽고, 그 줄거리의 상황들을 상상하여 그려보시오.

※ 다음 낱말을 3-10초 동안 보고 기억하시오.

	1 요리사	2 야구	3 우정
4 양파		5 개미	6 한복
7 자석	8 토성		9 선인장
10 배구	11 백조	12 꼬리	

9회 | 기억력훈련 | 문제풀기

※ 앞 페이지에서 기억한 낱말을 번호에 맞게 써 넣으시오.

	1	2	3
4		5	6
7	8		9
10	11	12	

9회	어휘력훈련	낱말묶기	날짜 /

※ 다음 문제는 4개의 비슷한 낱말과 관계가 없는 낱말 한 개가 정답이다. 다섯 개의 낱말 중에서 관계가 없는 낱말을 제한 시간 내에 하나 고르시오. (5분)

답 : ⑤춘천

보기 ① 부산 ② 인천 ③ 대구 ④ 광주 ⑤ 춘천

문제 1. ① 배구 ② 농구 ③ 핸드볼 ④ 수영 ⑤ 탁구

문제 2. ① 영어 ② 독어 ③ 일어 ④ 국어 ⑤ 중국어

문제 3. ① 귀걸이 ② 시계 ③ 반지 ④ 팔찌 ⑤ 목걸이

문제 4. ① 딸기 ② 토마토 ③ 사과 ④ 배 ⑤ 감

문제 5. ① 마늘 ② 깨소금 ③ 생강 ④ 소금 ⑤ 쌀

문제 6. ① 파리 ② 워싱톤 ③ 마닐라 ④ 홍콩 ⑤ 서울

문제 7. ① 강아지 ② 송아지 ③ 망아지 ④ 아기 ⑤ 나귀

문제 8. ① 책받침 ② 책가방 ③ 연필 ④ 공책 ⑤ 필통

문제 9. ① 소백산 ② 지리산 ③ 한라산 ④ 태백산 ⑤ 백두산

문제 10. ① 검다 ② 푸르다 ③ 밝다 ④ 누렇다 ⑤ 희다

※ 다음 동화의 처음 그림과 마지막 그림을 보고 이야기를 전개해 보시오.

샘 터

어느 무더운 여름날, 몹시 목이 마른 사자와 멧돼지가 샘터에서 마주쳤습니다. 서로 양보하지 않으려고 하는 이 두 동물이 어떤 결론을 내리는 지 이 두 그림을 보고 그 상황들을 상상하여 전개하여 보십시오.

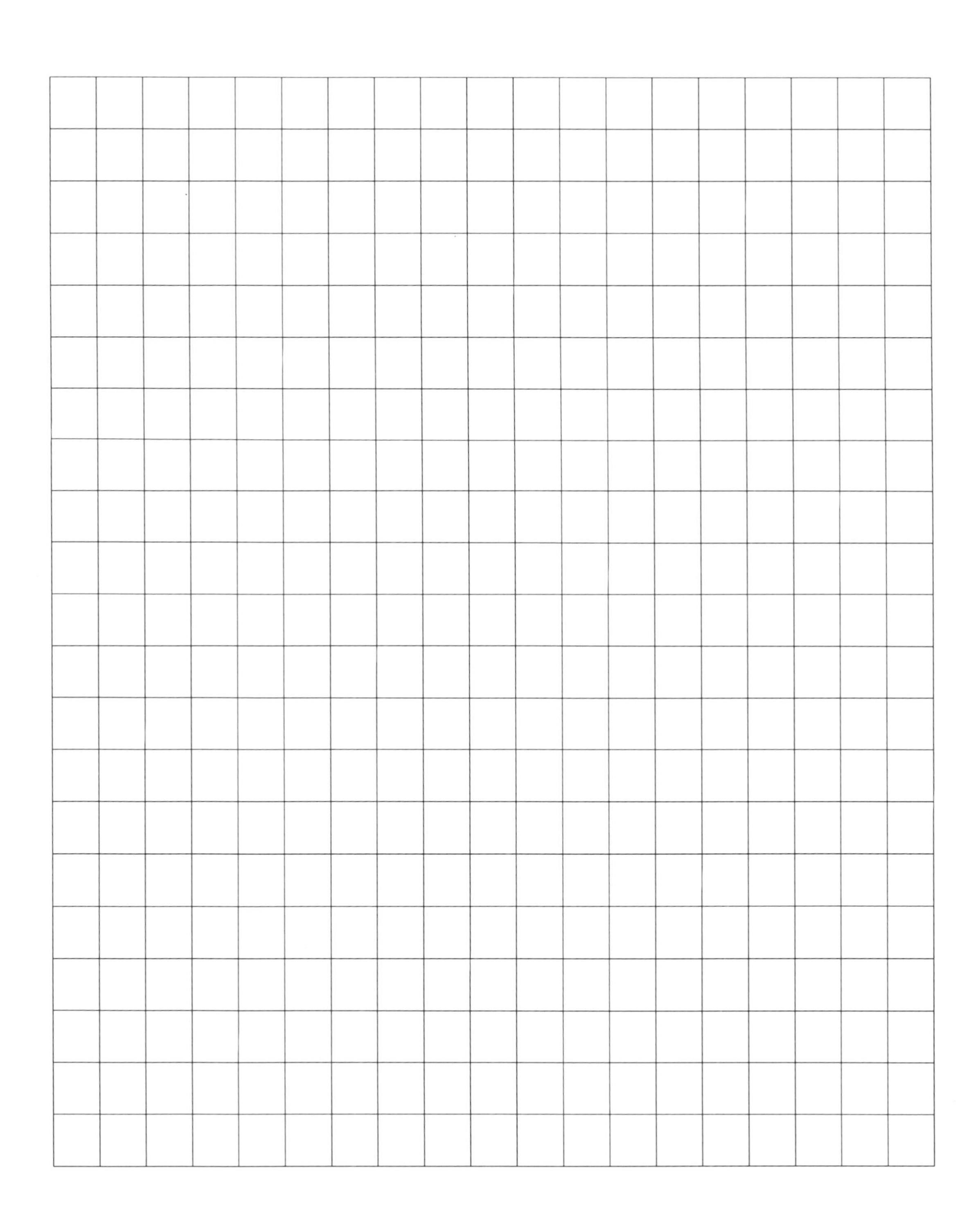

※ 다음은 동일한 4개의 그림과 한 개의 다른 그림으로 되어 있습니다. 다른 한 개를 제한 시간 내에 고르시오. (2분)

문제 1.

① 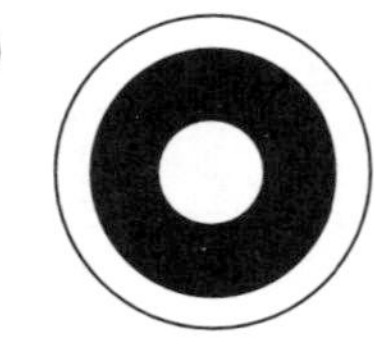
② 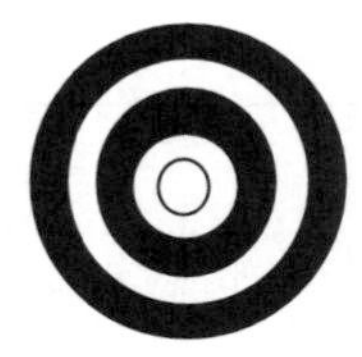
③ 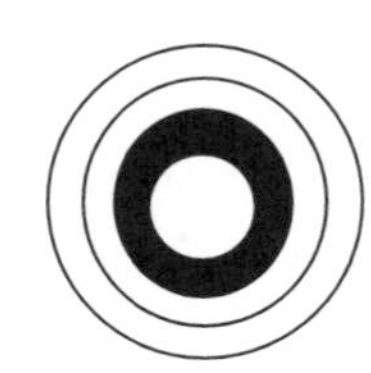
④ 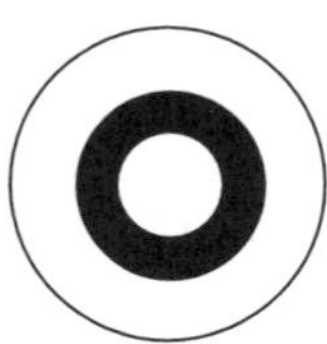

문제 2.

① 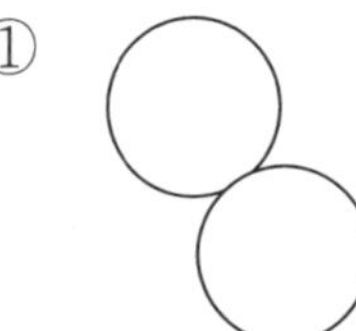
② 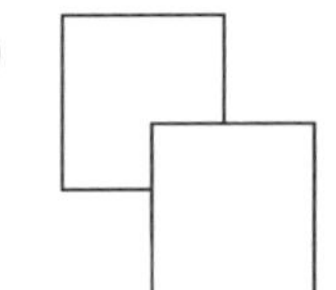
③ 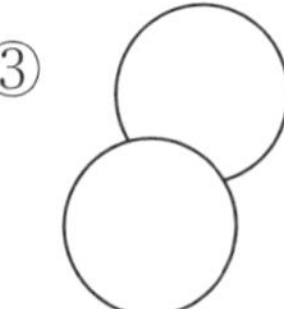
④ 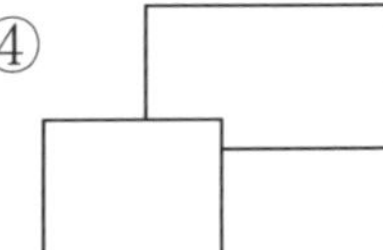

문제 3.

① 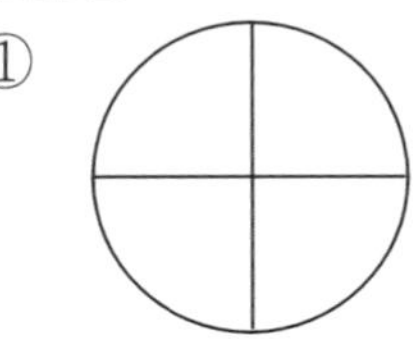
② 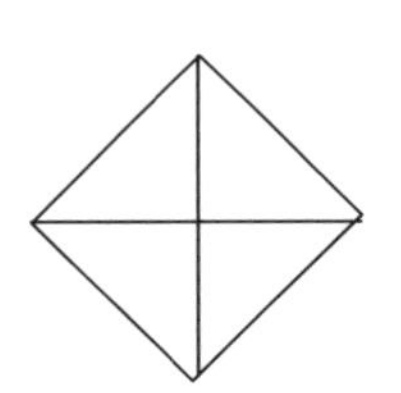
③ 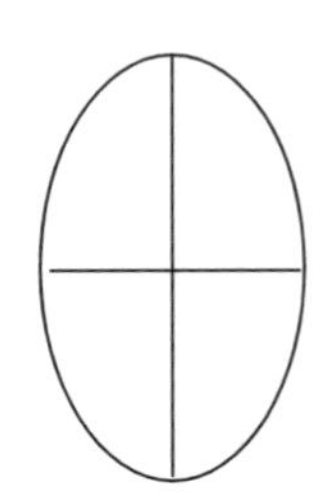
④ 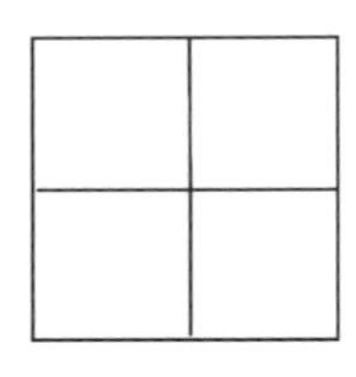

문제 4.

① A B / D C
② E F / H G
③ I J / L K
④ M N / O P

※ 다음 낱말을 3-10초 동안 보고 물음에 답하시오.

1 감자	2 컴퓨터	3 인형	4 스케이트
5 선풍기	6 우체통	7 수영복	8 잠수함
9 비디오	10 호박	11 개미	12 휴대폰
13 사과	14 농구	15 국화	16 뻐꾹이

10회 기억력훈련 문제풀기

각 문제당 20점

문제 1. 여름을 생각나게 하는 단어는?

____

문제 2. 가정에서 먹을 수 있는 것은 모두 몇 개?

____

문제 3. 겨울을 생각나게 하는 단어는?

____

문제 4. 낱말이 표현하는 것중 가장 덩치가 큰 것은?

____

문제 5. 앞의 사물의 이름을 번호에 맞게 적어 보시오.
(20점에서 틀린 답을 적을 때마다 2점씩 감점)

1. ________ 2. ________ 3. ________ 4. ________

5. ________ 6. ________ 7. ________ 8. ________

9. ________ 10. ________ 11. ________ 12. ________

13. ________ 14. ________ 15. ________ 16. ________

초	3	5	10
점수			

10회 집중력훈련 숫자퍼즐2 날짜 /

※ 퍼즐식 집중력 훈련입니다. 의지를 한곳에 모아 집중된 상태에서 흐트러져 있는 숫자를 ① ② ③ ④ ⑤ 차례대로 제한 시간 내에 빨리 찾아 보시오.

문제

75	02	집	7	1	우유	6	498
훈련	4	이	사슴	89	26	2	
3	강도	0	을	60	것이	5	71
걸음	52	곁에	808	친구이다	1011	523	
18	잃어버린	9	음악	061	권	74	8
놀라운	190	체육	03	소망	하루	14	
라도	86	세계	우승자	30	믿음		
12	소식	가사	59	아침	63	471	49

① 4 - 9 - 6 - 1 - 8 - 3 - 6 - 4 - 7
② 02 - 6 0 - 1011 - 30 - 63 - 12 - 18 - 9
③ 3 - 498 - 52 - 9 - 190 - 59 - 49
④ 12 - 63 - 74 - 52 - 89 - 471 - 75 - 061
⑤ 808 - 523 - 190 - 471 - 0 - 8 - 2 - 86

문제	1	2	3	4	5	기타		
분/초								

10회	수리분석훈련	수리분석1	날짜 /

※ 선을 따라 여러 개의 현으로 나눌 때 그 나누어진 각각의 현은 모두 같은 모양, 같은 크기이며, 숫자의 합계가 모두 같은 때에만 자를 수 있다. 제한 시간 내에 나누어 보시오. (1분)

보기

5	2	4
1	6	8
7	3	2
4	2	6

1개의 현, 합계 25

문제 1.

9	8	5	7
4	1	4	6
8	3	2	3
2	7	1	2

1개의 현, 합계 36

1	7	5	1	9
2	9	6	7	3
8	4	3	6	2
2	6	3	4	8

1개의 현, 합계 48

문제 2.

5	7	6	4	3	1
4	2	5	1	2	7
6	1	3	2	3	1
4	2	6	1	8	6
3	8	7	5	3	4

1개의 현, 합계 60

2	6	7	9	2	1
5	4	8	3	6	8
7	3	9	7	4	9
9	2	1	5	1	3
1	3	4	2	7	4
8	5	6	8	5	6

2개의 현, 합계 45

※ 시를 읽으면서 내용을 머릿속에 상상해 보시오.

청포도

이 육 사

내 고향 칠월은
청포도가 익어 가는 시절.

내 마을 전설이 주저리주저리 열리고,
먼 데 하늘이 꿈꾸며 알알이 들어와 박혀,

하늘 밑 푸른 바다가 가슴을 열고
흰 돛 단 배가 곱게 밀려서 오면,

내가 바라는 손님은 고달픈 몸으로
청포(靑袍)를 입고 찾아온다고 했으니,

내 그를 맞아 이 포도를 따 먹으면,
두 손은 함뿍 적셔도 좋으련.

아이야, 우리 식탁엔 은쟁반에
하이얀 모시 수건을 마련해 두렴.

※ 시를 읽고, 그 내용의 상황들을 상상한 내용을 그림으로 그려보시오.

11회	기억력훈련	영어단어1	날짜 /

※ 다음 단어를 3-10초 동안 보고 물음에 답하시오.

1 skirt	2 tomato		3 fork
4 bread		5 ant	6 seed
7 road	8 fox	9 coat	
	10 robot	11 doll	12 paper
13 snow		14 wind	15 mask

11회	기억력훈련	문제풀기

각 문제당 20점

문제 1. 살아있는 생물을 쓰시오?

____

문제 2. 'S'로 시작하는 단어는 몇 개인가?

____

문제 3. 자음과 모음이 번갈아서 두 번 이상 반복되는 단어는 몇 개인가?

____

문제 4. A - B - C - D 순에 해당하는 단어들을 찾아 나열하시오.

____

문제 5. 앞의 영어 단어를 번호에 맞게 기억을 되살려 적어 보시오.
(20점에서 틀린 답을 적을 때마다 2점씩 감점)

1. __________ 2. __________ 3. __________ 4. __________

5. __________ 6. __________ 7. __________ 8. __________

9. __________ 10. __________ 11. __________ 12. __________

13. __________ 14. __________ 15. __________

초	3	5	10
점수			

11회	어휘력훈련	어휘추리	날짜 /

※ 다음 주어진 낱말과 뜻의 관계를 풀어보는 문제입니다. 앞의 낱말과 같은 관계가 되도록 제한 시간 내에 빈칸에 골라 넣으세요. (4분)

보기 발 → 구두, 머리 → (③)
①신발 ②얼굴 ③모자 ④이발

문제 1. 선생님 → 학교, 의사 → (　　)
① 간호사 ② 환자 ③ 병원 ④ 강단

문제 2 물 → 수영, 눈 → (　　)
① 스케이트 ② 스키 ③ 연날리기 ④ 아이스하키

문제 3 울음 → 웃음, 슬픔 → (　　)
① 기쁨 ② 우스움 ③ 아픔 ④ 서글픔

문제 4 입춘 → 봄, 입추 → (　　)
① 여름 ② 봄 ③ 가을 ④ 겨울

문제 5 연극 → 배우, 운동 → (　　)
① 사람 ② 선수 ③ 감독 ④ 코치

문제 6 붕어 → 어류, 뱀 → (　　)
① 포유류 ② 곤충류 ③ 인류 ④ 파충류

문제 7. 물감 → 그림, 음표 → (　　)
① 악보 ② 악기 ③ 음악 ④ 악사

문제 8 귤 → 오렌지, 참외 → (　　)
① 호박 ② 사과 ③ 포도 ④ 배

문제 9 원인 → 결과, 죄 → (　　)
① 고통 ② 인내 ③ 벌 ④ 상

문제 10. 발가락 → 발, 손가락 → (　　)
① 손금 ② 손 ③ 팔목 ④ 어깨

문제 11. 해리 → 바다, 마일 → (　　)
① 공간 ② 야드 ③ 육지 ④ 거리

문제 12. 나비 → 곤충, 우엉 → (　　)
① 과일 ② 식물 ③ 생물 ④ 야채

문제 13. 편지 → 글자, 전화 → (　　)
① 문자 ② 음성 ③ 신호 ④ 음악

문제 14. 클라리넷 → 관악기, 바이올린 → (　　)
① 선악기 ② 목관악기 ③ 현악기 ④ 타악기

문제 15. 고장 → 수리, 병 → (　　)
① 치료 ② 관리 ③ 검사 ④ 수선

11회	논리력 훈련	논리추리1	날짜 /

※ 문제를 읽고, 칸 안에 쓰여 있는 각 정보들을 단서로 하여 해답을 찾아보시오.

병기, 두선, 규성, 희준, 계용 중 누군가 한 사람은 김씨입니다. 이 다섯 명의 고등학생은 최근에 축구장에서 간식을 파는 아르바이트를 시작하였습니다. 그런데 서로의 이해가 엇갈리자 다섯 사람은 각자 한 가지 품목 외에는 팔지 말자고 약속했습니다. 다음의 단서를 읽고 다섯 사람의 성이 무엇이고 각자 파는 품목이 무엇이지 알아보도록 하시오.

1. 희준이는 정씨가 아니며, 팝콘을 팔지 않는다.
2. 이씨 성을 가진 학생은 사이다와 오징어를 팔지 않는다.
3. 다섯 명의 학생은 이렇다. 규성, 희준, 최씨 학생, 김씨 학생, 아이스크림 장수.
4. 병기는 정씨도 김씨도 아니다. 병기나 김씨 소년은 오징어를 팔지 않는다.
5. 땅콩 장수나 아이스크림 장수는 계용이도 이씨 학생도 아니다.

문제를 좀 쉽게 풀어나가려면 아래 도표를 잘 활용해 보자.

	김	이	박	최	정	오징어	아이스크림	땅콩	팝콘	사이다
병기										
두선										
규성										
희준										
계용										
오징어										
아이스크림										
땅콩										
팝콘										
사이다										

11회 사고관찰훈련 틀린도형찾기3

※ 다음은 동일한 4개의 그림과 한 개의 다른 그림으로 되어 있습니다. 다른 한 개를 제한 시간 내에 고르시오. (1분)

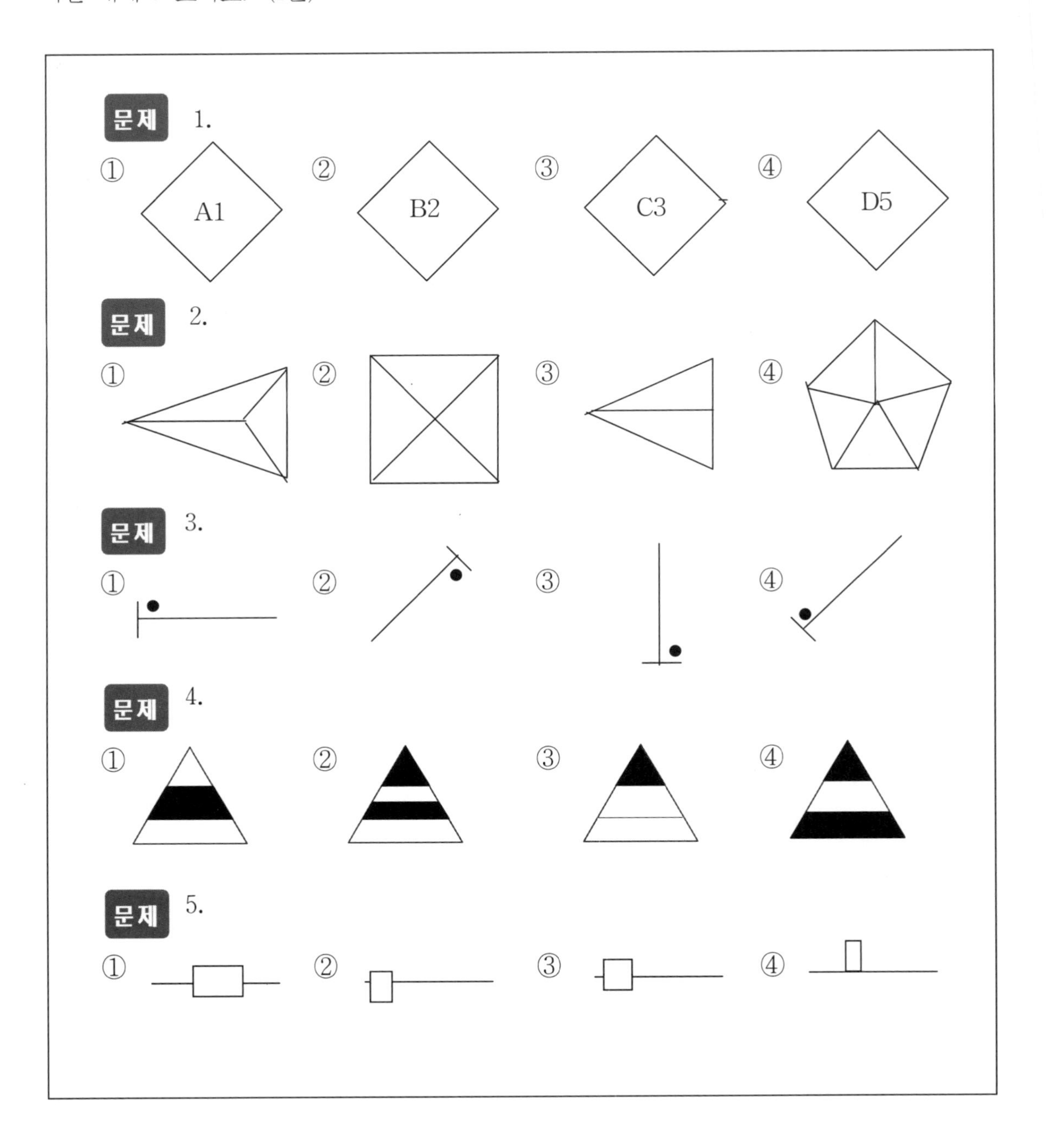

※ 다음 단어를 3-10초 동안 보고 기억하시오.

1 jelly	2 meet		3 rugby
4 fruit		5 echo	6 cloud
	7 bell	8 leg	
9 glass	10 learn		11 match
12 oil		13 station	14 wind

12회	기억력훈련	문제풀기

※ 앞의 페이지에서 기억한 영어단어를 제한 시간 내에 번호에 맞게 넣으시오. (1분)

1	2		3
4		5	6
	7	8	
9	10		11
12		13	14

12회	집중력훈련	날말퍼즐2	날짜 /

※ 퍼즐식 집중력 훈련이다. 의지를 한곳에 모아 집중된 상태에서 흐트러져 있는 낱말을 ① ② ③ ④ ⑤ 차례대로 빠르게 찾아 보시오.

문제

金	289	는	UP	秩序	가한다	7867	싸움에
in	믿	976.8	채찍	迷路	도끼	山水	
101	愛	발등	step	고래	43	하룻강아지	59.9
천리	49.19	달리는	all	모른다	을	米壽	
7	dress	이	one	줄	87.6	발	51
무서운	夜景	찍힌다	670	범	0891	纖纖玉手	
017	터진다	56.89	없는	春秋	새우등		
歌人	97	간다	468	에	3	말	full

① 발 없는 말이 천리 간다.
② 믿는 도끼에 발등 찍힌다.
③ 고래 싸움에 새우 등 터진다.
④ 하룻강아지 범 무서운 줄 모른다.
⑤ 달리는 말에 채찍을 가한다.

문제	1	2	3	4	5	기타		
분/초								

12회 | 수리분석훈련 | 수리분석2 | 날짜 /

※ 여러 가지 기호의 같은 모양은 같은 수를 나타내고, 행과 열의 맨 끝 수는 그 줄의 수를 모두 더한 합계를 말한다. 그럼 제한된 시간 내에 기호의 수를 풀어보시오. (4분)

보기

○	3	5	17
◇	♡	6	12
4	5	○	18
2	◇	♡	8
17	14	24	

○=(9), ♡=(4), ◇=(2)

문제 1.

○	6	2	16
◇	♡	5	17
4	8	○	20
6	◇	♡	18
23	26	22	

○=( ), ♡=( ), ◇=( )

문제 2.

♧	★	8	18
3	◎	♬	13
◎	8	♧	20
♬	★	7	15
17	28	21	

★=( ), ◎=( ), ♧=( ), ♬=( )

문제 3.

○	♡	5	4	19
8	♬	○	♡	22
◇	3	◇	8	21
7	2	♡	♬	20
23	16	20	23	

○=( ), ♡=( ), ◇=( ), ♬=( )

문제 4.

○	5	8	★	23
5	○	◎	9	27
★	♧	2	5	19
3	6	◎	♧	24
18	25	24	26	

★=( ), ◎=( ), ♧=( ), ○=( )

※ 시를 읽으면서 내용을 머릿속에 상상하시오.

가난한 사랑 노래

신 경 림

가난하다고 해서 외로움을 모르겠는가,
너와 헤어져 돌아오는
눈 쌓인 골목길에 새파랗게 달빛이 쏟아지는데
가난하다고 해서 두려움이 없겠는가,
두 점을 치는 소리,
방범 대원의 호각 소리, 메밀묵 사려 소리에
눈을 뜨면 멀리 육중한 기계 굴러가는 소리.
가난하다고 해서 그리움을 버렸겠는가,
어머님 보고 싶소 수없이 뇌어 보지만,
집 뒤 감나무에 까치밥으로 하나 남았을
새 빨간 감 바람 소리도 그려 보지만.
가난하다고 해서 사랑을 모르겠는가,
내 볼에 와 닿던 네 입술의 뜨거움,
사랑한다고 사랑한다고 속삭이던 네 숨결,
돌아서는 내 등 뒤에 터지던 네 울음.
가난하다고 해서 왜 모르겠는가,
가난하기 때문에 이것들을
이 모든 것들을 버려야 한다는 것을.

12회 | 영상화훈련 | 시읽기2

※ 시를 읽고, 그 내용의 상황들을 상상하여 그림으로 그려보시오.

13회	기억력훈련	그림기억3	날짜 /

※ 다음 그림을 3-10초 동안 보고 물음에 답하시오.

1 	2 	3 	4 
5 	6 	7 	8 
9 	10 	11 	12 
13 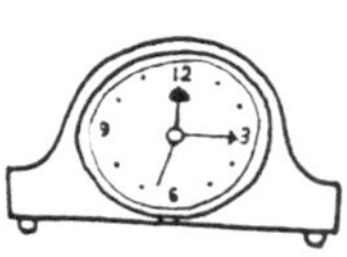	14 	15 	16 

각 문제당 20점

문제 1. 한 그림 안에 두가지 이상의 제품이 들어가 있던 것은 모두 몇 개?

____

문제 2. 같은 종류이면서 다르게 표현된 그림은 몇 번과 몇 번?

____

문제 3. 책상 위에 올려놓을 수 있는 그림을 4가지 이상 쓰시오.

____

문제 4. 7번 알람시계 가 가르키고 있었던 시간은?

____

문제 5. 앞의 사물의 이름을 번호에 맞게 기억을 되살려 적어 보시오.
(20점에서 틀린 답을 적을 때마다 2점씩 감점)

1. ________ 2. ________ 3. ________ 4. ________

5. ________ 6. ________ 7. ________ 8. ________

9. ________ 10. ________ 11. ________ 12. ________

13. ________ 14. ________ 15. ________ 16. ________

초	3	5	10
점수			

※ 다음 〈보기〉와 같이 주어진 낱말에 삼행시를 지어 보시오.

보기 자 전 거

자연 속에서 하루를 보내니

전신에서 힘이 솟고

거짓말 같이 아픈 곳도 다 나았다.

문제 1.

문제 2.

문제 3.

※ 아래의 글을 읽고 내용을 파악한 후 자신의 의견을 제시하도록 한다.

모함을 잘 하는 이리

짐승의 왕인 나이 많은 사자가 그만 병을 얻어, 굴 속에 몸져 누웠습니다.

그 소문을 듣고, 짐승이란 짐승은 모두 문병을 왔습니다. 그런데 아직 여우가 모습을 나타내지 않았습니다.

〈좋은 기회다. 여우란 놈을 혼내 주어야지.〉

이리는 이 사실을 사자에게 일러바쳤습니다.

"온갖 짐승의 대왕이시여, 저희들을 보살펴 주시는 어른이 병환이 나 모두 문병을 왔는데, 오직 여우만이 그림자도 비치지 않고 있습니다. 이런 괘씸한 놈이 어디 있겠습니까? 이런 기회에 엄한 벌을 내리시어 혼을 내 주십시오."

이렇게 모함을 하는데, 여우가 왔습니다.

사자는 크게 노하여, 여우를 당장 처치할 듯이 으르렁거렸습니다.

여우는 위험이 닥쳐 온 것을 깨닫고, 굽신거리며 황송하다는 태도로 물었습니다.

"대왕께서는 무엇을 그리 염려하십니까?"

"염려는 무슨 염려란 말이냐? 네 이놈! 내가 이렇게 앓아 누워 있는데, 너는 왜 이제까지 문병도 안 오고 있었단 말이냐? 여느 때는 내 앞에서 알랑거리던 녀석이!"

사자가 호령을 했습니다. 그러자 여우는,

"대왕님 말씀은 너무 억울합니다. 대왕님을 모신 자 가운데 저 만큼 대왕님을 위해 걱정하고 애쓰는 자가 있는 줄 아십니까? 저는 그 동안 대왕님께서 병환이란 소문을 듣고, 사방으로 돌아다니며 의사를 찾았습니다. 대왕님의 병환을 어떡하면 낫게 해 드리나 묻느라고 이리저리 뛰어다녔지요. 마침 좋은 약을 알아 가지고 왔습니다."

하고 말했습니다. 사자는 이 말에 귀가 번쩍 띄어,

"그래, 그 약이 어떤 것이냐? 가져왔으면 당장 이 앞에 내 놓아라."
하고 재촉했습니다. 여우는 생긋 웃고는,
"그것은 다름이 아니오라, 살아 있는 이리의 가죽입니다. 그것을 벗겨 따뜻한 가죽을 몸에 두르시면, 병환이 곧 나으신다고 했습니다.
하고 대답했습니다. 곁에 있던 이리는 여우의 말이 채 끝나기도 전에
'큰 일났다! 내 목숨이 위태롭다!'
하고 생각하고는 황급히 도망치려고 했습니다. 그러나 그 자리에서 붙들리고 말았습니다.
여우는 이리 쪽을 돌아보며 말했습니다.
"당신은 대왕님께 언짢은 마음을 일으켜 드리지 말고, 어진 마음을 일으켜 드렸더라면 좋았을 거야."

13회	논리적창작훈련	읽고내용전개1	날짜 /

⊙ 생각해 봅시다

문제 1. 이 이야기에 나오는 이리, 늑대, 사자에 대해 논리적으로 비판하시오.

문제 2. 이 이야기가 주는 교훈은?

문제 3. 자신이 사자였다면 어떻게 했을까?

13회 | 사고관찰훈련 | 논리분석1 | 날짜 /

※ 다음 〈보기〉와 같이 문제란의 그림을 생각해보면 일정한 순서를 가지고 있다. 여기에서 그림이 가지고 있는 순서에 맞게 그 다음에는 어떠한 그림이 와야 하는지를 생각하여 제한된 시간 내에 빨리 찾아 보시오. (3분)

답 : 3

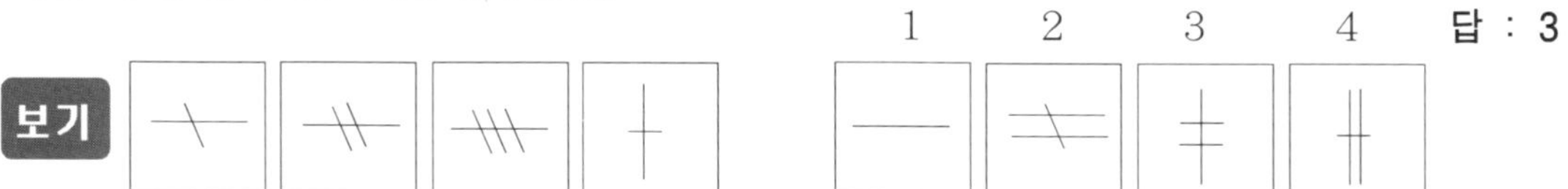

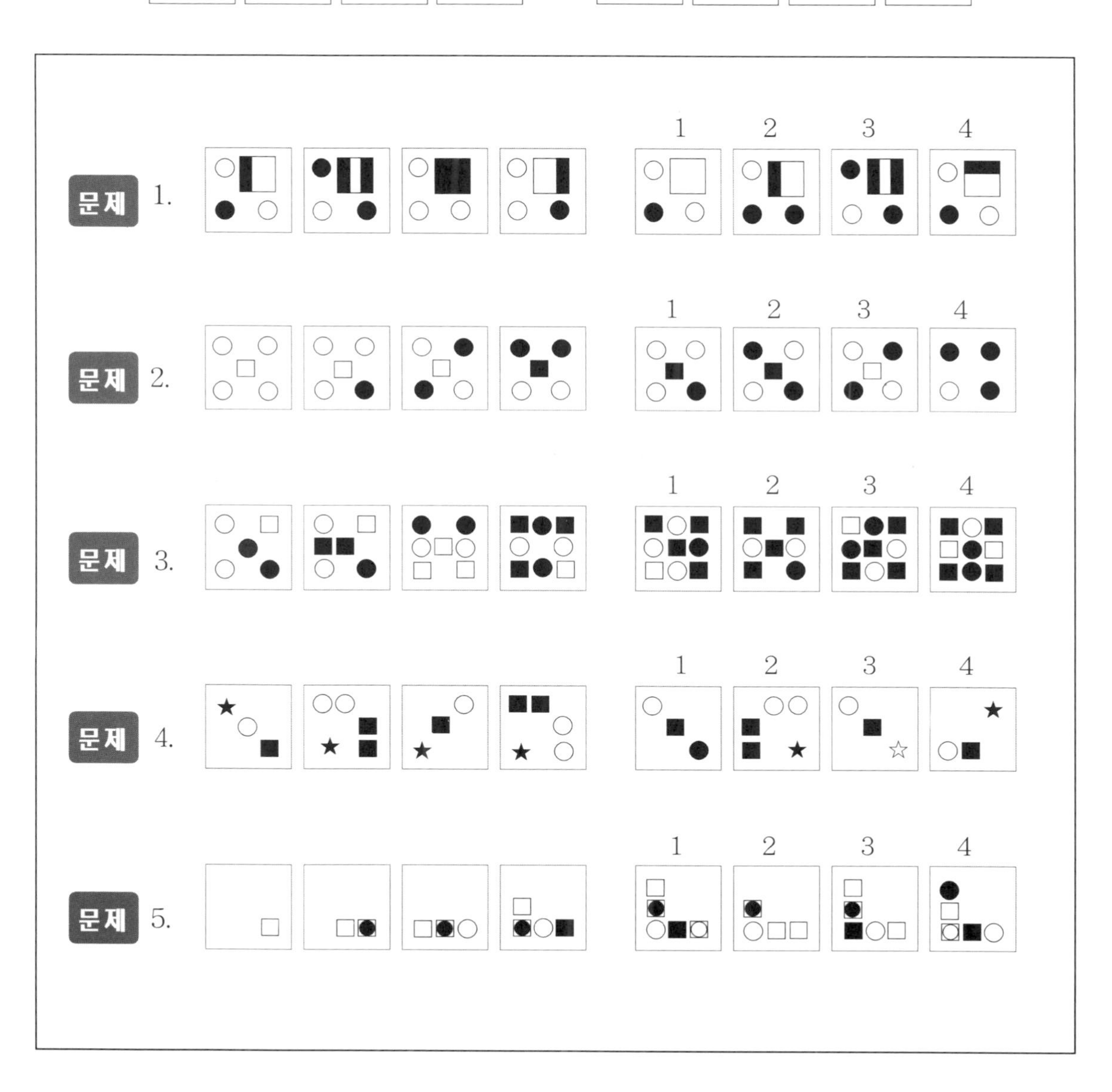

14회 | **기억력훈련** | **그림기억4** | **날짜 /**

※ 다음 그림을 3-10초 동안 기억하시오.

1 	2 	3 	4 
5 	6 	7 	8 
9 	10 	11 	12 
13 	14 	15 	16 
17 	18 	19 	20 

14회 기억력훈련 문제풀기

※ 앞의 그림에서 기억한 내용을 번호에 맞게 제한 시간 내에 낱말로 쓰시오. (1분)

1	2	3	4
5	6	7	8
9	10	11	12
13	14	15	16
17	18	19	20

14회	집중력훈련	미로찾기1	날짜 /

※ 구로동에서 급한 환자가 생겨서 강남의 병원까지 가야 한다. 가장 빠른 길을 찾으시오.

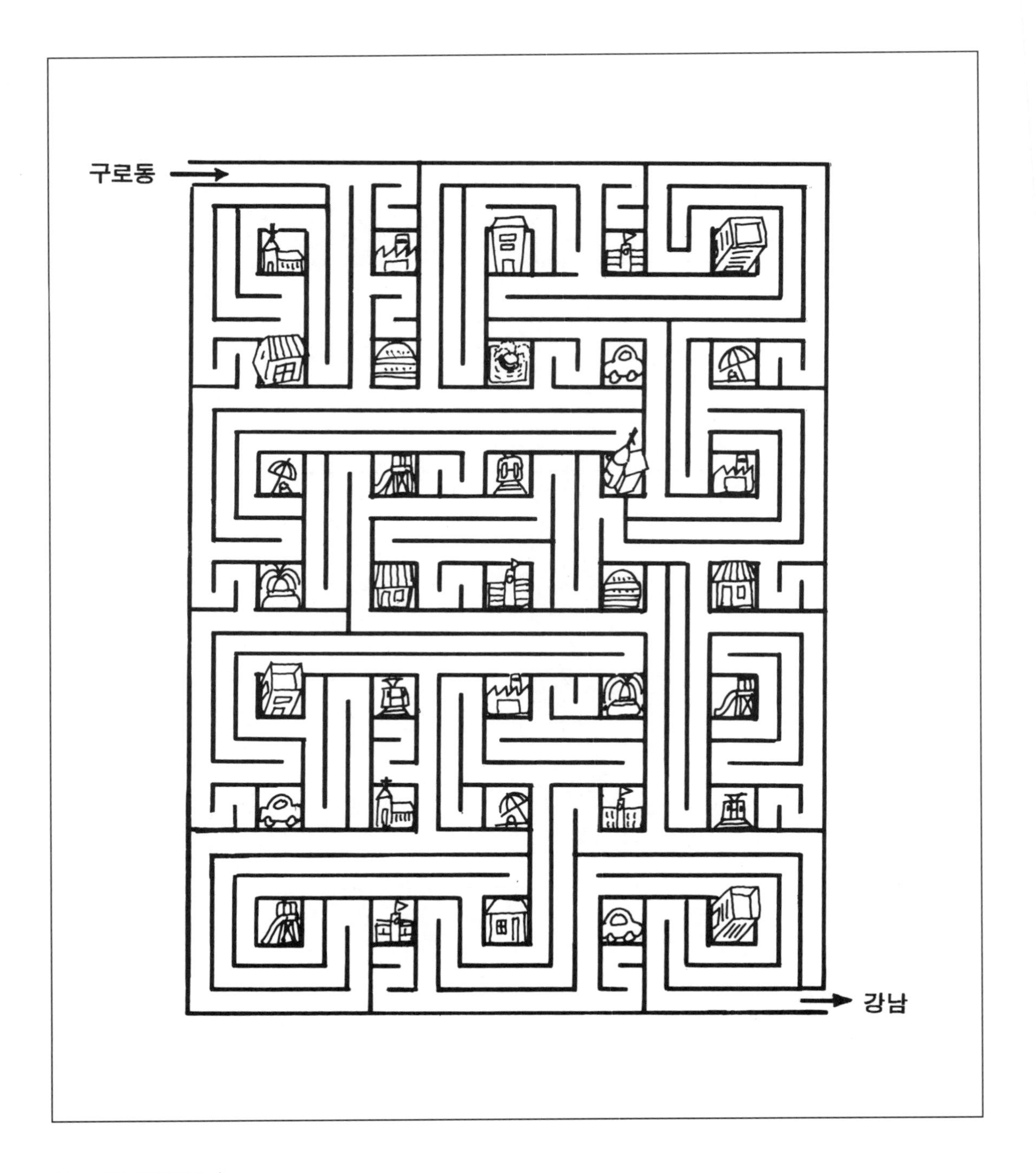

문제 1. 1부터 9까지 한 번씩 사용해서 삼각형의 꼭지점의 합이 15가 되도록 제한 시간 내에 숫자를 넣으시오. (5분)

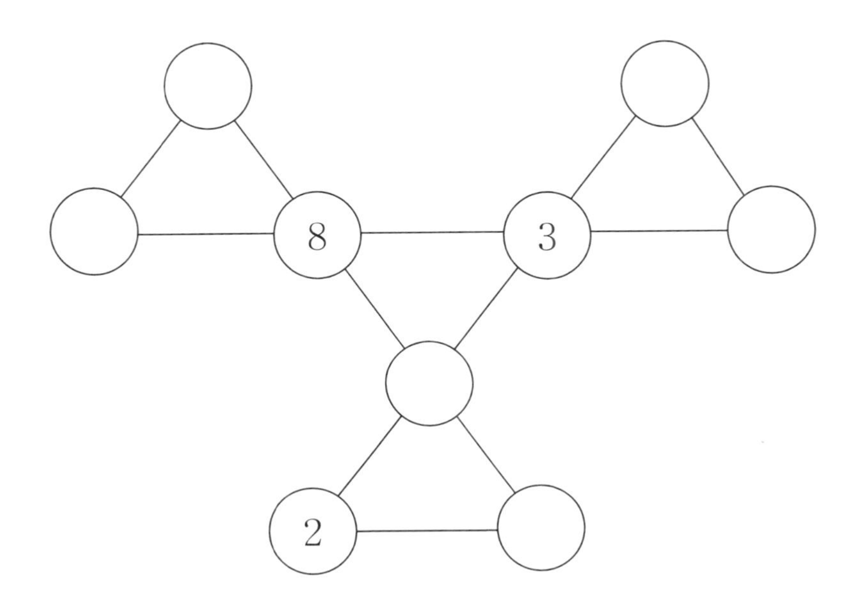

문제 2. 1부터 16까지 한 번씩 사용해서 사각형의 꼭지점의 합이 34가 되도록 숫자를 넣으시오.

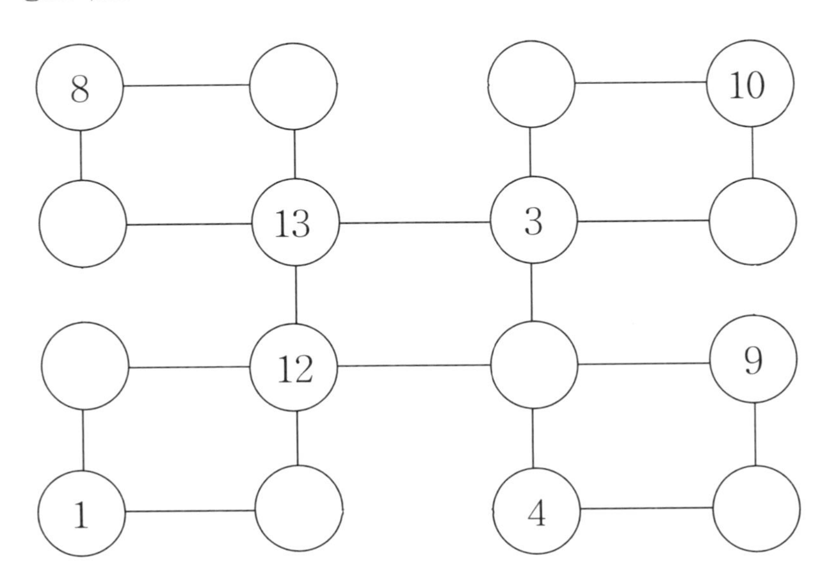

※ 시를 읽으면서 내용을 머릿속에 상상하시오.

승 무

조 지 훈

얇은 사 하이얀 고깔은 고이 접어서 나빌레라.

파르라니 깎은 머리 박사(薄紗) 고깔에 감추오고,
두 볼에 흐르는 빛이 정작으로 고와서 서러워라.

빈 대(臺)에 황촉(黃燭)불이 말없이 녹는 밤에
오동잎 잎새마다 달이 지는데,

소매는 길어서 하늘은 넓고,
돌아설 듯 날아가며 사뿐히 접어 올린 외씨버선이여.

까만 눈동자 살포시 들어
먼 하늘 한 개 별빛에 모두오고,

복사꽃 고운 뺨에 아롱질 듯 두 방울이야
세사(世事)에 시달려도 번뇌(煩惱)는 별빛이라.

휘어져 감기우고 다시 접어 뻗는 손이
깊은 마음 속 거룩한 합장(合掌)인 양하고.

이 밤사 귀또리도 지새우는 삼경(三更)인데,
얇은 사(紗) 하이얀 고깔은 고이 접어서 나빌레라.

※ 시를 읽고, 그 내용의 상황들을 상상하여 그림으로 그려보시오.

15회 | 기억력훈련 | 숫자기억3 | 날짜 /

※ 다음 숫자를 3-10 초 동안 보고 물음에 답하시오.

	119	43	6	
96		25		19
24	5.5		63	488
50		101		0.71
21	1988	004	38	17
	350	2989	7	

각 문제당 20점

문제 1. 끝자리가 '1'로 끝나는 숫자는 모두 몇 개인가?

문제 2. 끝자리가 '7'로 끝나는 숫자는 모두 몇 개인가?

문제 3. 한 숫자 내에서 같은 숫자가 두 번 이상 겹치는 것은 몇 개인가?

문제 4. '3'의 배수를 모두 몇 개인가?

문제 5. 앞의 그림에 열거된 숫자를 기억을 되살려 모두 적어 봅시다.
(20점에서 틀린 답을 적을 때마다 2점씩 감점)

초	3	5	10
점수			

15회	어휘력훈련	삼행시짓기2	날짜 /

※ 다음 <보기>와 같이 주어진 낱말에 삼행시를 지어 보시오.

문제 1. 놀 라 운

문제 2. 신 비 한

문제 3. 귀 여 운

문제 4. 순 수 한

15회 | 논리적창작훈련 | 읽고내용전개2 | 날짜 /

※ 아래의 글을 읽고 내용을 파악한 후 자신의 의견을 제시하도록 한다.

박 쥐

옛날 또 그 옛날, 새들과 땅에 사는 짐승들이 두패로 나뉘어서 심하게 싸운 일이 있었습니다. 오랫동안 어느 편이 이길는지 끝도 없는 싸움을 계속하고 있었습니다.

곰이니 사자니 호랑이가 땅에서 으르렁거리고 새편에서도 독수리와 매와 같은 사나운 용사들이 있었습니다.

박쥐는 자기 생긴 모양이 양쪽을 다 닮았기 때문에 이긴 쪽을 편들려는 생각으로 전쟁에는 휩쓸리지 않으려고 멀리서 구경만 하고 있었습니다. 그런데 그나마도 마음대로 할 수 없게 되었습니다. 서로 번갈아 이기고 지고 하던 새편과 들짐승편에서 모두 도와 달라고 하기 때문이었습니다.

어느 날 새들이 찾아와서,

"제발 우리편을 들어다오."

하고 부탁해 왔습니다.

"뭐라고? 너희들 새편을 들란 말이냐?"

박쥐는 고개를 설레설레 흔들며 말했습니다.

"안돼 안돼. 난 들짐승인걸."

그러고 보니 박쥐는 들짐승 같은 데가 있습니다. 그러나 날개가 있으니까 새가 아닐까요?

"그런가? 너는 그럼 들짐승이었단 말이지."

새들은 화가 나서 이를 바득바득 갈면서 돌아갔습니다. 그런 다음 이번에는 들짐승들 편에서 박쥐를 찾아와서 제발 들짐승 편을 들어 달라고 부탁했습니다.

"난 들짐승이 아니란 말이야, 난 말이야, 이것 보라구, 하늘을 날아 다니는 새가 너희편은 될 수 없지."

"저놈 봐라, 자기 좋은 대로 피하는구나. 어디 두고보자."
새들과 마찬가지로 화를 내면서 돌아갔습니다.
이윽고 서로 피를 흘리며 싸우던 새와 들짐승들 사이에 평화가 왔습니다. 그만 싸우기로 한거지요. 온 세상은 갑자기 조용해지면서 또 다시 즐거운 세상이 되었습니다.
"이만하면 마음놓고 살 수 있게 됐군."
그러면서 박쥐는 즐거운 듯이 새들이 사는 곳으로 날아갔습니다.
"자, 오늘부터 너희들 틈에 끼어다오."
그러나 새들은,
"이제와서 무슨 소리냐? 너도 들짐승이라면서?"
하고 쌀쌀하게 박쥐를 노려 보며 모두가 다른 곳으로 훨훨 날아가 버리고 말았습니다.
다음에 찾아간 짐승들도,
"나도 끼어다오."
하는 박쥐에게 새처럼 날카롭게 쏘아 부치고 아무도 상대를 해주지 않았습니다. 양편에서 핀잔을 주며,
"나쁜 놈!"
하는 소리와 함께 쫓겨 났고 아무도 상대를 해주지 않게 되자 불쌍한 박쥐는 혼자 숨어서 살아야 했습니다.
그런 다음부터 놀아 줄 상대가 없어서 컴컴한 동굴이나 한구석에서 숨어서 깜깜할 때가 아니면 절대로 나타나지 않게 돼버리고 말았대요.

15회 | 논리적창작훈련 | 읽고내용전개2 | 날짜 /

⊙ 생각해 봅시다

문제 1. 이 이야기에 나오는 박쥐의 행동에 대해 논리적으로 비판하시오.

문제 2. 이 이야기가 주는 교훈은?

문제 3. 이러한 사례를 우리 주변에서 찾아보고 논리적으로 비판하시오.

15회	사고관찰훈련	논리분석2	날짜 /

※ 다음 〈보기〉와 같이 문제란의 그림을 생각해보면 일정한 순서를 가지고 있다. 여기에서 그림이 가지고 있는 순서에 맞게 그 다음에는 어떠한 그림이 와야 하는지를 생각하여 제한된 시간 내에 빨리 찾아 보시오. (3분)

보기

3	9	15
21	27	33
39	45	?

답 : ? = 6씩 더한 수 51

문제 1.

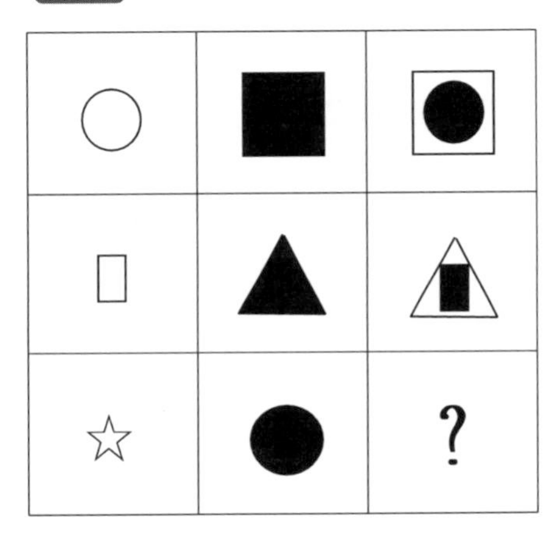

문제 2.

도	파	라
1	4	6
ㄱ	ㄹ	?

문제 3.

8	6	7
티	치	키
O	M	?

문제 4.

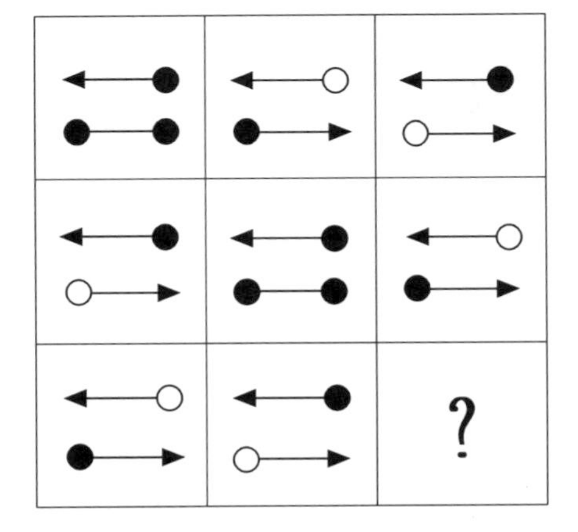

16회 | 기억력훈련 | 숫자기억4 | 날짜 /

※ 다음 숫자를 3-10 초 동안 보고 물음에 답하시오.

	0. 8		505	42
17	1	625	9	121
	4		007	54
30	72	15		49
63		1289	16	372
99	103	0. 05	720	

16회 기억력훈련 문제풀기

각 문제당 20점

문제 1. 끝자리가 '9'로 끝나는 숫자는 모두 몇 개인가?

____

문제 2. 한 숫자 내에서 같은 숫자가 두 번 이상 겹치는 것은 몇 개인가?

____

문제 3. 같은 숫자가 두 번 곱해져서 나온 숫자는?

____

문제 4. 숫자 중에서 그 값이 가장 큰 것은?

____

문제 5. 앞의 그림에 열거된 숫자의 기억을 되살려 모두 적어 봅시다.
(20점에서 틀린 답을 적을 때마다 2점씩 감점)

____

____

____

초	3	5	10
점수			

16회 집중력훈련 영어단어퍼즐2 날짜 /

※ 퍼즐식 집중력 훈련이다. 의지를 한곳에 모아 집중된 상태에서 ① ② ③ ④ ⑤에 나열된 단어를 아래 퍼즐난에서 찾아 빠른 시간에 차례대로 찾아 보시오.

문제

simple follow time elastic story
may push 숲속 match

result error magic floor pillow 가을
that fair reduce

amount relative main
part silver

한글 damage monster helth scholar
vivid feather

① part(역할), fair(공정한), result(결과), push(밀다)
② simple(단순한), match(성냥), damage(손해), reduce(줄이다)
③ relative(친척), follow(따르다), amount(양), error(잘못)
④ pillow(베개), floor(마루), silver(은), elastic(탄력적인)
⑤ monster(괴물), scholar(학자), magic(마법), vivid(생생한)

문제	1	2	3	4	5	기타		
분/초								

16회	수리분석훈련	수리분석4	날짜 /

문제 1. 원 3개가 만나도록 하고 그 만난점에 1부터 6까지의 숫자를 한 번씩만 사용해서 원 주위의 합이 각각 14, 점선상의 합이 각각 7이 되도록 제한 시간 내에 숫자를 넣어 보시오. (3분)

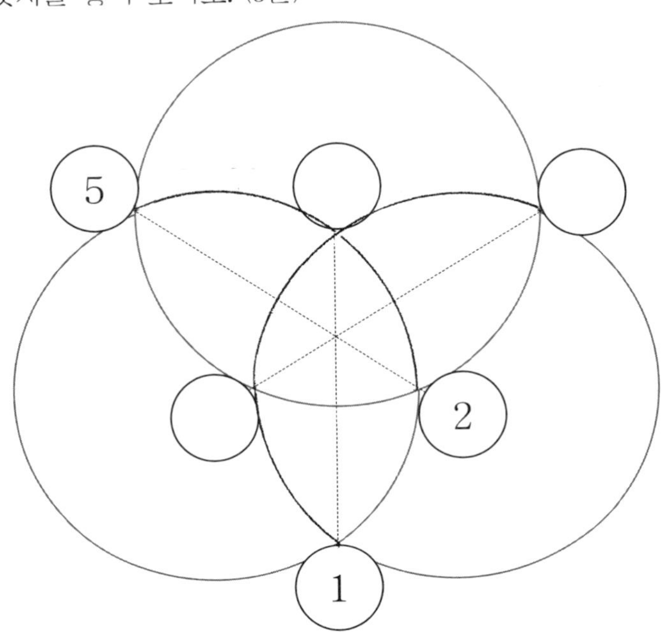

문제 2. 1부터 36까지 한번씩 사용하여 가로, 세로, 대각선의 합이 111이 되도록 제한 시간 내에 숫자를 넣어 보시오. (4분)

1		34	33		6
	26			29	7
18		21			
	23		16		13
25				11	30
		3	4		

※ 이솝우화를 읽으면서 내용을 머릿속에 상상하고 그림으로 그려보시오.

독수리와 삵괭이와 멧돼지

오래 묵은 전나무가 있었습니다. 그 나무 꼭대기에는 독수리가 집을 짓고 새끼를 쳤습니다. 그 아래 밑동에는 멧돼지가 구멍을 파고 새끼를 기르고 있었습니다.

이 곳에 삵괭이 한 마리가 이사를 왔습니다. 삵괭이는 전나무의 뚫린 구멍에다 새끼를 넣어 기르기도 했습니다.

얼마 동안은 평화롭고 즐거운 세월이 흘렀습니다. 그런데, 삵괭이는 차츰 이상한 소리를 꺼내어 그 평화를 깨뜨리기 시작했습니다.

"독수리 아저씨, 밑동에 사는 멧돼지는 참 좋은 친구죠?"

"그야 더 이를 말인가! 좋은 친구고 말고."

"하지만, 저 멧돼지가 언제까지나 있다는 건 좋은 징조라고 말하기 어렵죠."

"그건 무슨 뜻이지?"

"얘기를 듣고 나서 놀라지 마십시오."

삵괭이는 중대한 소식이나 전하는 듯, 나직한 목소리로 말했습니다.

"저 멧돼지는 참 엉큼한 놈이죠. 우리의 새끼들을 제 새끼의 밥으로 잡아먹일 작정이거든요."

독수리는 그만 깜짝 놀라 펄쩍 뛰었습니다.

"아니, 그게 정말인가? 그렇다면 가만히 있을 수 없지 않아?"

독수리는 겁이 나서 새끼의 먹이를 구하러 나가지도 않고, 보금자리에 꼭 붙어 있었습니다.

그 꼴을 본 삵괭이는 싱긋 웃고, 이번에는 멧돼지가 오기를 기다렸습니다.

삵괭이는 멧돼지가 돌아오자 몰래 멀리 끌고 가서,

"멧돼지 아저씨, 나는 원래 남의 말하는 걸 좋아하지 않는 성미지만 ……."
하고 말머리를 이상하게 꺼냈습니다.

"내가 당신이라면 집을 비워놓고 다니지는 않을 겁니다."
"뭐요? 그게 무슨 뜻이오?"
멧돼지는 당황해서 물었습니다.
"사실은 방금 나무 위에서 독수리가 제 새끼들에게 가만히 말하는 걸 엿들었는데, 그게 큰일 날 소리였어요. 당신의 귀여운 아기들을 제 새끼들의 저녁밥거리로 잡아 주겠다는 거예요."
이 말을 들은 멧돼지는 치를 떨며, 구멍 속에 푹 틀어박힌 채 밖으로 한 발짝도 나오지 않았습니다.
"잘 됐다! 이제 됐다!"
간사한 살쾡이는 독수리와 멧돼지가 나오지 않는 틈에, 혼자서 그 근처의 먹을거리를 독차지하였습니다.
독수리는 먹을 것이 떨어져 눈이 쏙 들어갔습니다. 멧돼지도 시장기를 참을 도리가 없었습니다.
살쾡이는 이제 제 세상이나 만난 듯 뛰어다니다가, 마침내 덫에 치어 버렸습니다.

16회 영상화훈련 이솝우화1

※ 이 이야기를 읽고, 그 내용의 상황들을 상상하여 그림으로 그려보시오.

17회	기억력훈련	도표기억3	날짜 /

※ 다음 도표를 3-10 초 동안 보고 기억하시오.

1469 →	조선, 경국대전 완성	1443 →	훈민정음 창제	1627 ↓
왕건, 고려 건국	← 918	강화도 조약 체결	← 1876	정묘호란
612 →	고구려, 살수대첩	1909 →	안중근, 이토 사살	1894 ↓
손기정, 베를린 마라톤 우승	← 1936	지석영 종두법 실시	← 1881	동학농민운동
1950 →	6.25 전쟁 발발	1978 →	자연보호 헌장 선포	

17회 기억력훈련 문제풀기

※ 앞 페이지에서 기억한 내용을 번호에 맞게 제한 시간 내에 넣으시오. (1분)

1469 →	1	1443 →	2	3 ↓
4	← 918	5	← 1876	정묘호란
6 →	고구려, 살수대첩	7 →	안중근, 이토 사살	8 ↓
손기정, 베를린 마라톤 우승 ←	9	10	← 1881	동학농민 운동
11 →	6.25 전쟁 발발	1978 →	12	13

17회 어휘력훈련 사행시짓기1 날짜 /

※ 다음 주어진 낱말에 사행시를 지어 보시오.

문제 1.

무	선	전	화

문제 2.

문제 3.

오	리	무	중

17회 | 논리력 훈련 | 논리추리2 | 날짜 /

※ 문제를 읽고, 칸 안에 쓰여 있는 각 정보들을 단서로 하여 해답을 찾아보시오.

어떤 연말 모임에 참석한 은영이는 네 명의 남자를 연달아 소개받았다. 그들은 바쁜 자리여서 자기 직업부터 간단히 소개했다. 1시간 후 그녀는 이제까지 만난 네 사람의 이름이 최진영, 한병욱, 이인섭, 강인철이라는 사실밖에는 기억이 나지 않았다. 어렵사리 그 네 사람의 직업이 사진사, 식료상인, 은행가, 가수임을 기억해냈지만, 어느 사람이 어떤 직업을 가지고 있는지는 도통 생각이 나지 않았다. 은영이는 이 네 사람을 잘 아는 친구에게 도움을 요청했지만 재미있다면서 네 가지 단서만 주고 가 버렸다. 과연 은영이는 이 단서로 그들이 어떤 일을 하는지 알아낼 수 있을까? 네 가지 단서란 이렇다.

1. 강인철 씨는 은행가에게 돈을 대부받으려고 그를 접촉한 적이 있다.
2. 한병욱 씨는 자기 결혼식 사진을 찍어달라고 사진사를 만난 적이 있다.
3. 가수와 강인철 씨는 친구지간이지만 직업상으로 만나는 일은 없다.
4. 최진영 씨도 가수도 그날 파티 이전에 이인섭 씨를 만난 적이 없다.

문제를 좀 쉽게 풀어나가려면 아래 도표를 잘 활용해 보자.

직업 \ 이름	최진영	한병욱	이인섭	강인철
은행가				
식료상인				
사진사				
가수				

※ 다음의 전개도를 잘 관찰해 보고 해당하는 입체도형을 제한 시간 내에 만들어 보시오. (4분)

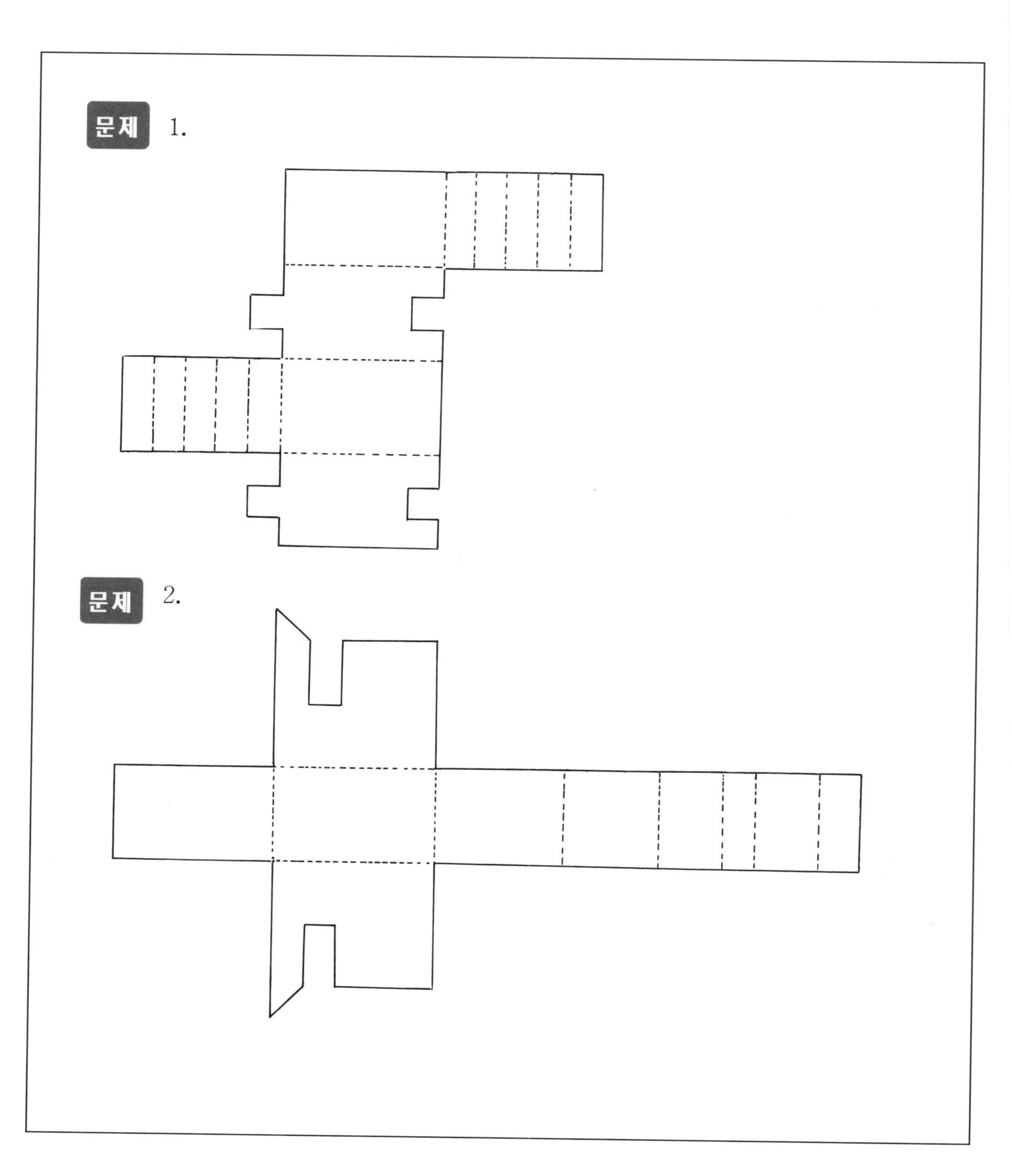

18회	기억력훈련	도표기억4	날짜 /

※ 다음 도표를 3-10 초 동안 보고 기억하시오.

고구려, 낙랑군을 멸망시킴 →	313	← 로마, 크리스트교 공인	1198 →	만적의 난
1858 ←	무굴제국 멸망	규장각 설치 →	1776 ←	미국 독립선언
신간회 조직 ←	1927	1943 →	카이로 선언	1969 ↓
서울아시아 경기대회 ←	1986	KAL기 피격참사 ←	1983	아폴로11호 달 착륙
1990 →	소련과 국교수립	대한민국 정부, 헝가리, 폴란드 등 동구권 국가와 수교 →	1989 ←	베를린 장벽 붕괴

18회 기억력훈련 문제풀기

※ 앞 페이지의 도표를 기억하며 제한 시간 내에 빈칸에 넣으시오. (1분)

고구려, 낙랑군을 멸망시킴 →		← 로마, 크리스트교 공인	1198 →	
←	무굴제국 멸망	→	1776 ←	
신간회 조직 ←		1943 →	카이로 선언	↓
서울아시아 경기대회 ←		←	1983	아폴로11호 달 착륙
→	소련과 국교수립	→	1989 ←	

18회	집중력훈련	숫자퍼즐3	날짜 /

※ 퍼즐식 집중력 훈련입니다. 의지를 한곳에 모아 집중된 상태에서 흐트러져 있는 숫자를 ① ② ③ ④ ⑤ 차례대로 찾아 보시오.

문제

49	江	사람	2	은혜	000	16	545
무용	33	발표	아	4	88	9	
53	음	0.4	대구	1721	산	93	701
발	non	6	22	秋收	1170	5001	
63	故鄕	25	양	004	장군	0	7
자연농원	13	웅담	35	사랑	to	43	
라구요	1	평화	우등열차	5	마음		
669	말	노래	3	아침	38	72	8

① 669 - 43 - 13 - 1170 - 3 - 53 - 16
② 49 - 5 - 669 - 545 - 0.4 - 0 - 000 - 1
③ 25 - 72 - 5001 - 6 - 1721 - 35 - 1 - 43
④ 49 - 22 - 669 - 38 - 701 - 1721 - 16 - 88
⑤ 2 - 9 - 701 - 5001 - 35 - 669 - 63 - 6

문제	1	2	3	4	5	기타		
분/초								

18회 수리분석훈련 | 수리분석5 | 날짜 /

문제 1. 1부터 10까지 한 번씩 사용해서 가로, 세로의 합이 20이 되도록 제한 시간 내에 숫자를 넣으시오. (3분)

<table>
<tr><td>2</td><td>3</td><td></td><td></td></tr>
<tr><td></td><td colspan="2"></td><td></td></tr>
<tr><td></td><td></td><td>1</td><td>4</td></tr>
</table>

문제 2. 1부터 25까지 한번씩 사용하여 가로, 세로, 대각선의 합이 65가 되도록 제한 시간 내에 숫자를 넣으시오. (5분)

2		20	21	
9	16	22		15
25		13	19	
	23			17
18		6	12	

18회	영상화훈련	이솝우화2	날짜 /

※ 이솝우화를 읽으면서 내용을 머릿속에 상상하고 그림으로 그려보시오.

제분소 주인 부자와 당나귀

멍청이 방앗간 주인과 아들이 읍내 시장에 팔 작정으로 당나귀 한 마리를 끌고 나섰습니다.

두 사람은 집을 나와 얼마 동안 걷다 보니 약간 피곤해졌습니다. 그때 여자 몇 사람이 왔습니다.

"어머나! 참 이상도 하다."

여자들은 서로 얼굴을 마주보고 웃었습니다.

"저봐요. 바보 같은 사람도 다 있군, 타고 가면 좋을 텐데 당나귀를 그냥 걷게 내버려 두다니, 그리고 자기들은 저렇게 걸어가고……."

그러고는 다시 지나쳐 버렸습니다.

"딴은 그렇군! 어째서 일찍 그 생각을 못했을까?"

아버지는 대뜸 아들을 당나귀에 태우고

자기는 그 옆에 걸어갔습니다. 그런데 얼마후 이번에는 늙은이를 만났습니다. 노인은 두 사람을 보자,

"야, 참 험한 세상이 되었구나!"

요즈음 세상은 나이 든 사람을 소중히 하지 않는다는 생각을 하고 있는데 정말 그렇구나. 저렇게 새파란 녀석이 저는 당나귀를 타고 늙은 아버지를 걷게 하고 있단 말인세."

제분소 주인을 쳐다보며 노인은 눈물을 뚝뚝 흘렸습니다.

그러더니 성큼성큼 아들에게 다가서더니 무서운 표정으로 버럭 소리를 쳤습니다.

"이 못된 놈아! 부모를 천대하면 벌을 받는거야. 빨리 내려 걷지 못할까?"

제분소 주인 아들은 황급히 당나귀 등에서 내렸습니다.

"아버지가 타세요."

그래서 다음에는 아버지가 타고 아들은 걸어가기로 했습니다. 얼마쯤 가니까 이번에는 너댓병의 아가씨들이 떼를 지어 걸어오는 것과 만났습니다.

그 중에 한 아가씨가
"어머나 지독한 사람도 다 있구나."
"보세요. 저렇게 어린 아들을 걷게 하다니 그럴 수가 있어요. 아들은 당나귀를 쫓느라고 얼굴이 새빨개져서 뛰고 있는데…… 저러면서도 아들에게 효도하란 말이 나올까?"
그 말을 듣자 아버지는 마음 속으로
(과연 그렇구나!)
하고 생각했습니다.
"그럼 어떻게 하면 좋을까요?"
아가씨한테 물었습니다.
"아이구 이 멍청이 아저씨봐요! 뻔한 일 아닌가요. 아들도 태워 줘야지, 자기만 편하려구! 창피하지도 않나요?"
"참 고맙습니다. 좋은 생각을 가르쳐 주셔서."
아버지는 당장 자기 앞에 아들을 태웠습니다.
"어째서 좀 더 일찍이 이런 걸 몰랐을까?"
당나귀 등에 올라탄 아버지와 아들은 읍내로, 읍내로 서둘러 갔습니다. 마침 읍내에 들어갈 무렵이었습니다. 두 사람은 뒤에서 부르는 소리를 듣고 돌아다봤습니다.
"당신들은 사람이 어찌 그 모양이요? 아무리 말 못하는 짐승이라도 어째서 그다지도 아껴주지 않는가요?"
수염을 시커멓게 기른 읍내 사람이 그런 말을 했습니다. 그 사람은 지팡이를 휘두르면서 화를 내었습니다.
"다 큰 사람이 둘씩이나 타고 그게 뭔가요. 당나귀가 불쌍하지도 않나요?"
읍내 사람은 이들 부자에게 고래고래 소리를 질렀습니다.
"당신들은 너무 하군. 당나귀를 타기는커녕, 당나귀를 메고 가요."
멍청한 제분소 주인은,
"딴은 그걸 몰랐었구나."
그래서 곧 당나귀의 네 다리를 묶어 그 사이로 긴 막대기를 끼고 아들과 함께 메고 갔습니다.

얼마나 우스운 모양인가요? 조금 가니 그곳에는 내가 있고 다리가 놓여 있었습니다. 읍내 사람들은 웃으면서 그 뒤를 졸졸 따라갑니다.

"핫하하하"

"핫하하하"

떠들썩하게 야단들입니다.

그러자 당나귀는 이 소리에 깜짝 놀라 몸부림치기 시작했습니다. 꽁꽁 묶인 다리를 빼려고 야단입니다.

결사적으로 발버둥치는 바람에 묶었던 줄이 끊어져 당나귀를 강물에 떨어뜨리고 말았습니다.

당나귀가 죽은 건 말할 것도 없습니다. 모처럼 읍내 장터에 가서 당나귀를 팔려던 것이 그만 헛수고가 되고 말았습니다.

이 이야기는 자기 주장이 없이 남의 말만 듣는 바보는 터무니 없는 일을 당한다는 것을 가르쳐 주는 것입니다.

18회 | 영상화훈련 | 이솝우화2

※ 이 이야기를 읽고, 그 내용의 상황들을 상상하여 그림으로 그려보시오.

19회	기억력훈련	동물기억3	날짜 /

※ 다음 낱말을 3-10 초 동안 보고 물음에 답하시오.

거북이		양	여우	호랑이
낙타	물개		나비	뱀
사슴	쥐	기린		곰
	펭귄	말	장수하늘소	
참새	너구리		표범	소

각 문제당 20점

문제 1. 사람의 띠에 해당하는 동물은 모두 몇 개인가?

____

문제 2. 곤충류에 해당하는 것은?

____

문제 3. 가장 장수하는 동물은?

____

문제 4. 한 글자의 이름을 가진 동물은 모두 몇 종류?

____

문제 5. 앞의 그림에 열거된 동물을 기억을 되살려 모두 적어 봅시다.
(20점에서 틀린 답을 적을 때마다 2점씩 감점)

____

____

____

초	3	5	10
점수			

19회 | 어휘력훈련 | 사행시짓기2 | 날짜 /

※ 다음 주어진 낱말에 사행시를 지어 보시오.

문제 1.

주	경	야	독

문제 2.

풍	전	등	화

문제 3.

상	전	벽	해

19회	논리력 훈련	논리추리3	날짜 /

※ 문제를 읽고, 칸 안에 쓰여 있는 각 정보들을 단서로 하여 해답을 찾아보시오.

푸른 노인학교에는 90세가 넘는 할머니들 다섯 분이 있다. (그 중 한 분의 이름은 순지이다). 다섯 사람중 나이가 똑같은 사람은 없으며 아무도 100세가 되지 못했다. 아래 단서들을 이용하여 각 사람의 성과 이름, 그리고 나이를 알아보라

1. 미경 할머니의 나이는 박씨 할머니와 조씨 할머니의 꼭 중간이다.
2. 은숙 할머니는 조씨 할머니보다 나이가 많지만 미경 할머니보다는 적다.
3. 정씨 할머니만 빼고 모든 할머니의 나이는 짝수이다.
4. 지연 할머니는 나이가 가장 많지도 않고 가장 적지도 않다.
5. 허씨 할머니는 미순 할머니보다 나이가 많고 염씨 할머니는 허씨 할머니보다 나이가 많은데 이 세 사람의 나이 차이는 서로 같다.

위의 단서를 이용하여서 할머니들의 성과 이름, 나이를 연결시켜 보시오.

	지연	은숙	미순	미경	순지	나이				
허										
박										
염										
정										
조										
나이										

※ 눈으로만 보면서 아래의 ①, ②, ③, ④ 출발점이 ㉠, ㉡, ㉢, ㉣ 중 어느 점으로 종착되는지 제한 시간 내에 확인해 보시오. (1분)

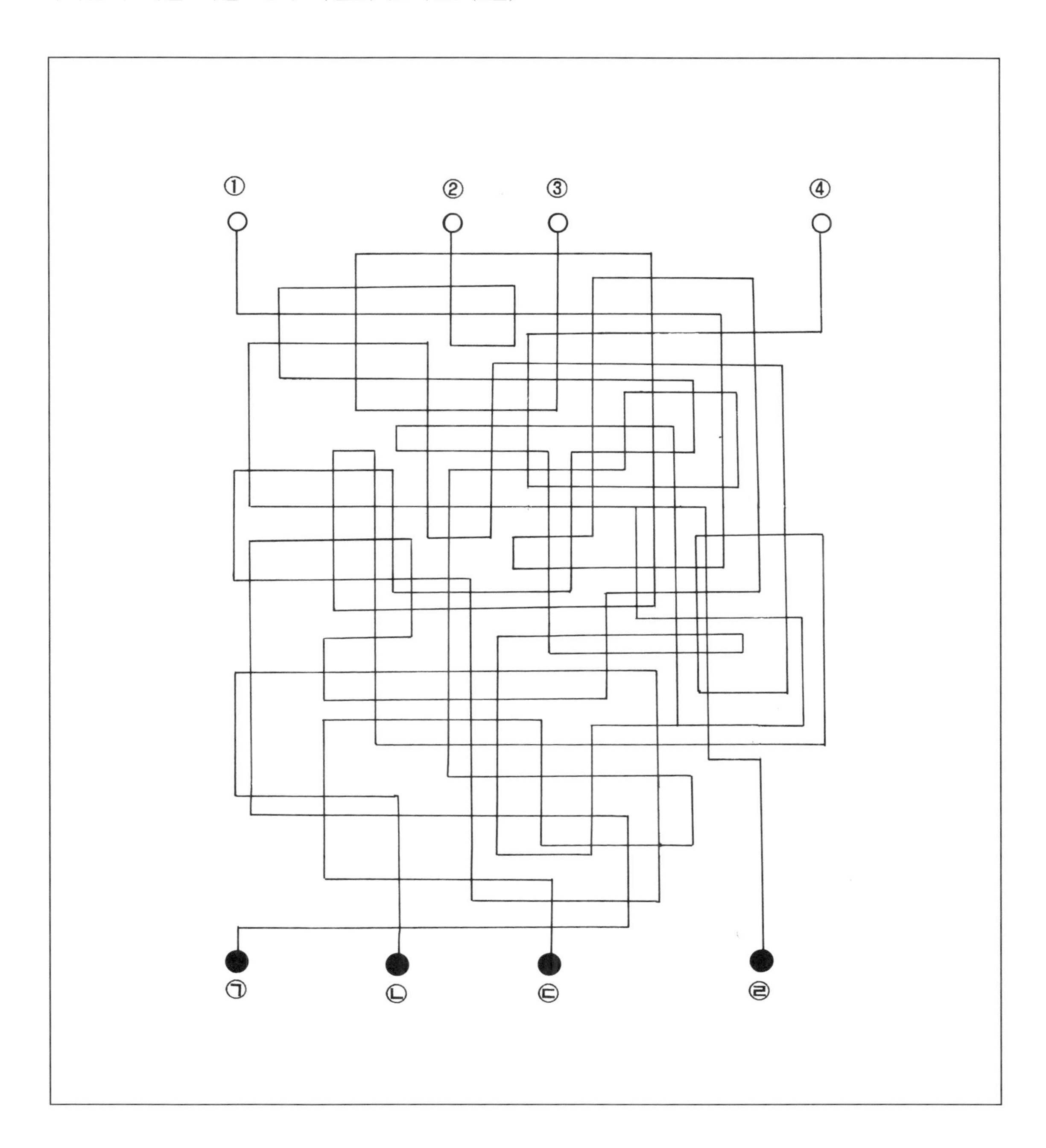

20회 | 기억력훈련 | 동물기억4 | 날짜 /

※ 다음 낱말을 3-10 초 동안 보고 기억하시오.

가재	소라		악어	뱀장어
	도마뱀	말미잘	오징어	지렁이
멸치	게	해파리		조개
멍게		상어	불가사리	
잉어	개구리	해삼		낙지

※ 기억한 내용을 빈칸의 위치에 맞게 제한 시간 내에 넣으시오. (1분)

가재				
				지렁이
	게			
		상어		
	개구리			

20회 집중력훈련 낱말퍼즐3 날짜 /

※ 퍼즐식 집중력 훈련입니다. 의지를 한곳에 모아 집중된 상태에서 흐트러져 있는 낱말을 ① ② ③ ④ ⑤ 차례대로 찾아 봅시다.

문제

조상	566	청자	at	소리	成	에	마비	고
色	노래	6.8	얼	산	이	880	기운	
의	愛	동강	곱	156	를	세월	91	닿아
가	39	숨결	doll	힘	永久	들	있	
난	즐겁다	무척	77	슬기	잡채	씻은	까치	
나오리라.	빛	車	801	으면	sos	아침		
맑	산수	기쁜	壁	봄	0.7	넘치는		
과	1997	듯	다.	까치	6	하늘	鏡	소식

① 청자빛 하늘이 무척 맑고 곱다.
② 동강난 세월들 씻은 듯 나오리라.
③ 아침에 까치 소리를 들으면 기쁜 소식이 있다.
④ 조상의 얼과 숨결과 슬기가 닿아 있다.
⑤ 기운과 힘이 넘치는 노래를 들으면 즐겁다.

문제	1	2	3	4	5	기타		
분/초								

문제 1. 1부터 10까지 한 번씩 사용해서 삼각형의 합이 16이 되도록 제한 시간 내에 숫자를 넣으시오. (3분)

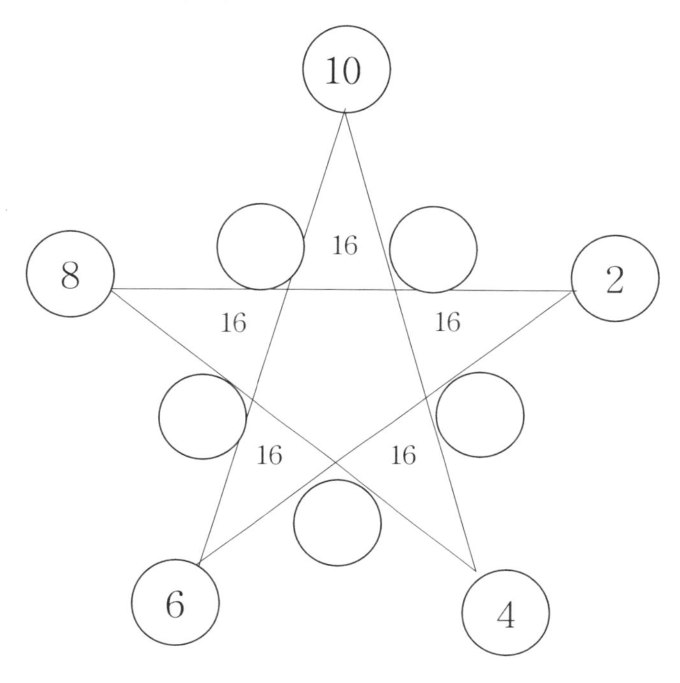

문제 2. 1부터 9까지 한번씩 사용하여 선분의 합이 같아지도록 제한 시간 내에 숫자를 넣으시오. (3분)

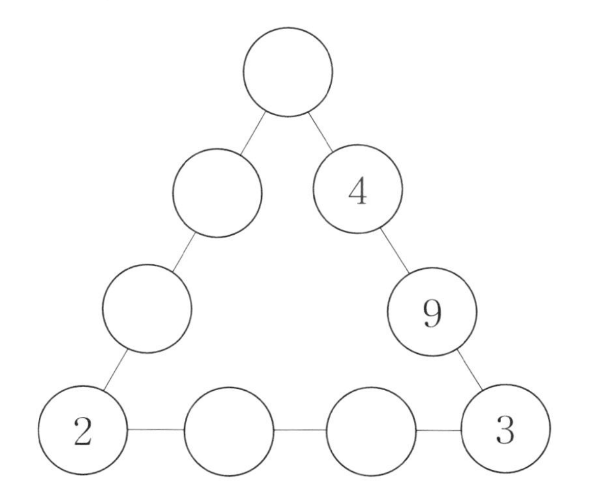

20회	영상화훈련	이솝우화3	날짜 /

※ 이솝우화를 읽으면서 내용을 머릿속에 상상하고 그림으로 그려보시오.

말과 사슴

말이 들에서 풀을 뜯어 먹고 있을 때, 사슴 한 마리가 왔습니다. 사슴도 문적문적 푸른 풀을 맛있게 뜯어 먹었습니다.

말은 사슴이 너무 세차게 풀을 먹는 것을 보고, 저러다가 풀이 다 없어지지 않나 걱정이 되어 말했습니다.

"여보, 여보, 이제 그만 먹어요. 풀이 다 없어지지 않아?"

그 말에 사슴은 비위가 상해,

"내가 풀을 먹건 말건 그것은 내 자유야. 그대가 아랑곳할게 못 돼!"

하고 대꾸했습니다.

"저런 고얀놈 같으니라구! 어디 두고 보자!"

말은 화가 치밀어 사람한테로 갔습니다.

"제 소원을 들어 주십시오. 다름 아니라, 저놈의 사슴을 풀밭에서 몰아내 주십시오."

"그거야 어렵지 않지."

사람은 선선히 대답하고, 이렇게 다짐해 두었습니다.

"잘 들어 둬라. 내가 네 입에 재갈을 물리고, 네 등에 올라타고 너를 내 마음대로 부리지 않고는 사슴을 몰아내기가 어렵다."

"그야 마음대로 부리셔요."

말은 사슴이 미워 못 견뎠으므로 선선히 대답했습니다.

다짐을 받은 사람은 말을 타고, 이리저리 고비를 잡아당겨서 사슴을 몰았습니다. 사슴은 그만 도망쳐 버렸습니다.

"어때, 맛이? 속이 다 시원하구나. 바보 같은 사슴아!"

말은 이렇게 소리 높이 외쳤습니다.

그러나 이때부터 말에게는 사람이라는 상전이 생겼습니다. 날마다 사람을 태우고, 시키는 대로 쏘다니지 않으면 안 되게 되었습니다.

20회 | 영상화훈련 | 이솝우화3

※ 이 이야기를 읽고, 그 내용의 상황들을 상상하여 그림으로 그려보시오.

21회	기억력훈련	낱말기억3	날짜 /

※ 다음 낱말을 3-10 초 동안 보고 기억하시오.

1 하늘	2 낚시	3 소리	4 외래어	5 제자
6 신문	7 교육	8 터줏대감	9 호미	10 눈
11 친구	12 배낭여행	13 농구	14 생일	15 수상스키
16 반딧불	17 마음	18 호수	19 꽃잎	20 구멍가게
21 골목	22 고속도로	23 스승	24 전나무	25 새우

21회 | 기억력훈련 | 문제풀기

※ 앞 페이지에서 기억한 낱말을 번호에 맞게 제한 시간 내에 넣으시오.

1	2	3	4 외래어	5
6	7 교육	8	9	10
11	12	13	14 생일	15
16 반딧불	17	18	19	20
21	22	23	24 전나무	25

21회 | 어휘력훈련 | 문장만들기1 | 날짜 /

※ 다음 주어진 낱말을 이용하여 짧은 문장을 만들어 보시오.

문제 1. 가을산, 어린이, 어른

문제 2. 바다, 희망, 어른

문제 3. 구름, 꽃, 빌딩

문제 4. 설날, 고드름, 어머니

문제 5. 노력, 친구, 태양

21회	논리력 훈련	논리추리4	날짜 /

※ 문제를 읽고, 칸 안에 쓰여 있는 각 단서로 어느 부부가 어디로 갔는지 찾아보시오.

은성 부부를 포함한 다섯 쌍의 부부는 지난해 각기 다른 곳(하나는 일본)에서 각기 다른 방식으로 휴가를 보냈다. 한 부부는 캠프촌으로 캠팽을 갔고, 또 한 부부는 자동차 여행을 갔으며, 또 한 부부는 국토순례 여행을 떠났다. 아래 단서에서 자동차라 함은 승용차와 버스를 포함한다.

1. 민구부부(이들은 제주도로 가지 않았다)와 한려해상 국립공원을 간 부부는 배를 타고 여행하지 않았다.
2. 배로 여행한 부부와 비행기를 타고 여행한 부부는 제주도로 가지 않았다.
3. 은성이 부부는 태백산맥을 여행하지 않았으며 배를 이용하지도 않았다.
4. 비행기로 여행한 부부는 홍도로 가지 않았으며, 배로 여행한 부부는 태백산으로 가지 않았다.
5. 세기 부부는 자동차 여행을 하지 않았으며 배를 타지도 않았고 제주도에도 가지 않았다.
6. 규한 부부는 배를 타고 여행하지 않았다.
7. 태백산으로 간 부부와 한려해상 국립공원으로 간 부부는 국토순례 여행을 하지 않았으며 자동차 여행을 한 부부는 한려해상 국립공원으로 가지 않았다.

	홍도	제주도	한려해상	태백산	일본	국토	비행기	배	자동차	캠핑
은성										
규한										
세기										
민구										
태성										
국토										
비행기										
배										
자동차										
캠핑										

21회 | 사고관찰훈련 | 도형관찰5 | 날짜 /

※ 작은 육각형을 모아서 만든 도형이다. 크고 작은 육각형이 전부해서 몇 개나 될까. 제한 시간 내에 정확하게 세어 보시오. (2분)

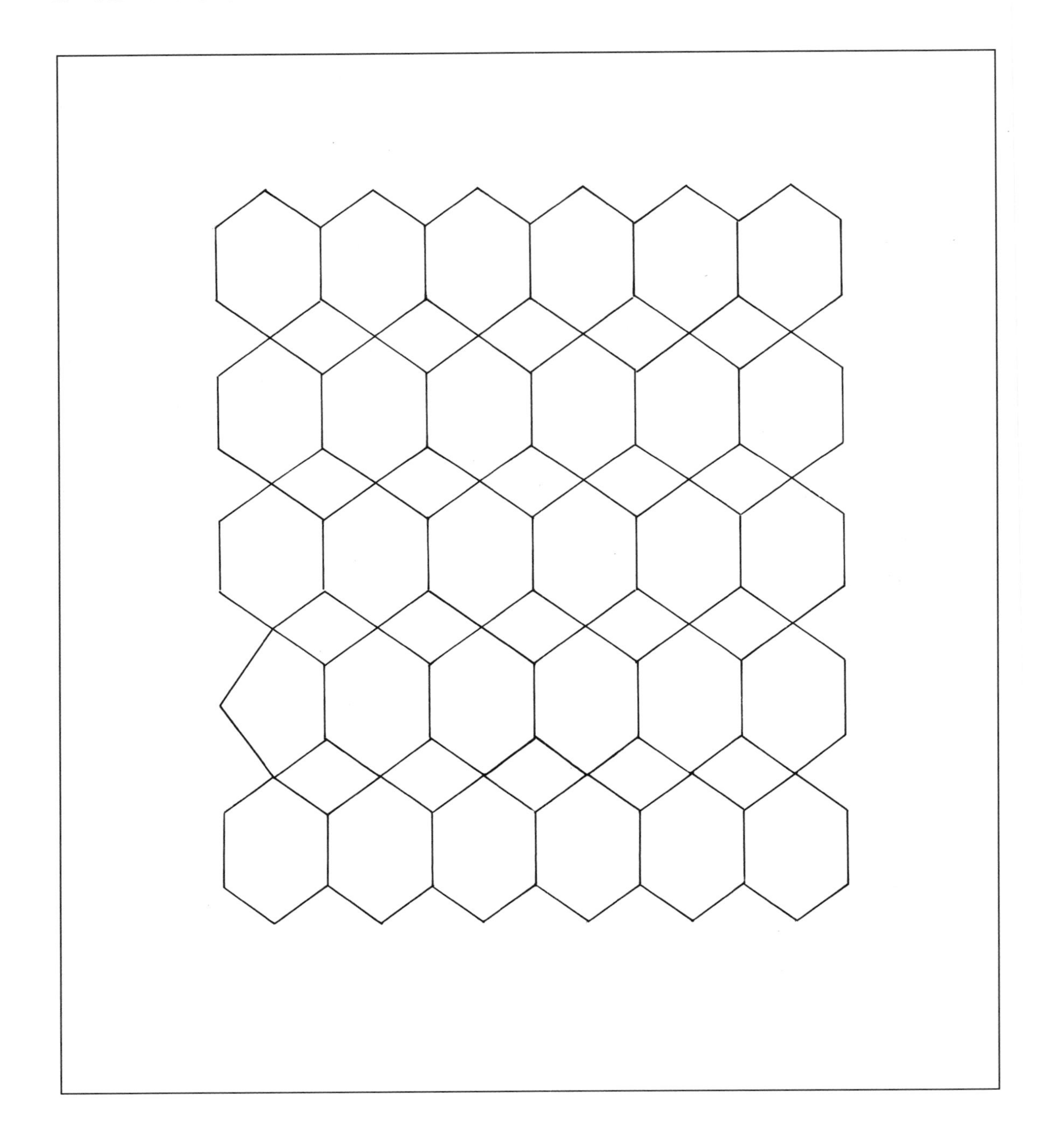

22회 | 기억력훈련 | 낱말기억4 | 날짜 /

※ 다음 낱말을 3-10초 동안 보고 물음에 답하시오.

1 그림책	2 신호등	3 바람	4 영어	5 가위
6 소나무	7 축구	8 선풍기	9 강	10 여치
11 부채	12 보석	13 연필	14 우산	15 구두
16 배구	17 줄넘기	18 풀	19 야구	20 은행
21 반지	22 주유소	23 수영	24 비디오	25 도화지

22회 기억력훈련 문제풀기

※ 앞의 페이지에서 기억한 낱말을 번호에 맞게 제한 시간 내에 넣으시오. (1분)

1	2	3	4 영어	5
6	7 축구	8	9	10
11	12	13 연필	14	15
16	17 줄넘기	18	19	20
21	22	23	24 비디오	25

22회	집중력훈련	미로찾기2	날짜 /

※ 배를 타고 지구 반대편에 있는 보물섬을 찾아 떠나려고 한다. 길은 멀고 험하다. 어떻게 찾아가야 할까? (1분)

※ 칸 안에 있는 숫자는 오른쪽 또는 아래쪽에 있는 빈 칸에 들어가는 숫자의 합계입니다. 네모칸 안에 1-9까지의 숫자를 넣어 칸 안에 들어 있는 숫자의 합과 같게 하는 것입니다. 네모칸 한 줄에 같은 숫자를 넣을 수 없으며, 0(제로)도 사용하지 않습니다.

보기

\	\	6 \	10 \
\	4 \ 4	3	1
\ 7	1	2	4
\ 11	3	1	5

풀이

칸에 7이 들어 있으므로 들어갈 숫자는 1, 2, 4 입니다. 숫자는 반복되지 않습니다. 6은 3, 2, 1입니다. 10과 11은 나머지 숫자를 생각하면서 추리하여 칸을 채워보면 쉽게 정답이 나옵니다.

문제

\	\	15 \	8 \	5 \	\	\	12 \
\	6 \ 7				\	30 \	
\ 11					13 \ 6		
\ 7				8 \ 18			
\ 9			7 \ 10				\
\	12 \	3 \ 18					9 \
\ 12				15 \			
\ 13					3 \		

※ 이 이야기를 읽고, 그 내용의 상황들을 상상하여 그림으로 그려보시오.

황금보다 중요한 것

옛날에 의리가 좋기로 이름난 형제가 살았습니다.

한 번은 형제가 함께 먼길을 걸어가는데, 다리를 건느려니까, 물 속에 번쩍거리는 것이 보이더랍니다.

그래서 아우가 물 속에 들어가 그것을 주워보니 커다란 금덩어리였습니다.

아우는 금덩이를 형에게 내 주며,

"이건 형님이 가지십시오, 형님은 살림이 넉넉치 않은 데다가 부모님을 모시고 계시니, 이것을 팔아 살림에 보태십시오."

하고 말하더라는 것입니다.

그러자 형은 그 금덩이를 다시 동생에게 내 주며,

"아니다. 네가 나보다 더 어렵지 않느냐? 자식들은 많고, 농사거리는 적으니……."

하고 말을 하였습니다.

그러나 아우는 아우대로 금덩이를 형님이 가지셔야 된다고 말했습니다.

"아우야, 아무래도 이 금덩이 때문에 우리의 의리가 상할 것 같구나. 좋은 생각이 떠올랐다. 이것을 네가 가져도 내가 그 생각을 할 것이고 내가 갖는다 해도 네 마음에서 이 금덩이 생각이 떠나지 않을 터이니, 이러다가는 너와 나의 사이가 멀어질까 두렵다. 그러니 이 금덩이는 도로 물에 버리는 것이 어떻겠는냐?"

형님 말이 옳다고 생각한 아우도,

"예, 형님의 말씀이 맞습니다."

하고 찬성을 하여, 금덩이를 물 속에 던져 버렸다는 것입니다.

이렇게 해서 형제는 가벼운 마음으로 다시 길을 떠났습니다. 며칠 후에 볼일을 다 보고 다시 돌아오는 길이었습니다.

금덩이를 주웠던 냇물의 다리 앞에 왔는데 난데없이 큰 구렁이가 앞으로 기어오더라는 것입니다.

그래서 형이 얼른 옆구리에 찼던 칼을 꺼내 구렁이를 쳐서 두 동강이를 내었지요. 그러자 이상한 일이 일어났습니다. 두 동강으로 잘린 구렁이의 몸이 금방 금덩어리로 변했습니다.

그러자 형제는 '저번에 이 곳을 지나갈 때, 냇물에서 건졌다가 다시 버린 금덩이 생각이 났습니다.

"아, 그 때 우리가 버린 금덩이를 둘로 나눠 가지라고 하나님이 하신 일이구나."

하고 깨달은 형제는 금덩이를 한 개씩 나누어 가졌다는 이야기입니다.

이 세상에서 일어나고 있는 여러 가지 무서운 일들이 거의가 다 황금, 즉 돈 때문에 일어나는 것입니다.

그러니 황금이 사람에게 주는 이익보다는 손해를 주는 때가 많음을 알 수 있습니다.

"황금이 지배하는 곳에서 악한 덕이 날뛴다."는 격언은 영국의 말인데, 악한 일은 거의가 황금 때문에 일어나는 병입니다.

또 황금은 사람의 마음을 나쁘게 만듭니다. 눈을 멀게 하여 부모도 형제도 친구도 몰라보게 만들고 맙니다. 그러니 아무리 많은 황금이라도 사람이 사람다와 질 수 있는 좋은 말 한마디보다는 못한 것입니다.

※ 이 이야기를 읽고, 그 내용의 상황들을 상상하여 그림으로 그려보시오.

23회	기억력훈련	영어단어3	날짜 /

※ 다음 그림을 3-10 초 동안 보고 물음에 답하시오.

	Kettle 주전자	Space 공간	Weed 잡초	Invent 발명하다
Win 승리하다	Listen 듣다		Hill 언덕	Pick 줍다
Wizard 마법사		Escape 도망치다	Think 생각하다	Fit 잘어울리다
Bit 조금	Mix 혼합하다	Knit 뜨다		Gift 선물
Begin 시작하다	Skin 껍질	Visit 방문하다	Half 절반	

각 문제당 20점

문제 1. 끝자리가 '-in'으로 끝나는 낱말은?

____

문제 2. 끝자리가 '-it'으로 끝나는 낱말은?

____

문제 3. 똑같은 자음이 연이어서 두 번 겹치는 단어는?

____

문제 4. '잡초'란 뜻을 가진 단어는?

____

문제 5. 앞의 열거된 낱말을 기억을 되살려 모두 적어 봅시다.
(20점에서 틀린 답을 적을 때마다 2점씩 감점)

____

____

____

초	3	5	10
점수			

23회 | 어휘력훈련 | 문장만들기2 | 날짜 /

※ 다음 주어진 낱말을 이용하여 짧은 문장을 만들어 보시오.

문제 1. 아침, 할아버지, 사과

문제 2. 목표, 미소, 우정

문제 3. 작가, 시계, 단군

문제 4. 기억, 지갑, 들풀

문제 5. 약속, 강아지, 깃털

23회 논리력 훈련 논리추리5 날짜 /

※ 문제를 읽고, 칸 안에 쓰여 있는 각 정보들을 단서로 하여 해답을 찾아보시오.

느릅나무 마을에는 어머니가 없는 아이들이 다섯 명 있는데, 아이 아버지들이 맡아서 기르고 있다. 아이들은 각각 나이가 서로 다르며 세 살에서 일곱 살짜리까지 있다. 아래 단어들을 이용하여 아이들의 성과 이름, 나이를 알아보라. '씨'라고 불리는 사람은 아이들의 아빠들이다.

1. 매주 토요일 오후에 전씨는 일을 하러 나가고 자기 아들을 유씨에게 맡기는데 유씨의 딸은 전씨의 아이들보다 어리다.
2. 현미는 진수보다 나이가 많지만 홍씨 집 아이보다는 어리다.
3. 채씨의 딸은 지영이보다 두 살 더 먹었다.
4. 화영이 아빠는 토요일 오후에 가끔 집에 있을 때가 있는데, 이따금씩 경진이 아빠가 토요일 오후에 장을 보러 나갈 때면 제일 나이가 많은 경진이를 돌봐준다.

단서 1에 나오는 전씨 집 아이들은 둘이다. 그렇다면 전씨 집의 세로줄에는 표를 두 개 해서 아이 두 명의 이름을 나타내야 할 것이다.

		전	채	유	홍	나이				
						3	4	5	6	7
경진										
현미										
진수										
지영										
화영										
나이	3									
	4									
	5									
	6									
	7									

※ 작은 정육면체를 쌓아서 아래와 같은 모양을 만들었다. 그러면 이 작은 정육면체는 모두 몇 개일까. 제한 시간 내에 정확하게 세어 봅시다. (2분)

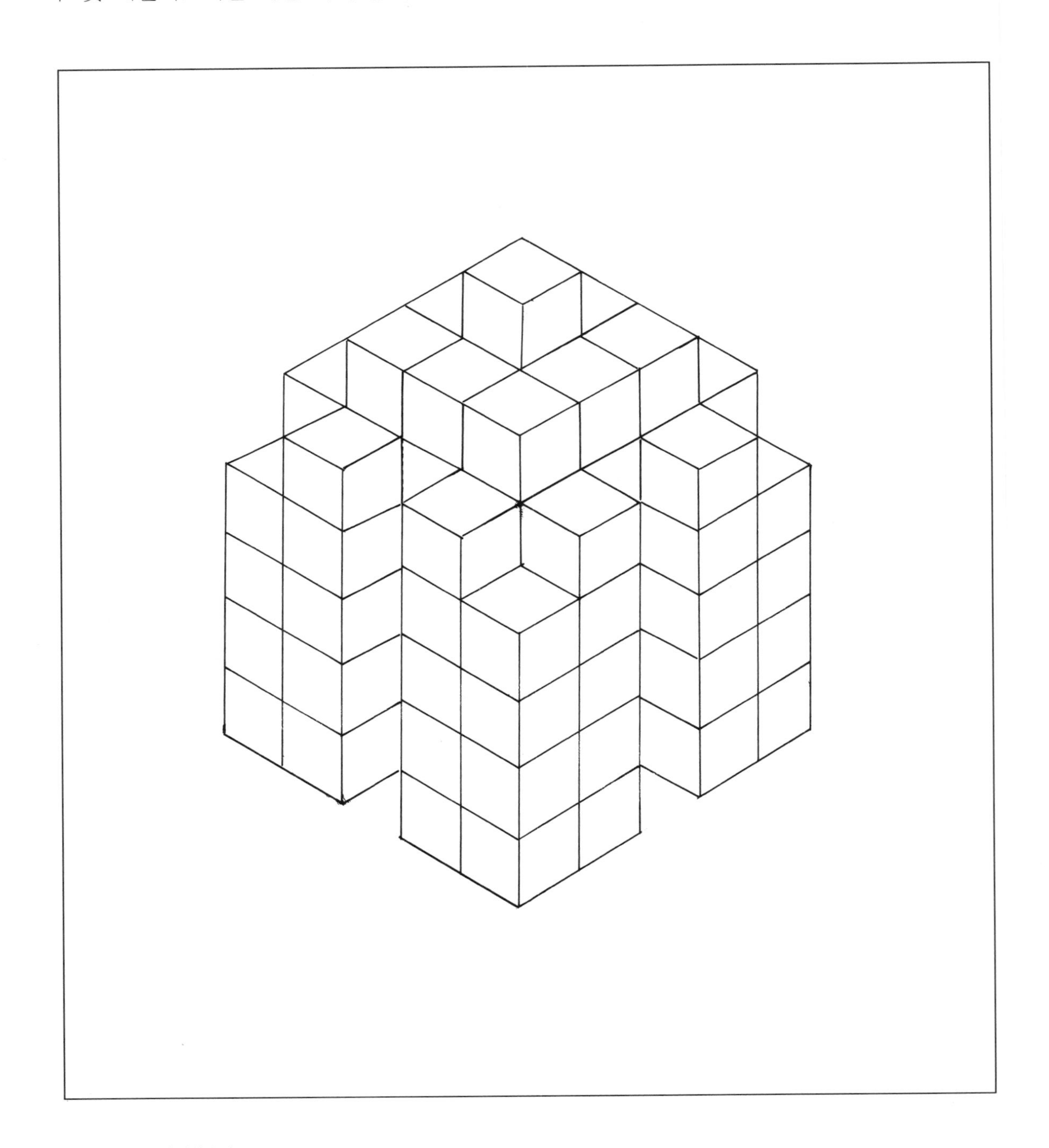

24회 기억력훈련 영어단어4 날짜 /

※ 다음 그림을 3-10 초 동안 보고 물음에 답하시오.

Hero 영웅	Resoure 자원	Leisure 여가	Balloon 풍선	
Elevator 승강기	Mild 온화한		Zebra 얼룩말	Desert 사막
	Finally 마침내	Factory 공장	Sweet 달콤하다	Mark 표시
Tension 긴장	Legend 전설		Imitate 모방하다	Fast 빨리
Pure 순수한	Noodle 국수	Light 가벼운		Item 물품

24회 기억력훈련 문제풀기

각 문제당 20점

문제 1. 동물의 이름은?

____

문제 2. 먹거리를 의미하는 낱말은?

____

문제 3. 똑같은 자음이 연이어서 두 번 겹치는 단어는?

____

문제 4. '사람'을 나타내는 단어는?

____

문제 5. 앞의 열거된 낱말을 기억을 되살려 모두 적어 봅시다.

____

____

____

초	3	5	10
점수			

24회	집중력훈련	영어단어퍼즐2	날짜 /

※ 퍼즐식 집중력 훈련입니다. 의지를 한곳에 모아 집중된 상태에서 흐트러져 있는 낱말을 ① ② ③ ④ ⑤ 차례대로 찾아 보시오.

문제

cook	slide	h	west	빛	gi	mouth
valley	7.32	孫	치자	circle	up	job
fine	귤	raw	잠	jungle	88	vacation	09
가난	saw	의사	405	elect	있다	나
114	chimney	기쁨	parade	더덕	pardon	bee
경기도	511	market	夢想	63	저녁
웃음	parrot	자연	dentist	0.11	donkey
500	marble	a	class	flag	치마	여름

① chimney(굴뚝), circle(원), flag(깃발), donkey(당나귀)
② elect(뽑다), fine(좋은), jungle(정글), market(시장)
③ mouth(입), pardon(용서하다), slide(미끄럼틀), marble(구슬)
④ saw(톱), west(서쪽), parade(행렬), valley(계곡)
⑤ job(직업), dentist(치과의사), vacation(방학), parrot(앵무새)

문제	1	2	3	4	5	기타		
분/초								

24회	수리분석훈련	숫자추리2	날짜 /

※ 칸 안에 있는 숫자는 오른쪽 또는 아래쪽에 있는 빈 칸에 들어가는 숫자의 합계입니다. 네모칸 안에 1-9까지의 숫자를 넣어 칸 안에 들어 있는 숫자의 합과 같게 하는 것입니다. 네모칸 한 줄에 같은 숫자를 넣을 수 없으며, 0(제로)도 사용하지 않습니다.

보기

╲	╲	╲ 6	╲ 10
╲	4 ╲ 4	3	1
╲ 7	1	2	4
╲ 11	3	1	5

풀이

칸에 7이 들어 있으므로 들어갈 숫자는 1, 2, 4 입니다. 숫자는 반복되지 않습니다. 6은 3, 2, 1입니다. 10과 11은 나머지 숫자를 생각하면서 추리하여 칸을 채워보면 쉽게 정답이 나옵니다.

문제

╲	╲ 21	21 ╲ 5			10 ╲ 3			╲ 14	╲ 7
╲ 19				30 ╲ 15					
╲ 39							7 ╲ 8		
╲ 7			27 ╲ 10			23 ╲ 6			╲ 16
╲	╲ 20				34 ╲ 12				
╲	╲ 11	10 ╲ 34						╲ 11	
╲ 7				8 ╲ 17			6 ╲ 5		
╲ 26						5 ╲ 12			
╲ 6			╲ 17						╲
╲ 8			╲	╲ 7				╲	╲

※ 이 이야기를 읽고, 그 내용의 상황들을 상상하여 그림으로 그려보시오.

진정한 용기를 지닌 한 신

중국은 이곳 저곳에서 영웅들이 일어나 나라를 하나로 합치려는 싸움이 계속 됐습니다. 이 무렵에 회음이라는 마을에 한 신이라는 젊은이가 있었습니다. 한 신은 훌륭한 대장을 만나서 자신의 솜씨를 잘 살려보고 싶은 생각으로 꽉 차 있었습니다.

그러나 그런 기회는 쉽게 찾아오지 않았습니다.

어느날, 그가 냇가에서 낚시질을 하고 있었는데 빨래를 하러 온 할머니가 말을 걸었습니다.

"젊은이는 그 좋은 나이에 낚시질이나 하고 있으니, 아마 팔자 좋은 사람 같구려."

"아닙니다. 배가 몹시 고파서 이러고 앉아 있습니다."

"그렇다면, 우리 집으로 갑시다. 밥을 드릴테니까."

할머니는 한 신을 자기의 집으로 데리고 가서 밥을 먹였습니다.

"할머니, 고맙습니다. 제가 잘 되면 반드시 은혜를 갚겠습니다."
하고 한 신이 인사를 하자. 할머니는 화를 냈습니다.

"무슨 말을 하는 거요? 나는 젊은이가 가엾게 여겨져서, 밥을 먹인 것 뿐이야. 자네 같은 멍청이게 인사 받고 싶은 생각은 조금도 없네. 먹을 것이 없어서 굶다니, 정말 한심하군."
하고 할머니는 한 신을 마구 비웃었습니다.

그러나 한 신은 가만히 듣기만 하였습니다.
이 사실을 전해 들은 마을 사람들은,

"그녀석 참 바보야, 그런 소리를 듣고도 잠자코 있다니!"
하고 비웃었습니다.

한 번은 한 신이 거리를 지나가고 있는데, 갑자기, 5, 6명의 부랑자들이 달려와 한 신의 앞을 가로막아 서는 것이 아니겠습니까.

"야, 한 신아, 사실 넌 겁쟁이에다 멍청이지? 아니라구? 한 신아 용기가 있으면, 그 칼을 뽑아 나와 승부를 겨뤄보자. 그렇게 하기가 싫으면, 내 가랑이 사이로 빠져나가라!"

이렇게 말한 불량배는 두 다리를 크게 벌렸습니다. 사람들이 몰려들었습니다. 많은 사람들이 보는 앞에서 남의 가랑이 사이로 지나간다는 것은 정말 참을 수 없는 망신입니다. 사람들은 한 신이 겁쟁이고 얼빠진 젊은이라도 이런 일은 못할 것이라고 생각했습니다.

그런데 한 신은

"그래, 가랑이로 빠져 나가마!"

하고 천천히 엎디더니, 긴 칼을 질질 끌면서 불량배의 가랑이 밑을 지나갔습니다. 사람들은 박수를 치며 웃어댔습니다.

이렇게 한 신은 그 마을의 놀림감이 되었습니다.

그러나 한 신은 어리석은 자들과 다투어보아야 이로울 것이 없음을 알고 바보처럼 행동을 했던 것입니다. 그의 마음 속에서는 오히려 자기를 놀리고 욕하는 사람을 비웃고 있었던 것입니다. 이윽고 전쟁이 터졌습니다.

한 신은 유방의 부하가 되었습니다. 대신인 소화는 한 신의 뛰어남을 알고

"한 신은 이 나라에 둘도 없는 용사입니다. 대장으로 삼으면, 반드시 큰 공을 세우리라 생각합니다."

하고 유방에게 권했습니다. 병졸이었던 한 신은 갑자기 대장이 되었습니다.

다른 병졸들은 어이가 없어 불평을 했습니다. 그런데 한신은 군사를 지휘하는 방법이 뛰어나 싸우면 반드시 이기고, 성을 공격하며 반드시 함락시키는 것이었습니다.

사람들은 한 신이 빈둥거리고 놀고 있는 줄로만 알고 있었는데 사실은 무술을 닦고, 병법 책을 읽고 있었던 것입니다. 유방이 승리하여 한이라는 나라를 세우자, 한 신은 넓은 땅을 다스리는 영주가 되었습니다.

24회 영상화훈련 명심보감2

※ 이 이야기를 읽고, 그 내용의 상황들을 상상하여 그림으로 그려보시오.

25회	기억력훈련	낱말기억5	날짜 /

※ 다음 낱말을 3-10초 동안 보고 물음에 답하시오.

1 한강	2 월드컵 축구	3 친구	4 로미오와 줄리엣	5 사전
6 홍익인간	7 한글날	8 에어 컨디셔너	9 이불	10 사마귀
11 개울	12 개선문	13 안나 카레니나	14 부활	15 일기
16 농구장	17 물자절약	18 종이	19 텔레비전	20 으뜸과 버금
21 낮은 목소리	22 산울림	23 한계령	24 나룻배	25 코스모스

25회 기억력훈련 문제풀기

※ 앞의 번호에 해당하는 낱말을 제한 시간 내에 넣으시오. (1분)

1	2	3	4	5
6	7	8	9	10
11	12	13	14	15
16	17	18	19	20
21	22	23	24	25

25회 | 어휘력훈련 | 문장만들기3 | 날짜 /

※ 다음 주어진 낱말을 이용하여 짧은 문장을 만들어 보시오.

문제 1. 바람, 운명, 조국, 동생

문제 2. 학교, 건강, 도서실, 계획

문제 3. 지갑, 컴퓨터, 공원, 질서

문제 4. 선행, 라디오, 씨름, 꿈

문제 5. 꽃, 시계, 선생님, 칠판

25회	논리력 훈련	논리추리3	날짜 /

※ 문제를 읽고, 칸 안에 쓰여 있는 각 정보들을 단서로 하여 해답을 찾아보시오.

김씨 집안의 아이들은 7남매인데, 모두 밝고 건강해서 남들에게 부러움을 살 정도이다. 아들들은 상수, 건희, 규석이고, 딸들은 보경, 태옥, 진경, 은희이다. 모두 아직 결혼을 하지 않았지만 딸 둘은 이미 나이가 많다. 가장 나이가 많은 딸 두명 중 한명이 진성이와 약혼했다. 그러나 다른 자녀들은 아직 결혼이나 약혼을 하지 않았지만 모두 친구나 애인이 있다. 아래 단서를 이용하여 자녀들의 나이와 취미 활동, 그리고 애인들이 누구인지 알아보라.

1. 가장 나이가 많은 딸 두명은 21세와 23세이다. 건희는 진경이의 오빠이다.
2. 17세짜리는 학교 체조팀에 있으며 올림픽에 출전할 목표를 갖고 있다.
3. 석훈이와 용석이가 자기 여자 친구들을 만나러 올 때면 그들은 보통 아래층으로 내려와서 규석의 실험재료들을 보고 감탄을 하기도 하고 12세짜리의 피아노 연습이 잘 되고 있는지 보기도 한다.
4. 16세짜리 딸은 고등학교 1학년인데 여가 시간에 성악연습을 한다. 13세짜리 딸은 3년간 바이올린을 했으며, 석훈이의 여자친구는 우표 수집에 빠져 있다.
5. 보경이는 지점토를 좋아해서 지난해 자기 언니에게 머그잔을 만들어 주었다. 지금 보경이는 진성에게 지점토를 가르쳐 주고 있다.
6. 성준이는 중학교 2학년인데 동급생인 은희와 같은 서클에 가입해서 같이 다닌다.
7. 가장 나이가 어린 아들은 호정이와 친구이며, 14세짜리는 매일밤 정민에게 전화를 한다.

위에 해당되는 도표가 너무 크기 때문에 다음 페이지에서 둘로 나누었다. 하지만 보통 도표처럼 사용하면 된다.

25회	논리력 훈련	논리추리3	날짜 /

	성악	지점토	피아노	바이올린	체조	실험	우표수집	나이						
규석														
진경														
태옥														
은희														
상수														
보경														
건희														
석훈														
호정														
진성														
회수														
정민														
용석														
성준														
나이														

	석훈	호정	진성	회수	정민	용석	성준
규석							
진경							
태옥							
은희							
상수							
보경							
건희							

25회 | 사고관찰훈련 | 도형관찰7 | 날짜 /

※ 작은 삼각기둥을 쌓아서 아래와 같은 모양을 만들었다. 그러면 이 작은 삼각기둥은 모두 몇 개일까. 제한시간 내에 정확하게 세어 봅시다. (2분)

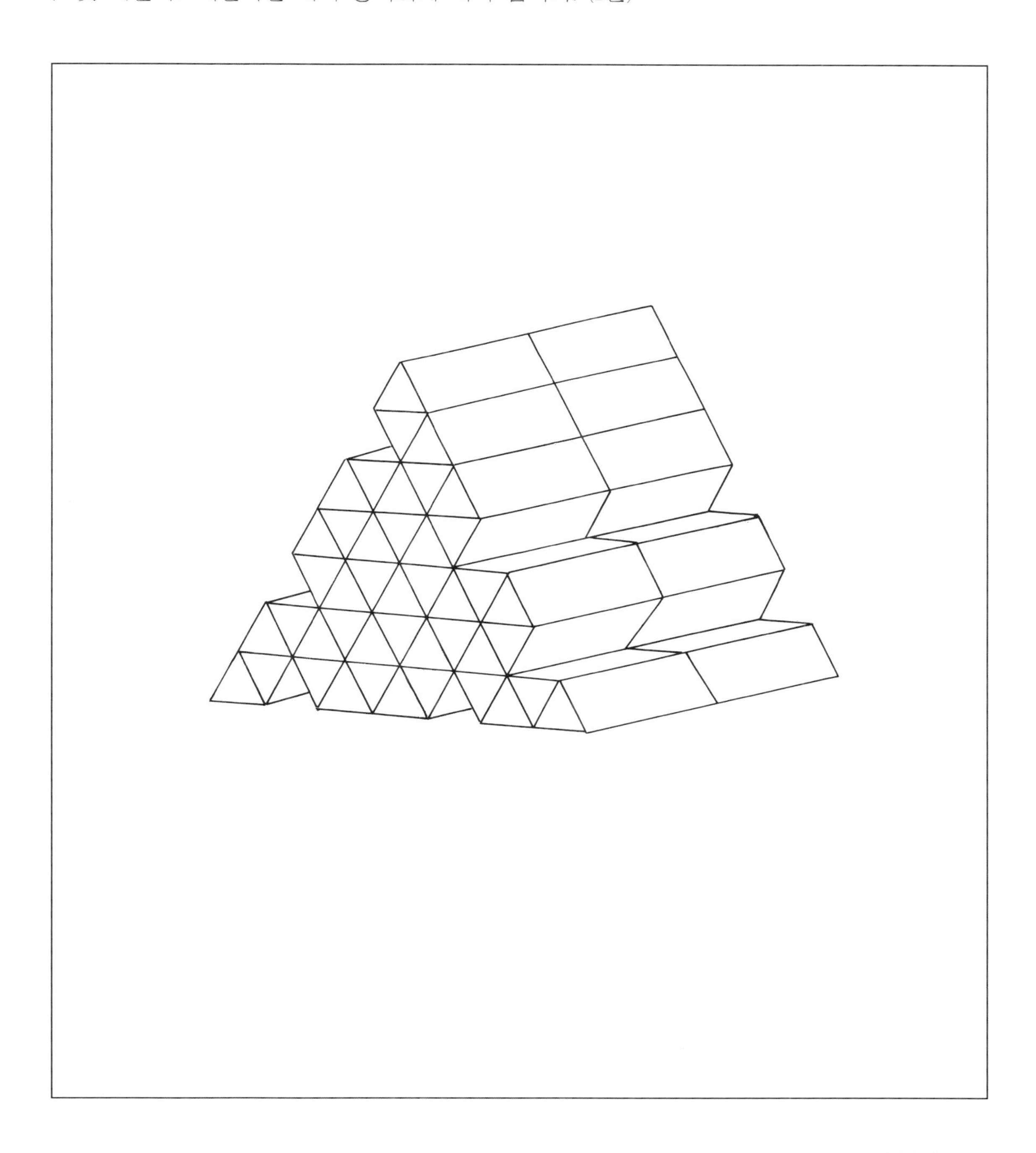

초·고·속·전·뇌·학·습·법·중·고·급·과·정

초고속전뇌학습 적용 단계

1단계 영어단어 초고속 암기법
2단계 한자 초고속 암기법
3단계 교과서 암기법 7·5·3 원칙

1단계 영어단어 초고속 암기법

점차 국내외적으로 세계화가 가속화되면서 개인이나 국가나 세계 시장으로의 진출이 활발해지고 있으며, 특히 컴퓨터 통신에 의한 국제적인 정보교류가 적극적으로 진행되고 있는 추세여서 영어는 현대인의 필수 과제가 되고 있다. 이에 따라 영어 실력을 늘이기 위한 많은 교재와 테이프 등이 학생들과 회사원들을 자극하고 있으며, 어떻게 해야 영어 실력을 높일 수 있는지에 대한 다양한 공부방법이 제시되고 있다.

그러한 방법에는 '통암기법'이라고 하여 문장 전체를 외우게 함으로써 문장의 패턴과 단어를 기억하게 하는 방법도 있으며, 낱말을 분석하여 어형을 나누어 외우는 방법, 문장의 문법적 구조를 나누면서 공부하는 방법 등 다양한 영어 학습방법이 있다.

그러나 어떤 방법이든지 학생들이 영어 지식을 적극적으로 받아들이고 활용하기 위해서는 자신에게 적용할 수 있는 적절한 영어공부방법을 찾아보는 것도 중요하겠지만 무엇보다 가장 기본적으로 학교에서 배운 내용들을 빠르고 확실하게 암기할 수 있도록 해주는 것이다. '문장을 읽으면서 모르는 단어가 나오면 그냥 넘어가라, 단어의 의미를 찾기 위해 상상력을 발휘하기 때문에 쉽게 단어를 익힐 수 있다' 고 어떤 저자는 말하고 있지만, 그것은 어휘력을 어느 정도 갖춘 학생의 경우이다. 그러므로 단어 암기는 영어 학습의 기초가 되어야 한다.

따라서 초고속 읽기, 초고속학습의 개발, 학습효과 증진을 위한 연구를 계속적으로 해왔던 필자는 외국어를 배우는 데 가장 기본적인 단계라 할 수 있는 단어 암기를 효율적으로 할 수 있는 방법을 개발

하여 학생들에게 실시하여 왔다. 그 결과 50개 - 100개의 영어 단어를 5분만에 기억해 내는 학생들도 배출되게 되었다.

다른 암기 과목도 마찬가지겠지만 정확하게 알지 못하거나, 인식되어 있지 않은 지식은 뇌파가 알파 상태에서 확실하게 입력을 시켜야 언제든지 필요할 때 꺼내어 사용할 수 있는 살아있는 지식이 된다.

영어 단어 초고속 암기법은 초고속읽기를 통해 개발된 고도의 집중력과 효율적인 학습법으로 개발된 것이다.

영어 단어 초고속 암기법의 원리 1단계는 **'입력 단계'**이다.

입력된 사실이나 정보가 충분해야 그것을 결합시키고 응용해서 새로운 정보를 창출해 낼 수 있다. 또한 정확하게 입력된 내용은 정보를 꺼낼 때 다른 정보와 섞이지 않는다. 따라서 영어 단어 초고속 암기법의 입력 단계에서는 오감을 충분히 이용한다.

영어 단어 초고속 암기법의 원리 2단계는 **'저장 단계'**이다.

충분하고 확실하게 입력된 사실이나 정보는 인간의 잠재의식 속에서 차근차근 저장되기만을 기다린다. 조급하게 생각하거나 서둘게 되면 열심히 입력한 내용을 잊어버리는 경우가 생기게 된다.

영어 단어 초고속 암기법의 원리 3단계는 **'인출 단계'**이다.

열심히 외웠던 내용을 하나도 기억하지 못한다면 화가 날만큼 억울한 일이다. 그러므로 입력된 내용을 잘 꺼낼 수 있도록 사전조치가 있어야 한다. 이때 도움을 주는 것이 '오감'으로 기억하는 것이다. 입력단계에서 오감을 이용해 암기하게 되면 신체의 감각적인 기관들을 움직여 입력하게 되어 쉽게 인출이 가능하게 된다.

1. 영어단어암기 5원칙

■ 단어 암기 5원칙

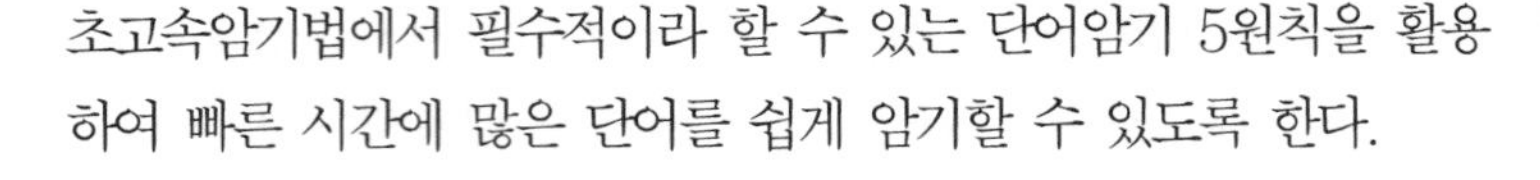
초고속암기법에서 필수적이라 할 수 있는 단어암기 5원칙을 활용하여 빠른 시간에 많은 단어를 쉽게 암기할 수 있도록 한다.

1. 시각적 지각

단어를 눈으로 집중해서 정확히 보고, 눈을 감고서도 단어의 형태 자체를 그대로 떠올릴 수 있도록 시각적으로 기억시킨 후 쓰면서 뇌에 입력시킨다.

2. 청각적 지각

단어를 쓰면서 소리내어 발음을 하게 되면 단어의 발음을 자신이 귀로 확인하게 되고, 뇌에 재입력하게 되어 반복적으로 암기하는 효과가 있다.

3. 촉각적 지각

펜으로 단어를 쓰면서 촉각으로 뇌에 입력시킨다. 쓰는 행위는 무의식적으로 쓸 수 없다. 의식을 집중시키면서 써나가면 뇌에 강하게 입력된다.

4. 영상적 지각

문자의 형태나 기억해야 할 문장의 내용을 그대로 영상 기억시킨다. 단어의 뜻과 내용을 영상으로 떠올리면서 입력시킨다.

5. 1+2 원칙

1번 - 3번까지만 반복해서 쓰면서 암기하는 것을 원칙으로 한다. 이와 같은 방법으로 단어 암기 카드에 50 단어를 먼저 쓰고 나서 뜻을 쓴다.

※ 틀린 것은 빨간펜으로 3회 쓰면서 재입력시킨다.

2. 발음을 이용한 영어단어기억

외국어의 발음과 우리나라 말의 비슷하거나 똑같은 발음을 이용하여 재미있게 서로 연관시켜 기억하는 방법이다.

미국에서는 Key word Method(핵심단어법)라 하여 역시 외국어의 기억에 활용하고 있고 대학에서 강의하고 있는 곳도 있다. 학생들은 이것을 익히는 연습을 할 때 내용만을 단순히 생각하지 말고 머리속에 그 연관되는 그림을 그려보면서 단어를 기억하도록 해본다.

예를 들어 '상어'라는 우리말의 영어는 'shark'이다. 이것을 발음의 연관 관계를 이용하여 만들어 보면 '상어가 '슈악' 나타났다'고 만들 수 있다. 이 때 자신의 머리속에 상어가 나타난 모습을 상상해 보면 영상화된 기억이기 때문에 머리속에 오래 남게 된다.

1) 영문의 발음을 한글과 연관시켜 익혀보기

돼지고기	pork	돼지고기는 '폭' 삶아야 한다.
생강	ginger	생강을 먹으면 '진저리'가 난다.
엄마	mom	엄마한테 '맘' 먹으면 혼난다.
아빠	dad	아빠에게 '대들'면 더 혼난다.
국수	noodle	국수를 오래두면 '누들누들' 해진다.
암말	mare	암말을 '매어' 놓았다.
벌레	bug	벌레가 '버글버글'하다.
아픈	sick	아픈 사람은 '씩씩' 거린다.
음료수	beverage	음료수를 먹으면 '배부르지'
독수리	eagle	독수리 눈이 '이글'거린다.
달	moon	'문'을 열면 달이 보인다.
책	book	동생이 책을 '북' 찢었다.

2) 영문의 발음과 같은 한글을 연관시켜 익혀보기

charm	참	참 매력적이다. 매력, 매혹하다.
dull	덜	덜 떨어진, 우둔한, 둔한, 무딘
appear	엎히어	엎히어 나타나다, 출현하다. 보이다.
appord	아파도	아파도 -할 여유는 있다.
ugly	얼굴이	얼굴이 추한, 추악한
sorrow	서러워	서러워 슬퍼하다.
polish	발라서	발라서 닦다. 광택, 닦기
rude	누드	무례한, 교양없는
bald	발드	대머리처럼, 벗겨진
owl	올	올빼미
seed	씨드	씨를 뿌리다. 씨.
enomy	웬놈이	웬놈이 적군이냐, 적군, 적
share	세어	세어 분배하다. 나누다.
zeal	제일	제일 열성, 열심, 열중
locate	로케트	로케트를 설치하다. 거주시키다. -에 있다.

■ 연습문제 1

한글	영문	연상
개미	ant	
여우	fox	
말	horse	
파리	fly	
매	hawk	
뱀	snake	
어린양	lamb	
고래	whale	
호랑이	tiger	
물개	seal	
아기	baby	
과자	cookie	
숟가락	spoon	
쌀	rice	
달걀	egg	
별	star	
모자	cap	
거미	spider	
오다	come	

■ 연습문제 2

한글	영문	연상
토스트	toast	
채소	vegetable	
단지	pot	
얼음	ice	
주전자	kettle	
팝콘	popcon	
칼	knife	
고기	meat	
오리	duck	
늑대	wolf	
케익	cake	
우유	milk	
곰	bear	
꿀	honey	
소나기	shower	
태양	sun	
번호	number	
팔	arm	
아저씨	uncle	

3. 어원에 의한 영어단어기억

모든 언어에는 뿌리가 있다. 영어도 역시 마찬가지이다. 영어단어는 3가지로 분리된다. 단어의 앞에 붙어서 의미를 변화시키는 접두어, 낱말의 근간이 되는 어근과 단어 뒤에 붙는 접미어가 있다.

이 세 가지에 대한 기본적인 지식이 있으면 단어를 기억하기 쉽고 새로운 단어에 대해서도 자신감을 가질 수 있게 된다.

기본적인 어원과 실용적인 어원 두 가지로 나누어 소개한다. 이 어원들을 잘 기억해 두면 단어를 이해하고 기억하는 데 상당히 도움이 된다.

1) 기본적인 어원

1. re — again, back 다시, 또
   - react — 반동하다. 반응하다.
   - replay — 상환하다. 보답하다.
   - replace — 교체하다. 바꾸어 놓다.
   - reform — 개량하다. 개혁하다. 형태

2. dis — not - 않다. 아니다.
   - disagree — 다르다.
   - disarm — 무장을 해제하다. 군비를 축소하다.
   - disease — 병, 질환
   - disgrace — 불명예, 창피, 치욕

3. un	not 않다. - 아니다.
uncertain	불확실한
unwise	분별없는
unknown	미지의, 모르는
unequal	불평등한
unusual	다른, 보통이 아닌
4. il, im, in, ir	not - 아니다.
illegal	불법적인
impure	불순한, 불결한
imperfect	불완전한
indirect	간접의, 우회하는
irrational	불합리한
5. in	in 안에, 안으로
inside	내면의, 내면
income	수입, 소득
indoors	실내에서
insight	통찰력, 식견
6. inter	between 둘 사이에
interaction	상호작용
interview	면접
interval	간격, 거리
interchange	상호교환하다.

7. con	together 함께
context	문장의 전후관계, 문맥
conform	순응시키다. 일치시키다
concentration	집중, 전념
8. com	together 함께
compartment	구획, 작은방
compromise	타협, 화해
compete	경쟁하다. 겨루다
9. e	out 밖으로
emotion	감정, 정서
elaborate	정성들여 만든다. 공들인, 정교한
10. ex	out 밖으로
exchange	교환하다. 바꾸다
exclaim	부르짖다. 외치다
exit	퇴진하다.
11. pre	before 미리, 전에
preview	시사회, 예고
preface	머리말, 서문
12. de	down 아래로
degrade	타락하다. 품위를 떨어뜨리다.

defeat 패배, 격파, 패배시키다.

13. sur over 넘다
surname 성
surpass -을 넘다, 능가하다.
surplus 과잉, 잉여, 나머지
surface 표면, 외관

14. over over
overlook 못본체하다. 눈감아주다.
overthrow 뒤엎다, 전복시키다.

15. out out 밖으로
outlook 조망, 전망
outbreak 발발, 발생(전쟁, 화재, 전염병 등)

2) 실용적인 어원

a on, not, to
abroad a(=on)+broad(넓은, 광대한)
〈부〉 외국에. 해외에

abs away(from)
abstain abs(=away)+tain(=hold)
〈동〉 끊다. 금하다.절제하다. 회피하다.

ac	to acclaim　ac(=to)+claim(요구하다, 주장하다) 〈동〉 갈채하다. 환호하다.
ad	to adjust　ad(=to)+just(올바른) 〈동〉정리하다. 조정하다. 적응시키다.
astro	star(별) astronaut　astro(=star)+naut(=sail) 〈명〉 우주비행사
bene	good, well beneficial　bene(=good)+fi+cial 〈형〉 이로운, 유익한
bio	life biology　bio(=life)+write(글) 〈명〉 전기, 일대기
dict	say(말하다) predict　pre(=before)+dict(=say) 〈동〉 예언하다
cept, ceive	catch(잡다) except　ex(=out)+cept(=catch) 〈동〉 제외하다. -을 빼다.

cess, cede	go(가다) recess re+cess(=go) 〈명〉 휴가, 휴식
cise	cut(자르다) precise pre(before)+cise(cut) 〈형〉 정확한, 정밀한
clude	close preclude pre(before)+clude(close) 〈동〉일어나지 않게 하다, 방해하다
contra	against(반대의) contrary contra(against)+ry(형용사형어미) 〈형〉 반대의, 모순된
crat, cracy	rule(정치, 지배) aristocracy aristo(귀족)+cracy(정치) 〈명〉 귀족정치
cred	believe(믿다) credit cred(=believe)+it(명사형어미) 〈명〉 신용, 신용거래
cur	happen(일어나다) recur re(=again)+cur(happen) 〈동〉 다시 일어나다, 되풀이하다.

de	down, away from
	delay de(down)+lay(놓다, 두다)
	〈동〉 지연시키다.
duce	lead(이끌다)
	produce pro(forward)+duce(lead)
	〈동〉 생산하다, 산출하다. 제조하다.
dur	last(계속하다. 지속하다)
	during dur(last)+ing
	〈전〉 - 동안, 내내 - 중의
en	make(만들다)
	entitle en(=make)+title(제목, 칭호)
	〈동〉 제목을 붙이다. 자격을 주다
equa,	same, equal
equi	equivalent equi(=same)+value+ent
	〈형〉 동등한
fact	do
	factor fact(=do)+or
	〈명〉 원동력
fin	limit(제한하다. 한계)
	confine con(together)+fine(=limit)
	〈동〉 제한하다

flec	bend(구부리다) reflect　re+flec(=bend)+t 〈동〉 반사하다. 반영하다. 깊이 생각하다.
flo, flu	flow float　flo(=flow)+at 〈동〉 뜨다, 표류하다
fore	front, before forehead　fore(front)+head 〈명〉 이마
fuse	pour infuse　in+fuse(=pour) 〈동〉 거절하다
geo	earth geography　geo(= earth)+graphy 〈명〉 지리학
gram	write grammar　gram(write)+mar 〈명〉 문법
grat	pleasing gratful　grat(=pleasing)+ful(형, 어) 〈형〉 감사하는

gress	go, step, walk progress pro(forward)+gress(=go) 〈명〉 진보
ject	throw(던지다) subject sub(=under)+ject(=throw) 〈동〉 지배하다. 복종시키다 〈명〉 주제, 학과
just	right(옳은, 정의) justice just(=right)+ice(명,어) 〈명〉 정의, 공정
lect	choose(고르다) select se(=apart)+lect(=choose) 〈동〉 고르다, 선택하다
liter	letter (글자, 문자) literature lite(=letter)+ature(명, 어) 〈명〉 문학
loqu, louge	speak(말하다) eloquent e(=out)+loqu(=speak)+ent(형, 어) 〈형〉 웅변의, 설득력있는
manu	hand(손) manufacture manu(=hand)+fact(=make)+ture 〈동〉 제조하다. 제조

mid	middle(중간의) medium　　medi(=middle)+um(명, 어) 〈명〉 중간, 매개, 수단 〈형〉 중간의, 보통의
mis	bed, wrong(잘못된) mistake　　mis(=wrong)+take(잡다) 〈동〉 틀리다. 잘못알다. 오해하다.
mit	send permit　　per(=through)+send 〈동〉 허락하다. 허가하다
ob	against(반대의) obstruct　　ob(=against)+struct (=build) 〈동〉 방해하다. 가로막다
nounce	speak announce　　an(=on)+nounce(=speak) 〈동〉 발표하다. 방송하다.
pathy	feeling sympathy　　sym(=together)+pathy(feeling) 〈명〉 동정, 연민, 공감
pel	drive(몰다, 몰아내다) propel　　pro(=forward)+pel(=drive) 〈동〉 추진하다. 몰다. 나아가다.

pend hang(매달리다, 걸다)
suspend sus+pend(=hang)
〈동〉 매달다. 걸다. 중지시키다. 보류하다.

ple, plic, ply fold(접다)
complex com(=together)+plex(=fold)
〈형〉 복잡한, 복합의 〈명〉 합성물

port carry(운반하다)
portable port(=carry)+able
〈형〉 휴대용의

pose put(넣다, 두다)
propose pro(=forward)+pose(=put)
〈동〉 신청하다.

post after
postpone post(=after)+pone(=put)
〈동〉 연기하다.

press press (누르다)
express ex(=out)+press(=press)
〈동〉 표현하다. 급송하다.

rupt break(부수다, 깨다)
interrupt inter+rupt(=break)
〈동〉 방해하다. 중단하다.

scribe — write(쓰다)

describe　de(=down)+scribe(=write)

〈동〉 기술하다. 묘사하다. 표현하다

sent — feel

dissent　dis(=not)+sent(=feel)

〈동〉 반대하다. -와 의견이 다르다.

sequ — follow(잇따르다)

sequence　sequ(=follow)+ence(명, 어)

〈명〉 연속, 순서

spire — breath(e) (숨, 숨쉬다)

inspire　in(=in)+spire(=breath)

〈동〉 사상을 고취하다. 주입시키다. 격려하다.

struct — build

structure　struct(=build)+ture

〈명) 구조, 구조물

sist — stand

subsist　sub(=under)+sist(=stand)

〈동〉 생존하다. 존재하다.

soli — single

solitude　soli(=single)+tude(명, 어)

〈명〉 고독, 쓸쓸함

stit, stan, stit	stand substance sub(=under)+stan(=stand)+ance 〈명〉 물질, 물체
super	above, over superficial super (=above, over)+fici(=face)+al 〈형〉 표면적인, 피상적인
spec, spect, spesta, pect	see, look suspect sus(=up)+spect(=see, look) 〈동〉 의심하다. 〈형〉 의심스러운 〈명〉 용의자
tach	touch attack at(=to)+tach(=touch) 〈동〉 공격하다
tain, tin	hold(붙잡다) maintain main(주요한)+tain(=hold) 〈동〉 지속하다. 유지하다. 부양하다.
tele	far off(멀리서) telepathy tele(=far off)+pathy(=feeling) 〈명〉 텔레파시, 정신감응능력
terri, terra	earth(땅) territory terri(=earth)+tory 〈명〉 영토, 지역

trans	carry, change transform trans(=carry, change)+form(형태) 〈동〉 변형시키다
under	below, under underground under(=below)+ground(땅) 〈형〉 지하의
vac	empty(텅빈, 공허한) vacation vac(=empty)+ation 〈명〉 방학
verse, vert	turn reverse re(=again)+verse(=turn) 〈명〉반대, 역(逆), 배후
vis, vise	see, look visible vis(=see)+ible 〈형〉 눈에 보이는, 알아볼 수 있는
viv, vive	life, live vivid viv(=life)+id 〈형〉 생생한
voc	call vocation voc(=call)+ation 〈명〉 천직, 직업

with back

withhold with(=back)+hold(잡다)

〈동〉 억제하다. 보류하다.

4. 비슷한 철자에 의한 영어단어기억

비슷한 것은 기억이 잘 되며 같이 떠오르는 장점이 있다. 이 점을 이용하여 비슷한 철자를 연결하며 이야기를 구성하였다. 기억해보고 활용해 보도록 하자.

▣ 실전예문

1. 전나무(fir)가 불(fire)에 탔다.
2. 동의하다(agree)의 반대(dissension)는 반대하다(disagree)이다.
3. 택시(taxi)도 세금(tax)을 내야 한다.
4, 창조하고(create) 창조하기(create) 위해서 휴식한다(recreate).
5. 이곳에(here) 달라붙는다(adhere).
6. 투표(vote) 할 때는 헌신적으로 전념해(devote)야지.
7. 참새(sparrow)를 화살(arrow)로 쏘다.
8. 신발(shoe)을 벗고 괭이(hoe)질 한다.
9. 알아차린(aware) 제품(ware) 전쟁(war)을 대비하라.
10. 예술(art)이란 시작할(start)때부터 신랄한(tart) 비평을 받기 쉽다.
11. 결점(defect)이 어떤 영향을 미치어(affect) 그 결과(effect) 완전한(perfect) 병을 전염시킨다(imfect).
12, 보석금(bail)을 내고 감옥으로(jail) 나온 원숭이가 물통(pail)을 못질(nail) 하여 고쳐서 우편물(mail)을 넣고 꼬리(tail)를 질질 끌고 간다.(trail)
13. 깨지기 쉬운(frail) 큰 접시(grail)를 질질 끌고 간다(trail)고 꾸짖는다.(rail)
14. 천연두(pox)을 앓고 있는 황소(ox)와 여우(fox)를 상자(box)에 태운 밤의

여신(nox)이 키잡이가 되어 하늘을 날아간다.

15. 올빼미(owl)는 닭(fowl)이 두건(cowl)을 쓰고 주발(bowl)의 모이를 먹는 것을 보고 아래턱(jowl)을 내밀고 울부짖는다.(howl)
16. 인형(doll)이 굴러갈(roll)때 머리(poll)에서 나는 종소리(toll)는 즐겁다(jolly).
17. 뗏목(raft)을 만들려고 설계도(draft)를 그리고 재주를 부려 나무를 접목(graft)한다.
18. 두더지(mole)의 의연품(dole)을 모으기 위해 단독(sole)으로 역(role)을 맡아 장대(pole)위에서 묘기를 부린다.
19. 힘써 일하고(toil) 부지런히 일하여(moil) 토양(soil)에서 얻은 것을 기름(oil)으로 끓여(boil) 먹는다.
20. 맡은 일(task)에 대해 물어본(ask) 후 몸을 녹(bask)이고 마스크(mask)을 쓰고 통(cask)을 들고 일한다.
21. 인도의 신분제도(caste)에서 천민인 한 사람이 쓰다남은(waste) 풀(paste)을 황급히(haste) 맛본다(taste)
22. 반항하(resist)거나 고집하지(persist) 않고 돕겠다(assist)고 역설했다(insist).
23. 아들(son)이 목사(parson)가 되어서 사람(person)들에게 이성(reason)을 가지라는 교훈(lesson)을 가르친다.
24. 정원(garden)이 있는 마당(yard)에서 방랑시인(bard)이 카드(card)에 열심히(hard) 시를 쓴다.
25. 고요하고(calm) 향기로운(balm) 종려나무(palm) 밑에서 찬송가(psalm)를 부르며 손바닥(palm)을 내밀고 의연금(alms)을 모집한다.
26. 바퀴(원)(cycle)가 둘(bi) 있으면 두발자전거(bicycle)이고 자기 힘으로 움직이면 오토바이(autobicycle) 이다.
27. 목표(end)를 향해 끝(end)까지 열심히 학교에 출석(attend)했다!
28. 밖으로(out) 입을 삐죽 내밀고(pout) 청산유수처럼 말한다.(spout)
29. 포도(grape)를 강탈해(rape) 가는 원숭이(ape).

30. 길잃은(stray) 쟁반(tray)이 광선(ray)에 번쩍인다.
31. 자만(ego)은 오래 전(ago)에 버렸다.
32. 예의바른(gentle) 사람은 가문이 좋은(genteel) 사람이다.
33. 웅대한(grand) 저택을 짓는 것을 인가하지(grant) 않습니다.
34. 천사(angel)가 낚시질(angle)한다.
35. 주요부를 이루고 있는(main) 팔다리를 못쓰게 만들어(maim)서는 안된다.
36. 사랑(love)을 위해 움직이고(move) 헤맨다(rove)
37. 발뒤꿈치(heel)에 느끼는(feel) 것이 뱀장어(eel)인 줄 알았더니 과일껍질(peel)이었다.
38. 허약한(weak) 부리(beak)로 산꼭대기(peak)에서 말하기(speak) 연습을 한다.
39. 녹(rust)슨 반신상(bust) 위의 먼지(dust)가 방금(just)분 돌풍(gust)으로 없어졌음에 틀림없다(must).
40. 소년(boy)에게 장난감(toy)을 주니 수줍어(coy)하며 기뻐한다(joy)
41. 강철(steel)을 훔치지(steal) 마라.
42. 운동(play)하거나 연주하기(play)를 잘하도록 기도(pray)해라.
43. 위대한(great) 사람에게 인사하자(greet).
44. 신비한(wonder) 보물을 찾아 헤매다(wander).
45. 풀밭(grass)에 유리(glass)가 많구나.
46. 커튼(curtain)과 어떤(certain)의 차이를 확실하게(certain) 구별해야지.
47. 산(mountain) 속에는 샘(fountain)이 많다.
48. 날씨(weather)가 춥든지 덥든지(whether) 열심히 공부하자.
49. 용감한(brave) 자에게 브라보(bravo)!
50. 아주(quite) 조용히(quiet) 공부한다.
51. 비좁은(narrow) 방에서 살았던 기억이 골수(marrow)에 사무친다.
52. 꿀(honey)을 팔아 돈(money)을 번다.
53. 슬픔(sorrow)을 빌려오지(borrow) 말라.
54. 나뭇잎을(leaf) 빵덩어리(loaf)인 줄 알고 먹지 마라.

55. 더 좋은(better) 버터(butter)를 주십시오.
56. 건강한(hale) 남자와(male) 창백한(pale) 남자(male)가 강풍(gale) 부는 계곡(vale)의 골짜기(dale)에서 판매(sale)에 관한 이야기(tale)를 주고 받는다.
57. 미친(mad) 젊은이(lad)가 어슬렁거리며 돌아다니(gad)는 것은 슬프(sad)고도 좋지 않은(bad) 일이라고 아빠(dad)께서 말하셨다.
58. 동쪽(east)에서 온 가장 작은(least) 짐승(beast)이 잔치(feast)에 쓸 이스트(yeast)를 먹어버렸다.
59. 서툴은(raw) 손(paw)으로 턱(jaw)을 할퀴는(claw) 것은 법(law)에 어긋난다.
60. 송아지 고기(veal)의 식사(meal)보다는 불우이웃에게 참된(real) 번영(weal)의 종소리가 울려퍼지(peal)도록 X-mas씨일(seal)을 파는 일에 관여하자.(deal)
61. 2,3 명의(few) 새로운(new) 유태인(jew)이 이슬(dew) 내린 새벽에 교회용의자(pew)에 앉아서 바느질하고 있다.
62. 플레시(flash)도 없이 부엌에서 먹을 것을 찾다가 무엇이 쨍그랑 소리내며(clash) 물이 튀겼기(splash) 때문에 채찍(lash)으로 매맞았다(shash).
63. 물고기(fish)의 소원(wish)은 접시(dish)일까? 피이(pish)!
64. 쉿!(hiss) 키스(kiss)를 놓치는 것은 축복(bless)을 놓치는(miss) 것이다.
65. 저축한(save) 돈으로 동굴(cave)에서 교회본당(nave)까지의 길이 파도(wave)에 무너지지 않도록 포장을 해(pave)야 한다고 노예(slave)들이 열심히 말한다.(rave)
66. 줄무늬(streak) 옷 입은 변덕(freak)스런 아이가 삐꺽거리는(creak) 문을 부순다(break)
67. 춤(dance) 출 기회(chance)를 갖게 된 무사가 활보해(prance) 나오더니 힐긋 한번 쳐다보고(glance) 창(lance) 들고 춤 추더니(dance) 곧 황홀경(trance)에 빠진다.
68. 왕관(crown)을 쓴 광대(clown).
69. 주인(master)의 변형이 선생(mister)이다.
70. 간단(simple)한 견본(sample)을 주시오.

71. 아침(morning)에 슬피 우는 것(mourning)은 슬픈 일이다.
72. 화약(powder)은 힘(power)이 강하다.
73. 파리(fly)를 프라이(fry)해 먹는 미개인이 있다.
74. 사과(apple)는 건강에 적합하다(apply)
75. 평소(usual)에도 우연히(casual) 사고는 일어나는 법이다.
76. 방학(vacation) 동안에 직업(vocation)을 구해야지.
77. 젖짜기(dairy)에 관한 일기(diary)를 쓴다.
78. 싱싱한(fresh) 살코기 (flesh)를 주시오.
79. 암(cancer) 수술을 취소합니다(cancel)
80. 갈색(brown) 머리의 한 사나이가 익사했다(drown)
81. 놓여있는(lie) 파이(pie)를 보고 묶인(tie) 개 두 마리가 죽기(die)를 무릅쓰고 겨룬다(vie)
82. 지켰는(keep)데도 깊은(deep) 밤에 엿보고(peep) 있다가 지이프차(jeep)를 훔쳐갔다.
83. 장식띠(sash)를 빨은(wash) 대가로 현찰(cash)을 주었더니 내동댕이 친다.(dash)
84. 풍습(custom)에 익숙해진다(accustom)
85. 회원(member)을 기억해(remember)야지.
86. 긴(long) 길을 따라서(along) 돌아오다.
87. 줄무늬(stripe) 옷을 벗고(strip) 여행(trip)한다.
88. 질문(question)이란 진리를 탐구(quest)하고 정복(conquest)한다는 뜻이다.
89. 성공한다(succeed)는 것은 남을 능가하(exceed)도록 나아가(proceed) 앞선다(precede)는 뜻이겠지.
90. 넓은(broad) 길(road)로 접어들었다.
91. 별스러운(strange) 오렌지(orange)를 줄(range)지어 정돈한다.(arrange)
92. 동의하다(assent)의 반대는 반대하다(dissent)
93, 완두콩(pea)을 먹으면 마음의 평화(peace)를 얻을까.
94. 무거운(heavy) 것을 들어 올리자(heave).

95. 남자(man)가 구애(구혼)하는(woo) 대상은 여성(woman)이다.
96. 행복한(happy) 일은 우연히 일어난다(happen)
97. 스위치(switch)를 잡은 마녀(witch)가 옴(itch)을 전염시킨다.
98. 말(wor d)은 검(sward)보다 강하다.
99. 야바위(속임수)(sham)꾼은 부끄러움(shame)을 모르는 법이다.
100. 선택하다(elect)의 동의어는 고르다와(select) 골라모으다(collect)가 있다.

5. 고리식연상에 의한 영어기억

단어의 의미를 부여해서 기억하면 더 쉽게 기억되는데 이러한 원리를 이용한 것이 고리식 연상에 의한 기억법이다. 즉 하나의 단어를 떠올리고 그 단어와 연관된 단어들을 계속 떠올려 본 뒤, 그것을 영어로 바꾸어 기억하는 것이다. 이때 우리말로 된 낱말을 정확하게 기억할수록 영어로 기억하기가 쉽다.

1) 먼저 우리나라 말의 낱말을 의미상으로 연결한다.
악마 - 지옥 - 천국 - 천사 - 날개 - 하얀 - 결백 - 유죄 - 재판 - 죄 - 벌 - 벌금

2) 한영사전을 이용하여 영어단어를 찾는다.

3) 찾은 단어를 순서대로 정리한다.
demon - hell - heaven - angel- wing - white - innocence - guilt - judgement - crime - punishment - fine

4) 우리말을 순서대로 떠올리며 영어 단어를 생각해본다. 기억이 잘 안되면 확실히 기억시킨다.

5) 기억이 잘되면 빠르게 떠올려보고, 더욱 더 빠르게 떠오르도록 연습한다.

6) 우리 말의 맨 앞, 즉 악마(demon)를, 기억하여 잊지 않으면 나머지는 순서대로 떠오르게 된다.

7) 위와 같은 방식으로 많은 단어를 기억한다. 단어장을 만들어두면 좋다.

6. A-Z 철자 이용한 영어단어기억

A. 목적, 가능성

ambush	매복, 잠복, 복병
available	이용할 수 있는, 소용이 되는
aim	겨누다, 겨냥하다, 의도, 목적

B. 견디다. 밀다.

boost	밀어올림, 후원, 밀어올리다.
bottom	밑바닥, 기초, 최하위

C. 힘의 집중

concentration	집중, 전심전력, 농축
country	주(州), 군(郡)

D. 약해지다(힘이)

disperse	흩뜨리다. 흩어지게 하다.
drop	급강하, 떨어뜨리다.

E. 광범위해지다.

expand	넓히다. 팽창시키다.
environment	주위, 환경 , 포위

F. 가벼운, 고정되지 않은

flight	날기, 비행 도주
float	뛰우다. 밀려가게 하다.

G. 나아가다. 지나다.

go	가다
glide	미끄러지다, 활주

H. 가중, 높다.

heavy	무거운 대량의
height	높음, 높이, 신장.

I. 연결성

include	포함하다. 넣다.
index	색인, 지시하는 것, 색인을 달다

J. 압력을 가하다

jolt	갑자기 세게 흔들다. 세게 치다.
jump	뛰다. 도약하다.

K. 지키다. 동종

keep	보유하다. 보존하다. 견디다.
kind	종류, 본질

L. 풀어주다

lazy	게으른, 나태한
liberty	자유, 해방

M. 양적증가

most	가장 큰, 대개의 최대량
multitude	다수, 수많은, 군중

N. 없다.

nonsense	무의미한 말, 허튼소리
nothing	아무 일도 - 한다. 조금은 - 않다. 하찮은 것

O. 전체, 목적

organization	조직, 구성, 단체
objective	목표, 목적, 목표지점

P. 돌출, 밀어냄

pen	펜촉, 펜
pipe	관, 피리, 피리를 불다.

Q. 작게 함, 누르다.

quell	진압하다. 억누르다.
quantity	양, 수량

R. 이동, 옮기다.

raise	올리다. 들어올리다. 일어나다.
return	돌려주다. 되돌아가다, 회복하다

S. 전진성

ship	배, 승선하다.
shoot	쏘다. 힘차게 움직이다. 사격

T. 세움, 일으킴

theory	이론, 학설
thunder	우레, 천둥치다.

U. 결여

uneasy	불안한, 거북한
united	합병한, 협력한

V. 가치

valuable	금전적으로 가치가 있는, 값비싼
victor	승리자, 정복자

W. 비틂, 구부림

washing	씻음, 세탁
wave	파도, 물결치다

X. 교차. 고착

X-ray	X 선의, X 선 사진을 찍다.
xerox	복사법, 복사물

Y. 이동, 나눔

yield	산출하다. 양보하다.
yarn	직물을 짜는 일

Z. 흔들림

zoom	급상승하다. 급격히 확대
zigzag	지그재그형, 지그재그로 움직인다.

7. 영어단어 암기카드의 응용

지금까지 영어단어를 초고속으로 암기할 수 있도록 하는 방법, 즉 영어단어암기 5원칙, 발음을 이용한 영어단어 암기법, 어원에 의한 영어단어 암기법, 비슷한 철자에 의한 영어단어 암기법, 고리연상에 의한 영어단어 암기, A-J까지의 철자에 의한 영어단어 암기법 등을 살펴보았다. 이제는 지금까지 학습해온 내용들을 최대한 살려서 영어단어 암기카드에 적용시켜 보기로 한다.

영어단어 암기카드는 A유형과 B유형 두가지가 있는데, A유형은 1단계로 자신이 기억한 단어와 뜻을 쓰는 것이고, B유형은 단어와 뜻을 쓴 후 다시 단어를 가리고 뜻에 해당하는 단어를 적어 봄으로써 기억을 확인하고, 재반복 시키는 것이다.

우선 A유형을 할 때 학생은 50개의 영어 단어를 몇 분 동안 외울 것인지 목표 시간을 정하도록 한다. 그후 초고속 읽기에서와 같은 자세로 집중하여 정확하게 암기하도록 한다. 되도록 단어를 소리내어 발음하면서 입력시키도록 하며, 연필로 단어를 계속 쓰면서 입력시킨다. 이러한 방법은 오감법칙을 활용한 것으로 집중력이 높아지고, 기억을 오래 남아있게 한다. 또한 앞에서 배운 단어의 어원, 비슷한 철자 등을 기억하며 머릿속에 상상되는 영상 장면도 함께 떠올리면서 기억하도록 하자.

영어단어 카드에 기록할 때에는 단어와 뜻을 번갈아 쓰지 말고, 영어 단어를 먼저 다 입력하고 뜻을 써내려가도록 한다. 단어 암기 확인 후에 내용 암기 확인을 하게 되므로 기억된 내용이 재확인을 거듭하면서 기억에 오래 남게 된다.

B유형은 앞의 A유형과 같이 암기한 것을 써내려가면 되지만 모든 단어를 기억나는 대로 다 쓰고 난 다음 뜻을 써내려간다, 그리고 그 뜻을 보면서 단어를 떠올려 기록하도록 한다.

영어단어암기카드(A)

확인	
부모님 :	
선생님 :	

학 년 1 (中)

성 명 정진아 시 간 3 분 20 초 단어암기 50 개

개	단 어	뜻	개	단 어	뜻
1	kitchen	부엌	26	garden	정원
2	dining room	식당	27	yard	마당
3	living room	거실	28	garage	차고
4	bath room	욕실	29	candle	양초
5	towel	수건	30	curtain	커튼
6	wall	벽	31	locker	사물함
7	window	창문	32	soap	비누
8	table	탁자	33	spoon	수저
9	bed	침대	34	stairs	계단
10	mirror	거울	35	refrigerator	냉장고
11	brush	솔	36	knock	노크
12	lamp	램프	37	open	열다
13	basket	주머니	38	sleep	자다
14	bag	가방	39	visit	방문
15	vase	꽃병	40	wash	씻다
16	dish	그릇	41	sun	해
17	glass	유리	42	sunny	맑은날
18	glasses	안경	43	sunshine	개인
19	knife	칼	44	light	빛
20	flag	국기	45	fire	불
21	toy	장난감	46	smoke	[illegible]
22	doll	인형	47	wind	바람
23	paper	종이	48	water	물
24	letter	편지	49	ice	얼음
25	present	선물	50	floor	마루

영어단어암기카드(A)

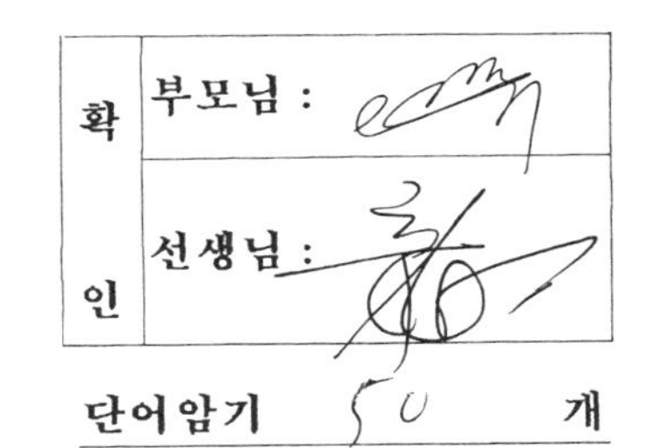

학 년 고1

성 명 이두정 시 간 4분 초 단어암기 50 개

개	단어	뜻	개	단어	뜻
1	separate separate separate.	갈라놓다.	26	conform conform.	순응하다
2	secretary	비서	27	confront	직면하다
3	select.	고르다	28	confirm ..	확인하다
4	secure secure.	안전한	29	condense condense.	농축하다
5	monarch monarch.	군주	30	correspond.	편지왕래하다
6	monk monk	수도승	31	cooperate.	협동하다
7	nun nun	수녀	32	sympathy	동정심
8	monologue	독백	33	symphony	교향곡
9	unique unique unique.	유일한	34	synonym synonym	동의어
10	union union union.	결합,통일	35	ashamed	부끄러운
11	unify	통일하다	36	amaze	놀라게하다
12	unity	통일성	37	arise.	일어나다
13	unite.	결합하다	38	arouse. .	깨우다
14	universe	우주	39	abide. abide	머무르다
15	duplicate duplicate.	복사본의	40	beloved	사랑하는
16	dual dual	둘의	41	behave	행동하다
17	twist	꼬다	42	behold behold behold	보다
18	twilight	어스름한빛	43	belong.	속하다
19	tribe.	부족	44	detail	사소한
20	triple.	셋의	45	deserve deserve	할가치있다
21	trivial.	사소한	46	declare declare	선언하다
22	compose	작곡하다	47	debate.	논쟁하다
23	compile.	정리하다.	48	perfect.	완벽한
24	compromise	타협하다	49	persuade	설득하다
25	compass	나침반	50	perfume.	향기나다

영어단어암기카드(B)

확인	
부모님 :	[signature]
선생님 :	[signature]

학 년 : 中3.

성 명 : 박혜경

시간 [illegible] 분 [illegible] 초 단어암기 개

개	단어	뜻	단어	개	단어	뜻	단어
1	tiny	매우작은	tiny.	16	company.	회사.	company.
2	fair.	공평한.	fair.	17	canal	운하	canal.
3	tough.	단단한.	tough	18	wagon	짐마차	wagon
4	~~fonie~~ foreign.	외국의	foreign.	19	fact.	사실	fact.
5	modern.	현대의	modern.	20	joy.	즐기다	joy.
6	expensive.	비싼.	expensive.	21	concert	음악회.	concert
7	harmful	해로운.	harmful.	22	rule	규칙	rule.
8	calm. calm.			23	suitcase	여행가방	suitcase.
9	special.	특별한.	special	24	grill	석쇠	grill
10	steady. steady. steady.	부드러운.	steady	25	hurray .	만세	hurray .
11	hay.	건초	hay	26	mail.	우편물	mail .
12	revival.	부활	revival	27	log.	통나무.	log
13	million	백만	million	28	hut hut.	오두막집	hut
14	crop.	수확	crop	29	tax	세금	tax
15	shade.	그림자 ~~[illegible]~~	shade.	30	dye.	물들이다	dye,

영어단어암기카드(B)

학 년 : 中2

성 명 : 현소연

시 간 2 분 40 초

단어암기 개

개	단어	뜻	단어	개	단어	뜻	단어
1	bookstore.	서점	bookstore	16	suddenly	갑자기	suddnely
2	doctor	의사	doctor	17	fear.	공포	fear
3	teacher	선생님	teacher	18	pocket.	호주머니.	pocket
4	salseman	회사원	salseman	19	end	끝	end
5	back	뒤	back	20	need	필요	need
6	Pick up.	줍다	pick up	21	hope	소망	hope
7	yard.	뜰	yard	22	carry	나르다	carry
8	tomato.	토마토	tomato	23	try	노력.	try
9	sugar.	설탕	sugar	24	drop	떨어뜨리다	drop
10	dollar.	달러	dollar	25	omit	생략	omit
11	advise	충고	advise	26	admit	시인.	admit
12	daughter.	딸	daughter	27	refer	언급.	refer
13	jeans	진—	jeans	28	offer	제공.	offer
14	move	움직이다	move	29	visit	방문	visit
15	run.	달리다	run	30	limit	제한	limit

확인	
부모님 :	(서명)
선생님 :	(서명)

영어단어암기카드 A

년 월 일

학년 : 년 이름 : 시간: 분 초	확인	부모님 :
단어 암기 : 개		선생님 :

개	단 어	뜻	개	단 어	뜻	개	단 어	뜻
1			18			35		
2			19			36		
3			20			37		
4			21			38		
5			22			39		
6			23			40		
7			24			41		
8			25			42		
9			26			43		
10			27			44		
11			28			45		
12			29			46		
13			30			47		
14			31			48		
15			32			49		
16			33			50		
17			34					

영어단어암기카드 A

년 월 일

학년 : 년 이름 : 시간: 분 초	확인	부모님 :
단어 암기 : 개		선생님 :

개	단 어	뜻	개	단 어	뜻	개	단 어	뜻
1			18			35		
2			19			36		
3			20			37		
4			21			38		
5			22			39		
6			23			40		
7			24			41		
8			25			42		
9			26			43		
10			27			44		
11			28			45		
12			29			46		
13			30			47		
14			31			48		
15			32			49		
16			33			50		
17			34					

영어단어암기카드 B

년 월 일

학년 : 년 이름 : 시간: 분 초	확인	부모님 :
단어 암기 : 개		선생님 :

개	단 어	뜻	단 어	개	단 어	뜻	단 어	개	단 어	뜻	단 어
1				11				21			
2				12				22			
3				13				23			
4				14				24			
5				15				25			
6				16				26			
7				17				27			
8				18				28			
9				19				29			
10				20				30			

영어단어암기카드 B

년　월　일

학년 :　년　이름 :　　시간:　분　초	확인	부모님 :
단어 암기 :　　개		선생님 :

개	단 어	뜻	단 어	개	단 어	뜻	단 어	개	단 어	뜻	단 어
1				11				21			
2				12				22			
3				13				23			
4				14				24			
5				15				25			
6				16				26			
7				17				27			
8				18				28			
9				19				29			
10				20				30			

2단계 한자 초고속 암기법

한자는 학생들에게는 시험 과목의 하나로서 부담이 되는 과목일 수도 있겠지만 우리의 일상생활에서 쉽게 접할 수 있는 부분이므로 평소에 잘 익혀두는 것이 최선의 방법이다. 더욱이 문화유산을 계승 발전시켜야 하는 과제를 안고 있는 우리에게 있어서 한자교육은 역사의 맥을 잇고 후대에게 물려주는데 꼭 필요한 요소이기도 하다.

한자는 원래 한 민족(漢民族) 사이에 발생한 중국어를 나타내는 문자로 그 기원은 정확하지 않으나 기원전 십수세기의 은나라 때 이미 사용되었다. 한자의 총 수는 5만이 넘지만 실용자수는 1만자 내외쯤 된다. 이처럼 방대하고 어렵다고 생각되는 한자를 쉽고 재미있게 익히고, 기억 속에 오래 남겨둘 수 있는 방법이 없을까?

옛날의 한자, 한문 교육은 천자문 암기, 계몽편, 격몽요결, 명심보감 등을 익혔지만 일제시대와 해방 이후에는 한자교육을 등한시하고 음만을 체계없이 배우는 식이었다. 오늘날에도 그러한 단어중심과 음중심의 사고방식에서 벗어나지 못하고 있어 점점 한자는 배우기 어려운 것처럼 생각하기에 이르렀다.

그러나 한자의 원리를 알게 되면 배우기 쉽고 익히기 쉽다는 것을 알게 된다. 따라서 한자의 원리를 이해하고, 부수를 기억하고, 글자의 핵심을 이루는 자모 자를 알게 되면 한자도 쉽게 정복할 수 있다.

한자 초고속암기법에서는 먼저 어원과 부수를 통해 쉽게 한자를 기억할 수 있는 방법을 제시하고, 같은 부수나 같은 한자가 들어가 있는 한자를 나열하여 고리식으로 연결시켜 이야기를 만들어보는 형식으로 기억할 수 있는 방법을 제시하였다.

1. 부수에 의한 한자 기억

한자는 부수의 뜻을 잘 기억하면 쉽게 해결된다. 부수의 뜻은 곧, 어원(말의 뿌리)이기 때문이다.

잘 알고 있는 畓(논 답)자는 水(물 수)자와 田(밭 전)자로 이루어진 말로 '밭 위에 물이 항상 고여 있는 곳' 곧 '논'이란 뜻이 된다.

이처럼 한자는 부수를 잘 생각하면 그 뜻과 음을 알기 쉽게 이해하며, 이를 머릿속에 하나의 그림을 그리듯 기억하면 쉽게 암기할 수 있다.

▣ 어원을 이용한 한자기억 방법

春(봄 춘) 二(두 이 : 거듭 많다) + 大(큰 대 : 크다) + 日 (날 일 : 햇빛)
햇빛이 크고 많아질 때는 봄이다.

夏(여름 하) 頁(頁머리 혈 : 머리) + 夊(다리)
더워서 머리와 몸통 및 다리를 드러낸 여름

秋(가을 추) 禾(벼 화) + 火(불 화)
나무에 이삭이 달린 것은 벼이고, 불처럼 뜨거운 햇볕을 받아 누렇게 익을 때는 가을이다.

冬(겨울 동) 夂(뒤쳐올 치 : 늦게 옴) + 冫(얼음 빙 : 차갑다)
맨 뒤에 오는 계절로 얼음이 어는 차가운 겨울을 뜻한다.

災(재앙 재) 川(내 천 : 냇물, 물) + 火(불 화)
홍수가 나고 불이 나는 것이 겹치면 재앙이다.

부수	뜻	음과 뜻	한자	부수	뜻	음과 뜻	한자
一	모으다, 하나, 많다.	한 일	大	八	여덟, 나누다	여덟 팔	公
丨	뚫다, 이어주다	뚫을 곤	中	冂	문, 멀다	멀 경	周
丿	삐치다	삐칠 별	乃	冖	덮다	덮을 멱	冠
乙	구부러지다, 새	굽을 을	乞	冫	차갑다	얼음 빙	冬
亅	갈고리	갈고리궐	了	几	책상, 나무	안석 궤	凡
十	열, 많다. 방향	열 십	協	卩(㔾)	무릎마디, 발	병부 절	却
二	둘, 거듭, 많다	두 이	云	刀(刂)	칼, 무기	칼 도	分
亠	머리부분, 위, 꼭대기	머리 부분 두	亭	力	힘	힘 력	務
人(亻)	사람	사람 인	仙	勹	싸다	쌀 포	抱
儿	걷는 사람 어질다. 발	걷는 사람 인	元	匕	날카로운 칼	비수 비	老
卜	점치다	점 복	占	匚	상자, 일정한지역	상자 방	匠
厂	굴바위 언덕	굴바위엄	原	土	흙, 땅	흙 토	圭
厶	나, 크다	사사 사	去	士	선비	선비 사	吉
又	오른손, 다시, 또	또 우	叉	夂	뒤져오다	뒤져올 치	夆
口	사람, 무더기, 말하다.	입 구	句	夕	저녁	저녁 석	外
囗	에워싸다	에울 위	國	大	크다, 많다	큰 대	太

부수	뜻	음과 뜻	한자	부수	뜻	음과 뜻	한자
女	여자 즐겁다	계집 녀	妊	廴	천천히 간다	길게 걸을 인	延
子	아들, 자식	아들 자	孝	廾	들다	들 공	弄
宀	집, 지붕	집 면	宅	弓	활	활 궁	弘
寸	짧은 길이	마디 촌	尊	彡	털모양	터럭 삼	影
小	작다	작을 소	尖	彳	여러 사람, 간다,행하다	자축거릴 척	彷
尢	절름발이	절름발이 왕	尤	心(忄)	마음	마음 심	必
尸	시체, 죽다, 집	주검 시	屠	戈	칼, 무기, 전쟁	창 과	戒
屮	싹나다	싹날 철	屯	户	집, 외짝문	지게문 호	房
山	산	메 산	岩	手(扌)	손	손 수	拏
巛(川)	냇물	내 천	巡	支(攵)	회초리로 치다	칠 복	教
工	도구, 만들다	장인 공	巧	斗	말(용량)	말 두	料
己	몸	몸 기	配	斤	도끼, 무게	도끼 근	斥
巾	수건, 제물	수건 건	布	方	방향	모 방	芳
干	방패, 막다	방패 간	刊	日	해, 시간	날 일	旦
幺	작다	작을 요	幼	曰	말이 되다	가로 왈	最
广	집, 장소	집 엄	庭	月	세월, 몸, 고기, 달	달 월	朔

부수	뜻	음과 뜻	한자	부수	뜻	음과 뜻	한자
木	나무	나무 목	枝	田	밭	밭 전	沓
欠	입벌리다, 하품	하품 흠	次	疋	발	필 필	疑
止	그치다, 머무르다	그칠 지	武	疒	병(아플)	병들 녁	病
歹(歺)	시체,죽다	뼈앙상할 알	死	癶	걷다, 가다	걸을 발	登
殳	몽둥이로 치다	칠 수	殺	白	희다	흰 백	的
气	구름, 기운	기운 기	氣	皿	그릇	그릇 명	盤
水(氵)	물	물 수	氷	目	눈, 보다	눈 목	盲
火(灬)	불	불 화	災	矛	창, 전쟁, 무기	창 모	矜
爪(爫)	손톱, 다투다	손톱 조	爭	矢	화살	화살 시	知
爿	조각널, 장수	조각널 장	將	石	돌, 돌맹이	돌 석	砲
片	조각, 쪼개다	조각 편	版	示(礻)	보이다, 귀신, 제단	보일 시	祭
牛(牜)	소	소 우	牧	禸	짐승발자국, 발	짐승발자 국 유	禽
犬(犭)	개, 짐승	개 견	狀	禾	벼	벼 화	秋
玄	검다, 아득하다.	검을 현	玆	穴	구멍	구멍 혈	空
玉	구슬	구슬 옥	珠	立	서다	설 립	竣
甘	달다	달 감	甚	竹	대나무, 책, 종이	대나무 죽	筆

부수	뜻	음과 뜻	한자	부수	뜻	음과 뜻	한자
米	쌀	쌀 미	粉	舟	배, 쪽배	배 주	般
糸	실, 다스리다	실 사	綿	艸(艹)	풀	풀 초	案
缶	질그릇 장군	장군 부	寶	虍	호랑이	범 호	虐
羊	양, 착하다	양 양	善	虫	벌레	벌레 충, 벌레 훼	蟲
羽	깃털, 날개	깃 우	習	衣(衤)	옷	옷 의	裝
老(耂)	늙다	늙을 로	考	襾	덮다	덮을 아	栗
而	말잇다	말이을 이	耐	見	보다	볼 견	視
耒	쟁기	가래 뢰	耕	角	뿔	뿔 각	解
耳	귀	귀 이	取	言	말씀	말씀 언	訓
聿	붓	오직 율	律	豆	회초리로 치다	콩 두	登
肉(月)	고기, 살, 몸	고기 육	腐	豕	많다	돼지 시	豚
臣	신하	신하 신	臥	豸	해태, 맹수	발없는 벌레치	豹
至	이르다, 다다르다	이를 지	臺	貝	조개, 돈, 재물	조개 패	買
臼	절구	절구 구	毁	走	달리다	달릴 주	超
舌	혀	혀 설	話	足	발	발 족, 더할 주	跡
舛	어긋나다	어그러질 천	舜	車	수레, 군사, 바퀴	수레 거	軌

부수	뜻	음과 뜻	한자	부수	뜻	음과 뜻	한자
辛	맵다, 독하다	매울 신	辯	骨	뼈	뼈 골	體
辵	쉬엄쉬엄가다	쉬엄쉬엄 갈 착	速	音	소리	소리 음	韻
邑(⻏)	고을, 땅 우부방	고을 읍	鄕	髟	(머리카락) 늘어지다	긴털드리울 표	髮
酉	술, 따스하다	닭 유	醫	鬼	귀신	귀신 귀	魂
金	쇠, 금, 광석	쇠 금	針	魚	고기(생선)	고기 어	鯨
門	문	문 문	閉	鳥	새 (꽁지 긴)	새 조	鳴
阜(⻖)	언덕, 막다, 좌부방	언덕 부	陸	丶	점	점 주	丸
隶	미치다(다다르다)	미칠 이	隷	匸	감추다	감출 혜	區
隹	새(꽁지 짧은 새)	새 추	集	夊	천천히 걷다	천천히걸을 쇠	夏
雨	비	비 우	雪	无	없다	없을 무	旣
韋	가죽, 주위	다룬가죽 위	韓	毋	없다	말 무	梅
頁	머리	머리 혈	顔	比	견주다, 나란하다	견줄 비	批
食	밥, 먹다	밥 식	飮	毛	터럭, 식물, 가볍다	터럭 모	毫
鹿	사슴	사슴 록	麗	氏	성, 각시, 나라이름	각시 씨 나라이름지	民
黑	검다	검을 흑	默	父	아버지, 늙으신네	아비 부	爺
馬	말	말 마	騷	爻	효, 엇갈리다	점괘 효	爽

부수	뜻	음과 뜻	한자	부수	뜻	음과 뜻	한자
牙	어금니, 상아	어금니 아	芽	非	아니다, 그르다	아닐 비	靡
瓜	오이	오이 과	瓢	面	낯, 탈	낯 면	靨
瓦	기와, 질그릇	기와 와	砙	革	가죽 혁,격	가죽, 고치다	靴
生	살다, 싱싱하다	날 생	産	香	향기	향기 향	馥
用	쓰다	쓸 용	甫	音	소리, 음악	소리 음	韻
皮	가죽, 껍질	가죽 피	皺	飛	날다	날 비	飜
自	스스로, 몸소, 본연	스스로 자	臭	麥	보리	보리 맥	麩
血	피	피 혈	衆	鬥	싸우다, 다투다	싸울 각, 싸울 두	鬪
行	다니다, 여행	다닐 행, 항렬 항	術	韭	부추	부추 구	韱
谷	골짜기	골 곡	谿	鬯	울창주	울창주 창	鬱
赤	붉다, 벌거벗다	붉을 적	赫	黍	기장	기장 서	黎
身	신체	몸 신	體	黹	바느질하다	바느질할 치	黻
釆	변하다	변할 변	釋	入	들어오다, 들어가다	들 입	內
里	마을, 이수	마을 리	重	風	바람, 가르침	바람 풍	颯
長	길다, 어른, 멀다	길 장	張	高	높다, 비싸다	높을 고	藁
青	푸르다, 동쪽, 젊다	푸를 청	精	髟	머리늘어뜨리다	긴털드리울 표	髡

부수	뜻	음과 뜻	한자	부수	뜻	음과 뜻	한자
鹵	짠 땅	짠 땅 로	鱸	麻	삼, 마	삼 마	麾
黽	맹꽁이	맹꽁이 맹	黿	鼎	솥	솥 정	鼏
鼓	북	북 고	鼓	鼠	쥐	쥐 서	鼠
鼻	코	코 비	鼽	齊	가지런하다	가지런할 제	齋
齒	이	이 치	齴	鬲	다리굽은 솥	다리굽은 솥 력	鬳
龍	용	용 용	龔	龜	거북이	거북이 구, 균, 귀	龝
黃	노랗다	누를 황	黃	龠	피리	피리 약	龥
二	아주 많다, 거듭많다			卄	아주 많다, 거듭많다		
士				廿			
丰				丗			

2. 이야기를 통한 한자 기억

동일한 한자의 부수가 들어가거나 한자가 낱말에 들어갈 때 그 글자의 뜻은 그 부수나 한자가 지닌 고유한 의미를 포함한다. 따라서 한자를 암기할 때 동일한 한자를 포함하고 있는 각 한자들을 고리처럼 연결하여 이야기를 만들면서 기억하면 아무리 많은 한자라도 쉽고, 빠르게 기억하게 된다.

되도록 기억에 오래 남을 수 있도록 재미있는 이야기로 엮어가는 것이 좋다.

石

1. 石 - 砂 - 拓 - 砲 - 岩 - 破 - 碧 - 磨 - 碎 - 碩

돌을 잘게 해서 손에 주어 들고 대포처럼 바위에 때리니 깨져서 옥돌이 나왔다. 이것을 갈고 부수어 충실하게 만들었다.

①	石	돌 석 저울, 단단할, 섬, 경쇠, 돌바늘.
②	砂	모래 사 돌(石)이 잘게(少) 부서져 된 '모래'
③	拓	주울 척, 박을 탁 거친 땅에서 손(扌)으로 돌(石)을 '주워 내고' '개척'

④	砲	대포 포, 돌 쇠뇌 돌을 여러 개 싸서 쏘아 한꺼번에 나가게 했던 '돌 쇠뇌'
⑤	岩	바위 암 山과 石의 합침, 산에 있는 큰 돌인 '바위'를 뜻한 자.
⑥	破	깨질 파, 흩뜨릴 파 돌의 표면이 부서진다는 데서 '깨어지다'
⑦	碧	옥돌 벽. 푸를 벽 흰 빛을 띠는 '푸른빛의 옥돌'을 가리켜 된 자
⑧	磨	갈 마 삼껍질을 빨아서 매끈하게 하듯이 돌을 '간다'
⑨	碎	부술 쇄 돌이 자잘하게 '부서졌음'을 나타내어 된 자
⑩	碩	클 석 머리(頁)가 바위(石) 같이 '큼'을 나타낸 자

2. 食 - 飯 - 飽 - 養 - 飼 - 飧 - 餠 - 飾 -餌 - 飮

밥 먹이고 밥 먹여 배불리 기르고, 저녁밥을 먹일 때는 떡을 잘 꾸며서 먹이도 주고 마실 것도 주었다.

①	食	밥 식 亼(모을 집)과 皀(밥 고소할 흡)의 합침
②	飯	밥 반 食 변에 反(뒤칠 반:음부)의 합침.
③	飽	배부를 포 음식이 배에 가득하게 꽉 쌓였음.
④	養	기를 양, 가르칠 양 羊(양 양:음부)과 食의 합침. 양(羊)을 먹여(食) '기른다'
⑤	飼	먹일 사, 칠 사, 기를 사 가축을 맡아 먹인다는 데서 '기르다'
⑥	飧	저녁밥 손, 지을 손 夕과 食(밥 식)의 합침 '저녁(夕) 밥(食)'을 뜻하게 된 자.
⑦	餅	떡 병 幷은 두 사람이 어깨를 나란히 맞대어 '어우른' 모양
⑧	飾	꾸밀 식 사람(人)이 천에 수를 놓듯이 음식상을 모양내어 차린다
⑨	餌	먹이 이, 경단 이 연한 귀 불처럼 부드럽게 처리하여 먹는 '음식'을 뜻하여 된 자.
⑩	飲	마실 음, 머금을 음 입을 크게 벌리고 물이나 술 따위를 먹는다.

夕

3. 夕 - 多 - 夜 - 外 - 侈 - 名 - 夢 - 液 - 移 - 銘

저녁마다 많이 바깥에 나가 사치하게 되어 이름이 알려진 사람은 꿈에서도 물벼락을 맞으니 이름을 바꾸어야 한다.

①	夕	저녁 석, 한 움큼 사 저무는 하늘에 희게 뜬 반달 모양을 본 떠 '저녁'을 가르킨 자
②	多	많을 다 夕 둘의 합침, 어젯밤과 오늘 및 내일밤이 거듭되어 날짜가 '많아진다'
③	夜	밤 야, 쉴 야, 고을 액 해가 져 또는 '밤'이 온다는 뜻으로 된 자.
④	外	바깥 외, 멀리할 외 夕과 卜(점복)의 합침, 점(卜)은 아침에 치는 것이 원칙인데, 벗어난다.
⑤	侈	치사할 치, 많을 치 타인보다 많이 가지고 있는 듯이 치레한다.
⑥	名	이름 명 밤(夕)에는 보이지 않아 구별짓기 위해 외쳐(口) 부르는 '이름'
⑦	夢	꿈 몽 저녁에 눈을 감고 잘 때 환상으로 보이는 '꿈'

⑧	液	진 액 가려진 침침한 부분에서 나오는 '진' 또는 '액체'
⑨	移	옮길 이 못자리의 많은 볏모를 논에 '옮겨 심는다'는 뜻
⑩	銘	새길 명 이름(名)을 오래도록 전하기 위하여 쇠(金)종이나 솥에 '새긴다'는 뜻

■ 연습문제

1. 非 - 俳 - 匪 - 罪 - 誹 - 排 - 輩 - 裵 - 悲 - 靡

2. 門 - 閉 - 開 - 闕 - 閣 - 關 - 閑 - 閏 - 間 - 悶 - 閔

3단계 교과서암기 7·5·3원칙

교과서 암기 7·5·3원칙은 초고속읽기를 활용해서 현재 배우는 과목보다 앞으로 배울 과목을 위주로 학습훈련을 한다. 훈련 자체가 학습과 기억을 높이는 데 뛰어난 효과가 있으므로 본격적으로 학교 수업을 진행할 때에는 교과목을 완벽하게 숙지하게 되어 성적이 자연적으로 향상된다.

교과서 암기 7·5·3원칙에 대한 기본 훈련은 앞장에서 이미 배웠으므로 기존의 책읽는 속도보다 10배 이상이 빠르며, 전뇌활성화훈련을 해왔기 때문에 이해력과 기억력도 향상되었을 것이다. 따라서 기존에 교과서를 1번 읽는 속도로 교과서를 열번 이상을 읽을 수 있어 이해가 충분한 가운데 반복학습의 효과가 있어 더 오래 기억할 수 있게 된다.

교과서 암기의 과정은 모두 7단계로 이루어지는데, 1단계에서 6단계까지는 기호를 이용해 중요한 단어, 문장을 체크하고 완벽하게 자기의 것으로 입력할 수 있도록 반복 학습한다. 훈련이 반복되면서 교과서 내용의 이해나 기억도 빠르게 진행이 되므로 학년이나 학생에 따라서는 단계를 5단계 혹은 3단계까지로 줄여도 된다. 그래서 이 훈련을 교과서 암기 7·5·3원칙이라고 한다.

교과서 암기 7·5·3원칙을 좀더 쉽게 설명하자면 체크(∨)하고 점선(……)을 이용해서 입력시키기는 먼저 멀리서 숲을 보는 것과 같다고 할 수 있다. 숲의 모양새를 확인하고 위치를 확인했다면 이젠 그 숲이 어떤 요소들로 이루어졌는지를 찾아보아야 할 것이다. 그것에 해당하는 것에 밑줄(____)을 긋고, 동그라미(◯)치고, 네모(□)를 그리면서 입력시키기이다. 이렇게 숲의 요소들을 확인했다면 이젠 이 숲에서 가장 나에게 필요한 것이 무엇인지, 조심해야 할 것이 무엇인지를 찾아보는 것이다. 별(☆)표 그리면서 입력시키기가

그것에 해당하며, 숫자(① ② ③)로 정리하기는 가장 필요한 것이 있는 곳과 위험 대상이 잘 다니는 장소들을 꼼꼼히 살펴보는 작업이라고 할 수 있다. 연필( )을 뒤돌려 입력시키기는 지금까지 자기 작업의 과정을 확인하는 것이며, 엄지손가락( )을 이용해 영상 입력하기의 경우는 다시 자기의 위치로 돌아오면서 어떤 경우에라도 대비할 수 있는 마음가짐을 가지는 것이라 할 수 있다. 교과서 암기 7・5・3 원칙은 단계마다 예문과 스스로 해보는 문제가 주어져 있다. 학습방법에서는 해당 설명을 읽은 후 각 단계를 이해시키기 위해 만든 연습문제가 있다. 스스로 해보고 교과서를 가지고 직접 자신이 훈련해 보도록 한다.

교과서암기 7·5·3 원칙의 개요

1단계 - 7원칙

- 중급과정에서 적용

1. 체크(V)하고 밑줄(____)을 이용해서 입력시키기
2. 동그라미(⬭)치면서 입력시키기
3. 네모(□)를 그리면서 입력시키기
4. 별(☆)표 그리면서 입력시키기
5. 숫자(① ② ③)로 정리하기
6. 연필( )을 뒤돌려 입력시키기
7. 엄지손가락( )을 이용해 영상 입력하기

2단계 - 5원칙

- 중급과정에서 복습시, 고급과정에서 적용

1. 체크(V)하고 밑줄(____)을 이용해서 입력시키기
2. 동그라미(⬭) 네모(□)를 그리면서 입력시키기
3. 별(☆)표 그리면서 입력시키기
4. 숫자(① ② ③)로 정리하기
5. 엄지손가락( )을 이용해 영상 입력하기

3단계 - 3원칙

- 고급과정에서 복습시 적용

1. 체크(∨), 밑줄(___), 동그라미(◯), 네모(☐)를 그리면서 입력시키기
2. 별(☆)표, 숫자(① ② ③)로 입력시키기
3. 영상화(제스처)로 입력하기

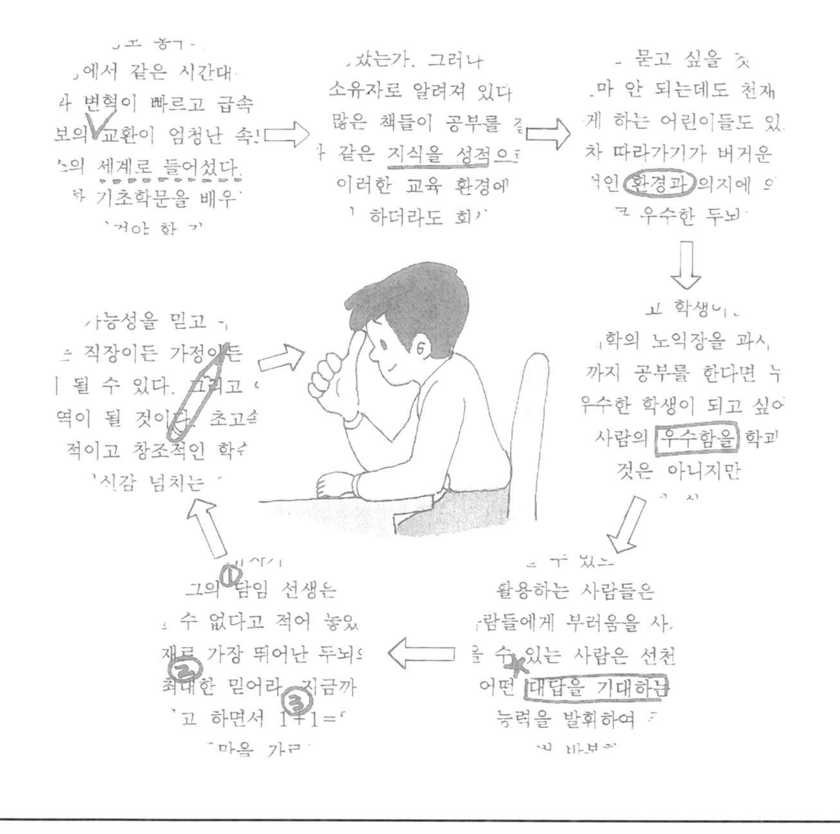

1. 체크하고 밑줄을 이용해서 입력시키기

1. 교과서를 차례부터 읽기 시작한다.
2. 읽다가 모르는 단어가 나오면 체크(∨)하면서 빠르게 읽어나간다.
3. 주제어, 주제문, 중요한 단어, 문장이 나올 경우에는 밑줄을 표시하면서 읽는다.
4. 체크(∨)된 단어는 사전에서 찾아 정확하게 기억해 둔다.

▣ 연습문제 1

전쟁은 나라 사이에 지켜야 할 일을 지키지 않을 때 일어난다. 즉, 한 나라와 다른 나라 사이의 주장이 다르고, 이 문제를 무력으로 해결하려고 할 때 평화가 깨어지고 전쟁이 일어난다.

국제 연합(유엔)은 인류의 평화와 발전을 위해 만들어진 기구로, 세계 여러 나라들이 가입하고 있다. 국제 연합에는 총회와 많은 전문 기구들이 있으며, 총회에서는 회원국들이 모여 세계의 주요 문제를 토의해서 해결하려고 노력한다.

안전 보장 이사회는 세계의 평화와 안전을 지키기 위한 일을 한다. 나라 사이에 무력 충돌이 생겼을 때, 회원국이 보내는 군인으로 국제 연합군(유엔군)을 조직하여 평화를 지키기도 한다.

1950년 북한 공산군이 남한을 침략하였을 때, 안전 보장 이사회는 국제 연합군을 보내어 우리를 도와 주었다.

■ **연습문제 2**

근대 문화의 성장 개화 운동이 진전됨에 따라 우리 나라는 문화 전반에 걸쳐 커다란 변화와 발전을 가져오게 되었다. 이러한 문화의 발전은 서양의 근대 문화가 소개되어 그 폭이 넓어지면서 정치, 사회의 개혁으로 이어지고, 우리 나라가 근대 사회로 발전하는 데 그 기반이 되었다.

서양의 문화를 받아들인 것은, 우리 나라를 부강하게 하려는 데 그 목적이 있었다. 또, 문화 활동은 일부의 사람들에게만 한정되지 않고 일반 민중 속에 널리 확대되어 갔다.

이와 같은 문화 활동은, 당시 제국주의 열강이 침투하고 있는 상황에서 나라의 자주 독립을 지켜 나가려는 민족의 노력과 연결되어 전개되었다. 즉, 우리 민족은, 일본의 침략에 대항하여 주권을 수호하기 위한 의병 전쟁을 수행하는 한편, 민족 정신을 일깨워 민족의 힘을 키우기 위한 문화 운동을 전개하였다.

정치·사회 단체 새로운 서양 문물을 접하면서 개화 사상과 척사 사상이 대립하는 가운데, 우리 민족의 정치 의식은 점차 높아졌다. 또, 자주와 독립에 대한 자각을 바탕으로 국민을 일깨우기 위한 단체들이 조직되어, 애국 계몽 운동을 활발히 전개하였다.

2. 동그라미 치면서 입력시키기

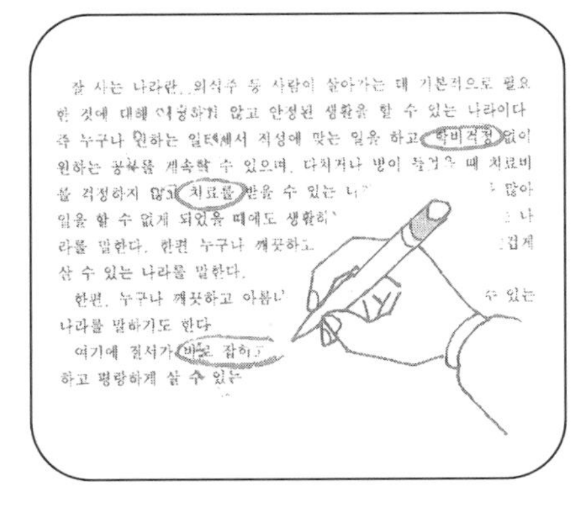

1. 글의 주제와 내용을 기억하며 읽습니다.
2. 읽다가 주제어, 주제문, 중요한 단어, 문장이 나올 경우에는 동그라미(◯) 치면서 빠르게 읽어나갑니다.

■ 연습문제 1

잘 사는 나라란, 의식주 등 사람이 살아가는 데 기본적으로 필요한 것에 대해 걱정하지 않고 안정된 생활을 할 수 있는 나라이다. 즉 누구나 원하는 일터에서 적성에 맞는 일을 하고, 학비 걱정 없이 원하는 공부를 계속할 수 있으며, 다치거나 병이 들었을 때 치료비를 걱정하지 않고 치료를 받을 수 있는 나라이다. 또, 나이가 많아 일을 할 수 없게 되었을 때에도 생활하는 데 걱정이 없게 해주는 나라를 말한다.

한편, 누구나 깨끗하고 아름다운 환경 속에서 즐겁게 살 수 있는 나라를 말하기도 한다.

여기에 질서가 바로 잡히고 공중 도덕과 예절이 잘 지켜져, 안심하고 평화롭게 살 수 있는 나라가 되어야 함은 물론이다.

■ 연습문제 2

농민의 항거 사회 불안이 고조되는 속에서, 명목상이나마 유지되던 유교적 왕도 정치는 19세기에 접어들면서 이른바 세도 정치로 전개되어 퇴색해 갔고, 한때나마 다소 기운을 찾았던 농촌 경제 역시 파탄에 이르렀다. 국가 기강이 해이해진 틈을 타, 탐관 오리들은 권력을 남용하여 사리 사욕을 채우기에 바빴다. 탐관 오리의 부정과 토색은, 이른바 삼정의 문란을 극도에 이르게 하였다. 또, 지주와 대상인의 횡포도 관리의 수탈 못지않게 컸다.

가난에 쪼들리고 빚에 몰린 농민들은, 마침내 파산하여 고향을 떠나 유리 걸식하거나, 세금을 피해 산간 벽지로 들어가 화전민이 되기도 하였고, 심지어는 도적 떼에 들어가기도 하였다.

궁지에 몰린 농민들과 몰락 양반들은 이 같은 가혹한 상황에서 새로운 활로를 모색하게 되었다. 이제 농민들은, 지배층의 압제에 대하여 종래의 소극적인 자세에서 벗어나 적극적으로 그들과 대결하였다. 농촌 사회가 피폐하여 가는 가운데, 농민들의 사회 의식은 오히려 보다 강해져 갔다. 농민들은 처음에는 학정의 금지를 요청하는 소청이나, 탐관 오리를 비방하는 벽서(壁書) 운동[1]을 전개하였으나, 그러한 노력이 받아들여지지 않자, 마침내 이른바 민란을 일으켰다.

농민의 항거 가운데서 가장 규모가 큰 것은 19세기 초에 평안도에서 일어난 홍경래의 난과 19세기 중엽에 진주에서 발단되어 전국으로 확산된 임술민란이었다.

홍경래의 난은 몰락 양반인 홍경래의 지휘하에 영세농, 중소 상인, 광산 노동자 등이 합세하여 일으킨 봉기로서, 세도 정치의 부패에 대하여 격렬하게 비판하고 나섰다. 이들은 처음에는 가산에서 난을 일으켜 선천, 정주 등을 점거하고, 한때는 청천강 이북 지역을 거의 장악하였으나, 정부군에 의하여 5개월 만에 평정되었다.

3. 네모를 그리면서 입력시키기

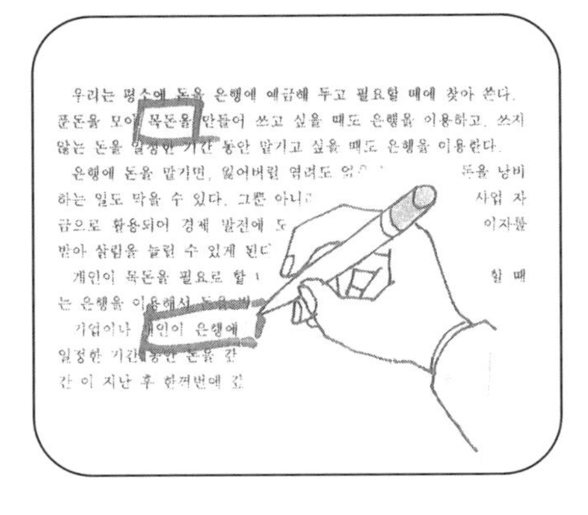

1. 지금까지 읽으면서 중요한 부분으로 표시된 부분을 다시 한 번 기억해 두며 꼼꼼히 읽기 시작합니다.
2. 읽다가 주제어, 주제문, 중요한 단어, 문장이 나올 경우에는 네모(□) 치면서 빠르게 읽어나갑니다.

▣ 연습문제 1

우리는 평소에 돈을 은행에 예금해 두고 필요할 때에 찾아 쓴다. 푼돈을 모아 목돈을 만들어 쓰고 싶을 때도 은행을 이용하고, 쓰지 않는 돈을 일정한 기간 동안 맡기고 싶을 때도 은행을 이용한다.

은행에 돈을 맡기면, 잃어버릴 염려도 없을 뿐 아니라, 돈을 낭비하는 일도 막을 수 있다. 그뿐 아니라, 저금한 돈은 기업의 사업 자금으로 활용되어 경제 발전에 도움을 주고, 저금한 사람은 이자를 받아 살림을 늘릴 수 있게 된다.

개인이 목돈을 필요로 할 때나 기업이 사업 자금을 필요로 할 때는 은행을 이용해서 돈을 빌려 쓸 수 있다.

기업이나 개인이 은행에서 돈을 빌려 쓸 때는, 자기 형편에 따라 일정한 기간 동안 돈을 갚기도 하고, 은행과 약속을 하여 일정한 기간이 지난 후 한꺼번에 갚기도 한다.

■ 연습문제 2

악하는 이론적인 기준으로 받아들이는 것이 좋을 것이다.

관료제의 기능과 역기능 관료제의 가장 중요한 기능은, 복잡하고 거대한 집단적 과업을 안정된 속에서 효율적으로 처리할 수 있다는 점이다. 그리고 관료제는 거의 모든 것이 표준화되어 있어서, 구성원이 바뀌어도 과업 수행에 큰 차질을 가져오지 않는다. 그러나 관료제는 다음과 같은 역기능도 가지고 있다.

첫째, 수단과 목적이 바뀌는 현상이 일어날 수 있다. 즉, 전문화, 위계 서열화, 규약과 절차의 중시는 목표 달성을 위한 수단에 불과한데도, 그것들을 지나치게 강조한 나머지 본래의 목표보다는 수단들을 지키는 데 주력하게 되는 경우가 있다. 이와 같은 현상을 가리켜 목적 전치(目的轉置)라 한다. 신분 보장에 지나치게 신경을 쓰다 보면 새로운 인재를 등용할 기회가 적어지는 결과를 가져오게 된다든지, 규칙과 절차를 너무 중시하여 개인적 성격까지 융통성이 없이 형식적인 면만을 지키려 하는 관료적 성격으로 변하는 것 등이 목적 전치 현상의 예이다.

둘째, 관료제는 인간의 소외(疏外) 현상을 증대시킬 수 있다. 조직의 효율성을 위해 마련된 규약과 절차는 개인적인 의사나 욕구의 개입을 허용하지 않는다. 그리하여 결국에는 인간으로 하여금, 과업을 계획하고 이끌어 가는 주체이기보다는 주어진 규칙과 절차만을 지키는 객체로 남게 한다.

셋째, 관료 제도도 결국은 개인적 요소의 영향을 받아 비능률적이 될 수 있다. 예를 들면, 구성원들이 자기에게 유리한 것은 과장하고 불리한 것은 축소시키는 등 개인의 목표나 이해를 더 중시하게 되면, 조직의 공식적 목표와 과업을 달성하는 데 지장을 받기도 한다.

4. 별표 그리면서 입력시키기

1. 재입력시키기 위해 다시 읽는 것이므로 잘알고 있다고 해도 중요한 부분의 앞 뒤 문맥을 주의 깊게 살피면서 읽도록 합니다.
2. 읽다가 주제어, 주제문, 중요한 단어, 문장이 나올 경우에는 별(☆)표하면서 빠르게 읽어 나갑니다.

■ **연습문제 1**

우리 나라는 오랫동안 농업을 소중히 여겨 오다가 조선 시대 후기에 들어와 상공업을 발전시키려는 기운이 싹텄다. 그러나 먼저 산업화를 이룩한 일본이 무역으로 우리의 주권을 빼앗아 35년간이나 지배하면서 일본의 식민지 지배화 대륙 침략에 필요한 산업만 일으켰기 때문에, 산업이 균형 있게 발달하지 못했고, 우리 사회는 여러 가지 어려움을 겪어야 했다.

우리 나라의 경제가 어느 정도의 수준에 올라 선 것은 1970년대에 들어와서부터였다. 그것은, 1960년대부터 추진한 경제 개발 계획에 따라 정부와 온 국민이 '우리도 잘 살아 보자.'는 의지로 힘을 모으고 열심히 일했기 때문이다. 경제가 발전하게 되면서 전문적인 지식이나 기술을 필요로 하는 직업이 늘어나게 되었으며, 우리 사회는 점점 전문화된 사회로 변하고 있다.

■ 연습문제 2

개방의 이익

외향적 공업화를 추진한 신흥 공업국들이 크게 발전할 수 있었던 것은, 개방 경제의 이익을 극대화한 것이라고 볼 수 있다.

개방 경제의 이익은 첫째로 선진국으로부터 기술을 습득하는 것이다. 개방 경제 사회는 외국에서 일어나는 상황 변화에 민감하게 마련이다. 따라서, 선진국에서 기술 혁신이 일어나면 이를 도입하거나 모방하려는 의욕이 강하게 일어난다. 그러므로 정보나 무역을 통해서 다른 나라의 기술, 관리 능력, 새로운 상품 지식 등이 들어오게 된다.

둘째로, 대량 생산의 이점을 실현할 수 있다. 폐쇄 경제하에서는 생산 규모가 국내 시장의 규모에 의해 제약될 수밖에 없으나, 개방 경제하에서는 시장이 해외로 확대되므로 생산 규모가 커지게 된다. 경제학자들의 연구에 의하면, 자동차 생산량이 20만 대가 될 때까지 생산 단가가 계속 감소하고, 그 이후에는 생산이 증가하더라도 거의 변하지 않는다고 한다. 만약, 자동차에 대한 국내 시장의 규모가 12만 대라면 8만 대가 수출되어야 대량 생산의 이점을 실현할 수 있게 된다.

셋째로, 자유 경쟁이 실현된다. 개방 경제 사회에서는 외국 상품과 경쟁해야 하므로, 생산비를 낮추거나 상품의 질을 높이고 소비자의 기호에 맞추기 위해 노력하게 된다. 특히, 자유 경쟁의 조건하에서는 생산비가 낮은 산업이 확장되게 되므로, 비교 우위의 산업이 급속하게 발전하는 계기가 될 수 있다.

우리 나라를 비롯하여 대만, 홍콩 등 신흥 공업국들의 성장 과정에서 기술 습득, 대규모의 생산 및 자유 경쟁을 통해 이익을 얻은 사실로부터 이를 엿볼 수 있다. 오늘날, 계획 경제의 종주국인

5. 숫자로 정리하기

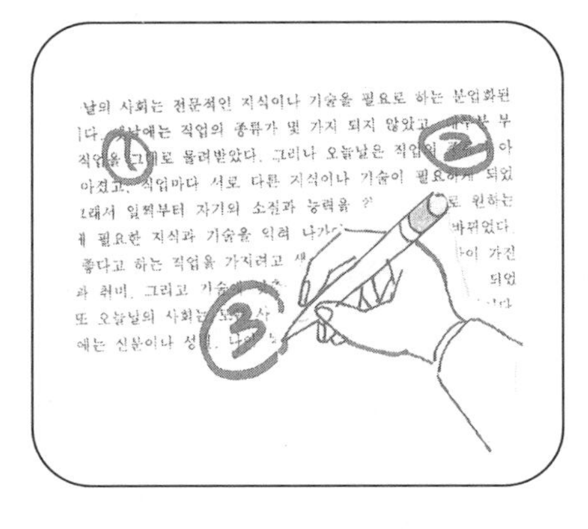

1. 여러 번 반복해서 중요한 부분을 표시해왔기 때문에 자칫 지나치기 쉽지만 겸손한 마음으로 읽도록 합니다.
2. 읽다가 주제어, 주제문, 중요한 단어, 문장이 나올 경우에는 기억해야 할 순서, 즉 6하 원칙이나 논설문의 경우에는 서론, 본론, 결론으로, 설명문이나 보고문일 경우에는 첫째, 둘째, 셋째, ①, ②, ③, 소설의 경우에는 발단, 전개, 절정, 결말로 나누어 정리·기록하면서 빠르게 읽어 나갑니다.

▣ 연습문제 1

담징은 고구려의 승려로서, 일본에 건너가 책과 공예품 등을 전하고, 종이, 붓, 먹, 물감, 맷돌 등을 만드는 방법을 가르쳐 주었다. 담징은 그림에도 뛰어난 재주를 지니고 있었다. 일본의 옛 도읍지인 나라 근처에 있는 호류사에는 담징이 그린 금당 벽화가 전해 왔었으나, 근래에 불에 탔다. 그래서 일본 사람들은 이 그림과 꼭 같은 모습의 그림을 새로 그려 놓았다.

한편 왕인은 백제의 학자로서 천자문, 논어 등의 책을 일본에 전해 주었다. 그는 그 곳에서 오래 머무르며 일본 임금과 태자의 스승이 되어 공부를 가르쳐 주기도 하였다. 그리하여 일본 사람들로 하여금 비로소 한문과 유학을 알게 하였다. 이 때문에 일본에서는 지금도 왕인을 높이 떠받들고 있다.

■ 연습문제 2

6·25 전쟁의 발발

북한 공산주의자들은 통치 기반을 정비한 후, 군사력을 증강하여 대한 민국에 대한 무력 남침의 준비를 서둘렀다.

그들은 소련과 비밀 군사 협정을 맺어 소련의 군사 원조를 받았고, 최신 무기를 공급받아 군사력을 증강시켰다.

6·25 전쟁 직전에 북한의 병력은 20만 명에 이르렀고, 전투기와 탱크 등의 현대식 무기까지 갖추었다. 그러나 남한의 병력은 10만 명 정도에 지나지 않았고, 무기와 장비도 뒤떨어진 상태에 있었다.

북한 공산주의자들이 군사력을 증강하면서 무력 남침을 준비하고 있을 때, 미국은 이러한 사태를 바로 파악하지 못하고, 남한에 주둔하고 있던 미군을 철수시켰다. 또, 미국의 국무 장관은 한반도가 미국의 극동 방위선에서 제외된다고 선언하였다. 이와 같은 미국의 조치와 선언은 북한 공산주의자들의 남침 야욕을 고무시킨 셈이 되고 말았다.

한편, 북한 공산주의자들은 남침 준비를 서두르면서도, 겉으로는 평화 공세를 펴면서 그들의 남침 의도를 숨기려고 하였다.

1950년 6월 25일, 마침내 북한 공산군은 38도선의 전 지역에 걸쳐 불법 남침을 감행하였다. 우리의 국군은 조국 수호의 결의를 다짐하면서 빈약한 무기를 가지고 용감히 싸웠다. 그러나 병력과 장비가 부족한 국군은 일시 후퇴하지 않

6. 연필을 뒤돌려 입력시키기

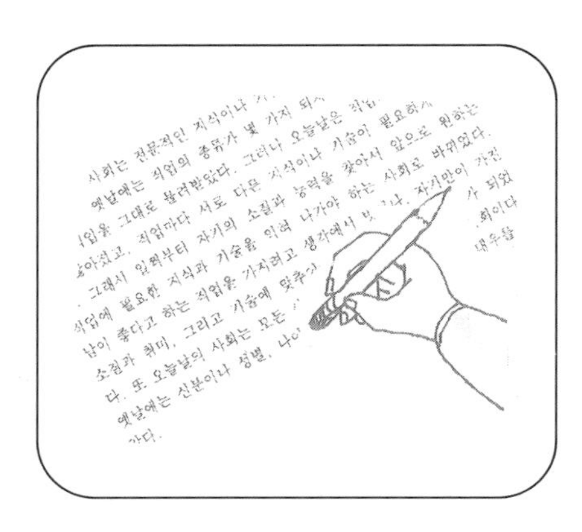

1. 연필을 뒤돌려 꼭지로 밑줄을 그으면서 차례서부터 읽도록 합니다.
2. 지금까지 주제어, 주제문, 중요한 단어, 문장에 체크해 두었던 표시들을 정확히 확인하며 빠르게 읽어나가도록 합니다.
3. 이제는 페이지 전체의 글과 그림이 놓여 있는 위치를 사진을 찍듯이 기억해 두고 체크해 놓은 표시들의 위치까지 기억합니다.

▣ 연습문제 1

오늘날의 사회는 전문적인 지식이나 기술을 필요로 하는 분업화된 사회이다. 옛날에는 직업의 종류가 몇 가지 되지 않았고, 대부분 부모의 직업을 그대로 물려받았다. 그러나 오늘날은 직업의 종류가 아주 많아졌고, 직업마다 서로 다른 지식이나 기술이 필요하게 되었다. 그래서 일찍부터 자기의 소질과 능력을 찾아서 앞으로 원하는 직업에 필요한 지식과 기술을 익혀 나가야 하는 사회로 바뀌었다. 남이 좋다고 하는 직업을 가지려고 하는 생각에서 벗어나, 자기만이 가진 소질과 취미, 그리고 기술에 맞추어 직업을 선택하는 사회가 되었다. 또 오늘날의 사회는 모든 사람이 평등하게 대우 받는 사회이다. 옛날에는 신분이나 성별, 나이 등에 따라 사람들이 차별 대우를 받았다.

■ 연습문제 2

(2) 근대적 개혁의 추진

갑오개혁

동학 농민 운동을 계기로, 청·일 양국군이 조선에 들어왔으나, 이미 정부와 동학 농민군 사이에는 전주 화약이 성립되어, 외국 군대의 조선 주둔에 대한 명분은 사라졌다. 이러한 상황 속에서, 일본은 동양 평화의 위협이 되는 조선에서의 내란을 예방하기 위해서는 조선의 내정 개혁이 불가피하다고 주장하였다. 그러나 그 내면적인 의도는, 일본군의 조선 주둔의 명분을 찾고, 나아가서 청과의 전쟁 구실을 만들어 청의 세력을 조선에서 물리친 후, 조선에 대한 내정 간섭을 통하여 경제적 이권 탈취는 물론, 조선 침략의 기반을 닦으려는 것이었다. 따라서, 일본은 조선에 대하여 내정 개혁을 강력히 요구하게 되었다.

한편, 조선은 갑신정변과 동학 농민 운동의 실패로 근대적인 개혁을 주체적으로 실시할 기회를 잃었으나, 개항 이래로 누적된 여러 가지의 모순과 농민의 요구를 해결하기 위해서는 대대적인 개혁이 필요하였다. 그리고 갑신정변에 가담하지 않았던 온건 개화파들도 국정 전반에 걸친 개혁의 필요성을 절실히 느꼈으므로, 국왕의 명을 받아 교정청(校正廳)을 설치하고 자주적으로 개혁을 추진하려 하였다.[1)]

일본측의 내정 개혁 강요와 조선측의 자주적 개혁의 주장이 팽팽히 맞선 가운데, 일본은 군대를 동원하여 경복궁을 점령하였다. 그리하여 민씨 정권을 붕괴시킨 뒤, 대원군을 섭정으로 하는 제 1 차 김홍집 내각을 성립시키고, 군국기무처를 설치하였다. 군국기무처는 초정부적인 회의 기관으로서, 제 1 차 개혁, 곧 갑오개혁을 추진하였다. 당시, 일본은 이권 침탈에 힘쓰고, 개혁 내용에 대해서는 방관적 자세를 취하였으므로, 개혁은 사실상 군국기무처 의원의 주도하에 추진되었다.

그런데 일본은 청·일 전쟁에서 승세를 잡게 되자, 조선에 대한 적극

7. 엄지손가락을 이용해 영상 입력하기

1. 다시 차례서부터 읽도록 하는데 이때는 입력을 완전히 끝낸다는 생각을 갖고 교과서를 읽도록 합니다.
2. 체크해 두었던 표시들을 정확히 확인하며 빠르게 입력합니다.
3. 책전체를 사진을 찍듯이 기억해두고 다 입력이 되었다고 생각되는 페이지는 손을 머리에 대고 입력되었음을 확인합니다.
4. 내용을 뇌에 영상화시켜서 최종 입력시킵니다.

■ 연습문제 1

생활의 여유가 있고 풍족하게 되자, 물건을 아껴 쓸 줄 모르고 마구 쓰는 과소비 풍조가 생겨나게 되었는데, 이로 인해 애써 물건을 생산하는 사람들의 수고로움은 생각하지 않고, 돈을 쓰는 재미만 아는 사람이 많아져 건전한 사회 생활을 해치고, 경제 발전도 어렵게 만들고 있다.

또 생활이 풍족하게 되자, 여가를 즐길 기회가 많아졌다. 그런데 여가를 즐기는 데 치우쳐 일을 충실히 하지 않으려는 경향이 생긴 것이 문제가 되고 있다. 열심히 일하면서 건전하게 여가를 즐기는 것은 개인의 생활을 더욱 가치 있게 하고 일의 능률을 올리는 데 큰 도움이 되지만, 일하는 것과 노는 것의 균형이 깨어지면 개인의 생활도 불행하여지고 사회의 발전도 어려워진다. 그리고 자원이 점점 줄어들고 있는 것도 문제점이다.

▣ 연습문제 2

명예형은 일정한 자격을 박탈하거나 정지시키는 형벌로서, 이에는 자격 상실과 자격 정지가 있다.

4 소송 절차에 관한 법

소송 절차란, 형법, 민법 등에 규정된 권리·의무 관계에 다툼이 있을 경우에 분쟁의 해결을 위한 재판 절차를 말한다. 형법, 민법 등에서 규율하고 있는 내용은 각각 다르나, 그 소송은 모두가 법원(法院)이라는 국가 기관을 통하여 이루어지기 때문에 공법적 규정이라 본다.

형사 소송법 형법 등에서 금지하는 범죄 사실이 발생하면, 그 범죄 행위와 범죄자를 확인하여 형벌을 부과하게 된다. 이러한 국가 형벌권의 구체적인 행사 절차를 형사 소송이라 하는데, 수사, 공판, 집행의 3단계로 진행된다.

수사(搜査)는 검사와 사법 경찰관이 범죄 사실을 조사하여 범인 및 증거를 발견, 수집하는 활동이다. 수사는 현행범, 고소, 고발, 자수 등에 의하여 범죄 혐의가 있다고 인정되면 시작되고, 수사 결과에 따라 검사가 법원에 공소(公訴)를 제기함으로써 종결된다. 피의자는 원칙적으로 영장 없이는 체포되지 않으며, 수사 과정에서부터 변호인의 도움을 받을 수 있고, 고문을 받지 아니한다.

검사가 공소를 제기하면 법원이 절차에 따라 심리, 판결하게 되는데, 이를 공판(公判)이라 한다. 공판은 재판의 공정을 위하여 공개를 원칙으로 하며, 증거에 따라서 이루어진다. 공판 절차는 법관이 판결을 선고함으로써 끝난다. 판결에 대하여 검사나 피고인은 상급 법원에 상소할 수 있다.

재판이 확정되면, 그 판결 내용에 따라 구체적인 형벌을 집행한

완벽한 학습마무리 **유비무환**

초고속전뇌학습 적용 단계

◉ 1단계　영어단어 초고속 암기법

☞ 1. 단어암기 5원칙

1) 시각적 지각 : 단어를 보고 읽는다.
2) 청각적 지각 : 단어를 쓰면서 읽고 듣는다.
3) 촉각적 지각 : 펜으로 써본다.
4) 영상적 지각 : 스펠링 영상기억 - 뜻입력
5) 1+2 원칙　: 1-2번 반복 학습 후 외운다.

☞ 2. 발음을 이용한 영어단어기억

☞ 3. 어원에 의한 영어단어기억

☞ 4. 비슷한 철자에 의한 영어단어기억

☞ 5. 고리식연상에 의한 영어기억

☞ 6. A-Z 철자 이용한 영어단어기억

☞ 7. 영어단어 암기카드의 응용

◉ 2단계　한자 초고속 암기법

☞ 1. 부수에 의한 한자 기억

☞ 2. 이야기를 통한 한자 기억

◉ 3단계 교과서 암기법 7·5·3 원칙

☞ 1. 체크(∨), 밑줄(_) 이용해서 입력시키기

2. 동그라미(⬭)치면서 입력시키기
3. 네모(□)를 그리면서 입력시키기
4. 별(☆)표 그리면서 입력시키기
5. 숫자(① ② ③)로 정리하기
6. 연필( )을 뒤돌려 입력시키기
7. 엄지손가락( )을 이용해 영상 입력하기

초·고·속·전·뇌·학·습·법·중·고·급·과·정

초고속전뇌학습 응용 단계

1단계 교과서 요점정리 7원칙
2단계 교과서 영상기억 7원칙
3단계 문제풀기 5원칙

1단계 교과서 요점정리 7원칙

학생들은 읽어야 할 교과서도 많을 뿐 아니라, 좋은 성적을 거두기 위해서는 읽은 것들을 철저하게 자기 것으로 만들지 않으면 안 된다. 따라서 다양한 정보가 수록된 교과서 내용에서 가장 필요한 골자를 찾아내서 그것을 정리하고, 분류해서 암기한다는 것은 학생들에게 무척 중요한 과제일 수밖에 없다.

교과서는 학생들에게 정확한 정보와 교육을 제공하기 위한 목적으로 편집되고, 검증되어 주의깊게 쓰여졌으므로 잘 살펴보면 글의 요지가 명확하고 전달하려는 목적이 분명하게 드러난다.

공부를 다른 학생들보다 잘 하는 학생들을 보면 이러한 점들을 잘 파악해서 이해하고 기억한다는 것을 알 수 있는데, 그것은 그들의 노트정리나 요점정리 등을 살펴보면 쉽게 알 수 있다.

교과서를 읽으면서 암시된 주제를 발견해 내고, 내용들이 서로 어떤 관련성을 가지고 있는지를 살펴보고, 어떤 부분을 다른 부분보다 더 강조해야 하는지를 찾아내는 것은 매우 중요한 것이다.

이렇게 그것을 구분하는 이유는 학생들이 보다 비중있는 내용을 뽑아내서 확실하게 암기하고 강조하기 위함이다.

물론 영어의 경우에는 '통암기법'을 사용해 전체 문장을 다 암기하기도 하지만 배워야 할 과목이 많은 학생들에게는 그만큼 시간을 잘 사용해서 공부할 수 있는 요령도 익혀야 하기 때문이다.

또 무엇이 중요한지, 글의 전체적인 맥락이 무엇인지를 쉽게 찾아낼 수 있도록 훈련하게 되면 논술을 풀어나갈 때도 많은 도움이 된다.

우선 요점정리하는데 있어서 기본적인 작업 중의 하나는 이론이나 개념들간의 유사점과 차이점을 찾아내는 것이다. 유사점과 차이점에 대한 분석은 모든 종류의 과목에 적용할 수 있는데, 국어의 경우는 두 소설의 주제나 문체를 비교하거나 같은 소설에 나오는 두 인물의 특성을 분석할 수도 있다.

수학의 경우 사인과 코사인의 유사점과 차이점을 분석할 수도 있다. 이렇듯 개념들의 유사점과 차이점을 분석할 때 사소하거나 부분적인 요소보다는 주요한 요소만을 분석하는 것이 중요하다.

요점정리에 있어서 또 다른 하나는 분류와 재분류를 이해하는 것이다. 분류의 목적은 읽은 내용을 머릿속에서 정리하는 데 있다. 문서와 서류를 정리하는 것처럼 학생들은 수업시간에 들은 내용, 또 교과서를 읽은 내용, 기타 독서를 통해 습득한 내용들을 각 범주에 따라 머릿속으로 정리하고 그것을 요점만 집어내어 기록해 보는 것이다.

그럼 교과서의 내용을 어떻게 분류해서 정리할 것인가? 또 요점을 찾아낼 때 학생들이 어떻게 중요한 것과 중요하지 않은 것을 구별할 수 있는가? 무엇이 중요한가에 대한 단서는 교과서 속에 많이 있다. 그 단서들을 면밀하게 찾아낼 수 있다면 성공적인 요점정리가 될 수 있다. 다음은 요점정리할 때 중요한 것을 찾아내는 몇 가지 방법이다.

1. 차례와 요약부분에 열거된 주제
2. 장, 절, 문단에 붙여진 제목
3. 번호와 문제를 붙여서 나열한 내용
4. 다른 글씨체나 색깔로 표시된 용어나 개념
5. 어떤 현상의 원인과 결과를 설명한 내용
6. 이름이 언급된 사람과 관련된 특정한 이론
7. 수학과 자연과학에서의 공식
8. 많은 지면을 할애하여 논의하고 있는 주제
9. 주제에 관한 결론이나 결어
10. 연습 문제나 토론 주제들을 해결하는 데 필요한 개념
11. 찾아보기나 용어 풀이에 나온 용어나 정의

교과서 요점정리 원칙의 개요

1단계 - 교과서 요점 정리 7원칙

1. 차례 및 중·소제목을 보고 정리

2. 6하원칙에 따라 정리

3. 서론, 본론, 결론으로 정리

4. 발단, 전개, 절정, 결말 순으로 정리

5. 첫째, 둘째, 셋째 순으로 정리

6. ①②③, ㉮㉯㉰, abc 순으로 정리

7. 책을 다시 보고 빨간 펜으로 재정리

2단계 - 교과서 전뇌기억 7원칙

1. 오감법칙
2. 반대법칙
3. 비슷한 법칙
4. 같이 있는 법칙
5. 따라 일어나는 법칙
6. 순서부여 법칙
7. 영상조화 법칙

3단계 - 문제풀기 5원칙

1. 알파파 상태에서 문제 풀 준비를 한다
2. 자신감을 갖고 아는 문제부터 먼저 푼다
3. 문제에서 핵심단어에는 (─), 특정단어에는 (◎)를 표시한다.
4. 정확한 보기를 제거(/, △, ○)하면서 답을 찾는다
5. 시험 끝나기 5분전에 답을 재검토한다

1. 차례 및 중·소제목을 보고 정리

우선 요점정리의 첫 번째 방법은 교과서의 차례를 읽은 후 암기한 내용을 작성하는 것이다. 차례란 글을 구성하고 있는 순서를 적어놓은 것으로서 그 글이 어떻게 이루어져 있는가를 가장 잘 알 수 있는 최소한의 줄기이다.

교과서 암기 7·5·3원칙에 의해 암기한 후에 요점정리할 때는, 무작정 본문 내용을 떠올려 적으려고 하지 말고, 처음 교과서를 읽을 때 차례를 훑어 보았던 것을 떠올리면서 차례에 따라 요점을 정리하도록 한다. 또 실린 글이 **또 어떻게 작은 제목으로 나누어져 있는가를 생각한 후 그 작은 제목을 나누고 내용을 요약하도록 한다.**

차례를 다음의 예와 같이 적어 보자. 이 때 각 단원의 단위는 구분하기 쉽게 숫자로 표시해 두며, 숫자를 표시할 때도 그 의미가 큰 것과 작은 것 즉 큰 범주에 속하는 것과 하위 범주에 속하는 것을 구분하여 적는다면 기억도 오래 남고, 정리하기도 편리하다.

1. ____________________
 1) ____________________
  (1) ________________
  (2) ________________
  (3) ________________

 2) ____________________
  (1) ________________
  (2) ________________
  (3) ________________

■ 연습문제

4. 민주 정치 생활

(1) 생활 양식으로서의 민주 정치

민주주의의 개념을 좁게 보면 특정의 정치 형태나 정치 제도에 한정되지만, 이를 넓게 본다면 사회 생활이나 국가 생활에서의 실천 원리로 이해할 수가 있다. 따라서, 참다운 의미에서 민주주의가 성숙하려면 정치 영역뿐 아니라 개인의 생활 양식이 민주적이어야 한다.

개인 간의 관계가 민주적으로 형성되지 못했거나 사회 구성원으로서의 기본적 소양이 결여된 사람들이 많다면, 민주주의가 뿌리를 내리기 힘들 것이다. 왜냐 하면, 민주 의식은 민주적 생활 습관에서 싹트고 자라기 때문이다.

(2) 민주적 생활 양식

주인 의식 민주 사회에서 강조되는 생활 양식으로는 여러 가지가 있겠으나, 무엇보다도 중요한 것은 주인의식을 발휘하는 생활 태도이다. 주인 의식이란, 국가 생활과 공동 생활에 관련된 일을 나의 일처럼 생각하고 그 일에 능동적으로 참여함으로써 자신에게 주어진 권리를 행사하고 의무를 성실하게 이행하는 마음가짐을 말한다. 따라서 권리를 침해당하고도 정당한 권리 주장을 하지 않거나, 권리만을 주장하고 의무를 소홀히 하는 사람은 참다운 민주 시민으로서의 자질을 갖추었다고 할 수 없다. 이것이 민주주의에서는 국민이 나라의 주인이라는 말의 올바른 이해이며, 민주 국가에서는 모든 국민이 나라의 주인이라는 의식을 가지고 생활해야만 되는 이유이기도 하다.

■ 연습문제

비판과 타협 민주적 생활 양식에서 빼놓을 수 없는 것은 비판과 타협이다.

어떤 일에 대한 각자의 시각과 인식의 방법은 다양하기 때문에, 정부나 정책 결정권자의 결정이 절대적일 수 없으며 국민들이 논의할 수 있는 대상이 된다. 비판은 보다 창조적인 것을 낳기 위한 인고의 과정으로서, 민주 사회에 필요한 생활양식이다.

그렇다고 해서, 서로 대립되는 의견이나 이해 관계를 가진 개인이나 집단들이 제각기 자기의 처지만을 절대적인 것으로 주장한다면, 타협은 불가능해진다. 타협이란, 구체적인 목적에 대한 각자의 처지를 서로 조정함으로써 대립 관계를 해소하는 기술이다. 따라서, 타협은 자기 또는 자기가 속한 집단의 이익만을 맹목적으로 추구하는 것이 아니라, 상대방의 처지를 이해하고 자기의 주장과 목적을 반성함으로써, 대립된 의견을 가진 사람들 사이에서 공통의 기반을 마련하고자 하는 노력이다. 그러므로 원만한 문제 해결을 위한 방식으로서뿐만 아니라 올바른 인간관계를 수립하기 위해서도 타협은 불가결한 요소이다.

■ 연습문제

4. 민주 정치 생활

2. 6하원칙에 따라 정리

요점정리의 두 번째 방법은 글의 성격에 따라 다르지만, 글이 보고문이나 기사문일 경우, 육하원칙이 가장 좋다. 보고문이나 기사문은 전달하려고 하는 목적과 내용이 분명하고 수식어구가 많지 않기 때문에 요점을 쉽게 찾아낼 수가 있다.

따라서 육하원칙은 기사 작성의 필수조건으로 구성되어 있어 '누가, 언제, 어디서, 무엇을, 왜, 어떻게'의 순으로 정리하면 이해가 쉽다.

■ 6하원칙에 따라 요점정리하기

누 가	☞	사건의 중심인물, 또는 이야기를 이끌어 나가는 화자, 내용의 주인공으로 이야기의 주 대상이 되는 인물이다.
언 제	☞	사건의 일어난 시각, 이야기가 전개되는 시점으로 사실성을 증명하고 일의 경과를 가늠하게 한다.
어디서	☞	사건의 발생된 장소, 주요 이야기가 전개되는 곳으로 문제의 발단이 시작되는 장소이다.
무엇을	☞	구체적인 사건이 드러나는 내용으로, 문제의 요인에 접근하고 그 목적을 분명하게 제시해 주게 된다.
왜	☞	사건이 일어난 경위와 문제된 요인이 밝혀지고, 사건의 해결이 시작되는 부분이기도 하다.
어떻게	☞	사건 전개의 방법이나, 해결 방법이 제시되면서 결론에 도달하게 되거나 사건의 진행 상황을 이해하게 된다.

■ 연습문제

화엄사를 찾아서

우리 세 식구는 구례역에서 내려 곧바로 화엄사로 향했다. 이름난 명승 고적이나 문화재들을 자주 찾아보기로 아버지와 약속을 하고 처음 나선 관광이었다.

" '백 번 듣는 것이 한 번 보는 것만 못하다.'는 말이 있듯이, 직접 가서 보는 것보다 더 효과적인 공부는 없단다."

멀리 숲 속에 자리잡은 화엄사 건물들을 바라보며 어머니께서 말씀하셨다.

부지런히 걸어 화엄사 경내로 들어섰다. 아버지의 부탁을 받으신 스님께서 우리를 안내해 주셨다. 신라 진흥왕 때인 544년에 연기 대사가 창건한 이 화엄사는, 신라 때 의상 대사가 불법을 전하던 곳으로, 임진왜란 때에 불타 버린 것을 다시 지었다고 한다.

스님의 설명을 들으며 우리는 돌계단을 올라 대웅전으로 갔다. 단층으로 된 장중한 건물의 안정된 모습이 마음을 차분히 가라앉혀 주었다. 안을 들어가 보니, 정면에는 세 분의 부처님이 엄숙하게 앉아 계셨다. 첫눈에 그 어떤 무거운 힘으로 머리를 누르는 것 같아, 저절로 고개가 숙어짐을 어찌할 수가 없었다. 대웅전을 나서자, 스님은 2층 지붕으로 된 각황전을 가리키시며, 이 각황전은 우리 나라 제일의 목조 건물로, 국보 제67호라고 설명해 주셨다. 나는 법당 가운데서 세워진 둥근 기둥을 두 팔로 안아 보았다. 세 아름이 되고도 조금 남았다.

이렇게 굵은 기둥을 써서 굉장한 규모로 지은, 당시 사람들의 기술을 생각하니, 우리 조상들의 빼어난 슬기와 피나는 노력이 기둥 하나, 기와 한 장에까지 서려 있는 것만 같았다.

각황전 앞에는 우리 나라 석등을 대표하는 걸작품이 있는데, 이는 동

■ 연습문제

양에서도 제일이라 한다. 높이가 6.4미터로서, 팔각으로 되어 있고, 꽃무늬 띠가 둘러 있었다. 캄캄한 밤에 불을 밝힌 석등의 모습을 상상만 해도 마음이 엄숙해지는 듯했다.

다음으로 구경한 것은 효대라고 불리는, 언덕 위에 있는 사사 3층 석탑이었다.

탑의 이름 그대로 네 마리의 사자가 앉아 있는 3층 석탑인데, 경주 불국사의 다보탑과 함께 신라 시대의 대표작이라고 한다. 나는 열심히 기록을 하면서, 조상들의 얼이 깃들인 작품들을 마음 속에 새겨 넣었다.

스님께 고맙다는 인사를 하고 화엄사를 나서는 나의 마음은 조상들에 대한 자랑스러움으로 가득 차 있었다. 절을 나서면서 되돌아다보니, 화엄사는 맑고 푸른 가을 하늘에 고요히 감싸여 있었다.

■ 연습문제

화엄사를 찾아서

3. 서론, 본론, 결론으로 정리

요점정리의 세 번째 방법은 자기 주장이나 의견을 논리적으로 설득시키는 논설문의 경우로 서론, 본론, 결론으로 나누어 요점을 정리하면, 저자의 주장을 선명하게 파악할 수 있다.

좀 딱딱하기는 하지만 논설문이라는 글의 목적으로 인해 논리가 정연하고 문장이 조리가 있으므로 요점을 찾아내어 정리하기가 쉽다. 우선 글을 서론, 본론, 결론으론 나누고 각 문단에서의 요지를 찾아내도록 한다. 또 지은이가 말하려고 하는 의견과 사실을 구별하고 보기글이나 인용문을 바르게 이해하도록 한다.

▣ 논설문의 짜임에 따라 요점정리 하기

서 론	☞ 글을 쓰게 된 동기와 목적이 명확하게 제시되고, 그러한 것을 이해시키는 증명된 사실이나 사건들을 보여준다.
본 론	☞ 지은이가 주장하려고 하는 문제가 드러나고, 자신의 의견을 설득하고 이해시킬 수 있는 다양한 예들을 나열하고 검증하여 주장의 타당상을 부여한다.
결 론	☞ 다룬 문제를 요약해 주고, 그 문제를 위해 지금까지 설득한 내용들을 다시 정리해 주면서, 자기의 주장을 강조한다.

■ 연습문제

책을 읽자

책을 읽는 사람의 모습은 참으로 아름답다. 많은 책을 읽으면서도, 우리는 그 동안 독서의 여러 가지에 대해 너무 소홀히 해 왔다.

독서는 즐거움, 교훈, 지식과 정보를 얻기 위하여 반드시 필요하다.

우리는 '흥부와 놀부'를 읽으면서, 흥부네 식구가 가난하여 고생하는 것을 보고 안타까워 했을 것이고, 그런 어려운 환경 속에서도 정직하게 살려고 노력하다가 드디어 복을 받아 잘 살게 된 것을 보고 더없이 기뻐했을 것이다.

처음에는 '흥부와 놀부'와 같은 쉬운 옛날 이야기에서 즐거움을 느끼지만, 독서를 많이 하다보면 어려운 글 속에서도 새로운 사실을 알게 되는 즐거움을 점차 느끼게 된다. 독서는 이렇게 즐거움을 느낄 수 있기 때문에 하는 것이다.

그런데 독서에서는 단순히 즐거움만 얻는 것은 아니다. '흥부와 놀부'에서는, 놀부와 같이 인정 없고 자신만 아는 사람이 되어서는 안 된다는 것과, 흥부와 같이 따뜻하고 착한 마음을 가지고 살아야 한다는 것을 배우게 된다. '톰 아저씨'에서는, 모든 사람은 다 고귀한 존엄성을 지니고 있으므로 사람을 차별하거나 괴롭히면 안 된다는 것과, 서로 존중하는 마음을 가져야 한다는 가르침을 얻게 된다. 독서는 이렇게 교훈을 주므로 그 값어치가 큰 것이다.

또 독서를 하면 지식을 넓힐 수 있다. 책 속에는 자기가 살고 있는 시대만이 아니라 과거나 미래에 관한 것도 있고, 자기가 살고 있는 나라만이 아니라 세계 여러 나라 사람들의 생활과 생각도 들어 있으므로, 독서를 하면 광범위한 지식을 얻을 수 있다. 지식을 많이 얻음으로써

■ 연습문제

우리는 폭넓고 유능한 사람이 될 수 있다. 현대 사회는 우리가 상상할 수 없을 정도로 그 발전 속도가 빨라지고 있다. 새로운 지식과 정보를 모르면, 시대에 뒤떨어진 사람이 되고 만다. 우리는 자신이 필요로 하는 지식과 정보를 책을 통하여 얻을 수 있다.

우리가 독서의 필요성, 책을 선택하는 요령, 읽는 방법 등을 잘 알고 책을 읽으면, 훨씬 효과적인 독서를 할 수 있다.

도서관의 수많은 책과 신간 서적들을 다 읽을 수는 없다. 자기의 취미나 나이에 따라 알맞은 책을 고르는 것과 여러 분야의 좋은 책들을 골고루 읽는 것이 좋다. 그러기 위해서는 선생님의 지도를 받거나 양서 목록을 참고하는 것이 좋으며, 지은이를 보고 선택하거나 머리말을 읽어보고 선택하는 것도 도움이 된다.

책을 일단 선택했으면 바르게 읽어야 한다. 바르게 읽으려면 차근차근 읽어야 한다. 그래야만 내용을 잘 파악할 수 있을 뿐 아니라, 재미도 느낄 수 있다. 건성으로 읽으면 머리에 남는 것도 없고, 감동도 받을 수 없다. 쥐가 물건을 쓸 듯이 띄엄띄엄 읽어도 안 되고, 중단했다가 읽는 것도 바람직하지 않다. 다만, 읽기 쉽고 이해하기 쉬운 동화나 소설과 같은 책은 빨리 읽어도 좋을 것이다.

이와 같이, 책을 읽으면 즐거움이나 교훈, 지식, 정보 등을 얻을 수 있으므로, 독서는 매우 중요하다. 시간이 없다고 핑계를 대지 말고, 조그만 틈이라도 있으면 좋은 책을 찾아 차근차근 읽는 습관을 붙이도록 하자.

■ 연습문제

책을 읽자

4. 발단, 전개, 절정, 결말 순으로 정리

소설이나 희곡의 경우에는 사건의 실마리가 드러나는 발단, 이야기가 더욱 흥미있게 진행되어지는 전개, 사건의 발전이 가장 긴장된 단계에 이르는 절정, 사건이 마무리되는 결말을 가지고 요점을 정리하도록 한다.

소설은 지은이가 실제 있었던 일이나 있을 수 있는 일에 자기의 느낌이나 생각을 넣어 꾸며쓴 이야기로, 인물, 사건, 배경 등이 주요 요소가 된다. 따라서 요점을 정리하기 전에 소설을 읽으면서 이야기 속에 나오는 사람들의 성격과 행동을 살펴보도록 한다. 둘째는 이야기가 전개되는 중심 고리인 사건인데, 등장 인물이 겪거나 일으키는 일이나 행동들을 주시해서 관찰한다. 셋째는 이야기의 배경으로 사건이 일어나는 때, 곳, 사회적 환경 등을 기억해 두므로써 이러한 내용들이 머릿속에 정확하게 정리되면, 발단, 전개, 절정, 결말이 자연적으로 정리된다.

▣ 소설의 짜임에 따라 요점정리하기

발 단	☞ 이야기가 시작되는 부분으로 인물의 성격과 배경이 잘 나타나 있다.
전 개	☞ 읽는 사람에게 약간의 갈등을 느끼게 하면서 이야기를 전개한다.
절 정	☞ 이야기가 고비에 달하도록 꾸미고 사건이 해결되는 실마리를 보여 준다.
결 말	☞ 복잡하게 얽혀 있는 사건이 해결되고 이야기가 마무리된다.

■ 연습문제

할머니의 안경

아버지께는 소원이 있습니다. 시골에 계신 할머니를 모셔다 함께 사는 것입니다.

아버지의 소원이 이루어진 것은 얼마 전이었습니다. 아버지께서는, 비록 작지만 아담한 우리 집을 마련하셨고, 할머니를 모셔 오셨습니다.

할머니께서 오신 날, 우리 집은 잔칫집 같았습니다. 이웃집에 사는 분들이 정성스런 선물까지 가지고 오셨고, 아버지와 어머니께서는 어린애처럼 기뻐하셨습니다.

아버지와 어머니께서는 할머니를 기쁘게 해 드리려고 온갖 정성을 다하셨습니다. 입에 맞는 음식을 해 드리려고 늘 애쓰셨으며, 좋은 옷도 해 드렸습니다. 그 뿐이 아닙니다. 휴일에는 할머니를 모시고 민속촌에도 갔다 오셨습니다.

며칠 동안은 할머니 얼굴이 아주 환해 보였습니다. 그러나 1주일이 지나면서부터는 잘 웃지도 않으시고, 잘 잡수시지도 않으셨습니다.

"도시 생활이 편하기는 하지만, 재미는 없어. 꼭 갇혀 사는 것 같아. 지금쯤 시골에는……"

할머니께서는 자주 시골 이야기를 하셨습니다. 그러시더니 어느 날, 갑자기 자리에 누워 버리셨습니다. 의사 선생님께서는 할머니의 연세가 높으셔서 쉽게 회복되기가 어렵다고 하셨습니다.

그 날은 토요일이었습니다. 할머니께서는 계속해서 주무시다가, 잠에서 깨셔서는 저를 찾으셨습니다.

"민호야."

"네, 할머니."

"꿈을 꾸었는데, 마을이 뿌옇게 보이더라 옆집에 맡긴 염소도 뿌옇게

■ 연습문제

보이고…… 이젠 늙어서 꿈도 뿌옇게 보이는 게지? 하루에도 몇 번씩 꿈을 꾸지만, 깨고 나면 늘 아쉬웠지. 내가 살던 집이며, 내가 가꾸던 밭이며…… 좀더 자세하게 확실하게 보고 싶었는데, 뿌옇게 흐려서 보여야지. 글쎄, 안경을 쓰면 환하게 보일까? ”

할머니께서는 다시 잠이 드셨습니다. 나는 조용히 일어나 내 방으로 갔습니다. 아까부터 나는 안경을 생각하고 있었습니다. 할머니께서는 분명히 안경을 쓰고 싶어하셨습니다.

책상 위에 놓아 두었던 저금통을 뜯었습니다. 1년 가까이 햇빛을 못 본 동전들이 '차르르' 소리를 내며 쏟아졌습니다.

'이 돈이면 안경을 살 수 있을까?'

이런 생각을 하며 안경점으로 갔습니다.

"아저씨, 안경 하나 주세요."

"어떤 걸 줄까? 누가 쓸 건데?"

"우리 할머니요."

"그럼 할머니를 모시고 나와야지, 먼저 시력 검사를 하고, 눈에 맞는 안경을 골라야지."

"아저씨, 우리 할머닌 편찮으세요. 꿈이 잘 안 보이신대요."

안경점 아저씨께서는 내 이야기를 들으시고, 고개를 갸웃거리셨습니다. 그리고 이것 저것을 묻기 시작하셨습니다.

"하하하, 안 보이던 꿈이 안경을 쓰신다고 잘 보이겠니?"

아저씨게서 웃으시거나 말거나, 나는 안경을 샀습니다.

집에 도착했을 때, 할머니께서는 깨어 계셨습니다. 쓸쓸한 눈빛으로 나를 바라보셨습니다.

"할머니, 또 꿈을 제대로 못 꾸셨군요?"

■ 연습문제

"그래, 여전히 안개 같은 게 끼어서……."

"할머니, 이걸 쓰고 주무세요. 꿈도 선명하게 보일 거예요."

"웬 안경이냐? "

"저금통을 뜯어서 사 왔어요. 제가 씌워 드릴게요."

"고맙다. 고마워!"

할머니께서는 어린애처럼 웃으셨습니다. 그러나 안경 속 눈가에는 눈물이 번지고 있었습니다.

"할머니, 한잠 더 주무세요. 전 제 방에 가서 공부하고 있을게요."

나는 내 방으로 건너왔습니다. 토요일의 하루가 조용히 저물어 가고 있었습니다. 국어 공부를 열심히 하고 있을 때였습니다. 할머니께서 저를 부르셨습니다. 할머니의 목소리라고 하기에는 믿어지지 않을 만큼 건강한 목소리였습니다.

"고맙다, 민호야. 고향 모습이 환히 보여서 인젠 한이 없어. 집 안도 깨끗이 치우고, 동네 사람들에게 인사도 했어. 민호야, 고맙다."

"할머니, 이젠 날마다 고향 구경을 가세요. 그리고 저에게도 고향 이야기를 해 주세요. 이웃집에 맡긴 염소도 잘 보고 오세요."

할머니께서는 그 후 조금씩 건강해지셨습니다. 직접 고향 집을 둘러보러 내려가실 만큼 건강해지셨습니다.

▣ 연습문제

할머니의 안경

5. 첫째, 둘째, 셋째 순으로 정리

설명문의 경우에는 글을 쓴 사람의 느낌이나 생각보다는 사실에 입각해서 쓴 글이며, 어떤 사실이나 현상을 알기 쉽게 설명한 글이므로 문단에 따라 내용이 마무리되어 있는 경우가 많다. 따라서 첫째, 둘째, 셋째로 나누어 요점을 정리하거나 처음, 가운데, 끝맺음의 형식으로 정리하도록 한다.

특히 첫째, 둘째, 셋째로 정리할 때는 교과서 암기 7·5·3원칙에서 중요한 내용에 밑줄 표시하고, ☆ 별표, ◯ 동그라미, □ 네모 등을 반복해서 표시했던 부분들을 기억하면서 정리하도록 한다. 교과서를 암기한 내용을 요점정리하는 것이므로 보다 잘 이해되고 정리하기가 수월하다.

▣ 설명문의 짜임에 따라 요점정리하기

처 음	☞	설명한 문제를 제기한다.
가운데	☞	설명하고자 하는 것을 조목조목 설명한다.
끝맺음	☞	설명한 내용을 마무리짓는다.

■ 연습문제

한식날

한식은 설, 단오, 추석과 함께 4대 명절 가운데 하나이다. 다른 명절이 매년 음력 같은 날로 정해져 있는 반면, 한식날만은 '동지로부터 105일째 되는 날'이라고 정해져 있어 달력의 날짜가 일정하지 않은 것이 특징이다. 음력으로는 대개 2월이 되고, 양력으로는 4월 5, 6일이 된다. 청명과 같은 날이 되거나 그 이튿날이 되기 때문에 '청명에 죽으나 한식에 죽으나'란 재미있는 속담이 있기도 하다.

'한식'을 글자대로 풀이하면 '찬 음식'이다. '음식을 차게 먹는 것'을 뜻하는 말이다. 한식날에는 불을 피우지 않고 찬 음식을 먹는 풍습이 있는데, 그래서 붙여진 이름일 것으로 생각된다.

한식날의 유래에는 중국의 충신 개차추의 슬픈 전설이 전해지고 있다.

중국 진나라 임금 문공이 이웃 나라와의 싸움에 패해, 숨어서 도망치는 신세가 되었다. 호위하는 신하라고 해야 겨우 예닐곱 명에 지나지 않았다.

간신히 목숨은 건졌지만, 여러 날 굶으며 숨가쁘게 도망친 탓으로 문공은 쓰러져 죽을 지경에 이르렀다. 신하 중의 한 사람인 개자추는 허기져 쓰러진 임금을 위해, 자신의 살을 베어내는 희생적인 충성으로 임금을 살렸다.

그 후, 문공은 다시 세력을 얻어 잃었던 나라를 되찾게 되었다. 고생을 함께 했던 신하들도 모두 높은 벼슬자리에 오르게 되었다. 그러나 개자추만은 간신의 농간으로 벼슬에 오르지 못했다. 벼슬을 하기는커녕 계속해서 간신의 위협에 몰리게 된 개자추는, 홀어머니를 모시고 산 속 깊이 들어가 숨어 사는 신세가 되었다. 이를 안타깝게 여긴 개자추의 옛 부하가 개자추의 충성과 그의 공을 몰라주는 문공을 빗된 노래를 지

■ 연습문제

어 퍼뜨렸다. 그 노래를 통해 비로소 사실을 바로 알게 된 문공은, 자신의 잘못을 뉘우치고 다시 개자추를 신하로 부르려 했다.

임금의 거듭되는 부름을 받고도 개자추가 산에서 나오지 않자, 문공은 산에 불을 지르게 했다. 개자추가 불길을 피해 밖으로 나올 것으로 믿고 한 일이었지만, 개자추는 끝내 나오지 않고 불에 타 죽고 말았다.

충신의 죽음을 슬프게 생각한 문공은, 그의 죽음을 애도하는 뜻으로 이 날만은 불을 피우지 못하게 하고, 찬 음식을 먹게 했다는 것이 전설의 줄거리다.

그러나 한식날의 풍습은 중국에서 전래된 것으로 보기보다는 오랜 옛날부터 전래된 우리의 국가적인 의식으로 생각하는 학자가 더 많다. 우리 나라에서는 봄이 오면 새로 불씨를 만들어 썼는데, 그 때, 일정한 기간 동안 묵은 불씨를 쓰지 못하게 했다. 한식이 그 기간에 들어 있는 것이다.

한식날에는 조상의 산소를 찾아 차례를 지내고, 성묘를 한다. 성묘를 할 때, 얼었던 땅이 녹으면서 허물어진 산소를 손질하게 된다. 새로 잔디를 입히고, 묘지 둘레에 나무를 심기도 하는데, 이것을 사초라고 부른다. 옛날, 나라에서는 종묘와 각 능원에 제향을 지내고 민간에서는 차례를 지내고 성묘를 하였으나, 오늘날에는 성묘 이외의 행사는 거의 하지 않고 있다.

한식날에는 곳곳에서 마을 잔치가 벌어지곤 했다. 잔치 마당에 모인 사람들은 웃고 즐기면서 앞으로 해야 할 농사를 의논했다. 한식날에 즈음하여 봄갈이가 시작되므로, 겨우내 쓰지 않던 농기구를 손질하거나, 곡식과 채소의 씨를 뿌리는 농가도 많았다. 그러므로 마을 잔치는, 농사철의 시작을 앞두고 마을 사람끼리 협동과 단결을 다지는 정겨운 자리

■ **연습문제**

라 할 수 있다.

또, 한식날에 천둥이 치게 되면, 흉년이 들 뿐 아니라, 나라에도 불행한 일이 생긴다고 믿어왔다. 이것은 아마도 이 때에 천둥이 치고 비가 내리게 되면 새로 돋아나는 곡물의 새싹에 해롭기 때문에 생겨난 믿음으로 생각된다.

해마다 한식날이 되면 불조심 계몽 행사가 성행했다. 긴 겨울 동안 얼어붙었던 나무와 풀잎이 바싹 마르는 이 무렵에는 예나 지금이나 불이 나기 쉽다. 불이 나면 그 피해가 엄청나게 크기 때문에, 불에 대한 경각심을 일깨워 줄 필요가 있었던 것이다. 옛 문헌을 보면, 세종 13년에 관원을 동원하여 큰길을 돌게 하면서,

"한식날에는 바람이 부는 일이 많으니, 불을 함부로 피우지 말라."

고 외치게 했다는 기록이 보인다.

한식날에 행해지는 여러 가지 풍습은 멀리 신라 때부터 있었던 것으로 전해지고 있다. 고려 때에 와서는 대표적인 명절의 하나로 굳어져, 나라에서는 관리들에게 성묘를 권장하고, 그 날만은 죄수에게도 형벌을 금하였다. 그리고 조선 시대에 들어와서는 나라에서 큰 잔치를 베풀고, 우리 고유의 민속 놀이를 즐기며 하루를 유쾌하게 보내도록 했다.

■ 연습문제

한식날

6. 번호, 가나다, abc순으로 정리

설명문이나 사회, 세계사, 정치경제 등의 암기 과목의 경우에는 두뇌를 자극하여 좀더 기억을 명확하게 하는데 효과가 있는 숫자를 이용해 본다. ①, ②, ③ …… 을 이용해 정리해 두거나, 가나다순, abc순으로 중요한 것을 나열하거나 순서를 정하여 정리해두면 정리하기가 편리하다.

중요한 내용이라고 하여 무조건 요약해서 놓다보면 무엇이 가장 큰 범주에 속하며, 각 항목마다 어떤 관련이 있는지 잘 모르게 된다. 또 문장을 그냥 늘어놓게 되면 요약을 아무리 잘 한다고 해도 기억이 쉽게 떠오르지 않는다. 이럴 때는 간단하게 요약된 내용 앞에 숫자를 붙여주던가 가나다순으로 정리하면 내용을 쉽게 기억해낼 수 있다.

더욱이 정리할 내용이 많은 경우에 ①, ②, ③, 가나다, abc 순으로 다양하게 정리하다 보면 시각적으로 눈에 빨리들어오기 때문에 영상기억이 이루어져서 암기가 쉽고, 동일한 패턴을 반복하지 않아 지루하거나 싫증이 나지 않게 되어 정리하면서도 재미있게 할 수 있다.

특히 이런 경우에는 기억을 돕기 위해 앞 숫자와 연관한 내용이나 내용의 첫 자를 가나다순으로 구성해서 요약하면 기억한 내용을 다시 꺼내려 할 때 연상작용에 의해서 쉽게 재생시킬 수 있다.

또 설명문의 경우와 마찬가지로 숫자나, 가나다, abc순으로 정리할 때도 교과서 암기 7·5·3 원칙에서 내용이 중요하기에 반복 표시하면서 암기해 두었던 부분을 다시 기억으로 재생하면서 정리하도록 한다.

■ 연습문제

세도 정치

신분제의 동요는 양반 중심 사회에 커다란 위기를 가져왔다. 게다가, 지배층과 농민의 갈등은 깊어지기만 하였다. 세도 정치가 시작되면서 탐관 오리의 횡포는 보다 심해졌다.

세도 정치란, 특정한 인물이 국왕의 신임을 얻어 국정을 맡아 왕권을 대행하는 비정상적인 정치를 말한다. 순조 때에는 김조순을 중심으로 한 안동 김씨가 세도를 잡았고, 헌종 때에는 풍양 조씨가 세도를 잡았으나, 철종 때에는 다시 안동 김씨가 세도를 잡았다. 이리하여, 3대 60여 년 간 외척에 의한 세도 정치가 이루어졌다.

세도 정치하에서의 세도가는, 국민의 이익보다는 자신의 세도를 유지하는 데 힘썼으므로, 인사 행정이 바르지 못하고 국가 기강이 문란해져서, 관료들은 사리 사욕을 채우기에 바빴다. 이로 인하여 삼정은 점차 문란해져 갔다.

삼정이란, 국가 재정 수입의 근본이 되는 전정, 군정, 환곡을 말한다. 전정은 토지에서 받아들이는 전세, 대동미 및 그 밖의 여러 가지 세를 뜻하며, 군정은 양인 정남이 바치는 군포를 말한다. 그리고 환곡은 관곡을 봄에 농가에 꾸어 주었다가 가을에 거둬들일 때에 약간의 이자를 붙여서 받는 것을 말한다.

지방 관리들은 이와 같은 삼정을 운영하면서 온갖 부당한 수단으로 사리 사욕만을 추구하였다. 이로 인하여 국민들의 고통은 심해졌고, 국고의 수입도 크게 줄어들었다. 따라서, 정부에서는 이러한 부정을 바로잡기 위하여 암행 어사를 지방에 파견하는 등 많은 노력을 기울였으나, 큰 성과를 거두지는 못하였다.

■ 연습문제

세도 정치

7. 책을 다시 보고 빨간펜으로 재정리

과목이나 문장에 따라 1-6번까지의 요점정리 방법을 택하여 정리하였다면 요점정리한 것을 다시 교과서나 노트를 보고 빠진 것이 없는지 빨간펜으로 재정리하는 방법이다.

교과서 암기 7·5·3 원칙을 통해 기억된 내용을 요점정리한 것이므로 머릿속에 잘 정리되었을 것이다. 그러나 안심은 금물. 스스로 놓친 부분이나 누락된 부분이 반드시 있을 것이다. 따라서 이러한 부분들을 놓치지 않도록 교과서를 보면서 정리해 보고 첨삭하도록 한다.

이렇게 하면 정리되고 이해된 내용들을 다시 한번 확인하는 것이 되어서 기억한 내용들이 잘 잊혀지지 않는다.

특히 요점정리는 논리적, 분석적, 언어적, 수학적으로 이루어지기 때문에 왼쪽 뇌의 기능을 활성화시키는 장점을 지니고 있는데, 다시 데이터를 반복해서 보게 되므로 지식을 확실하게 자신으로 것으로 만들 수 있다.

빨간펜으로 재정리하는 방법은 1차 차례 및 소제목만 보고 요점정리를 끝낸 다음, 정리가 끝나는 대로 책을 펼쳐서 자기가 정리해 놓은 요점정리카드에 미처 써 놓지 못한 내용이나, 꼭 기억해야 할 사항을 보충하여 적어두도록 한다. 이 때 빨간펜을 사용하는 것이 원칙이지만, 내용에 따라 각기 다른 색깔의 연필이나 펜을 사용하여 작성해도 된다.

또한 보강할 때도 교과서나 참고서만 의존하지 말고 수업시간에 선생님께서 강조하셨던 내용을 적어둔 노트를 참고해서 보충해 넣는 것도 좋은 방법이다.

요점정리를 나름대로 완벽하게 하겠지만 교과서를 가지고 보강하다 보면 중심단어나 문장을 정확하게 집어내지 못한 것도 발견하게 되며, 외어야 할 내용들이 간단하면서도 명료하게 머릿속에 정리가 되는 것을 느끼게 된다.

■ 연습문제

경제협력을 위한 노력

세계에는 자원이나 노동력은 풍부하지만 자본과 기술이 부족한 나라도 있고, 우리 나라나 일본과 같이 우수한 기술을 가지고 있으나 자원이 부족한 나라도 있다.

이와 같이, 나라마다 그 사정이 다르므로 서로의 발전을 위한 국가간의 협력이 필요하다. 세계 여러 나라는 무역을 통하여 물자를 수입하고 수출하면서 서로 의존하고 협력해 나간다.

그런데 무역을 통한 수출과 수입의 양이 비슷하면 별 문제가 없으나, 수량이 많아지면 무역 적자로 빚을 지기 쉽다.

또, 여러 나라들이 모두 수출을 늘리고 수입을 줄이려 하므로, 나라간에 마찰이 생기기도 쉽다

그러므로 마찰이 없는 무역을 위해서는 국가간의 이해와 협력이 필요하다.

아프리카 지역에 가뭄이 계속되어 수많은 사람이 굶주리게 되었을 때, 이 지역의 나라들은 외국에서 식량을 수입하고 싶었지만, 식량을 사올 여유 있는 돈이 없어 어려움을 겪었다.

또, 가난한 나라들은 자원을 개발하여 경제 개발을 하고 싶어도 자본과 기술이 부족하여 뜻대로 할 수가 없다. 이러한 경우 자본이 많고 기술이 발달한 나라와 협력을 하면 경제 개발을 잘 할 수 있다. 우리 나라도 경제 개발의 초기에는 외국으로부터 자본과 기술의 협력을 받아 경제 발전을 이룩하였다.

세계 여러 나라는 자기 나라의 경제 발전을 위해 여러 가지 경제 협력 기구에 가입한다.

■ 연습문제

경제 협력 기구에는 세계 모든 나라의 경제 발전을 위해 만들어진 것도 있고, 지역별로 그 지역 나라들의 경제 발전을 위해 만든 것도 있다.

국제 통화 기금은 세계 여러 나라 사이의 자본 거래를 돕기 위하여 만든 기구이다. 이 기구는 세계 여러 나라의 경제 발전 상태를 조사하여 자본을 빌려 주는 활동을 통해 모든 나라의 경제 발전을 돕는다.

석유 수출국 기구는 원유를 수출하는 나라가 모여서 만든 기구로, 자기들의 이익을 위해 서로 협력한다.

유럽 연합에는 영국, 프랑스, 독일, 벨기에 등 유럽의 많은 나라들이 가입되어 있다. 이 기구에 가입한 나라끼리는 무역을 할 때에 서로 세금을 물리지 않으며, 다른 지역에 있는 나라와의 거래에서는 자기들이 이익을 볼 수 있도록 힘을 합친다.

서남 아시아 지방은 유럽, 아프리카, 아시아의 세 대륙을 잇는 곳이다. 대부분 사막으로 되어 있어, 오아시스 주변이나 강가를 빼면 농사를 지을 만한 땅은 적지만 석유의 매장량은 풍부하다.

이 지역 사람들은 대부분 천막을 치고 양을 기르거나 낙타를 교통 수단으로 하여 짐을 옮기고 장사를 하며 살아왔다.

그러나 석유 자원의 개발로 외화를 많이 벌게 된 다음부터, 이 곳 정부에서는 아파트를 지어 주민들이 한 곳에 머물러 살도록 하고, 공장도 지어 생활 모습이 크게 변하고 있다. 서남 아시아에서 생산되는 석유는 세계 석유 생산량의 1/3 이상을 차지하며, 유전은 페르시아만 부근에 많다.

사우디아라비아는 석유의 생산량이 특히 많은 나라이며, 쿠웨이트, 이란, 이라크 등에서도 많이 난다. 생산한 석유는 대부분 거대한 송유관을 통해 바닷가로 운반되고, 페르시아만과 지중해 연안에서 외국으로 수출

■ 연습문제

된다. 서남 아시아 지역 주민들은 대부분 이스람교를 믿으며 유목 생활을 해 왔다. 마호메트는 이슬람교의 창시자로, 이들 유목민을 모아 사라센이라는 큰 나라를 세웠다.

그는 모든 인간은 알라신 앞에서 평등하다는 생각으로 이슬람교를 일으켜, 메마른 사막에 사는 사람들에게 삶의 용기를 주었다.

그 후, 이슬람교는 서남 아시아에서 아프리카 북부, 중앙 아시아, 동남 아시아 지역에까지 널리 전파되어, 오늘날에는 불교, 크리스트교와 함께 세계 3대 종교의 하나가 되었다.

사우디아라비아에 있는 메카는 이슬람교의 성지로 유적이 많다. 평생에 한 번이라도 이 곳을 순례하는 것은 이슬람교를 믿는 사람들이 지켜야 할 계율의 하나이며, 교도들은 메카를 순례하는 것을 평생의 큰 소원으로 여긴다.

■ 연습문제

경제협력을 위한 노력

요점정리 실전 사례

각 글의 성격에 따라 요점 정리의 방법을 정하였다면, 이젠 구체적으로 요점을 정리하는 일이 남았다.

요점을 정리할 때는 많은 글을 쓰려고 하지 말자. 앞에서 교과서 암기 7·5·3 원칙을 적용하여 암기하고, 영상화하고, 입력을 확인한 상태이므로 그 기억을 쉽게 열 수 있는 열쇠를 만드는 것이다. 따라서 가장 핵심이 되는 단어를 찾아 지금까지 머릿속에 입력된 내용을 이끌어낼 수 있도록 한다.

어떤 학생들은 이렇듯 단계별로 암기하고, 요점을 정리하는 것이 시간을 더 많이 소모하는 것이 아니냐고 질문을 해오기도 할 것이다. 그러나 교과서 암기 7·5·3원칙을 통해 단련된 학생은 앞에서도 언급되었다시피 10배에서 20배, 그 이상의 급진적인 독서속도와 이해력을 보이기 때문에 모든 단계가 정확하고 빠르게 진행될 수 있다.

■ 요점정리 예문

(1) 르네상스

인간중심의 문화 운동

르네상스란 말은 '다시 살아난다'는 말로서, 중세에서 근대로 넘어가는 시기에 서유럽에서 고전 문화가 부활되었음을 나타내는 말이다.

중세 말기에 봉건 제도가 무너지고, 교회의 힘이 약해지며, 상업과 도시가 발달함에 따라, 유럽 사람들은 그리스 로마의 고전 문화에 새로운 관심을 가지고 연구하게 되었다. 그 결과, 신을 중심으로 모든 것을 생각했던 중세와는 달리 인간을 중심으로 사물을 생각하게 되었으며, 현실 생활을 긍정적으로 생각하는 태도를 가지게 되었다.

☞ 본문을 읽고 요점정리

① 설명문이므로 숫자를 사용하기로 했다.
② 내용이 르네상스라는 주제를 중심으로 그 의미, 배경, 결과의 세부분으로 나누어진다.
③ 큰 범주와 하위 개념이 나누어지고 있다.

인간중심의 문화 운동 르네상스

1. 르네상스 의미
1) '다시 살아난다'는 말의 뜻을 지님
2) 서유럽에서의 고전 문화 부활을 나타냄

2. 르네상스가 일어나게 된 배경
1) 봉건제도의 붕괴
2) 약해진 교회 힘
3) 상업과 도시의 발달
4) 인간 중심의 그리스 로마 문화에 대한 관심 증대

3. 르네상스로 인한 결과
1) 인간 중심의 사고
2) 현실 생활을 긍정적으로 생각하는 태도

■ 요점정리 사례

년 월 일

요점정리카드

확인	부모님:
	선생님:

초, 중, 고, 년 학과목 페이지 ~ 읽은회수 회

현재학년: 년 이 름: 시 간: 분 초

중앙 ─ 성균관
4부 학당.

문과 : 생원.진사 → 성균관 → 문과.
무과 : 무예 시험 → 무과.
→ 문무 양반 제도 확립.

성종 때 전후.

*길재
고려 말기 향리.
중소 지주 계층.
→ 경학. 성리학. 향촌 자치. 왕도 정치.
3사 : 언론. 문학.

훈구 세력 VS 사림.

연산군 : 무오사화. 갑자사화.
↓
기묘사화
↓
명종 : 을사사화.

조광조. → 현량과
(소학교육. 향촌 자치. 성리학) 중시.

사림의 기반 형성.
이황 : 서원의 확산.
향약 : 삼강 오륜 + 향촌 규약
→ 16C 후반 널리 보급.

수출 : 마필. 인삼. 화문석.
수입 : 견직물, 서적. 약재. 문방구. 도자기.

회전 양면 정책.
4군 6진 : 압록강. 두만강. 영토 확장.

교린 정책.
세견선 – 세사미두.
교역 : 부산포. 염포. 제포.
수출 : 쌀, 무명, 삼베, 서적, 공예품
수입 : 구리. 황. 향료. 약재.
류큐와 무역.

96년 5 월 18 일

요점정리카드

확인	
부모님:	
선생님:	

초, 중, 고 3 년　학과목 국사　페이지 105~114　읽은회수 1 회

현재학년: 2 년　이 름: 박정만　시 간: 13 분 20 초

(1) 사회 구조와 지배 세력

문벌귀족 중심 (호족세력, 개국공신계열, 6두품 계열 — 과거를 통하여) 개방된 사회

- 귀족 — 문벌귀족.
- 중간계층 — 하급 관리
- 양민 — 농민, 상공업자
- 천인 — 사노비, 공노비, 신분제약없다

문벌귀족 — 전시과·공음전으로 방대한 토지소유, 중첩혼, 음서제, 공음전으로 세력 강화됨
↓
무신정권
↓
문벌귀족 — 주로 원의 세력하에 있음, 방대한 토지, 도평의사사 독점, 음서에 힘입음

(2) 사회 시책과 법속

- 농업 중시 → 중농 정책
- 의창, 상평창 동서대비원, 혜민국, 구급도감, 구제도감 등 설치 — 빈민구제, 의료
- 대가족 제도에 의한 관습법 중시, 국가에 대한 반역죄, 불효죄에 매우 엄중 → 유교 중시
- 토착 신앙, 불교, 도교 신앙 성행, 명절풍습 (단오, 추석 ...)

(3) 경제 정책과 경제구조

- 중농정책 — 상공업 발전 미약
- 자급자족 경제구조 — 생산·소비 미약

- 전시과 — 관리를 18등급으로 나누어 전지·시지 나누어 줌, 후에 반납
- 공음전 — 5 이상 관리에게 지급, 세습 → 음서제와 함께 귀족세력 강화

수취제도 — 토지세 공납 등

- 조세: 수확량의 1/10 수취
- 공: 특산물을 현물로 수취
- 역: 노동력 수취

(4) 경제 활동의 진전

- 우경에 의한 , 2년3작의 윤작법, 비료, 목화 보급.
- 관청 수공업 농촌에서 가내 수공업
- 시전 상업, 경시서 (물가 조절 독점경제), 곡도, 포도 주로 교환, 성종때 건원중보(은화)
  그러나 대외(귀족) → 상인의 피해
- 대외 무역 성행 — 대송무역, 거란, 여진, 일본, 아라비아 상인

2단계 교과서 영상기억 7원칙

영상화란 어떤 구체적인 대상이나 사물이 눈이나 귀, 코, 촉각에 의해 느껴지지 않더라도 머릿속에 상상해보고 떠올리는 것을 말한다. 이러한 영상화는 초집중 상태에서 기억된 정보를 장기 보존하고 강하게 남아있게 하여 기억을 위한 강력한 도구가 된다. 따라서 기억하고자 하는 것이 있으면 정보를 구체화하여 영상화하면 쉽게 기억할 수 있으며, 재생하는 시간 또한 빨라지게 된다.

영상화에 대한 위력을 보여주는 예는 많이 찾을 수 있다. 텔레비전에 방영되는 광고는 거의 10초에서 30초로 이루어진다. 그러나 이 10초에서 30초 안에 보여지는 화면의 그림과 전개되는 이야기들은 그 짧은 시간 안에도 광고를 보는 소비자를 사로잡고 가게로 달려가도록 만든다. 즉시 그것을 구입하지 않더라도 소비자의 머릿속에 남겨진 영상이 그 상품을 구매하도록 강하게 지시하여 잠재고객이 되게 한다.

교과서 영상기억 7원칙도 뇌리에 강한 기억을 남김으로써 장기보존하게 하는 영상화 원리를 이용한 것이다. 교과서 영상기억 7원칙은 오감법칙, 자연의 4법칙, 순서법칙, 영상조화법칙에 의해서 대표되는데, 이는 평면적인 지식을 머리에, 또 지면을 통해 그림으로 입체화 시킴으로써 기억해야 할 내용을 또렷하고 선명하게 재생시켜준다.

특히 '빨간 우산을 쓰고 장화를 신고있는 코끼리'나 '담배를 물고 있는 피아노'처럼 내용이 재미있게 전개되거나 기괴한 이야기라면 그러한 강렬한 이미지는 쉽게 잊혀지지 않는다. 이처럼 강하게 남겨진 영상은 재생할 수 있는 가능성도 커지게 만든다. 이제 우리는 기억의 강력한 도구인 영상기억법을 향상시키고 활용하기 위해 7가지 원칙을 익히게 될 것이다. 각 법칙마다 끊임없는 상상추리와 순발력, 창의력을 요구하는 내용이 많지만 차근차근 해나가면서 간단한 훈련들을 익혀 본다면 교과서 또는 전문 분야의 전문서를 암기하는 데 큰 힘이 될 것이다.

1. 오감법칙

오감이라 함은 보는 감각의 시각, 듣는 감각인 청각, 냄새를 맡고 구별할 수 있는 감각인 후각, 쓰고 달고 맵고 신 맛을 느낄 수 있는 미각, 피부의 감촉으로 대상을 구별할 줄 아는 감각인 촉각으로, 사람이 살아가는 데 필요한 다섯 가지 감각을 이르는 말이다.

사람들은 이 오감을 통해 문제를 대비하고, 다양한 정보를 받아들이고, 창조적인 행위도 하게 된다. 오감에서 얻은 정보들은 그것이 더해지고 합해져, 상상의 행위를 통해 이미지로 만들어진다. 그 이미지가 강렬하고 생생할수록 기억은 오래남게 된다. 영상기억 7원칙 중 오감법칙은 기억해야할 내용을 오감을 통해 이미지로 영상화하고, 그것을 다시 영상화 기록카드에 그림으로 이미지화 하므로써 머릿속에 정리된 내용을 더욱 정확하게 기록하는 역할을 하게 된다.

▣ 시각 훈련

☞ 아버지, 어머니, 동생 등 가족들을 생각한다.

얼굴, 머리 모양, 신체의 정확한 모습을 떠올린다.
머리와 신체의 모습을 기억해낸다.
옷, 신발, 가방 등 액세서리를 생각해 본다.

☞ 자기가 좋아하는 가수를 생각한다.

가수의 얼굴, 머리, 신체의 정확한 모습을 떠올린다.
가수가 즐겨입는 옷, 액세서리, 노래 부르는 모습을 떠올린다.

☞ 자주 가는 가게를 생각한다.

가게의 전체적인 모습을 떠올린다.
진열되어 있는 위치와 점원의 얼굴을 떠올린다.

■ 청각 훈련

☞ 바닷가의 갈매기 소리

☞ 산 속에 있는 절의 풍경 소리

☞ 해변의 파도 소리

☞ 자동차가 급정거 하는 소리

☞ 아이의 울음 소리

■ 후각 훈련

☞ 잘 익은 참외의 냄새를 떠올린다.

☞ 군고구마 냄새를 떠올린다.

☞ 생선에서 나는 비릿한 냄새를 떠올린다.

☞ 레몬의 향기를 떠올린다.

☞ 자기가 좋아하는 향수 냄새를 떠올린다.

■ 미각 훈련

☞ 계피 사탕의 맛을 떠올린다.

☞ 포도의 맛을 떠올린다.

☞ 오렌지 주스의 맛을 떠올린다.

☞ 마늘의 맛을 떠올린다.

☞ 신 김치의 맛을 떠올린다.

■ 촉각 훈련

☞ 비눗물을 만지는 느낌

☞ 모래를 만지는 느낌

☞ 골판지를 만지는 느낌

☞ 농구공을 만지는 느낌

☞ 얼음을 만지는 느낌

오감법칙은 구체적인 대상이나 행위를 기억하는 데 가장 효과적이다. 훈련해두면 기억의 전이가 빠르게 진행되기 때문에 학습에도 큰 효과를 가져 온다. 지금까지 해 본 훈련들은 어느 장소, 어떤 시간이든 틈틈이 할 수 있는 것이므로, 꾸준히 연습해 보자. 또 감각들을 합성하여 훈련을 해보는 것도 좋은 방법이다. 예를 들면 시장의 한 채소가게에 놓인 레몬을 보았다고 상상한다. 그리고 레몬을 집어들고 냄새를 맡았다. 그리고 껍질을 만져 보았다. 그리고 한 입 깨물어 맛을 보았다고 상상하는 것이다. 이렇게 여러 가지 감각을 이용해 머릿속에서 구체적이고 생생하게 영상화를 시켜보면 또렷한 영상이 기억에 남게 되어 오랫동안 잊혀지지 않는다.

2. 반대의 법칙

반대의 법칙은 우주 만물의 모든 이치를 따라 음과 양에서 비롯된 것으로 하늘과 땅, 태양과 달, 남자와 여자, 남(南)과 북(北)과 같은 이원 대립적인 관계를 상징하는 것이다.

또 서양에서는 아리스토텔레스가 자연의 원리를 바탕으로 한 회생의 4법칙 중에 이 반대의 법칙을 이야기하고 있다. 이처럼 반대의 법칙은 자연을 이루는 근본 원리로 상상의 깊이가 무궁무진하고 강렬한 영상을 지니고 있다.

반대의 법칙의 실제적인 이해를 도우려면 일반적으로 반대말, 반대되는 이치, 상반되는 내용을 떠올리면 된다. 이 훈련은 어휘훈련에서도 어휘들을 쉽고 폭넓게 익힐 수 있도록 하면서 연상작용을 통해, 언어에 대한 순발력을 키운다.

교과서를 읽으면서 반대의 법칙을 이용하여 영상화하려고 한다면 바다 속에 살고 있던 물고기가 하늘을 나는 용이 된다거나, '마음씨 고약한 할머니가 아리따운 아가씨'로 변했다거나 하는 내용처럼 역전과 반대의 현상이 그림 속에 담겨있게 만들면 된다. 이렇게 하므로서 영상기억 전개가 재미있게 되어 기억에 오래 남고, 그 이야기의 특징을 강하게 드러내 준다.

■ 연습문제

보기와 같이 (　　) 안에 알맞은 답을 적으시오.

〈 보기 〉　　홀수 - 짝수　　　남자 - 여자

1. 출근	-	(　　)
2. 키다리	-	(　　)
3. 바지	-	(　　)
4. 어린이	-	(　　)
5. 총각	-	(　　)
6. 급성	-	(　　)
7. 천재	-	(　　)
8. 사랑	-	(　　)
9. 고등동물	-	(　　)
10. 내적	-	(　　)

3. 비슷한 법칙

비슷한 법칙은 자연의 4법칙 중 하나로, 어떤 하나의 대상을 보면서 그 대상과 비슷한 또 다른 사물을 저절로 연상하게 되는 법칙이다.

사람의 두뇌는 어떤 대상을 인식할 때 그 대상의 형태, 냄새, 색깔, 크기, 질감 등 오감을 통해서 관찰하고, 과거에 경험에 의해 축적된 정보를 조회하여 그 사물과 비슷한 조건을 가진 사물을 떠올리게 된다.

예를 들어 '깨'를 생각해 보자. 가게를 지나다가 깨를 보면 금세 우리의 머릿속에서는 '참기름'을 자연스럽게 연상시킨다. 그것은 깨의 맛이 '고소하다'는 사실을 알고 있는 뇌가 맛과 냄새가 비슷한 참기름을 연상시키기 때문이다.

따라서 교과서 암기 7·5·3 원칙으로 교과서를 읽고, 이해하고 암기한 후 영상기억하려고 할 때 비슷한 법칙을 이용하면 암기된 교과서 내용을 자기만의 그림, 즉 저장된 내용을 쉽게 끄집어낼 수 있는 유사한 사물을 만들어냄으로서 빨리 기억해낼 수 있다.

▣ 연습문제

보기와 같이 (　　　) 안에 알맞은 답을 적으시오.

〈 보기 〉　　분유 - 우유　　감자 - 고구마

1. 가야금	- (　　　)	6. 살구	- (　　　)
2. 문어	- (　　　)	7. 더덕	- (　　　)
3. 다시마	- (　　　)	8. 소금	- (　　　)
4. 테니스	- (　　　)	9. 라디오	- (　　　)
5. 미꾸라지	- (　　　)	10. 국수	- (　　　)

4. 같이있는 법칙

같이 있는 법칙은 자연의 4법칙 중 하나로 어떤 대상이 생각나면 그와 분리되어 생각할 수 없거나, 늘 같이 있는 또 하나의 대상이 저절로 연상되는 자연적인 법칙이다.

'바늘 가는데 실간다'라는 속담이 있다. 바늘과 실은 각각 하나의 개체이지만 바느질이라는 목표를 위해서 '바늘과 실'은 늘 같이 있어야 그 쓰임이 생긴다. 〈보기〉에 있는 치약과 칫솔 또한 치약, 칫솔은 각기 다른 상품이지만 두 상품은 서로가 공존해야 가치가 생긴다. 같이 있는 법칙을 이용하여 영상화하는 것은 뇌가 하나의 대상을 보고 그와 관련된 또 다른 하나를 쉽게 연상해내도록 하는 것이다. 예를 들어 교과서에 남과 북의 생활을 비교한 글이 실려있다. 이를 암기하기 위해, 읽고 요점정리한 후 영상기억하려고 한다. 이때 남북의 모습을 영상으로 남기기 위한 그림의 소재가 직접적으로 우리나라 지도로 표현해도 좋겠지만 '바지와 저고리'를 연상하면 어떨까, 이때 휴전선은 바지의 허리띠가 될 수 있다. 이러한 재미있는 발상은 두뇌를 유연하게 만들기 때문에 기억이 잘 되고, 강한 인상을 남기게 된다.

▣ 연습문제

보기와 같이 (　　　) 안에 알맞은 답을 적으시오.

〈 보기 〉	칫솔 - 치약	군인 - 부대

1. 숟가락 - (　　　)　　6. 도장 - (　　　)
2. 선생님 - (　　　)　　7. 의사 - (　　　)
3. 분필 - (　　　)　　8. 편지 - (　　　)
4. 학교 - (　　　)　　9. 칼 - (　　　)
5. 물감 - (　　　)　　10. 공항 - (　　　)

5. 따라일어나는 법칙

따라일어나는 법칙 또한 자연의 4법칙 중 하나로, 하나의 대상을 생각하면 저절로 그 대상과 밀접하게 연관된 한 가지 이상의 여러 대상들이 연상되는 법칙이다. 그룹 개념의 것들이 여기에 속하는데, 예를 들면 '사계절'이란 단어를 떠올리면 '봄, 여름, 가을, 겨울'을 연상하게 된다.

또 '사군자'를 생각하면 자연히 머릿속에 '매화, 난초, 국화, 대나무'를 떠올리게 된다, 이것이 따라일어나는 법칙이다. 이미 경험했던 사실이나, 습득된 정보들이 뇌에 저장되어 있다가 자극이 주어지면 그것에 관한 세밀한 정보들을 조회하여 꺼내놓는 것이다. 교과서를 읽고 영상기억을 할 때도 이 따라일어나는 법칙을 이용하면 기억하는 데 효과적이다. 읽고 암기해야 할 교과서 내용이 7가지 항목이라면, 각 항목마다 요일을 정해주고, 요일에 각 항목들을 대입시켜 영상화 해보도록 하자. 그리고 그 영상화된 내용들을 그림으로 그려 영상화카드에 기록하면 전개 과정도 재미있고, 그림도 머릿속에서 잘 잊혀지지 않아 쉽게 기억할 수 있다.

■ 연습문제

보기와 같이 (　　　) 안에 알맞은 답을 적으시오.

〈 보기 〉 요일 - 월, 화, 수, 목, 금, 토, 일

1. 방위 - (　　　)
2. 한글 자음 - (　　　)
3. 음계이름(계명)- (　　　)
4. 신호등 - (　　　)
5. 성별 - (　　　)
6. 알파벳 - (　　　)
7. 십이지 - (　　　)
8. 육하원칙 - (　　　)
9. 시간 - (　　　)
10. 구구단 - (　　　)

6. 순서부여 법칙

모든 글에는 줄거리와 이야기의 흐름이 있어서 소설은 '발단-전개-절정-결말'의 과정이 있고, 논설문의 경우에는 '서론-본론-결론'으로 구성되어 있다. 이것은 구성상의 순서이지만, 교과서를 잘 읽다보면 글이 사건의 추이에 의해서 전개될 때도 있고, 시간의 추이에 의해서 전개될 때도 있다.

또 그 내용의 중요성에 따라 첫째, 둘째, 셋째 순으로 진행되기도 한다. 이와 같이 글에는 순서가 있고, 이 순서가 잘 지켜질 때 읽는 이나 보는 이가 명확하게 내용을 파악하고, 정확하게 기억하도록 돕는다.

영상화에서도 마찬가지이다. 내용의 요점정리와 영상기억한 내용들을 그림으로 나타내면서 단순히 요약한 내용을 나열할 것이 아니라 순서를 부여하면서 그림과 같이 써 넣어주므로써 영상기억을 확실하게 완성시키도록 한다. 짜임새 없이 글만 나열하다 보면 교과서의 주요 내용을 정확하게 전달하지 못할 수 있으므로 요점정리에서 사용했던 것처럼 숫자, 가나다, abc순을 사용하여 순서를 나타내 보도록 하자.

특히 숫자나 기호(☆, ◯)를 사용하여 기록한 것은 다른 글과의 차별화로 머릿속에서 더 정리가 잘 되는 것을 경험하게 된다. 영상화 카드에 나타낼 때는 글의 내용이나 구성만을 영상화하려고 하지 말고, 요점이 될 수 있는 내용들을 그림으로 재미있게 이미지화하고, 그 내용의 중요도나 추이에 입각해서 번호를 붙여 두도록 한다. 그러면 영상과 함께 내용이 기억에 남기 때문에 오래 기억되고, 잘 잊혀지지 않는다.

7. 영상조화 법칙

오감법칙, 자연의 4법칙, 순서법칙 등의 작용으로 교과서를 읽고 암기한 내용을 그림으로 표현해 보고, 사진을 찍듯 머릿속에 기억함으로써 두뇌는 자극을 강하게 받아 더 빨리 이해하고, 더 오래 기억하게 된다.

이 책의 1장에서 살펴보았듯이 사람의 뇌는 오른쪽 뇌와 왼쪽 뇌가 하는 일이 각기 다르다. 따라서 영상화 훈련을 함으로써 양쪽 뇌의 기능을 고르게 활성화시켜서 학습동기를 유발함은 물론 학습성과를 높이려고 한다. 오른쪽 뇌를 개발시키고 교육 내용을 오랫 동안 기억할 수 있도록 하는 훈련으로 영상화 법칙을 소개한다. 이 훈련은 직관적, 예술적, 공간적인 능력이 지닌 오른쪽 뇌의 기능을 활성화시키는 것은 물론 그 특성을 이용하여 학습성과를 높이는 훈련이다.

자신이 좋아하는 그림, 숫자, 동물, 식물, 과일, 글자, 생활용품 중에서 그 특징을 이용하여, 읽었던 교과서 내용의 발단, 전개, 절정, 결말의 내용, 중심 문장, 중요한 단어를 관련시켜 기억하는 훈련이다.

이 훈련은 요점정리카드를 작성한 후 훈련하는 것으로 시각적인 요소를 이용해 무엇이 가장 중요하고, 다음으로 중요한지를 구분하게 해주며, 내용을 구성하는 분류와 종류를 한눈에 파악할 수 있도록 한다. 또한 창조적인 연상 훈련을 할 수 있도록 하여, 순발력, 창조력도 높여줄 뿐 아니라 평면적인 사고에서 입체적, 공간적으로 사고할 수 있는 능력을 키워주게 된다.

이를 위해 앞에서 연상을 일으키는 다양한 방법들을 배우고, 훈련해 보았다. 이제는 오감법칙, 반대의 법칙, 비슷한 법칙, 같이 있는 법칙, 따라일어나는 법칙, 순서부여법칙 등을 적절히 연상시켜서 그림으로 표현해 보도록 해보자. 학생들 스스로가 교과서를 읽고 그 내용을 가장 적절하게 담을 수 있는 그림들을 연상시키고, 중요한 요점들을 그림 안에 순서를 부여하여 써놓는다.

창의성을 살려 그림의 꺼리들을 스스로 찾아내면 더욱 바람직하지만 만약 구체적인 그림이 기억나지 않거나, 그리기에 자신이 없을 때는 부록에 실린 **'스크린 뱅크'를 참조하여 영상화 훈련**을 해보도록 하자.

■ 영상화 사례 1

년 월 일

영상화기억카드

확인	
	부모님:
	선생님:

초, ㊥ 고, 1 년 학과목 도덕 페이지 185 ~ 195

현재학년 : 중1 년 이 름 : 은경 시 간 : 7 분 40 초

동물원

인간은 개인생활을 하고있는 동시에 사회생활을 하고 있다.

연대감이란 사회속에서 그 구성원들은 밀접하게 연결 되어 있다는 사실

자신의 행동이 다른 사람들에게 끼칠 수 있는 영향을 신중히 생각하면서 생활.

믿음: 서로간의 약속이 잘 지켜지면 생성됨

개인생활은 자기가 추구하는 삶.

믿음 없으면 사회가 유지, 발전될 수 없다.

■ 영상화 사례 2

6년 월 25일

영상화기억카드

확인	
	부모님:
	선생님:

초, 중, 고, 6년　　학과목 영어　　페이지 ~

현재학년 : 6년　　이 름 : 곽동임　　시 간 : 10분 20 초

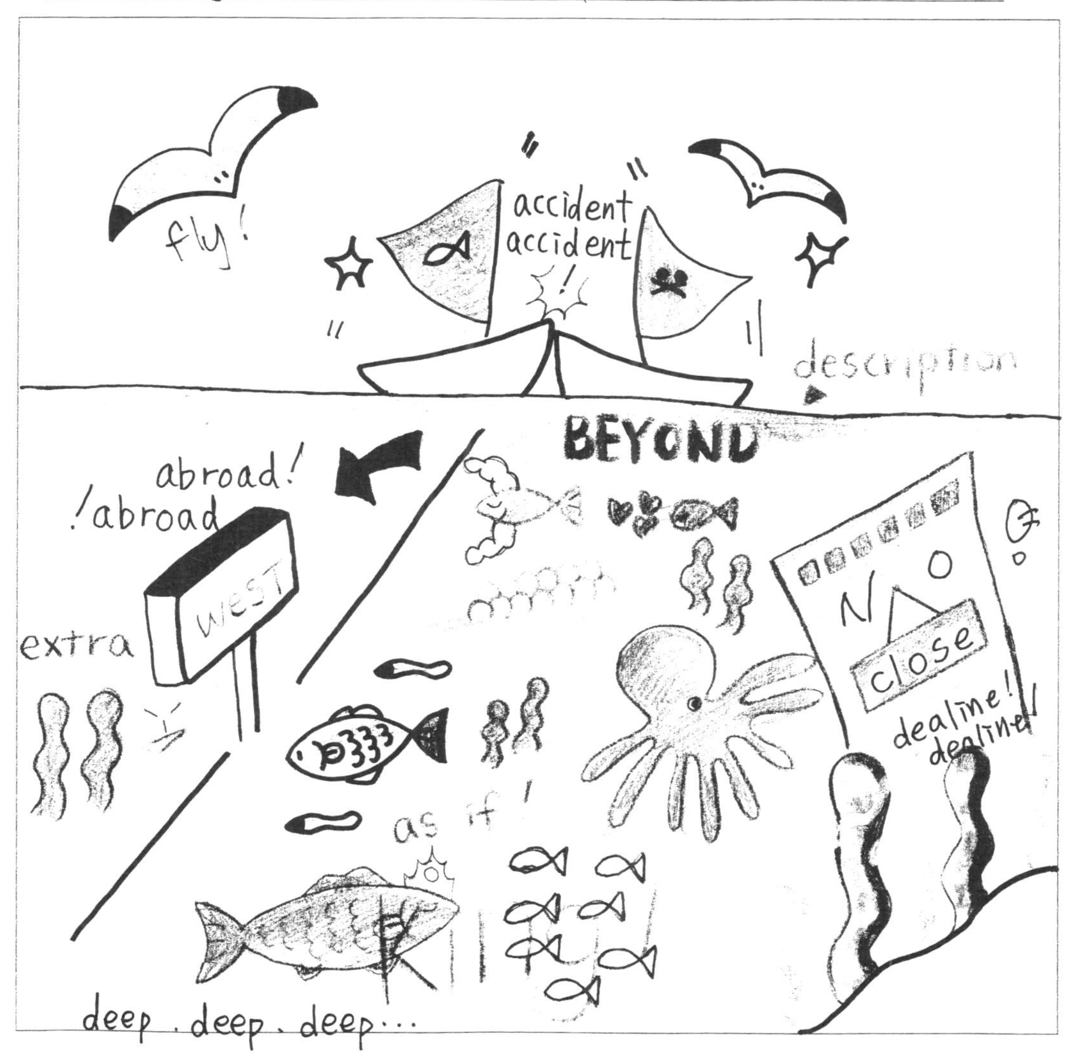

■ 연습문제

요점정리훈련의 예문이었던 '인간중심의 문화 운동'이다.

1. 르네상스 의미

1) '다시 살아난다'는 말의 뜻을 지님

2) 서유럽에서의 고전 문화 부활을 나타냄

2. 르네상스가 일어나게 된 배경

1) 봉건제도의 붕괴

2) 약해진 교회 힘

3) 상업과 도시의 발달

4) 인간 중심의 그리스 로마 문화에 대한 관심 증대

3. 르네상스로 인한 결과

1) 인간 중심의 사고

2) 현실 생활을 긍정적으로 생각하는 태도

위의 요점정리한 내용은 '르네상스의 의미' - '르네상스가 되살아난 배경' - '르네상스로 인한 결과'의 세 부분으로 크게 구분된다.

이것을 영상화 하여 표현해보자. 앞에서 훈련한 6가지 법칙을 떠올리면서 정리해 보도록 한다.

몇 가지의 색연필이나 싸인펜을 사용하여 그려본다. 썩 잘 그릴 필요는 없지만 부록에 나와 있는 '스크린 뱅크'를 참고하여 그릴 수도 있다.

영상화기억카드

초·중·고 : 년 학과목 :	페이지 -	확인	부모님 :
현재 학년 : 년 이름 :	시간: 분 초		선생님 :

교과서 영상기억 7원칙을 활용하여 기억을 마무리하는 단계로 자신이 좋아하는 여러 가지 사물들, 예를 들면 숫자, 동·식물, 과일, 글자, 생활용품, 색깔 등을 이용하여 교과서를 요정정리한 것을, 기억에 오래 남을 수 있도록 영상화하기 좋게 표현해 본다.

3단계 문제풀기 5원칙

마라톤을 하는 주자만큼이나 힘들고 어려운 과정들을 겪으면서 그동안 얼마나 노력했는지 그 결과를 테스트하는 것이 시험이다. 그러나 시험은 학생들을 격려하고 희망을 갖게 하려는 목적과 달리 학생들로 하여금 주눅들게 하고, 괴롭게 하는 일련의 극기 테스트로 여겨지고 있다.

그래서인지 시험을 앞에 두고서 바짝 긴장하거나 두려워서 그동안 잘 준비해둔 것을 펼쳐보이기도 전에 모두 잊어버리고 공포의 시간을 보내는 학생들이 종종 있다.

더욱이 이러한 일을 겪고 나서는 자신감을 지나치게 잃게 되는 경우가 많아 다음 시험에 대해서도 부정적으로 작용하기 때문에 시험지를 앞에 두고 잔뜩 긴장하는 일이 생기지 않도록 사전에 철저한 준비가 필요하다.

우선 가장 중요한 것은 시험 보아야 할 내용을 완벽하게 자기의 것으로 소화해 내는 것이다. 무엇이든 자기 손안에 있다고 판단될 때는 놀라운 응용력과 기억력을 발휘할 수 있다.

둘째는 시험 문제를 출제하는 출제자의 다양한 질문과 의도를 예상하고 훈련함으로써 어떠한 문제를 만난다 해도 당황하지 않도록 하는 것이다.

셋째는 시험 당일에 최대한의 효율을 높여줄 수 있도록 하는 신체적, 정신적인 컨디션을 어떻게 조절시켜 주는가 하는 점이다.

따라서 이번 문제풀기 5원칙에서는 시험을 치를 때 알아두어야 할 효과적인 방법들을 소개해 보고자 한다.

1. 알파 상태에서 문제 풀 준비를 한다

시험지를 받아든 처음 시간은 수험생들에게 무척 중요하다. 왜냐하면 순간의 긴장이 시험 시간 전체를 망칠 수도 있기 때문이다.

따라서 학생들은 처음부터 뇌파가 알파 상태를 잘 유지하도록 해야 할 것이다. 알파 상태는 최적의 학습상태를 만들어 주므로 집중력, 기억력을 최대로 높일 수 있다. 이 **알파 상태를 만들기 위해서는 깊은 호흡을 3-5회 하고 단전에 힘을 주므로써 마음을 안정시킨다. 그리고 등을 펴고 가볍게 턱을 당겨 바른 자세로 시험 문제를 훑어보기 시작한다.**

또 학생들 중에서는 시험시간이 부족해서 시험지의 뒷부분을 풀지 못해, 시험을 망쳤다고 말하는 학생들이 있다.

물론 풀 것이 많고, 쓸 것도 많기 때문에 시험 시간이 부족한 경우도 있지만 대부분 이러한 결과를 낳게 되는 것은 시험 시간 관리, 즉 문제의 출제 경향과 난이도에 따라 시간 배분을 제대로 하지 않았을 때 일어난다고 할 수 있다.

시험 시간은 누구에게나 일정하게 주어지고, 문항이나 문제의 난이도도 일정하기 때문이다. 따라서 시험 시간을 어떻게 합리적으로 사용하는가가 시간을 얻기도 하고, 빼앗기기도 하는 중요한 관건이 된다.

그러므로 문제지를 받자마다 곧장 풀지 말고 연필을 놓고 눈으로 30초 - 1분간 전체를 개략적으로 읽어본다. 이 때 눈으로 문제들의 유형을 살펴보면서 그동안 공부하다가 예상문제를 낸 것 중에 해당하는 문제가 있는지, 문제의 난위도는 어떤지, 자신있게 풀 수 있는 문제와 그렇지 않은 문제, 주관식과 객관식 문제의 비율은 어떤지를 대충 재빠르게 살펴본다.

이렇게 시험에 대한 전체적인 윤곽이 머릿속에 잡혔다면 이제는 시험 시간 내에 이 문제들을 어떻게 풀 것인지를 생각하고 문제푸는 시간을 적절하게 배정해 두도록 한다.

2. 자신감을 갖고 아는 문제부터 먼저 푼다

학생들 중에는 문제지에 자신의 이름을 기입하지 않거나, 답안지 작성을 잘못하여서 시험에 실패하는 경우가 종종 있다. 이런 일을 미리 막기 위해서는 시험지를 받아들면 먼저 문제지에 자기 성명과 학년, 번호를 정확하게 기입해 두는 습관을 들이는 것이 좋다.

그런 후 모든 문제를 다 정확히 풀 수 있다는 자신감을 갖도록 하는 것이 중요하다. 처음부터 부정적인 생각을 하면 기억했던 내용도 잊어버리거나 제대로 답변을 할 수 없다. 특히 요즘 시험에는 주관식 문제가 많기 때문에 부정적인 생각에 사로잡혀 있다가는 논리성이나 정확성을 잃기 쉬우므로 자신감을 갖고 풀어나가도록 한다. 그러나 이러한 자신감을 갖기 위해서는 시험 보기전까지 철저하게 시험을 준비해두는 성실성이 필요하다.

시험지를 앞에 두면 우선 자신있게 풀 수 있는 문제부터 풀어가도록 한다. 정확하게 아는 문제를 풀 때는 시간이 그리 많이 소요되지 않는다. 되도록 이런 문제에서는 시간을 빼앗기지 않도록 하고, 예기치 않은 문제나 증명을 요해서 시간이 걸리는 문제, 주관식 문제를 풀 때에 앞 문제를 풀면서 저축해놓은 시간들을 쓰도록 하는 것이다.

또 어려운 문제는 처음부터 풀다가 시간만 허비하고 시험에 대한 자신감을 잃어버리기 쉽다. 더구나 그 문제의 답이 틀리게 된다면 답은 답대로 틀리고, 잘 아는 문제 또한 풀 시간이 부족해서 오답을 적게 되는 경우가 생길 수 있다.

따라서 문제를 풀다가 어려운 문제를 만나면 문제 앞에다 별(☆)표를 하고 다른 문제부터 푼 후 나중에 풀도록 한다.

좀 더 현명한 학생이라면 아는 문제는 정확하게 빨리 풀고, 나머지 시간을 활용하여 어려운 문제를 푸는 것이 얼마나 효과적인가를 깨달았을 것이다. 또 아는 문제들을 풀다보면 예문이나 지문을 통해 잘 몰랐던 문제의 힌트도 발견하거나 생각날 수 있으므로 시험지를 받으면 아는 문제부터 풀어나가도록 한다. 간혹 정답을 잘 결정할 수 없을 때가 있는데 이때는 통계적으로 첫 번째 느낌에 따라 고른 답이 정답일 확률이 높다고 하니 참조하기 바란다.

3. 정확한 보기를 제거하면서 푼다

정확한 보기를 제거하면서 문제를 풀 수 있는 방법은 대부분 주관식보다는 사지나 오지선다형의 객관식 출제 경향의 문제들에서 사용하는 방법이다. 이러한 시험은 일반적으로 보기 중에 분명하게 틀린 답이 1-3개, 나머지 2개에서 정답을 찾아낼 수 있도록 되어 있다.

그러나 도저히 그 2가지 중에서 정답을 발견할 수 없는 경우가 생긴다면 고민하지 말고 다른 문항으로 넘어갔다가 아는 문제를 다 푼 뒤에 나중에 다시 그 문제를 풀어보도록 한다. 때때로 나중에 나온 문제에서 앞에 나온 문제의 정답에 대한 단서를 발견하게 되는 경우도 있다.

이렇게 하여 **명백하게 답이 아니라고 생각하는 보기를 제거해 나가면서 답을 찾도록 한다. 객관식 문제는 대부분 보기의 문항을 4개에서 6개 정도까지 준다. 이럴 때는 보기 중에서 정확지 않은 답을 /(아니다), △(애매하다), ○(정답이다) 식으로 지워나가면서 한 개의 최종적인 정답을 찾도록 한다.**

참고〉 1) /
2) /
3) △
4) /
5) △ ○

극단적인 문제의 보기도 삭제한다. 특히 연속된 문항의 경우에는 맨처음에 놓인 것과 맨나중에 놓인 극단적인 보기는 되도록 제외하는 것이 좋다.

또한 보기의 문항에서 서로 모순되는 내용이 들어있을 수도 있다. 보기의 문항을 자세히 보면 그 안에 해답이 들어있는 경우가 많으므로 **문제 안에서 모순된 내용이 없는지 문맥을 잘 살펴 읽어보도록 한다.** 또 문제의 보기 사이에 어떤 규칙이나 관계가 있는지 살펴본다. 문제를 읽지 않고 보기만을 보아도 규칙들을 찾아낼 수 있다. 어떤 것은 비슷한 것 끼리, 어떤 것은 반대의 것 끼리, 혹은 큰 범주와 작은 범주가 구분이 되어 있음을 발견하게 된다. 따라서 주어진 문제를 확인하고 보기들의 연관성을 찾아내면 해답을 찾기 쉽다.

4. 문제에서 핵심단어를 찾는다

시험을 볼 때 자칫 문제를 정확하게 파악하지 않으면 오답을 적기 쉽다. 그것은 학생이 시험지의 문제를 끝까지 읽지 않았거나, 출제자의 의도를 문제 속에서 발견하지 못했기 때문이다. 이러한 실수를 하지 않기 위해서는 문제를 읽을 때 핵심단어를 찾아내고, 거기에 밑줄 및 동그라미(◯)를 그려 놓는다.

핵심단어란 문제에서 요구하고 있는 답의 형태이다. 즉 아닌 것, 대조적인 것, 상대적인것, 반대의 것, 같은 것, 다른 것, 큰 것, 작은 것 등으로 문제의 답을 명확하게 구분하기 위하여 출제자가 제안하는 답의 형태이다.

그러나 문제를 읽다보면 잘 아는 문제라는 생각이 들어 문제를 끝까지 읽지 않고 답을 적는 경우가 있다. 그러기에 함정에 빠지지 않도록 핵심단어를 찾아 읽으면서 표시를 해두도록 하자. 그렇게 하면 문제를 풀다가 어려워서 다른 문제를 먼저 푼 후에 다시 앞의 문제를 풀게 되더라도 밑줄 및 동그라미(◯) 친 부분을 보고 문제의 의도를 쉽게 파악하게 되는데, 그렇지 않을 경우에는 문제의 윤곽을 잊어버려 오답을 적을 수 있다.

주관식 문제의 경우는 더욱이 핵심단어를 통해서 출제자의 의도를 정확하게 파악하는 것이 중요하다. 출제자가 무엇을 어떻게 답해 주길 바라고 있는가를 정확하게 알아서 적는 것이다. 비슷한 답을 찾아내는 것이 아니고 자신이 알고 있는 답을 글로써 표현해 내는 것이므로 주관식 문제에는 답안 작성자가 문제를 얼마나 잘 파악하고 있는가를 알아보기 위한 출제자의 의도가 들어있다. 따라서 객관식 못지 않게 주관식 문제에서도 핵심단어 찾기는 중요하다.

이와 같이 핵심단어들은 문제를 풀어나가는 실마리 역할을 하며, 문제의 방향이 출제 의도에서 빗겨가지 않게 제시해 준다. 따라서 문제를 읽어나가면서 핵심단어에 밑줄을 긋고 답안을 작성한다면 대체적으로 정확한 답을 적을 수 있다.

5. 시험 끝나기 5분 전에 답을 검토한다

시험 끝나기 5분 전에 답을 검토하려면 우선 시험 시간 배분을 잘해두어야 한다. 그러나 대부분의 학생들이 시험 시간이 부족해서 지문을 다 읽지 못하는 경우가 많다고 호소해 오는 것을 보면 이 5분을 남겨 놓기란 생각만큼 쉽지 않다. **답을 검토할 만한 여유가 있다는 것은 그만큼 평소 학교 공부에 충실했다는 증거가 되기도 한다.** 왜냐하면 하룻밤에 공부한 내용은 분명 시험을 볼 때 당연히 머릿속에서 제대로 정리가 되지 않았기 때문에 헷갈릴 수밖에 없어서 문제를 푸는 시간이 당연히 많이 걸리게 된다.

평소의 실력이 탄탄한 경우는 문제를 풀 때 답을 앞에 두고 망설여야 하는 웃지 못할 경우는 겪지 않게 되므로 속도가 빠르면서도 자신있게 답을 적게 된다. 당연히 시험 시간을 효율적으로 사용하게 되므로 분명히 검토할 시간을 벌 수 있게 되는 것이다. 그러므로 가을 걷이 후 다시 떨어진 이삭을 꼼꼼하게 줍는 농부의 마음처럼 하나의 오답도 인정하지 않겠다는 마음가짐을 가진 학생이라면 평소에 학교 공부와 예습, 복습을 철저히 해두는 것이 선행되어야 할 것이다.

5분 동안 답을 검토할 때는 우선 핵심단어를 잘못 보아서 다른 답을 적지는 않았는지를 살펴본다. 또 문제 파악은 잘했다고 해도 답안지에는 다른 번호를 적어 넣었을 경우가 있으므로 바르게 답의 번호를 기입했는지도 살펴본다.

주관식의 경우에는 자신이 쓴 문장을 읽어보고 잘못 적은 것은 없는지, 더 추가할 내용은 없는지를 살펴보도록 한다. 그리고 출제자가 못 알아볼 만큼 글씨를 깨끗하게 쓰지는 않았는지도 꼼꼼이 살펴본다. 끝으로 자신의 이름과 반, 번호 등을 제대로 기입했는지도 확인해 본다면 안심하고 답안지를 제출해도 될 것이다.

쉬어가는 페이지

효과적인 시험전 자기 관리

1. 시험전 음식조절

1)식사는 가볍게 하도록 한다.

시험일이 점차 다가오면 정신적으로 긴장하게 돼서 과식을 하거나 식사를 하지 못하는 일이 종종 있다. 그러므로 되도록 시험을 앞둔 3일 전부터는 위에 부담을 주지 않는 음식으로 가볍게 식사를 하는 것이 좋다. 특히 위가 약한 학생들일 경우는 신경성에 의한 위염이 발생할 수 있으므로 제 때에 식사하는 습관을 기르도록 한다.

2)배탈이 나지 않도록 기름기(포화지방)를 가급적 섭취하지 않도록 한다.

양질의 단백질 섭취나 영양가 높은 음식을 섭취하는 것은 좋은 일이나 심리적인 불안함을 유발시키지 않기 위해서는 늘 가정에서 먹던 음식을 수험생들이 먹을 수 있도록 하는 것이 바람직하다. 갑자기 섭취한 포화지방이 위에 무리를 일으켜 배탈이 나면 공부할 수 있는 시간조차 빼앗기게 돼서 더 큰 손실을 입게 된다.

2. 시험장에 들어가기 전 몸의 긴장을 푸는 간단한 체조

1)목을 상하 좌우로 돌리면서 목운동실시 2회
2)양팔을 뒤로 하고 손가락을 깍지끼고 뒤로 뻗기 3회
3)어깨 좌우로 흔들기 5회
4)무릎을 주물러주기 5회
5)양쪽 발목을 좌우로 돌려주기 각 5회
6)마지막으로 가장 중요한 기지개를 힘차게 가급적이면 입을 최대한 벌리고 켜기. 2회

쉬어가는 페이지

효과적인 시험전 자기 관리

3. 시험전 피로, 불안 심리 극복을 위한 방법

1)자신감을 갖는다. 자신감이 있는 생활은 활력이 생기기 때문에 피로나 심리적 불안이 잘 나타나지 않는다.
2)목표를 상기한다. 목표가 있다면 도중에 힘들어도 좌절하지 않는다. 목표가 이루어졌을 때를 상상한다.
3)지루하거나 피로하면, 재미있어 하는 과목으로 바꾸어 공부한다.
4)멀리 산이 있거나, 푸른 나무가 보인다면 2분 정도 응시하고, 눈을 감은 뒤, 1분간 떠올린다.
5)잠시 휴식을 취한다. 휴식 시간이 길면 집중력이 깨지기 쉽다. 잠시 정신을 환기시키도록 한다
6)계획을 너무 철저하게 세워두면, 자칫 제대로 지켜지지 않아, 피로감과 불안감이 쌓이게 된다. 할 수 있는 양만큼 계획을 세우고 하루하루 관리해 가도록 한다.

4. 시험장에서

1)자세를 바로 한다.
2)엉덩이를 뒤로 빼서 등받이에 붙이고 앉는다
3)허리를 곧게 세운다
4)배꼽 밑 단전에 약간 힘을 준다
5)머리에서 양팔 엉덩이가 삼각형(△)을 이룬 피라미드형이 되도록 해서 산소를 포함한 대자연의 기가 뇌로 공급되도록 한다.
6)심호흡 또는 단전호흡을 3회 - 5회 실시하여 마음에 안정을 찾는다.

쉬어가는 페이지

알파파로 시험성적 껑충올리기

시험중에 어려움을 만날 때면 알파 상태로 해결하도록 한다

우리는 초중급 편에서 학습의 최적상태를 만들어주는 알파파에 대해 배운 적이 있다. 이 알파파를 잘 활용하면 학습에서 뿐 아니라 시험을 볼 때도 좋은 성적을 낼 수 있다. 시험은 그 자체만으로도 학생들에게는 심한 스트레스가 될 수 있다.

인간의 심리는 강한 압박이나 스트레스를 받게 되면 긴장하여 뇌가 베타 상태가 되므로, 이렇게 되면 머리의 활동이 둔해져서 시험에서 제 실력을 발휘하지 못하거나 주간식 문제를 풀 때도 공부한 내용조차 기억하지 못해 제대로 쓰지 못하는 억울한 경우가 생기게 된다. 따라서 이럴 때는 몸을 조금 움직여 줌으로써 머리를 알파 상태로 만들어주는 것이 필요하다.

우선 심호흡을 2,3회 깊고 천천히 하여 마음을 안정시키도록 한다. 이렇게 호흡을 크게 천천히 하면서 '기분이 안정된다. 매우 마음이 편하다'라고 생각한다. 그러면 부교감 신경이 고양되고 스스로 안정을 되찾게 되어 알파 상태가 된다. 이때 긴장을 풀어주는 멜로디의 음악을 들으면 더욱 효과가 있겠지만, 시험중에는 어려운 일이다.

또 영어 문제를 풀 때 열심히 암기한 단어나 문장, 수학의 경우엔 공식이 안타깝게도 기억이 나지 않을 때가 있다. 이럴 때도 당황하지 말고 심호흡을 크게 하고, 자신이 공부하던 모습을 떠올려 보도록 한다. 그러면 초조한 상태에서 실마리를 찾듯 기억이 재생되는 것을 경험하게 될 것이다.

그리고 다급하게 알파 상태를 유지하려고 하지 말고 시험 보기전에 미리 앞에서 훈련한 초집중호흡법을 이용하여 단전호흡을 실시하도록 하는 것이 좋다. 이 초집중호흡법은 우리 사람의 의식을 알파 상태로 만들어 주면서 자신의 능력을 최대한 발휘할 수 있도록 도와준다.

완벽한 학습마무리 **유비무환**

초고속전뇌학습 응용 단계

◉ 1단계 교과서 요점정리 7원칙

☞ 1원칙 / 차례 및 중·소 제목을 보고 정리

교과서 암기 7·5·3원칙에 의해 암기 후, 차례에 따라 요점정리.

작은 제목을 나누고 내용 요약.

☞ 2원칙 / 6하원칙을 따라 정리

'누가, 언제, 어디서, 무엇을, 왜, 어떻게'의 순으로 정리.

☞ 3원칙 / 서론, 본론, 결론으로 정리

논리적으로 설득시키는 논설문의 경우 서론, 본론, 결론으로 나누어 요점정리,

☞ 4원칙 / 발전, 전개, 절정, 결말 순으로 정리

소설이나 희곡의 경우, 사건의 실마리가 드러나는 발단, 이야기가 더욱 흥미있게 진행되어지는 전개, 사건의 발전이 가장 긴장된 단계에 이르는 절정, 사건이 마무리되는 결말을 가지고 요점 정리.

☞ 5원칙 / 첫째, 둘째, 셋째 순으로 정리

설명문의 경우 첫째, 둘째, 셋째로 나누어 요점을 정리하거나 처음, 가운데, 끝맺음의 형식으로 정리.

☞ 6원칙 / 번호, 가나다, abc순으로 정리

설명문이나 사회, 세계사, 정치경제 등의 암기 과목의 경우, ①, ②, ③ ……, 가나다, abc순으로 중요한 것을 나열하거나 순서를 정하여 정리.

☞ 7원칙 / 책을 다시 보고 빨간펜으로 재정리

요점정리한 것을 다시 교과서나 노트를 보고 빠진 것이 없는지 빨간펜으로 재정리.

◉ 2단계 교과서 영상기억 7원칙

☞ 1원칙 / 오감법칙

기억해야할 내용을 오감을 통해 이미지로 영상화하고, 영상화 기록카드에 그림으로 이미지화 하므로써 머릿속에 정리된 내용을 더욱 정확하게 기록하는 역할.

☞ 2원칙 / 반대법칙

우주 만물의 모든 이치를 따라 음과 양에서 비롯된 것으로 하늘과 땅, 태양과 달, 남자와 여자, 남(南)과 북(北)과 같은 이원 대립적인 관계를 상징.

☞ 3원칙 / 비슷한 법칙

자연의 4법칙 중 하나로, 어떤 하나의 대상을 보면서 그 대상과 비슷한 또 다른 사물을 저절로 연상하게 되는 법칙.

☞ 4원칙 / 같이 있는 법칙

어떤 대상이 생각나면 그와 분리되어 생각할 수 없거나, 늘 같이 있는 또 하나의 대상이 저절로 연상되는 자연적인 법칙.

☞ 5원칙 / 따라일어나는 법칙

하나의 대상을 생각하면 저절로 그 대상과 밀접하게 연관된 한 가지 이상의 여러 대상들이 연상되는 법칙

☞ 6원칙 / 순서부여 법칙

내용의 중요성에 따라 첫째, 둘째, 셋째 순으로 진행되어, 읽는 이나 보는 이가 명확하게 내용을 파악하고, 정확하게 기억하도록 함

☞ 7원칙 / 영상조화 법칙

오감법칙, 자연의 4법칙, 순서법칙 등의 작용으로 교과서를 읽고 암기한 내용을 그림으로 표현해 보고, 사진을 찍듯 머릿속에 기억함.

◉ 3단계 문제풀기 5원칙

☞ 1원칙 / 알파 상태에서 문제 풀 준비를 한다

깊은 호흡을 3-5회 하고 단전에 힘을 주므로써 마음을 안정시킨다.

☞ 2원칙 / 자신감을 갖고 아는 문제부터 먼저 푼다.

모든 문제를 다 정확히 풀 수 있다는 자신감을 갖도록 하는 것이 중요하다.

☞ 3원칙 / 정확한 보기를 제거하면서 답을 찾는다.

명백하게 답이 아니라고 생각하는 보기를 제거해 나가면서 답을 찾도록 한다.

☞ 4원칙 / 문제에서 핵심단어를 찾는다.

아닌 것, 대조적인 것, 상대적인것, 반대의 것, 같은 것, 다른 것, 큰 것, 작은 것 등의 문제에 주의한다.

☞ 5원칙 / 시험 끝나기 5분전에 답을 검토한다.

우선 핵심단어를 잘못 보아서 다른 답을 적지는 않았는지를 살펴본다.

1

스크린 뱅크

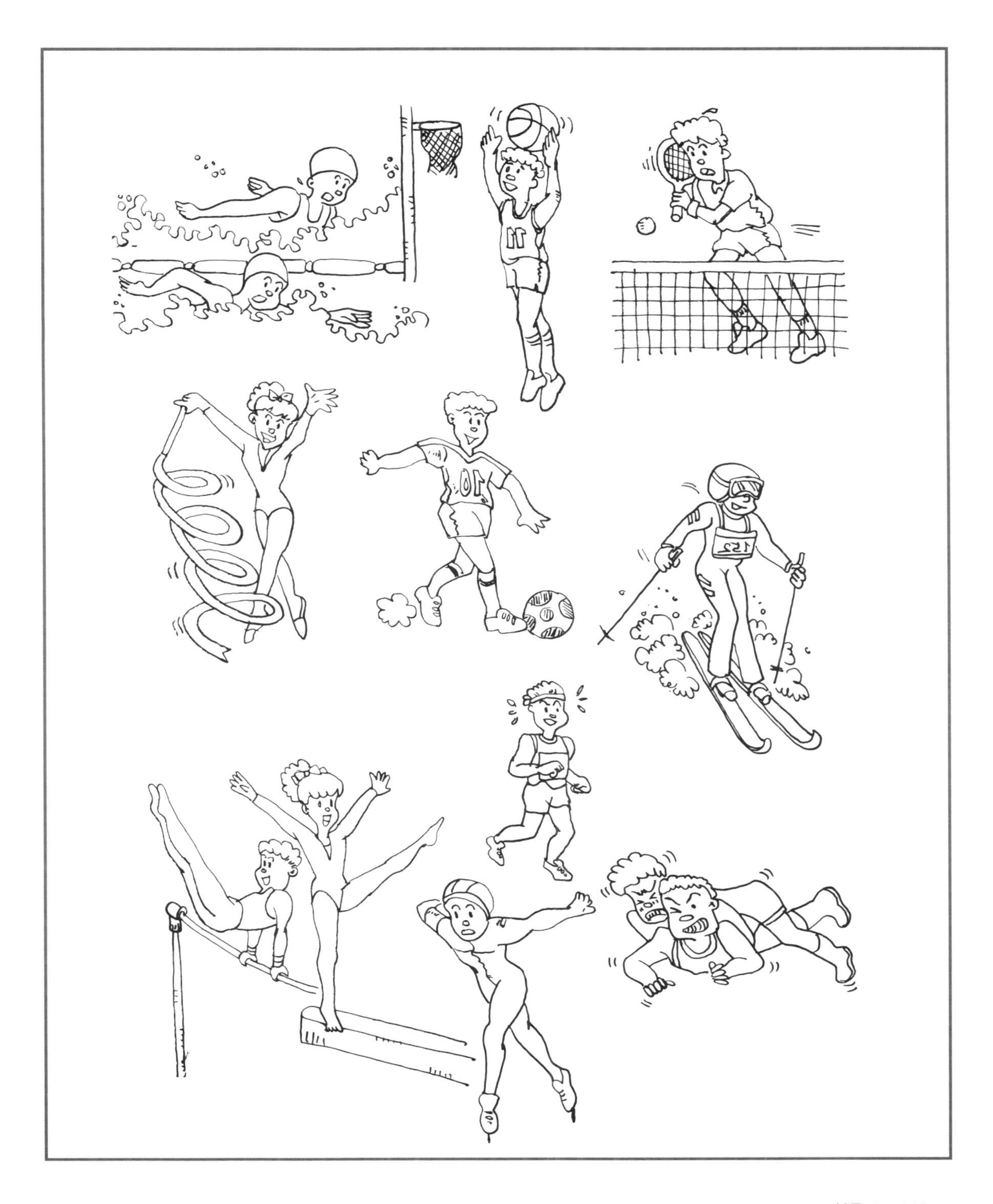

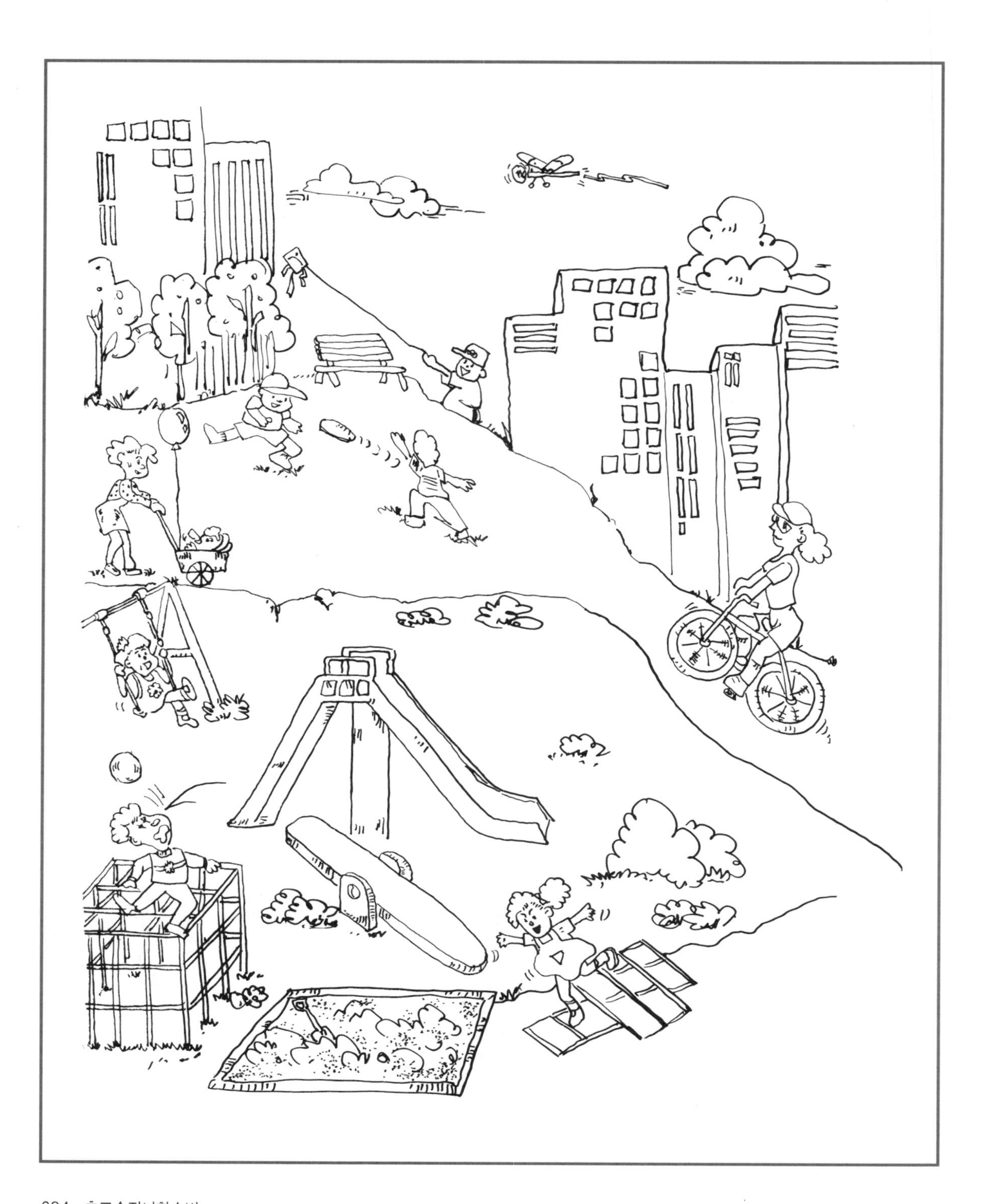

SOS
비상

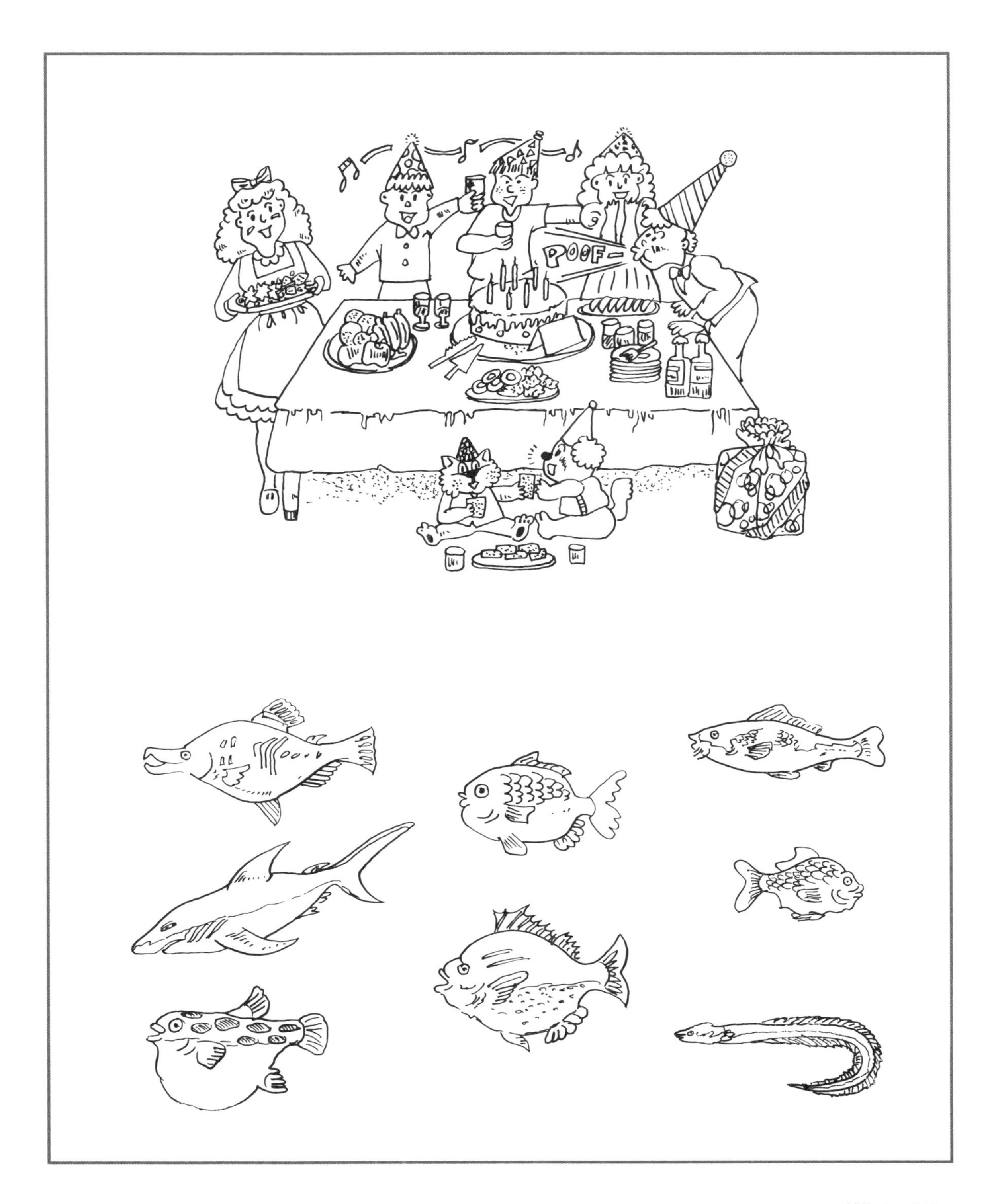
POOF~

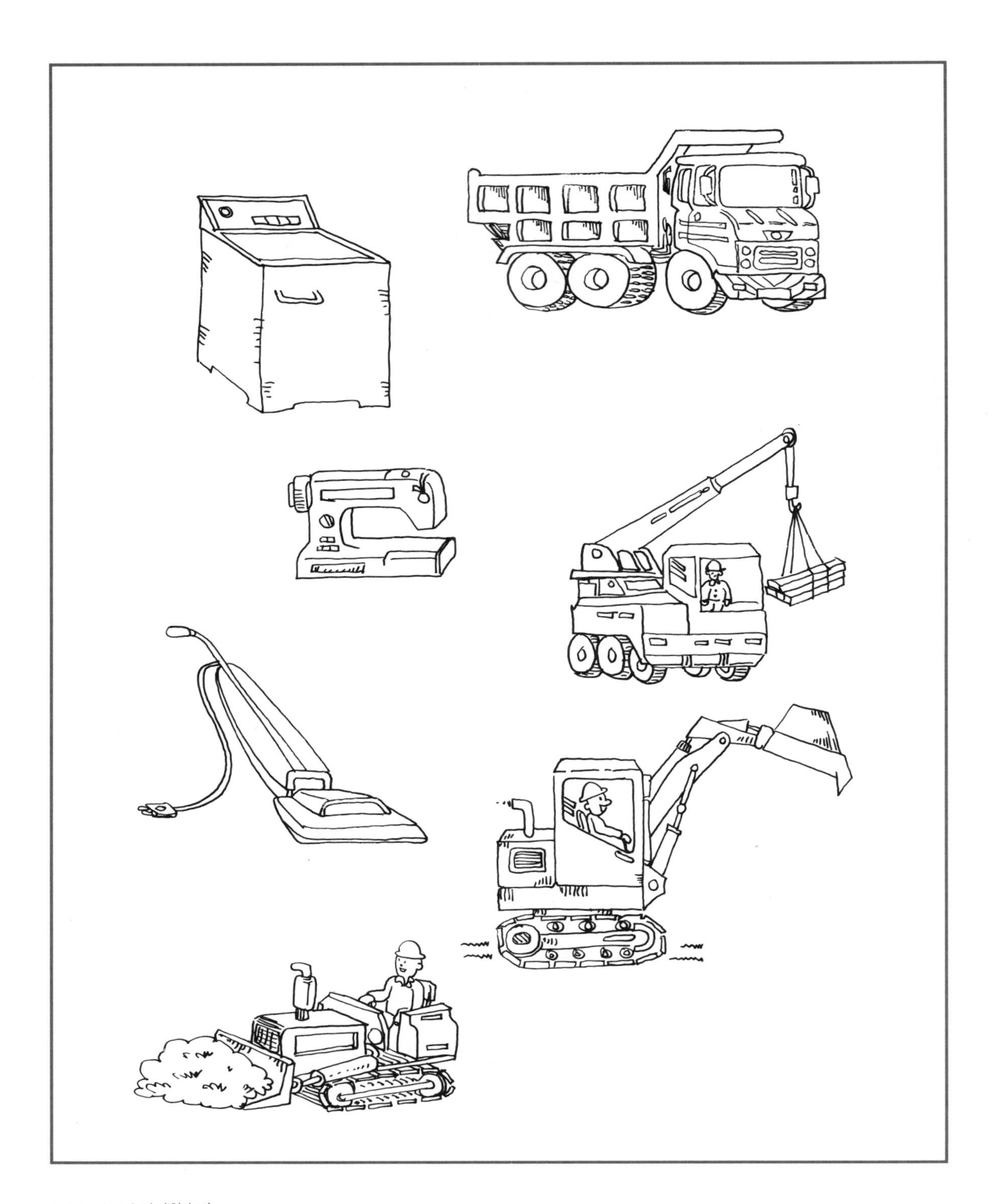

2

초고속전뇌학습법 진행 카드

초급과정

- 최초독서검사 카드
- 시지각능력 개발 훈련 카드
- 이해예비훈련 카드
- 이해훈련 카드

최초독서검사 카드

학교 : 학년 : 이름 :

기호훈련	문자훈련	최초1분간독서속도		내용기억(이해는 100%)	
계	+ 줄	횡서	자	자	자
		종서	자	자	자
원하는 목표	배	정신집중도		시력	
1분간 1읽고 단어쓰기				좌 :	우 :

1	11	이해1단계 최초 독서 속도	
2	12	책 명	
3	13	글 자 수	
4	14	시 간	분 초
5	15	내용기억	
6	16	○ 50-60% 책 내용의 흐름 정도 기억	
7	17	○ 70-80% 줄거리를 확실히 기억	
8	18	○ 90-100% 줄거리는 물론 인명・지명 연대까지 알 수 있는 단계	
9	19		
10	20		

진도평가

구분차별	날짜	회수	책명	글자수	소요시간	점수	1분간 속도	급수
1차								
2차								
3차								
4차								
5차								

※ 수료시까지 책 300-500권 이상 읽기
※ 시간을 지키자

최초독서검사 카드

199 년 월 일	이름 :

기호훈련	문자훈련	최초1분간독서속도		내용기억(이해는 100%)	
계	+ 줄	횡서	자	자	자
		종서	자	자	자
원하는 목표	배	정신집중도		시력	
1분간 1읽고 단어쓰기				좌 :	우 :

1	11	
2	12	
3	13	
4	14	
5	15	
6	16	
7	17	
8	18	
9	19	
10	20	

이해1단계 최초 독서 속도	
책 명	
글 자 수	
시 간	분 초
내용기억	

○ 50-60%
책 내용의 흐름 정도 기억
○ 70-80%
줄거리를 확실히 기억
○ 90-100%
줄거리는 물론 인명·지명 연대까지 알 수 있는 단계

진 도 평 가

구분차별	날짜	회수	책명	글자수	소요시간	점수	1분간 속도	급수
1차								
2차								
3차								
4차								
5차								

※ 수료시까지 책 300-500권 이상 읽기
※ 시간을 지키자

시지각능력개발 훈련 카드

199 년 월 일	이름 :

순위	기호훈련	집중도	문자훈련	집중도
1				
2				
3				
4				
5				
6				
7				
8				
9				
10				

기호최대속도		문자최대속도		전체속도	분
					초

뇌기능의 활성화 훈련

시지각능력개발 훈련 카드

199 년 월 일	이름 :

순위	기호훈련	집중도	문자훈련	집중도
1				
2				
3				
4				
5				
6				
7				
8				
9				
10				

기호최대속도		문자최대속도		전체속도	분
					초

뇌기능의 활성화 훈련

이해예비훈련 카드

199 년 월 일	이름 :

단 계	소요 시간	집중도	이해도	내용기억	단 계	소요 시간	집중력	이해도 (%)	내용기억 (%)

뇌기능의 활성화 훈련
※ 집중력 잘됨 ○ 보통 △ 안됨 X

이해예비훈련 카드

199 년 월 일 이름 :

단 계	소요 시간	집중도	이해도	내용기억	단 계	소요 시간	집중력	이해도 (%)	내용기억 (%)

뇌기능의 활성화 훈련

※ 집중력 잘됨 ○ 보통 △ 안됨 X

이해훈련 카드

199 년 월 일 이름 :

시작 시간	권수	책 명	글자수	소요 시간	집중력	이해도 (%)	내용 기억 (%)	분간속도	목표	
									분	%

뇌기능의 활성화 훈련

1분간 평균 속도 자

이해훈련 카드

199 년 월 일 이름 :

시작 시간	권수	책 명	글자수	소요 시간	집중력	이해도 (%)	내용기억 (%)	분간속도	목표	
									분	%

뇌기능의 활성화 훈련

1분간 평균 속도 자

중급과정

- 영어단어암기카드 A
- 교과서암기카드
- 읽은책목록
- 학습진도카드 초 · 중 · 고

영어단어암기카드 A

년 월 일

학년 : 년 이름 : 시간: 분 초	확인	부모님 :
단어 암기 : 개		선생님 :

개	단 어	뜻	개	단 어	뜻	개	단 어	뜻
1			18			35		
2			19			36		
3			20			37		
4			21			38		
5			22			39		
6			23			40		
7			24			41		
8			25			42		
9			26			43		
10			27			44		
11			28			45		
12			29			46		
13			30			47		
14			31			48		
15			32			49		
16			33			50		
17			34					

영어단어암기카드 A

년 월 일

학년 : 년 이름 : 시간: 분 초	확인	부모님 :
단어 암기 : 개		선생님 :

개	단 어	뜻	개	단 어	뜻	개	단 어	뜻
1			18			35		
2			19			36		
3			20			37		
4			21			38		
5			22			39		
6			23			40		
7			24			41		
8			25			42		
9			26			43		
10			27			44		
11			28			45		
12			29			46		
13			30			47		
14			31			48		
15			32			49		
16			33			50		
17			34					

교과서암기 및 문제풀기카드

학교 :	학년 :	이름 :	총평균 점수 :

순위	월/일	영상화 훈련	기본 훈련	학습 正 자세	과 목	페이지	학과목 7·5·3암기 正자로	소요 시간 (분:초)	내용 이해 (%)	내용 기억 (%)	총문 제수	소요 시간 (분:초)	맞은 수	틀린 수	점 수	부모님 확인	선생님 확인	비고
1																		
2																		
3																		
4																		주 평 균
5																		
6																		점
7																		
8																		
9																		
10																		주 평 균
11																		
12																		점

교과서암기 및 문제풀기카드

학교 :	학년 :	이름 :	총평균 점수 :

순위	월/일	영상화 훈련	기본 훈련	학습 正 자세	과 목	페이지	학과목 7·5·3암기 正자로	소요 시간 (분:초)	내용 이해 (%)	내용 기억 (%)	총문 제수	소요 시간 (분:초)	맞은 수	틀린 수	점 수	부모님 확인	선생님 확인	비고
1																		
2																		
3																		
4																		주 평 균
5																		
6																		점
7																		
8																		
9																		
10																		주 평 균
11																		
12																		점

읽은책 목록

학교 :	학년 :	이름 :

월일	권수	책 명	저 자	출판사	소요 시간	내용 이해(%)	내용 기억(%)	확 인	
								부모님	선생님

읽은책 목록

학교 : 학년 : 이름 :

월일	권수	책 명	저 자	출판사	소요 시간	내용 이해(%)	내용 기억(%)	확 인	
								부모님	선생님

부록 2 주단위 학습진도표

초등학교 : 학년 : 이름 :

과목 \ 날짜		/	/	/	/	/	/	평점
국어 말하기	진도	-	-	-	-	-	-	
	점수							
	단계	문제 요점 영상	문제 요점 영상	문제 요점 영상	문제 요점 영상	문제 요점 영상	문제 요점 영상	
국어 읽기	진도	-	-	-	-	-	-	
	점수							
	단계	문제 요점 영상	문제 요점 영상	문제 요점 영상	문제 요점 영상	문제 요점 영상	문제 요점 영상	
국어 쓰기	진도	-	-	-	-	-	-	
	점수							
	단계	문제 요점 영상	문제 요점 영상	문제 요점 영상	문제 요점 영상	문제 요점 영상	문제 요점 영상	
산수 익힘책	진도	-	-	-	-	-	-	
	점수							
	단계	문제 요점 영상	문제 요점 영상	문제 요점 영상	문제 요점 영상	문제 요점 영상	문제 요점 영상	
사회	진도	-	-	-	-	-	-	
	점수							
	단계	문제 요점 영상	문제 요점 영상	문제 요점 영상	문제 요점 영상	문제 요점 영상	문제 요점 영상	
자연	진도	-	-	-	-	-	-	
	점수							
	단계	문제 요점 영상	문제 요점 영상	문제 요점 영상	문제 요점 영상	문제 요점 영상	문제 요점 영상	
실과	진도	-	-	-	-	-	-	
	점수							
	단계	문제 요점 영상	문제 요점 영상	문제 요점 영상	문제 요점 영상	문제 요점 영상	문제 요점 영상	

부록 2

주단위 학습진도표

초등학교 : 학년 : 이름 :

과목 \ 날짜		/	/	/	/	/	/	평점
도덕	진도	-	-	-	-	-	-	
	점수							
	단계	문제 요점 영상	문제 요점 영상	문제 요점 영상	문제 요점 영상	문제 요점 영상	문제 요점 영상	
음악	진도	-	-	-	-	-	-	
	점수							
	단계	문제 요점 영상	문제 요점 영상	문제 요점 영상	문제 요점 영상	문제 요점 영상	문제 요점 영상	
미술	진도	-	-	-	-	-	-	
	점수							
	단계	문제 요점 영상	문제 요점 영상	문제 요점 영상	문제 요점 영상	문제 요점 영상	문제 요점 영상	
체육	진도	-	-	-	-	-	-	
	점수							
	단계	문제 요점 영상	문제 요점 영상	문제 요점 영상	문제 요점 영상	문제 요점 영상	문제 요점 영상	
	진도	-	-	-	-	-	-	
	점수							
	단계	문제 요점 영상	문제 요점 영상	문제 요점 영상	문제 요점 영상	문제 요점 영상	문제 요점 영상	
	진도	-	-	-	-	-	-	
	점수							
	단계	문제 요점 영상	문제 요점 영상	문제 요점 영상	문제 요점 영상	문제 요점 영상	문제 요점 영상	
	진도	-	-	-	-	-	-	
	점수							
	단계	문제 요점 영상	문제 요점 영상	문제 요점 영상	문제 요점 영상	문제 요점 영상	문제 요점 영상	

부록 2 주단위 학습진도표

중학교 : 학년 : 이름 :

과목 \ 날짜		/	/	/	/	/	/	평점
국어	진도	-	-	-	-	-	-	
	점수							
	단계	문제 요점 영상	문제 요점 영상	문제 요점 영상	문제 요점 영상	문제 요점 영상	문제 요점 영상	
영어	진도	-	-	-	-	-	-	
	점수							
	단계	문제 요점 영상	문제 요점 영상	문제 요점 영상	문제 요점 영상	문제 요점 영상	문제 요점 영상	
수학	진도	-	-	-	-	-	-	
	점수							
	단계	문제 요점 영상	문제 요점 영상	문제 요점 영상	문제 요점 영상	문제 요점 영상	문제 요점 영상	
사회	진도	-	-	-	-	-	-	
	점수							
	단계	문제 요점 영상	문제 요점 영상	문제 요점 영상	문제 요점 영상	문제 요점 영상	문제 요점 영상	
국사	진도	-	-	-	-	-	-	
	점수							
	단계	문제 요점 영상	문제 요점 영상	문제 요점 영상	문제 요점 영상	문제 요점 영상	문제 요점 영상	
물리	진도	-	-	-	-	-	-	
	점수							
	단계	문제 요점 영상	문제 요점 영상	문제 요점 영상	문제 요점 영상	문제 요점 영상	문제 요점 영상	
가정	진도	-	-	-	-	-	-	
	점수							
	단계	문제 요점 영상	문제 요점 영상	문제 요점 영상	문제 요점 영상	문제 요점 영상	문제 요점 영상	

부록 2 주단위 학습진도표

중학교 : 학년 : 이름 :

과목 \ 날짜		/	/	/	/	/	/	평점
환경	진도	-	-	-	-	-	-	
	점수							
	단계	문제 요점 영상	문제 요점 영상	문제 요점 영상	문제 요점 영상	문제 요점 영상	문제 요점 영상	
기술	진도	-	-	-	-	-	-	
	점수							
	단계	문제 요점 영상	문제 요점 영상	문제 요점 영상	문제 요점 영상	문제 요점 영상	문제 요점 영상	
한문	진도	-	-	-	-	-	-	
	점수							
	단계	문제 요점 영상	문제 요점 영상	문제 요점 영상	문제 요점 영상	문제 요점 영상	문제 요점 영상	
컴퓨터	진도	-	-	-	-	-	-	
	점수							
	단계	문제 요점 영상	문제 요점 영상	문제 요점 영상	문제 요점 영상	문제 요점 영상	문제 요점 영상	
	진도	-	-	-	-	-	-	
	점수							
	단계	문제 요점 영상	문제 요점 영상	문제 요점 영상	문제 요점 영상	문제 요점 영상	문제 요점 영상	
	진도	-	-	-	-	-	-	
	점수							
	단계	문제 요점 영상	문제 요점 영상	문제 요점 영상	문제 요점 영상	문제 요점 영상	문제 요점 영상	
	진도	-	-	-	-	-	-	
	점수							
	단계	문제 요점 영상	문제 요점 영상	문제 요점 영상	문제 요점 영상	문제 요점 영상	문제 요점 영상	

고등학교 : 학년 : 이름 :

과목 \ 날짜		/	/	/	/	/	/	평점
국어	진도	-	-	-	-	-	-	
	점수							
	단계	문제 요점 영상	문제 요점 영상	문제 요점 영상	문제 요점 영상	문제 요점 영상	문제 요점 영상	
외국어	진도	-	-	-	-	-	-	
	점수							
	단계	문제 요점 영상	문제 요점 영상	문제 요점 영상	문제 요점 영상	문제 요점 영상	문제 요점 영상	
수학	진도	-	-	-	-	-	-	
	점수							
	단계	문제 요점 영상	문제 요점 영상	문제 요점 영상	문제 요점 영상	문제 요점 영상	문제 요점 영상	
생물	진도	-	-	-	-	-	-	
	점수							
	단계	문제 요점 영상	문제 요점 영상	문제 요점 영상	문제 요점 영상	문제 요점 영상	문제 요점 영상	
지구 과학	진도	-	-	-	-	-	-	
	점수							
	단계	문제 요점 영상	문제 요점 영상	문제 요점 영상	문제 요점 영상	문제 요점 영상	문제 요점 영상	
물리	진도	-	-	-	-	-	-	
	점수							
	단계	문제 요점 영상	문제 요점 영상	문제 요점 영상	문제 요점 영상	문제 요점 영상	문제 요점 영상	
화학	진도	-	-	-	-	-	-	
	점수							
	단계	문제 요점 영상	문제 요점 영상	문제 요점 영상	문제 요점 영상	문제 요점 영상	문제 요점 영상	

고등학교 :	학년 :	이름 :

과목 \ 날짜		/	/	/	/	/	/	평점
세계사	진도	-	-	-	-	-	-	
	점수							
	단계	문제 요점 영상	문제 요점 영상	문제 요점 영상	문제 요점 영상	문제 요점 영상	문제 요점 영상	
국사	진도	-	-	-	-	-	-	
	점수							
	단계	문제 요점 영상	문제 요점 영상	문제 요점 영상	문제 요점 영상	문제 요점 영상	문제 요점 영상	
정치 경제	진도	-	-	-	-	-	-	
	점수							
	단계	문제 요점 영상	문제 요점 영상	문제 요점 영상	문제 요점 영상	문제 요점 영상	문제 요점 영상	
사회 문화	진도	-	-	-	-	-	-	
	점수							
	단계	문제 요점 영상	문제 요점 영상	문제 요점 영상	문제 요점 영상	문제 요점 영상	문제 요점 영상	
한국 지리	진도	-	-	-	-	-	-	
	점수							
	단계	문제 요점 영상	문제 요점 영상	문제 요점 영상	문제 요점 영상	문제 요점 영상	문제 요점 영상	
	진도	-	-	-	-	-	-	
	점수							
	단계	문제 요점 영상	문제 요점 영상	문제 요점 영상	문제 요점 영상	문제 요점 영상	문제 요점 영상	
	진도	-	-	-	-	-	-	
	점수							
	단계	문제 요점 영상	문제 요점 영상	문제 요점 영상	문제 요점 영상	문제 요점 영상	문제 요점 영상	

고급과정

- 영어단어암기카드 B
- 교과서암기카드
- 읽은책목록
- 요점정리카드
- 영상정리카드
- 학습진도카드 초 · 중 · 고

영어단어암기카드 B

년 월 일

학년 : 년 이름 : 시간: 분 초	확인	부모님 :
단어 암기 : 개		선생님 :

개	단 어	뜻	단 어	개	단 어	뜻	단 어	개	단 어	뜻	단 어
1				11				21			
2				12				22			
3				13				23			
4				14				24			
5				15				25			
6				16				26			
7				17				27			
8				18				28			
9				19				29			
10				20				30			

영어단어암기카드 B

년 월 일

학년 : 년 이름 : 시간: 분 초	확인	부모님 :
단어 암기 : 개		선생님 :

개	단 어	뜻	단 어	개	단 어	뜻	단 어	개	단 어	뜻	단 어
1				11				21			
2				12				22			
3				13				23			
4				14				24			
5				15				25			
6				16				26			
7				17				27			
8				18				28			
9				19				29			
10				20				30			

교과서암기 및 문제풀기카드

학교 : 학년 : 이름 : 총평균 점수 :

순위	월/일	영상화 훈련	기본 훈련	학습 표 자세	과 목	페이지	학과목 7·5·3암기 표자로	소요 시간 (분 : 초)	내용 이해 (%)	내용 기억 (%)	총문 제수	소요 시간 (분:초)	맞은 수	틀린 수	점 수	부모님 확인	선생님 확인	비고
1																		
2																		
3																		
4																		주 평 균
5																		
6																		점
7																		
8																		
9																		
10																		주 평 균
11																		
12																		점

교과서암기 및 문제풀기카드

학교 :	학년 :	이름 :	총평균 점수 :

순위	월/일	영상화 훈련	기본 훈련	학습 正 자세	과 목	페이지	학과목 7·5·3암기 正자로	소요 시간 (분:초)	내용 이해 (%)	내용 기억 (%)	총문 제수	소요 시간 (분:초)	맞은 수	틀린 수	점 수	부모님 확인	선생님 확인	비고
1																		
2																		
3																		
4																		주 평 균
5																		
6																		점
7																		
8																		
9																		
10																		주 평 균
11																		
12																		점

읽은책 목록

학교 :	학년 :	이름 :

월일	권수	책 명	저 자	출판사	소요 시간	내용 이해(%)	내용 기억(%)	확 인	
								부모님	선생님

읽은책 목록

학교 : 학년 : 이름 :

월일	권수	책 명	저 자	출판사	소요 시간	내용 이해(%)	내용 기억(%)	확 인	
								부모님	선생님

요점정리카드

년 월 일 읽은 회수 회

초·중·고 : 년	학과목 :	페이지 -	확인	부모님 :
현재 학년 : 년	이름 :	시간: 분 초		선생님 :

교과서 요점정리 7원칙을 잘 활용하면 집중력을 높여 오래 기억할 수 있다. 차례를 암기하여 요약할 때는 연필이나 검정색 펜을 사용하고, 교과서를 다시 보고 재정리 할 때에는 요약할 때는 파란색 펜이나 빨강색 펜을 사용합니다.

요점정리카드

년 월 일 읽은 회수 회

초·중·고 : 년 학과목 : 페이지 -	확인	부모님 :
현재 학년 : 년 이름 : 시간: 분 초		선생님 :

교과서 요점정리 7원칙을 잘 활용하면 집중력을 높여 오래 기억할 수 있다. 차례를 암기하여 요약할 때는 연필이나 검정색 펜을 사용하고, 교과서를 다시 보고 재정리 할 때에는 요약할 때는 파란색 펜이나 빨강색 펜을 사용합니다.

영상화기억카드

년 월 일

<table>
<tr><td>초·중·고 : 년 학과목 : 페이지 -</td><td rowspan="2">확인</td><td>부모님 :</td></tr>
<tr><td>현재 학년 : 년 이름 : 시간: 분 초</td><td>선생님 :</td></tr>
</table>

교과서 영상기억 7원칙을 활용하여 기억을 마무리하는 단계로 자신이 좋아하는 여러 가지 사물들, 예를 들면 숫자, 동·식물, 과일, 글자, 생활용품, 색깔 등을 이용하여 교과서를 요정정리한 것을, 기억에 오래 남을 수 있도록 영상화하기 좋게 표현해 본다.

년 월 일

영상화기억카드

초·중·고 : 년 학과목 : 페이지 -	확인	부모님 :
현재 학년 : 년 이름 : 시간: 분 초		선생님 :

교과서 영상기억 7원칙을 활용하여 기억을 마무리하는 단계로 자신이 좋아하는 여러 가지 사물들, 예를 들면 숫자, 동·식물, 과일, 글자, 생활용품, 색깔 등을 이용하여 교과서를 요정정리한 것을, 기억에 오래 남을 수 있도록 영상화하기 좋게 표현해 본다.

부록 2 ············ 주단위 학습진도표

초등학교 :   학년 :   이름 :

과목 \ 날짜		/	/	/	/	/	/	평점
국어 말하기	진도	-	-	-	-	-	-	
	점수							
	단계	문제 요점 영상	문제 요점 영상	문제 요점 영상	문제 요점 영상	문제 요점 영상	문제 요점 영상	
국어 읽기	진도	-	-	-	-	-	-	
	점수							
	단계	문제 요점 영상	문제 요점 영상	문제 요점 영상	문제 요점 영상	문제 요점 영상	문제 요점 영상	
국어 쓰기	진도	-	-	-	-	-	-	
	점수							
	단계	문제 요점 영상	문제 요점 영상	문제 요점 영상	문제 요점 영상	문제 요점 영상	문제 요점 영상	
산수 익힘책	진도	-	-	-	-	-	-	
	점수							
	단계	문제 요점 영상	문제 요점 영상	문제 요점 영상	문제 요점 영상	문제 요점 영상	문제 요점 영상	
사회	진도	-	-	-	-	-	-	
	점수							
	단계	문제 요점 영상	문제 요점 영상	문제 요점 영상	문제 요점 영상	문제 요점 영상	문제 요점 영상	
자연	진도	-	-	-	-	-	-	
	점수							
	단계	문제 요점 영상	문제 요점 영상	문제 요점 영상	문제 요점 영상	문제 요점 영상	문제 요점 영상	
실과	진도	-	-	-	-	-	-	
	점수							
	단계	문제 요점 영상	문제 요점 영상	문제 요점 영상	문제 요점 영상	문제 요점 영상	문제 요점 영상	

부록 2 ---- 주단위 학습진도표

초등학교 : 　　　　　　　　학년 : 　　　　　　　　이름 :

과목 \ 날짜		/	/	/	/	/	/	평점
도덕	진도	-	-	-	-	-	-	
	점수							
	단계	문제 요점 영상	문제 요점 영상	문제 요점 영상	문제 요점 영상	문제 요점 영상	문제 요점 영상	
음악	진도	-	-	-	-	-	-	
	점수							
	단계	문제 요점 영상	문제 요점 영상	문제 요점 영상	문제 요점 영상	문제 요점 영상	문제 요점 영상	
미술	진도	-	-	-	-	-	-	
	점수							
	단계	문제 요점 영상	문제 요점 영상	문제 요점 영상	문제 요점 영상	문제 요점 영상	문제 요점 영상	
체육	진도	-	-	-	-	-	-	
	점수							
	단계	문제 요점 영상	문제 요점 영상	문제 요점 영상	문제 요점 영상	문제 요점 영상	문제 요점 영상	
	진도	-	-	-	-	-	-	
	점수							
	단계	문제 요점 영상	문제 요점 영상	문제 요점 영상	문제 요점 영상	문제 요점 영상	문제 요점 영상	
	진도	-	-	-	-	-	-	
	점수							
	단계	문제 요점 영상	문제 요점 영상	문제 요점 영상	문제 요점 영상	문제 요점 영상	문제 요점 영상	
	진도	-	-	-	-	-	-	
	점수							
	단계	문제 요점 영상	문제 요점 영상	문제 요점 영상	문제 요점 영상	문제 요점 영상	문제 요점 영상	

주단위 학습진도표

중학교 : 학년 : 이름 :

과목 \ 날짜		/	/	/	/	/	/	평점
국어	진도	-	-	-	-	-	-	
	점수							
	단계	문제 요점 영상	문제 요점 영상	문제 요점 영상	문제 요점 영상	문제 요점 영상	문제 요점 영상	
영어	진도	-	-	-	-	-	-	
	점수							
	단계	문제 요점 영상	문제 요점 영상	문제 요점 영상	문제 요점 영상	문제 요점 영상	문제 요점 영상	
수학	진도	-	-	-	-	-	-	
	점수							
	단계	문제 요점 영상	문제 요점 영상	문제 요점 영상	문제 요점 영상	문제 요점 영상	문제 요점 영상	
사회	진도	-	-	-	-	-	-	
	점수							
	단계	문제 요점 영상	문제 요점 영상	문제 요점 영상	문제 요점 영상	문제 요점 영상	문제 요점 영상	
국사	진도	-	-	-	-	-	-	
	점수							
	단계	문제 요점 영상	문제 요점 영상	문제 요점 영상	문제 요점 영상	문제 요점 영상	문제 요점 영상	
물리	진도	-	-	-	-	-	-	
	점수							
	단계	문제 요점 영상	문제 요점 영상	문제 요점 영상	문제 요점 영상	문제 요점 영상	문제 요점 영상	
가정	진도	-	-	-	-	-	-	
	점수							
	단계	문제 요점 영상	문제 요점 영상	문제 요점 영상	문제 요점 영상	문제 요점 영상	문제 요점 영상	

부록 2

주단위 학습진도표

중학교 :	학년 :	이름 :

과목 \ 날짜		/	/	/	/	/	/	평점
환경	진도	-	-	-	-	-	-	
	점수							
	단계	문제 요점 영상	문제 요점 영상	문제 요점 영상	문제 요점 영상	문제 요점 영상	문제 요점 영상	
기술	진도	-	-	-	-	-	-	
	점수							
	단계	문제 요점 영상	문제 요점 영상	문제 요점 영상	문제 요점 영상	문제 요점 영상	문제 요점 영상	
한문	진도	-	-	-	-	-	-	
	점수							
	단계	문제 요점 영상	문제 요점 영상	문제 요점 영상	문제 요점 영상	문제 요점 영상	문제 요점 영상	
컴퓨터	진도	-	-	-	-	-	-	
	점수							
	단계	문제 요점 영상	문제 요점 영상	문제 요점 영상	문제 요점 영상	문제 요점 영상	문제 요점 영상	
	진도	-	-	-	-	-	-	
	점수							
	단계	문제 요점 영상	문제 요점 영상	문제 요점 영상	문제 요점 영상	문제 요점 영상	문제 요점 영상	
	진도	-	-	-	-	-	-	
	점수							
	단계	문제 요점 영상	문제 요점 영상	문제 요점 영상	문제 요점 영상	문제 요점 영상	문제 요점 영상	
	진도	-	-	-	-	-	-	
	점수							
	단계	문제 요점 영상	문제 요점 영상	문제 요점 영상	문제 요점 영상	문제 요점 영상	문제 요점 영상	

부록 2 주단위 학습진도표

고등학교 : 학년 : 이름 :

과목 \ 날짜		/	/	/	/	/	/	평점
국어	진도	-	-	-	-	-	-	
	점수							
	단계	문제 요점 영상	문제 요점 영상	문제 요점 영상	문제 요점 영상	문제 요점 영상	문제 요점 영상	
외국어	진도	-	-	-	-	-	-	
	점수							
	단계	문제 요점 영상	문제 요점 영상	문제 요점 영상	문제 요점 영상	문제 요점 영상	문제 요점 영상	
수학	진도	-	-	-	-	-	-	
	점수							
	단계	문제 요점 영상	문제 요점 영상	문제 요점 영상	문제 요점 영상	문제 요점 영상	문제 요점 영상	
생물	진도	-	-	-	-	-	-	
	점수							
	단계	문제 요점 영상	문제 요점 영상	문제 요점 영상	문제 요점 영상	문제 요점 영상	문제 요점 영상	
지구과학	진도	-	-	-	-	-	-	
	점수							
	단계	문제 요점 영상	문제 요점 영상	문제 요점 영상	문제 요점 영상	문제 요점 영상	문제 요점 영상	
물리	진도	-	-	-	-	-	-	
	점수							
	단계	문제 요점 영상	문제 요점 영상	문제 요점 영상	문제 요점 영상	문제 요점 영상	문제 요점 영상	
화학	진도	-	-	-	-	-	-	
	점수							
	단계	문제 요점 영상	문제 요점 영상	문제 요점 영상	문제 요점 영상	문제 요점 영상	문제 요점 영상	

부록 2

주단위 학습진도표

고등학교 : 학년 : 이름 :

과목 \ 날짜		/	/	/	/	/	/	평점
세계사	진도	-	-	-	-	-	-	
	점수							
	단계	문제 요점 영상	문제 요점 영상	문제 요점 영상	문제 요점 영상	문제 요점 영상	문제 요점 영상	
국사	진도	-	-	-	-	-	-	
	점수							
	단계	문제 요점 영상	문제 요점 영상	문제 요점 영상	문제 요점 영상	문제 요점 영상	문제 요점 영상	
정치 경제	진도	-	-	-	-	-	-	
	점수							
	단계	문제 요점 영상	문제 요점 영상	문제 요점 영상	문제 요점 영상	문제 요점 영상	문제 요점 영상	
사회 문화	진도	-	-	-	-	-	-	
	점수							
	단계	문제 요점 영상	문제 요점 영상	문제 요점 영상	문제 요점 영상	문제 요점 영상	문제 요점 영상	
한국 지리	진도	-	-	-	-	-	-	
	점수							
	단계	문제 요점 영상	문제 요점 영상	문제 요점 영상	문제 요점 영상	문제 요점 영상	문제 요점 영상	
	진도	-	-	-	-	-	-	
	점수							
	단계	문제 요점 영상	문제 요점 영상	문제 요점 영상	문제 요점 영상	문제 요점 영상	문제 요점 영상	
	진도	-	-	-	-	-	-	
	점수							
	단계	문제 요점 영상	문제 요점 영상	문제 요점 영상	문제 요점 영상	문제 요점 영상	문제 요점 영상	

초·고·속·전·뇌·학·습·법

3

해답 맞추기

최초이해도측정문제

1) 3 2) 4 3) 1 4) 3 5) 1 6) 4 7) 나태 8) 2 9) 1 10) 2

능력개발1단계

1) 3 2) 4 3) 2 4) 3 5) 1

능력개발2단계

1) 2 2) 2 3) 4 4) 1 5) 1 6) 1 7) 3 8) 2 9) 피치올라의 관찰일기 10) 1

능력개발3단계

1) 2 2) 3 3) 2 4) 1 5) 3 6) 2 7) 2 8) 3 9) 백성들이 칭송하자 겸손한 마음에서 사실을 밝히려고 함. 10) 4

능력개발4단계

1) 3 2) 1 3) 4 4) 1 5) 4 6) 2 7) 4 8) 2 9) 히이드로 만든 술 10) 그레고리 백작

능력개발5단계

1) 3 2) 3 3) 4 4) 1 5) 3 6) 3 7) 1 8) 3 9) 2 10) 1

초고속영상전뇌활성화훈련

1회

기억력훈련

1) 1개 2) 10개 3) 4개 4) 6개 5) 1. 재봉틀 2. 바이올린 3. 고깔모자 4. 수박 5. 배추 6. 바나나 7. 기구 8. 저울 9. 오리

어휘력훈련

1) 연필 2) 성냥 3) 시침 4) 커피 5) 스님 6) 비 7) 편지봉투 8) 돈 9) 소인 10) 감기 11) 번개 12) 칼 13) 젓가락 14) 돈 15) 직녀 16) 말판 17) 학생 18) 과녁 19) 투수 20) 바다

사고관찰훈련

1) ㉩ 2) ㉦ 3) ㉤ 4) ㉧ 5) ㉣ 6) ㉠ 7) ㉢ 8) ㉥ 9) ㉡ 10) ㉨

2회

기억력훈련

1) 포도 2) 크리스마스 트리 3) 의자 4) 진공청소기 5) 모자 6) 다리미 7) 트라이앵글 8) 콩 9) 세탁기 10) 초

수리분석훈련

1) 3 2) 23 3) 5 4) 29 5) 91 6) 7 7) 39 8) 32 9) 7 10) 16

3회

기억력훈련

1) 35, 49, 833 2) 55, 833, 008 3) 2개 4, 008 4) 1402 5) 1. 703 2. 3. 4 3. 4 4. 55 5. 19 6. 1402 7. 833 8. 36 9. 49 10. 83 11. 35 12. 008 13. 71 14. 102

어휘력훈련

1) 봄, 여름, 가을, 겨울

2) 자, 축, 인, 묘, 진, 사, 오, 미, 신, 유,

술, 해
3) 남자, 여자
4) 적색등, 청색등, 황색등
5) 도, 레, 미, 파, 솔, 라, 시, 도
6) 유프라테스, 티그리스, 인더스, 황하
7) 태평양, 인도양, 대서양, 남빙양, 북빙양
8) 누가, 언제, 어디서, 무엇을, 어떻게, 왜
9) 0 2 4 6 8 ……
10) 1 3 5 7 9 ……
11) 1월, 2월, 3월, 4월, 5월 …… 12월
12) 매화, 난초, 국화, 대나무
13) 1단, 2단, 3단 …… 9단 , 1×1=1 1×2=2 1×3=3 ……9×9=81
14) 동해, 서해, 남해
15) 동, 서, 남, 북
16) 인천광역시, 대구광역시, 부산광역시, 광주광역시, 대전광역시
17) 이등병 일등병 상병 병장 하사 중사
18) A B C D E F G …… Z
19) ㄱ ㄴ ㄷ ㄹ ㅁ ㅂ …… ㅎ
20) a e i o u

사고관찰훈련

1) ㉤ 2) ㉺ 3) ㉦ 4) ㉡ 5) ㉧ 6) ㉥ 7) ㉨ 8) ㉠ 9) ㉢ 10) ㉣

4회

기억력훈련

1) 7, 11, 313, 461 2) 313, 522, 11, 050
3) 4, 49, 81 4) 6321
5) 1. 461 2. 2150 3. 45 4. 3. 47 5. 313 6. 7 7. 6321 8. 522 9. 4 10. 050 11. 11 12. 18 13. 302 14. 1026 15. 49 16. 81

수리분석훈련

1) ① 23 ② 40 ③ 33 ④ 40 2) ① 16 ② 8 ③ 69 ④ 10 3) ① 36 ② 39 ③ 30 ④ 20

5회

기억력훈련

1) 화살표 3) 해바라기 4) 배추 5) 저금통 6) 자전거 7) 바나나 8) 손목시계 9) 안경 10) 우산

어휘력훈련

1) 어머니 2) 고추장 3) 설탕 4) 우유 5) 거문고 6) 별 7) 파래 8) 왕자 9) 낙지 10) 팥 11) 목성 12) 칼 13) 테니스 14) 라이터 15) 밀 16) 할아버지 17) 수필 18) 단군 19) 발 20) 귀신

사고관찰훈련

1) ㉥ 2) ㉤ 3) ㉠ 4) ㉣ 5) ㉪ 6) ㉧ 7) ㉢ 8) ㉨ 9) ㉺ 10) ㉦ 11) ㉡

6회

기억력훈련

1) 동명왕 2) 광개토대왕 3) B. C. 371-384 4) B. C. 179-197 5) B. C. 413-491 6) 영양왕 7) 문자왕 8) B. C. 642-668

집중력훈련

1) 1. 라 2. 다 3. 마 4. 가 5. 나
2) 1. 나 2. 마 3. 가 4. 라 5. 다

수리분석훈련

1) 42 2) 9 3) 36

7회

기억력훈련

1) 돼지, 토끼, 오리, 고양이
2) 독수리
3) 고래
4) 잠자리, 매미
5) 1. 하마 2. 사자 3. 잠자리 4. 돼지 5. 부엉이 6. 독수리 7. 토끼 8. 오리 9. 매미 10. 고래 11. 원숭이 12. 고양이

어휘력훈련

1) 폐회식 2) 오해 3) 차등 4) 슬픔 5) 미움 6) 우대 7) 식후 8) 타국 9) 문명인 10) 칭찬 11) 가난 12) 남편 13) 실망 14) 내국 15) 독자 16) 오늘 17) 저녁 18) 반대 19) 겉 20) 끝, 종료

사고관찰훈련

1) 3 2) 1 3) 4

8회

기억력훈련

1) 코끼리 2) 염소 3) 코뿔소 4) 개 5) 박쥐 6) 토끼 7) 소 8) 고슴도치 9) 캥거루 10) 악어 11) 거북이 12) 쥐

수리분석훈련

1) 30 2) 37 3) 1

9회

기억력훈련

1) 요리사 2) 야구 3) 우정 4) 양파 5) 개미 6) 한복 7) 자석 8) 토성 9) 선인장 10) 배구 11) 백조 12) 꼬리

어휘력훈련

1) 4 2) 4 3) 2 4) 2 5) 5 6) 4 7) 5 8) 2 9) 5 10) 3

사고관찰훈련

1) 2 2) 1 3) 3 4) 4

10회

기억력훈련

1) 선풍기, 수영복 2) 감자, 호박, 사과
3) 스케이트 4) 잠수함
5) 1. 감자, 2. 컴퓨터 3. 인형 4. 스케이트 5. 선풍기 6. 우체통 7. 수영복 8. 잠수함 9. 비디오 10. 호박 11. 개미 12. 휴대폰 13. 사과 14. 농구 15. 국화 16. 뻐꾹이

수리분석훈련

1)

9	8	5	7
4	1	4	6
8	3	2	3
2	7	1	2

1	7	5	1	9
2	9	6	7	3
8	4	3	6	2
2	6	3	4	8

2)

5	7	6	4	3	1
4	2	5	1	2	7
6	1	3	2	3	1
4	2	6	1	8	6
3	8	7	5	3	4

2	6	7	9	2	1
5	4	8	3	6	8
7	3	9	7	4	9
9	2	1	5	1	3
1	3	4	2	7	4
8	5	6	8	5	6

11회

기억력훈련

1) ant, seed, fox
2) 3개 skirt, seed, snow

3) 3개 tomato, robot, paper
4) ant, bread, coat, doll
5) 1. skirt 2. tomato 3. fork 4. bread 5. ant 6. seed 7. road 8. fox 9. coat 10. robot 11. doll 12. paper 13. snow 14. wind 15. mask

어휘력훈련
1) 3 2) 2 3) 1 4) 3 5) 2 6) 4 7) 1 8) 1 9) 3 10) 2 11) 3 12) 2 13) 2 14) 3 15) 1

논리력훈련
정 - 두선 - 아이스크림
박 - 희준 - 오징어
김 - 계용 - 사이다
이 - 규성 - 팝콘
최 - 병기 - 땅콩

사고관찰훈련
1) 4 2) 3 3) 3 4) 2 5) 4

12회

기억력훈련
1) jelly 2) meet 3) rugby 4) fruit 5) echo 6) cloud 7) bell 8) leg 9) glass 10) learn 11) match 12) oil 13) station 14) wind

수리분석훈련
1) ○=(8), ♡=(7), ◇=(5)
2) ★=(6), ◎=(8), ♧=(4), ♬=(2)
3) ○=(3), ♡=(7), ◇=(5), ♬=(4)
4) ★=(4), ◎=(7), ♧=(8), ○=(6)

13회

기억력훈련
1) 3개 6번 치약 - 칫솔 12번 연필 - 연필깎기, 16 우산 - 우산통(꽂이) 2) 7번-13번
3) 잉크, 전화기, 탁상시계, 책꽂이, 연필깎기, 액자, 지구본
4) 10시 10분
5) 1. 잉크, 2. 전화기 3. 냄비 4. 의자 5거울 6. 치약, 칫솔 7. 알람시계 8. 책꽂이 9. 램프 10. 옷걸이 11. 슬리퍼 12. 연필, 연필깍기 13. 탁상시계 14. 액자(사진틀) 15. 지구본 16. 우산, 우산통(꽂이)

사고관찰훈련
1) 3 2) 1 3) 3 4) 3 5) 1

14회

기억력훈련
1) 만돌린 2) 가오리 3) 라디오 4) 자전거 5) 버스 6) 옥수수 7) 아이스크림 8) 부츠 9) 다리미 10) 주전자 11) 어코디언 12) 사탕 13) 말미잘 14) 해마 15) 오토바이 16) 탬버린 17) 모자 18) 장갑 19) 조개 20) 사진기

수리분석훈련
1) 첫째줄 6, 5 둘째줄 1, 7 셋째줄 4 넷째줄 9
2) 첫째줄 11, 16 둘째줄 2, 5 셋째줄 14, 6 넷째줄 7, 15

15회

기억력훈련
1) 3개 101, 21 0.71 2) 2개 7, 17 3) 7개 119,

5.5, 488, 101, 1988, 004, 2989,
4) 5개 6, 21, 24, 63, 96 5) 119, 43, 6, 96, 25, 19, 24, 5.5, 63, 488, 50, 101, 0.71, 21, 1988, 004, 38, 17, 350, 2989, 7

사고관찰훈련
1) ★ 2) ㅂ 3) N 4)

16회

기억력훈련
1) 3개 9, 49, 99 2) 5개 505, 121, 007, 99, 0.05 3) 625, 121, 49, 16, 9, 1
4) 1289 5) 0.8, 505, 42, 17, 1, 625, 9, 121, 4, 007, 54, 30, 72, 15, 49, 63, 1289, 16, 372, 99, 103, 0.05, 720

수리분석훈련
1) 첫째줄 6, 4 둘째줄 3
2) 첫째줄 5, 32 둘째줄 12, 10, 27 셋째줄 14, 22, 17, 19 넷째줄 24, 23, 15, 16, 20, 13 다섯째줄 8, 28, 9 여섯째줄 31. 35, 2, 36

17회

기억력훈련
1) 조선, 경국대전 완성 2) 훈민정음 창제 3) 1627 4) 왕건, 고려 건국 5) 강화도 조약 체결 6) 612 7) 1909 8) 1894 9) 1936 10) 지석영, 종두법 실시 11) 1950 12) 자연보호 헌장 선포

논리력훈련
최진영 - 사진사, 한병욱 - 가수, 이인섭 - 은행가, 강인철 - 식료상인

사고관찰훈련

18회

기억력훈련
첫째줄 313, 만적의 난
둘째줄 1858, 규장각 설치, 미국 독립선언
셋째줄 1927, 1969
넷째줄 1986, KAL기 피격참사
다섯째줄 1990, 대한민국 정부, 헝가리, 폴란드 등 동구권 국가와 수교, 베를린 장벽 붕괴

수리분석훈련
1) 첫째줄 6, 9 둘째줄 8, 7 셋째줄 10, 5
2) 첫째줄 14, 8 둘째줄 3 셋째줄 7, 1 넷째줄 11, 4, 10 다섯째줄 5, 24

19회

기억력훈련
1) 6개 양, 호랑이, 뱀, 쥐, 말, 소
2) 나비, 장수하늘소 3) 거북이
4) 5개 양, 뱀, 쥐, 말, 소
5) 거북이, 양, 여우, 호랑이, 낙타, 물개, 나비, 뱀, 사슴, 쥐, 기린, 곰, 펭귄, 말, 장수하늘소, 참새, 너구리, 표범, 소

논리적창작훈련
조 - 미순 - 92세, 허 - 은숙 - 94, 정 - 미경 - 95, 염 - 지연 - 96, 박 - 순지 - 98

사고관찰훈련
① - ㉠, ② - ㉡, ③ - ㉣, ④ -㉢

20회
기억력훈련
첫째줄 소라, 악어, 뱀장어
둘째줄 도마뱀, 말미잘, 오징어
셋째줄 멸치, 해파리, 조개
넷째줄 멍게, 불가사리
다섯째줄 잉어 , 해삼, 낙지

수리분석훈련
1) 10에서부터 시계방향 5, 9, 3, 7, 1
2) 꼭지점에서부터 시계반대방향 1, 8, 6, 7, 5

21회
기억력훈련
1) 하늘 2) 낚시 3) 소리 5) 제자 6) 신문 8) 터줏대감 9) 호미 10) 눈 11) 친구 12) 배낭여행 13) 농구 15) 수상스키 16) 반딧불 17) 마음 18) 호수 19) 꽃잎 20) 구멍가게 21) 골목 22) 고속도로 23) 스승 25) 새우

논리력훈련
은성 - 일본 - 비행기, 규한 - 제주도 - 국토순례, 민구 - 태백산 - 승용차, 세기 - 한려해상 - 캠핑, 태성 - 홍도 - 배

사고관찰훈련
45개

22회
기억력훈련
1) 그림책 2) 신호등 3) 바람 5) 가위 6) 소나무 8) 선풍기 9) 강 10) 여치 11) 부채 12) 보석 14) 우산 15) 구두 16) 배구 18) 풀 19) 야구 20) 은행 21) 반지 22) 주유소 23) 수영 25) 도화지

수리분석훈련
첫째줄 1, 2, 4, 6
둘째줄 3, 2, 5, 1, 2, 4
셋째줄 2, 4, 1, 7, 9, 2
넷째줄 1, 8, 2, 1, 7
다섯째줄 4, 6, 3, 5
여섯째줄 9, 2, 1, 2, 6, 7
일곱째줄 3, 1, 2, 7, 1, 2

23회
기억력훈련
1) Win, Skin, Begin 2) Fit, Bit, Knit, Visit
3) Kettle, Hill 4) Weed
5) Kettle, Space, Weed, Invent, Win, Listen, Hill, Pick, Wizard, Escape, Think, Fit, Bit, Mix, Knit, Gift, Begin, Skin, Visit, Half

논리력훈련
홍 - 경진 - 7살, 전 - 현미 - 6살, 전 - 진수 - 4살, 유 - 지영 - 3살, 채 - 화영 -5살

사고관찰훈련
112개

24회

1) Zebra 2) Noodle 3) Balloon, Finally 4) Hero 5) Hero, Resoure, Leisure, Balloon, Elevator, Mild, Zebra, Desert, Finally, Factory, Sweet, Mark, Tension, Legend, Imitate, Fast, Pure, Noodle, Light, Item

숫자분석훈련
첫째줄 3, 2, 2, 1
둘째줄 7, 8, 4, 3, 1, 5, 2, 4
셋째줄 8, 9, 6, 7, 5, 4, 5, 3
넷째줄 6, 1, 8, 2, 2, 4
다섯째줄 3, 8, 9, 6, 1, 3, 2
여섯째줄 9, 6, 7, 8, 4, 6
일곱째줄 1, 2, 4, 8, 9, 2, 3
여덟째줄 3, 1, 6, 7, 9, 3, 4, 5
아홉째줄 2, 4, 1, 6, 3, 2, 5
열째줄 5, 3, 4, 2, 1

25회

기억력훈련
1) 한강 2) 월드컵 축구 3) 친구 4) 로미오와 줄리엣 5) 사전 6) 홍익인간 7) 한글날 8) 에어컨디셔너 9) 이불 10) 사마귀 11) 개울 12) 개선문 13) 안나 카레니나 14) 부활 15) 일기 16) 농구장 17) 물자절약 18) 종이 19) 텔레비전 20) 으뜸과 버금 21) 낮은 목소리 22) 산울림 23) 한계령 24) 나룻배 25) 코스모스

논리력훈련
23세 - 태옥 - 우표수집 - 석훈, 21세 - 보경 - 지점토 - 진성, 17세 - 건희 - 체조 - 희수, 16세 - 진경 - 성악 - 용석, 14세 - 규석 - 실험 - 정민, 13세 - 은희 - 바이올린 - 성준, 12세 - 상수 - 피아노 - 호정

사고관찰훈련
86개